国外语言学译丛
经典教材

PHONOLOGY
·
IN
·
THE TWENTIETH CENTURY

二十世纪音系学

〔美〕斯蒂芬·R.安德森 著

曲长亮 译

钱军 审校

Translation from the English language edition
Stephen R. Anderson
Phonology in the Twentieth Century
Copyright © 1985 by The University of Chicago
All Rights Reserved
本书简体中文版根据 The University of
Chicago Press 1985 年英文版译出

国外语言学译丛编委会

主　编：

沈家煊（中国社会科学院语言研究所）

编　委：

包智明（新加坡国立大学）

胡建华（中国社会科学院语言研究所）

李　兵（南开大学）

李行德（香港中文大学）

李亚非（美国威斯康星大学）

刘丹青（中国社会科学院语言研究所）

潘海华（香港城市大学）

陶红印（美国加州大学）

王洪君（北京大学）

吴福祥（中国社会科学院语言研究所）

袁毓林（北京大学）

张　敏（香港科技大学）

张洪明（美国威斯康星大学）

朱晓农（香港科技大学）

总　序

商务印书馆要出版一个"国外语言学译丛",把当代主要在西方出版的一些好的语言学论著翻译引介到国内来,这是一件十分有意义的事情。

有人问,我国的语言研究有悠久的历史,有自己并不逊色的传统,为什么还要引介西方的著作呢?其实,世界范围内各种学术传统的碰撞、交流和交融是永恒的,大体而言东方语言学和西方语言学有差别这固然是事实,但是东方西方的语言学都是语言学,都属于人类探求语言本质和语言规律的共同努力,这更是事实。西方的语言学也是在吸收东方语言学家智慧的基础上发展起来的,比如现在新兴的、在国内也备受关注的"认知语言学",其中有很多思想和理念就跟东方的学术传统有千丝万缕的联系。

又有人问,一百余年来,我们从西方借鉴理论和方法一直没有停息,往往是西方流行的一种理论还没有很好掌握,还没来得及运用,人家已经换用新的理论、新的方法了,我们老是在赶潮流,老是跟不上,应该怎样来对待这种处境呢?毋庸讳言,近一二百年来西方语言学确实有大量成果代表了人类语言研究的最高水准,是人类共同的财富。我们需要的是历史发展的眼光、科

I

学进步的观念,加上宽广平和的心态。一时的落后不等于永久的落后,要超过别人,就要先把人家的(其实也是属于全人类的)好的东西学到手,至少学到一个合格的程度。

还有人问,如何才能在借鉴之后有我们自己的创新呢?借鉴毕竟是手段,创新才是目的。近一二百年来西方语言学的视野的确比我们开阔,他们关心的语言数量和种类比我们多得多,但是也不可否认,他们的理论还多多少少带有一些"印欧语中心"的偏向。这虽然是不可完全避免的,但是我们在借鉴的时候必须要有清醒的认识,批判的眼光是不可缺少的。理论总要受事实的检验,我们所熟悉的语言(汉语和少数民族语言)在语言类型上有跟印欧语很不一样的特点。总之,学习人家的理论和方法,既要学进去,还要跳得出,这样才会有自己的创新。

希望广大读者能从这套译丛中得到收益。

沈家煊

2012 年 6 月

译 者 序

2004年,我鼓足勇气,带着《西方音系学流派》的提纲和样章,来到赵忠德教授的办公室。我希望能够模仿刘润清先生的经典著作《西方语言学流派》,把音系学的发展脉络深入浅出地勾勒出来,以填补国内的研究空白。让我倍感惊喜的是,从赵老师那里,我得到的不仅是肯定,更是鼓励。经过5年多的努力,我完成了约10万字的书稿,赵老师拿出了自己筹备新著用的20多万字,志同道合的曹仁松、张燕、周佳萍、何志波等昔日同窗各自写出几万字,后期更有鲜明女士的强势加盟。于是,我最初设想的小书变成了60万字的大部头《西方音系学理论与流派》。虽然赵老师有生之年未能看到该书面世,但先生的期望与嘱托,我始终没有忘记。

先生的嘱托之一,就是希望我们能够以耶鲁大学斯蒂芬·罗伯特·安德森教授的《二十世纪音系学》为样板,把研究做得严谨、翔实、有效,同时也能够把这部集流派、思想、文本研究于一身的理论瑰宝推荐给更多读者。

如今,我完整译出了《二十世纪音系学》全文,希望这部出版30年来影响不减的经典著作能够为中国的语言学学习者、研究者提供一个了解音系学、思考音系学、研究音系学的新契机。

译者序

斯蒂芬·罗伯特·安德森教授 1969 年起先后执教于哈佛大学、加利福尼亚大学、约翰·霍普金斯大学、耶鲁大学,并任美国科学促进会正式会员、美国人文与科学院院士、美国语言学学会主席、国际语言学家常设委员会副主席等职务,所著 *Phonology in the Twentieth Century*、*A-Morphous Morphology*、*Aspects of the Theory of Clitics*、*Doctor Dolittle's Delusion: Animals and the Uniqueness of Human Language* 等语言学理论著作,对学界影响深远。

音系学在 20 世纪走过的历程,值得理论语言学研究者仔细回味。音系学虽然和形态学、句法学、语义学共同构成理论语言学的核心,但却经历了不甚相同的路线。理论语言学中的大多数分支学科,大都可以追溯到古希腊时期,然而关于语音的研究却并非如此。"现代欧洲文明受益于古希腊、罗马颇多,但语音学(更无须说音系学)却并非其一"(Clark & Yallop, 1995: 389)。由于 19 世纪以前的传统语法以书面规范语言为研究对象,对口语关注不足,因此重语法、重逻辑、轻语音的总趋势似乎不足为奇。

19 世纪,随着历史比较语言学的兴起,语音逐渐得到了充分的重视和科学的研究,并开始在理论语言学中占有举足轻重的地位。雅各布·格林(Jacob Grimm, 1785—1863)著名的《德语语法》(*Deutsche Grammatik*, 1840)对音变规律做出突破性探索;奥古斯特·施莱歇尔(August Schleicher, 1821—1868)、赫尔曼·格拉斯曼(Hermann Grassmann, 1809—1877)、卡尔·维尔纳(Karl Verner, 1846—1896)、卡尔·布鲁格曼(Karl

Brugmann,1849—1919)等人所做的历史性贡献,皆在于对语音现象的阐释。赫尔曼·保罗(Hermann Paul,1846—1921)的《语言历史之原则》(*Prinzipien der Sprachgeschichte*,1880)用大篇幅探讨语音变化。20世纪伊始,爱德华·济弗斯(Eduard Sievers,1850—1932)的《语音学原理》(*Grundzüge der Phonetik*,1901)一度成为语音学研究之标准。即使是在对具体语言的语法描写中,研究探索语音历时演变过程的路子也依然清晰可见,如奥托·叶斯柏森(Otto Jespersen,1860—1943)、乔治·库尔默(George Curme,1860—1948)对英语、德语语法的描写。

19世纪70年代起,语音共时研究思想分别从东欧、西欧、北美多个源头兴起。在俄罗斯喀山,波兰语言学家扬·博杜安·德·库尔德内(Jan Baudouin de Courtenay,1845—1929)和米柯沃依·克鲁舍夫斯基(Mikołaj Kruszewski,1851—1887)为代表的喀山学派语言学家提出了音位的现代含义(Kruszewski,1881;Baudouin de Courtenay,1895),并对语音学与音系学的区别作了初步的探讨。在瑞士日内瓦,索绪尔(Ferdinand de Saussure,1857—1913)的三度普通语言学讲座已在明确关注历史演变以外的语音问题。在美国,弗兰茨·鲍阿斯(Franz Boas,1858—1942)、爱德华·萨丕尔(Edward Sapir,1884—1939)、列奥纳多·布龙菲尔德(Leonard Bloomfield,1887—1949)等学者分别从不同视角对音位进行定义,对语音现象进行分析,成为实证型音系学研究之典范。这类新型研究从根本上改变了历时演变一统语音研究的格局,为现代音系学的产生奠

译者序

定了决定性基础。

音系学思想的集大成者,是布拉格学派学者,其中特鲁别茨科依(Nikolai Sergeyevich Trubetzkoy,1890—1938)和雅柯布森(Roman Osipovich Jakobson,1896—1982)的贡献尤为突出。特鲁别茨科依的《音系学原理》(*Grundzüge der Phonologie*,1939)从索绪尔的语言-言语之对立出发,强调功能对立在语音-意义研究中的重要地位,成功地将音系学和语音学区分开来,成为音系学发展史中具有里程碑意义的著作。雅柯布森的区别特征理论更是为音系学 20 世纪后半叶的纵深发展铺平了道路,成为生成音系学和各种非线性音系学理论的基础。

作为一部学科断代史,安德森的《二十世纪音系学》既在结构主义音系学的上述源头之间架起桥梁,又在结构主义音系学和生成音系学之间架起桥梁。穿起整部历史的,是"规则"(rule)和"表达式"(representation)这两个核心概念。80 年代的生成音系学家对这组术语十分熟悉。但安德森对这组术语做了延伸,使之覆盖整个 20 世纪音系学:规则反映出的是相互联系的形式之间的关系,使原本不同的语言单位被视为"相同";表达式则旨在表明这种"相同"的东西究竟是什么。音系学的各个流派虽然未必使用相同的术语,但在规则和表达式问题上均各有侧重,从而形成风格各异的"不完全赋值理论""完全赋值基本变体音位理论""完全赋值表层变体理论"。

安德森的文笔,精确而缜密,时而显露出一丝晦涩。正因如此,本书的英语原文难免会吓退部分读者。译者在翻译时本着意义对等、功能对等之原则,力图将其中的信息表达清楚,有时

译者序

不得不以牺牲形式对等为代价。这样做的益处,即在于最大程度避免使用晦涩的语言来谈论抽象的问题。不过,这样做的问题也显而易见,即原文的句式结构有时无法重现。这反映出的是翻译应当忠于内容还是忠于形式这一经典问题。为了汉语译文的语句畅达、信息准确,译者倾向于对原文中部分句式之美忍痛割爱。这一选择妥当与否,敬请读者评判。

本书中的术语,除个别情况之外,均遵循《语言学与音系学词典》(语文出版社,2000)中的译法。

曲长亮

2014 年 4 月

献给热妮娜

樹脂の生成

目　　录

中文版序(附英文原文) ……………………………………… i

致谢 ………………………………………………………… xvii

○ 导论……………………………………………………… 1
 1　为何要研究20世纪音系学史……………………… 2
 2　本书的目的………………………………………… 11
 3　现代观点的历史起源:具体例子 ………………… 16
 4　本书的结构………………………………………… 22

一　费尔迪南・德・索绪尔 ……………………………… 28
 1　索绪尔对语言、具体语言及语言学的看法 ………… 39
 2　语言符号…………………………………………… 44
 3　语言与其历史的联系……………………………… 47

二　索绪尔的语音结构观 ………………………………… 53
 1　语音、语音图像及其研究 ………………………… 54
 2　"音位"和"音种" ………………………………… 60
 3　能指的语言学表达式……………………………… 65

4 研究音系差别的一些方法…………………… 69
  5 索绪尔对语音交替的描写…………………… 79
  6 索绪尔和音系学传统………………………… 88

三 喀山学派:博杜安·德·库尔德内和克鲁舍夫斯基…… 90
  1 生平评述……………………………………… 92
  2 喀山学派对语音系统的研究………………… 99
  3 音系结构之本质 …………………………… 105
  4 克鲁舍夫斯基的交替理论 ………………… 111
  5 博杜安对交替理论的发展 ………………… 118
  6 "喀山音系学"后期理论 …………………… 127

四 布拉格学派音系学:从莫斯科小组到特鲁别茨科依
  的《原理》……………………………………… 133
  1 布拉格小组的背景及特鲁别茨科依生平 ………… 135
  2 音系分析的单位 …………………………… 148
  3 音系系统的结构 …………………………… 156
  4 超音段特征 ………………………………… 162
  5 中和、超音位和标记性 …………………… 172
  6 形态音系学 ………………………………… 180

五 罗曼·雅柯布森和区别特征理论………………… 187
  1 区别特征理论的起源 ……………………… 189
  2 区别特征理论的发展 ……………………… 193
  3 雅柯布森区别特征的充足性 ……………… 199

4 《儿童语言、失语症和音系普遍性》⋯⋯⋯⋯⋯⋯ 207
　　　5 信息理论与雅柯布森的遗产 ⋯⋯⋯⋯⋯⋯⋯⋯⋯ 215

六 路易斯·叶尔姆斯列夫的"语符"理论⋯⋯⋯⋯⋯⋯⋯ 224
　　　1 叶尔姆斯列夫的生平与职业生涯 ⋯⋯⋯⋯⋯⋯⋯ 227
　　　2 叶尔姆斯列夫的"内在"语言学概念 ⋯⋯⋯⋯⋯⋯ 235
　　　3 语符学分析的基本术语 ⋯⋯⋯⋯⋯⋯⋯⋯⋯⋯⋯ 240
　　　4 叶尔姆斯列夫的语音结构描写方法 ⋯⋯⋯⋯⋯⋯ 247
　　　5 简洁性在语符学描写中的地位 ⋯⋯⋯⋯⋯⋯⋯⋯ 257
　　　6 语符音系学中的非音段结构 ⋯⋯⋯⋯⋯⋯⋯⋯⋯ 265

七 J. R. 弗思与伦敦韵律分析学派 ⋯⋯⋯⋯⋯⋯⋯⋯⋯ 271
　　　1 亨利·斯威特、丹尼尔·琼斯和英国语音学
　　　　传统 ⋯⋯⋯⋯⋯⋯⋯⋯⋯⋯⋯⋯⋯⋯⋯⋯⋯⋯ 275
　　　2 J. R. 弗思的生平 ⋯⋯⋯⋯⋯⋯⋯⋯⋯⋯⋯⋯⋯⋯ 283
　　　3 弗思的语言观和语言学观 ⋯⋯⋯⋯⋯⋯⋯⋯⋯⋯ 288
　　　4 系统与结构,语音与韵律⋯⋯⋯⋯⋯⋯⋯⋯⋯⋯⋯ 294
　　　5 韵律研究法和音系学其他研究法之间的关系 ⋯⋯ 302

八 弗兰茨·鲍阿斯与美国语言学之开端⋯⋯⋯⋯⋯⋯⋯ 310
　　　1 威廉·德怀特·辉特尼 ⋯⋯⋯⋯⋯⋯⋯⋯⋯⋯⋯ 310
　　　2 早期美洲印第安人语言研究 ⋯⋯⋯⋯⋯⋯⋯⋯⋯ 314
　　　3 弗兰茨·鲍阿斯 ⋯⋯⋯⋯⋯⋯⋯⋯⋯⋯⋯⋯⋯⋯ 316
　　　4 语言学理论与鲍阿斯的《手册》⋯⋯⋯⋯⋯⋯⋯⋯ 322

    5　鲍阿斯的音系学观 ·· 326
    6　鲍阿斯描写中的表达式和规则 ································ 333
    7　鲍阿斯音系实践中的抽象性 ···································· 339

九　爱德华·萨丕尔 ·· 345
    1　萨丕尔生平 ·· 346
    2　萨丕尔的语言本质观 ·· 353
    3　萨丕尔的音系结构观 ·· 363
    4　萨丕尔的音系学描写实践 ······································ 370
    5　萨丕尔音系学中的规则及其相互作用 ····················· 376
    6　规则和表达式之间的关系 ······································ 381
    7　附录：抽象性与萨丕尔对南派尤特语的分析 ·········· 387

十　列奥纳德·布龙菲尔德 ·· 397
    1　布龙菲尔德的生平与事业 ······································ 399
    2　布龙菲尔德的语言观、语言学观、心理学观 ·········· 403
    3　布龙菲尔德的音位概念 ··· 411
    4　布龙菲尔德音系学中的表达式 ······························ 417
    5　音位表达式的"抽象性" ·· 423
    6　形态音位学和对交替的描写 ·································· 430

十一　美国结构主义音系学 ·· 439
    1　几位显赫的美国结构主义者 ·································· 439
    2　美国结构主义语言观 ·· 444

目 录

    3 "音位"概念的初期构建 ························ 453
    4 特瓦德尔的"论音位定义" ························ 459
    5 结构主义音位学的后续发展 ······················ 468
    6 美国结构主义形态音位学 ························ 476
    7 规则之相互作用与描写之本质 ···················· 485

十二 生成音系学及其起源 ································ 491
    1 美国结构主义的衰落与垮塌 ······················ 492
    2 生成音系学的兴起 ······························ 498
    3 莫里斯·哈勒与生成音系学之基础 ················ 504
    4 生成音系学理论之先驱 ·························· 510

十三 《英语语音模式》之后的生成音系学 ················ 520
    1 《英语语音模式》方案的本质 ···················· 521
    2 《英语语音模式》理论内的语音内容问题 ·········· 524
    3 音系表达式有多抽象？ ·························· 532
    4 对表达式进行制约："自然生成音系学" ············ 537
    5 对规则进行限制：自然音系学 ···················· 543
    6 自主音段形式主义方法和节律形式主义方法 ··· 549

参考文献 ·· 556
人名索引 ·· 571
主题索引 ·· 580
校后记 ·· 593

中文版序

《二十世纪音系学》这份中文译本的出版,给了我莫大的快乐,因为这使我们领域中的一个日益引人瞩目的群体,能够更容易地读到这本书。近年来我已注意到,中国极其认真的语言学家数量庞大;我还注意到,这些学者针对纷繁的论题和语种进行了很有意义的研究。我希望本书的普及能够有助于中国读者更好地了解西方在语音结构领域的主要研究对象,并由此促进中国的语言学研究群体和西方的语言学研究群体之间的相互了解。

我1985年出版一本以此为题的书实在十分幼稚,因为那时20世纪还远未结束。事实上,80年代初,关于音系学基本问题的看法已经显现出相当程度的逆转,其中一部分已经在本书的最后一章中简要论述。然而,当时却极难想象出,这一领域不久就经历了重大变革。

如第十三章所勾勒,上述变革开始得十分平静,起初只是70年代中后期,注意力从乔姆斯基和哈勒(1968)所强调的对规则的本质和内容的关注,转向围绕着音系结构非线性概念而提出的更加丰富的音系表达式概念。戈尔德史密斯(Goldsmith, 1976、1979)提出了自主音段的主张,利博曼的著作中出现了词汇音系学(Liberman, 1975;亦可参见 Liberman & Prince, 1977),这之后,音系学家们基本上不再详细阐述规则、规则的抽象性以及其他类似问题,转而聚焦于这些规则所产生的表达式有何本质。随着特征几何(Feature Geometry)方案在克莱门茨(Clements,1985)、萨吉(Sagey,1990)等人的著作中出现,研究工作中的这一新导向得到了进一步加强。

在本书的语境中,强化对表达式概念的关注,并不是要摒弃音系结构本质上包含规则和表达式的观点,而只是基于这一认识:以形式为基础而做的阐释,应当主要依赖于关于表达式的限制性理论。正如麦卡锡(McCarthy,1988:84)所说:"首要重心应放在研究音系表达式上,而不是音系规则。简言之,如果表达式正确,规则就会继而正确。"

不过,1993年,阿兰·普林斯和保罗·斯摩棱斯基却发布了一份为音系学勾画出全然不同的纲要的手稿(手稿后来出版了,即 Prince & Smolensky 2004)。这部著作主张把经典的规则系统整体替换为一种完全不同的途径,这一新途径基于同时排列的可供违反的制约(constraint)体系——这就是优选论(Optimality Theory)。

优选论完全摒弃了把音系形式和语音形式联系起来的具体规则。取而代之的是,该理论为表层形式设定了一套制约,这套制约可分为两类:标记制约(Markedness constraints)要求形式满足根植于其语音内容之中的自然性条件,忠实制约(Faithfulness constraints)则要求底层形式或词汇形式的特征要在所得结果中得到保留。显然,这两者常常相互冲突,对某一语言的描写就由一套可决定此类冲突应如何解决的等级体系构成。

这一理论内部已不再存在表层形式的推导。取而代之的是,GEN 函数为某一具体底层形式提供各种可能的表层对应形式,而另一种 EVAL 函数则从中选出对于该语言中运行着的制约系统来说可提供最佳解决方案(即优选之"优")的那个对应形式。

这种系统中的制约,在精神上与先前的诸多框架中的提法十分相似:例如,本书中提出的构成索绪尔(未明确说明)的完全赋值表层变体音系结构观(Fully Specified Surface Variant view of phonological structure)的表层形式规则模式,还有 70 年代生成音系学家们提出的那些"阴谋"。这些理论往往因为一个事实而无法成立:即,某一规则模式无论多么具有强制性,都基本无法完全避免例外。优选论中的制约等级允许制约受到违反(为了满足更高层级上的制约,恰恰就要让其受到违反),就避免了这一问题。

普林斯和斯摩棱斯基提出这一音系描写模型之后的几年内,该模型(通过各种途径)主导了北美和欧洲几乎所有音系学讨论场所和教学场所(其自身也在不可避免地发展演化着)。近期,在我 2014 年写下这篇序言时,我有一种印象,围绕着"不透明性"(opacity)概念的一小部分基本问题,正在迅速带来进一步的变革。这既包括重新引入曾经成为 60 年代、70 年代音系学招牌特点的某些类似规则的概念和推导结构,也包括摒弃优选论研究模式中一半以上的内容,使之让位于其他方法。但是,肯定无疑地预测这类事情显然为时过早。而我们十分清楚的是,从本书中所展示的"规则型理论"和"表达式型理论"之争的角度来看,20 世纪 90 年代以及 21 世纪的前十年,音系学研究经历了重大的重新定向。

本书的原版本于 1985 年出版时,它所试图描述的 20 世纪,尚有一些极其重要的发展还没有发生。本书的确记录了19世纪70年代中期以来一个多世纪内的发展，但是，却并无法和"20世纪音系学"这个范围对应起来。

虽然这个书名不甚精确，但是我相信，本书在过去的30年里经受住了时间的考验。聚焦音系表达式之本质，细察将表达式和语音形式相联系的规则系统之特点，对于思考语音结构观长期以来的发展变化方式来说，二者之间的对立似乎是个追溯发展历程的有效途径。进一步说，我还相信，与本书所思考的那些历史人物相联系的那些观点，不仅得到了准确呈现，而且还对我们更具普遍性地理解音系形式具有重要意义。围绕着少量"伟人"来组织历史，有时会因忽视了历史所处的更广阔的画布而冒歪曲事实之风险。不过，对于语言学这样的十分狭小的领域来说，大人物之外的小人物相对较少，为这样的研究方法辩护就容易多了。

这并不是说，本书中所说的一切都应被视为本学科的最终结论，即使在本书所实际覆盖的时间界内也不例外。近来的研究成果为我们提供了大量宝贵细节，尤其是有关本书所描述的学者们的生平的细节，这些细节都需要融入进来，从而绘出一幅更全面的图景。

例如，约瑟夫(Joseph,2012)最近研究了关于费尔迪南·德·索绪尔极其复杂的一生的大量材料，也研究了索绪尔的生平大事和语言思想之间的联系。索绪尔的未发表笔记近年来也大量出版，虽然对这类材料的解读（甚至是年代确认）目前远未结束。关于布拉格语言学小组从成立之初到第二次世界大战的那些主

中文版序

导人物,托曼(Toman,1995)提供了许多极具启发的资料,他所依据的档案资料是我1985年时无法获及的。达奈尔(Darnell,1990)对爱德华·萨丕尔生平的叙述,同样可帮助我们理解这位大人物在美国音系学产生中的作用。1987年,列奥纳德·布龙菲尔德诞辰百年之际出版的若干材料,均为他的生平和思想、他和同一时代其他学者的关系绘制了更加清晰的图画。这样的例子还有很多很多:本书中探讨的重要历史人物,几乎没有谁没被作为专门书籍和文章的主题加以深入细致的研究,从而使我们对他(从本领域的社会学状况来看,直到近些年之前,几乎一直是男性为主)的生平和著作了解得更加清楚。

下列著作所提供的更多信息非常有价值,可帮助我们完成音系学思想发展中的主要人物的传记图景,不过,我似乎不想对他们在这些著作中所发展的理论观点进行折衷展示,也不想对本书中的内容进行重大修改。因此,我认为本书对研究语言学的学生,尤其是研究音系学的学生仍然具有价值。我希望中国学者也会觉得这个中文版本具有价值。

斯蒂芬·R. 安德森

康涅狄格州,基尔福德

2014年8月27日

---

* "中文版序"所附"参考文献"见第34页该序言原文"References"。——编者注

Phonology in the Twentieth Century Preface to the Chinese Edition

The appearance of this Chinese edition of Phonology in the Twentieth Century gives me great pleasure, as it makes the work more accessible to an increasingly important audience within our field. In recent years I have become aware of the large number of extremely serious linguists in China, and of the interesting work being done on a wide range of topics and languages by these scholars. I hope that the availability of this book will help to increase familiarity in China with the major themes of Western research in the area of sound structure, and thereby contribute to a greater mutual understanding between the Chinese and Western linguistic communities.

It was surely very naive of me to publish a book with the present title in 1985, since the twentieth century was far from over at that point. In fact, the early 1980s had already seen a considerable degree of turnover in opinions regarding basic issues in phonology, some of which is surveyed briefly in the final chapter of the book. Nonetheless, it was quite difficult at that point to envision the massive changes the field would soon undergo.

These began innocuously enough, as sketched in chapter 13, with a shift of attention in the mid to late 1970s from the classical concerns articulated by Chomsky & Halle (1968) with the nature and content of rules, moving to proposals about richer notions of phonological representation centering on non-linear notions of phonological structure. Following the Autosegmental proposals of Goldsmith (1976, 1979) and the emergence of Metrical Phonology in the work of Liberman (1975; cf. also Liberman& Prince 1977), phonologists largely abandoned questions of the detailed formulation of rules, their abstractness, and similar issues for a focus on the nature of the representations these rules manipulated. This redirection of research effort was further accentuated by the emergence of the program of Feature Geometry in the work of Clements (1985), Sagey (1990) and others.

In the context of the present work, this attention to enhanced notions of representation did not abandon a view of phonological structure as involving in essential ways both rules and representations: it was simply based on the idea that formally based explanation should rely primarily on restrictive theories of the latter. As McCarthy (1988: 84) formulated the point, "primary emphasis should be placed on studying phonological representations rather than rules. Simply put, if the representations are right, then the rules will follow."

In 1993, however, Alan Prince and Paul Smolensky circulated a manuscript (later appearing as Prince &Smolensky2004) that outlined a radically different program for phonology. This work advocated the wholesale replacement of classical rule systems with a very different approach based on systems of simultaneous ranked violable constraints—the approach known as Optimality Theory.

Optimality Theory dispenses altogether with specific rules relating phonological to phonetic form. In their place, the theory assumes a set of constraints on surface forms, falling into two classes: Markedness constraints, requiring that forms meet conditions of naturalness grounded in their phonetic substance, and Faithfulness constraints, requiring that properties of underlying or lexical forms be preserved in the output. Obviously these are typically in conflict, and the description of a language consists of a set of rankings determining how such conflicts are to be resolved.

Within this theory, there is no longer such a thing as a derivation of surface forms. Instead, a function GEN provides a broad range of possible surface correspondents to a given underlying form, and another function EVAL chooses the one among these that provides the best ("optimal") resolution in terms of the system of constraints operative in the language.

The constraints in such a system are quite similar in spirit to proposals made in a variety of previous frameworks: for example, the regularities of surface form suggested below to constitute Saussure's (unarticulated) view of a Fully Specified Surface Variant view of phonological structure, or the "conspiracies" proposed by generative phonologists in the 1970s. Where these theories tended to founder on the fact that however compelling a regularity a constraint may represent, it is quite rare for it to lack exceptions altogether. The ranking of constraints in Optimality Theory allows for them to be violated (exactly when necessary to satisfy some higher ranked constraint), and thus avoids this problem.

Within a few years after Prince and Smolensky proposed this model of phonological description, it had come to dominate (in various forms, and with inevitable evolution) discussion and teaching of phonology in nearly all venues in North America and Europe. More recently, as I write this in 2014, I have the impression that a small set of fundamental problems centering on the notion of "opacity" are rapidly leading to further shifts. These include both the reintroduction of rule-like notions and derivational structure of the sort that characterized phonology in the 1960s and 1970s, and the abandonment in some quarters of the research program of Optimality Theory in favor of other approaches, but it is surely too soon to forecast this sort of thing with any certainty. What is clear is that the 1990s and the initial decade of the 21st century saw a major re-orientation of phonological research in the terms of the "rules vs. representations" typology of theories presented below.

When the original edition of this book was published in 1985, then, there were still extremely important developments yet to come in the century it proposed to describe. It did document developments over more than a century from the mid-1870s, but not one that was coextensive with the scope of "phonology in the twentieth century."

Despite this inaccuracy in its title, though, I believe the work has stood the test of time over the past 30 years. The opposition between a focus on the nature of phonological representations and close attention to the properties of a system of rules that relate these to phonetic form seems a productive way to trace developments in thinking about how views of sound structure develop and change over time. Furthermore, I believe that the views associated with the historical figures considered here are both accurately presented and significant for our more general understanding of phonological form. History structured around a few "great men" sometimes risks distorting reality by ignoring the much broader canvas on which it actually plays out, but in the case of a rather small field like linguistics, with comparatively few players apart from the major figures, it is rather easier to defend such an approach.

This is not to suggest that everything here should be regarded as the last word on the subject, even within the temporal limits of its actual coverage. More recent scholarship has provided us with a wealth of details, especially concerning the lives of the scholars portrayed here, that would need to be incorporated to provide anything like a comprehensive picture.

For instance, Joseph (2012) has recently surveyed a vast amount of material about the rather complex life of Ferdinand de Saussure and the relation between events in his life and his thought about language. A large quantity of Saussure's unpublished notes have also appeared in recent years, though the interpretation (and even the dating) of this material is far from settled at this point. Toman (1995) provides many illuminating observations about the dominant figures in the Linguistic Circle of Prague from its earliest days through World War II, on the basis of archival material not available to me in 1985. Darnell's (1990) account of the life of Edward Sapir similarly helps us to understand the life of this major figure in the emergence of the field in the U. S. A variety of material published around the centennial in 1987 of the birth of

Phonology in the Twentieth Century Preface to the Chinese Edition

Leonard Bloomfield gives a clearer picture of his life and thought, and his relation to other scholars of his time. And so on, and on and on: hardly a single important historical figure discussed in this book has not been the subject of specialized books and articles that have amplified and clarified what we know about his (and given the sociology of the field until comparatively recently, it is nearly always his) life and work.

While the additional information these subsequent studies provide is very valuable and helps to complete the biographical pictures of the major figures in the development of phonological thought, it does not seem to me to compromise the presentation below of the theoretical positions they developed or to require major revisions in what is said here. As a result, I think the book retains its value for students of linguistics generally, and of phonology in particular. I hope that the present edition will be found valuable for Chinese scholars as well.

Stephen R. Anderson
Guilford, Connecticut
27 August, 2014

References

Chomsky, Noam & Morris Halle. 1968. *The sound pattern of English*. New York: Harper & Row.

Clements, George N. 1985. The geometry of phonological features. *Phonology Yearbook* 2. 225-252.

Darnell, Regna. 1990. *Edward Sapir*. Berkeley: University of California Press.

Goldsmith, John. 1976. An overview of autosegmental phonology. *Linguistic Analysis* 2. 23-68.

Goldsmith, John. 1979. *Autosegmental phonology*. New York: Garland Press.

Joseph, John E. 2012. *Saussure*. Oxford: Oxford University Press.

Liberman, Mark Y. 1975. *The intonational system of English*. Ph. D. thesis, MIT. Published 1979 by Garland Press.

Liberman, Mark Y. & Alan S. Prince. 1977. On stress and linguistic rhythm. *Linguistic Inquiry* 8. 249-336.

McCarthy, John J. 1988. Feature geometry and dependency: A review. *Phonetica* 45. 84-108.

Prince, Alan & Paul Smolensky. 2004. *Optimality theory: Constraint interaction in generative grammar*. Oxford: lackwell.

Sagey, Elizabeth. 1990. *The representation of features in nonlinear phonology: The articulator node*. NewYork:

Garland.

Toman, Jindřich. 1995. *The magic of a common language: Jakobson, Mathesius, Trubetzkoy, and the Prague Linguistic Circle*. Cambridge, MA: MIT Press.

致　　谢

本书源自我于各个时期在加利福尼亚大学洛杉矶校区（UCLA）以及斯坦福大学开设的课程，但在我1981年至1983年大部分时间住在瑞士日内瓦时变成了现实。居于日内瓦的语言学家，不可能不花上至少一点点时间来思考费尔迪南·德·索绪尔，其他一切则随之而来。

这本书很大程度上得益于多年来与诸多人的探讨。除了该感谢课上使用这份材料的学生们之外，我还应感谢下列人士对本书部分手稿所做的评论和建议：比尔·达尔顿（Bill Darden）、埃莉·费舍-于尔根森（Eli Fischer-Jørgensen）、约翰·戈尔德史密斯（John Goldsmith）、莫里斯·哈勒（Morris Halle）、保罗·奇帕斯基（Paul Kiparsky）、彼得·雷德福吉德（Peter Ladefoged）、罗杰·拉斯（Roger Lass）、威尔·雷本（Will Leben）、比尔·波泽尔（Bill Poser）、埃迪·卢雷（Eddy Roulet）、阿兰·廷波雷克（Alan Timberlake）、奈吉尔·文森特（Nigel Vincent）。弗里茨·纽梅耶（Fritz Newmeyer）值得特别感谢，因为他为差不多整部书提出了仔细且极具帮助的意见。最后，我还要感谢奥提·巴特-埃尔（Outi Bat-El），她为本书做了索引。自然，他们谁也不应该因我的错误、遗漏或未能遵循他

致　谢

们的建议而受到批评。

我在日内瓦的生活，以及本书的相当一部分研究和写作，皆由1982—1983年美国学术团体委员会（American Council of Learned Society）的博士后奖学金资助。ACLS此时及此前的帮助均对我极具价值，我对该委员会由衷感谢。1982年春季学期期间的准备工作由加利福尼亚大学提供的学术假期资助，对此我同样表示感激。我在瑞士期间的研究条件和图书馆条件由苏黎世大学语言学系提供，我在此同表谢意。

最后，我妻子热妮娜·M. 安德森-贝依（Janine M. Anderson-Bays）的支持（个人方面、财务方面及其他方面）同样十分关键，无论我们在瑞士居住期间还是本书写作期间皆如此。我希望她会在本书中找到理由相信，这时间不仅过得快乐，而且用得值得。

○ 导　　论

　　本书首要关注的是语言学史，但却并非仅仅是本有关于语言学史的书。一方面，虽然本书中所探讨的问题产生于历史背景之中，但是关于这些问题的观点却是因其自身而得以探讨的。例如，为语言学设想出一个重要的语音表达层面，其动因是什么？另一方面，虽然本书追溯音系学理论在 20 世纪的发展历程，但这一举措的目的并不仅仅是为语言学史研究本身做贡献。我们的意图在于将这一历史与一个特定问题做比照：即充当语言理论组成部分，尤其是语音结构理论组成部分的规则（rule）和表达式（expression）之间的平衡问题。此处我们的论点是：当前关于这一问题的看法，只能置于这一领域的历史发展背景中去理解、去鉴赏，这使得人们通过近百年来的各位巨匠在其著作中对形式所做的研究，来对这一问题加以展示。

　　为了达到这一目的，对有关语言学史的各种结论和观点进行展现十分必要。这些结论和观点有些可能很新奇或是很具争议性，常常不完善（在涉及所探讨的人物对音系学之外的问题的看法时尤为如此）。对本学科的历史有着全面兴趣的读者，在估价本书更广义结论的充分性时，不要忘记本书的目的较为具体。不过我们可以期待，本书所展示的 20 世纪语言学发展历程的图景,并未严重扭曲这段历史。

1 为何要研究 20 世纪音系学史

20 世纪音系学发展进程作为研究对象,其条理性如何？提出这一问题很有道理。也就是说,是否应当把我们的注意力限制在(a)20 世纪和(b)音系学范围内？显然,任何研究,若是被限制在某一领域之局部,就得承担与同一领域的其他局部失去联系的风险。其他局部与之同时发展,并处于相互影响的关系中。同样,还存在将某一特定阶段的研究从其前一阶段(也是最终成就了这一阶段的阶段)人为孤立出去的风险。不过,虽然有这两个问题存在,我们所界定的这个领域仍然成立。

本书选取这一时间段(大体为 19 世纪 80 年代到 20 世纪 70 年代)所基于的事实是,20 世纪语言学显然跟其前一阶段之间存在十分尖锐的断裂。欧洲的费尔迪南·德·索绪尔(Ferdinand de Saussure)、扬·博杜安·德·库尔德内(Jan Baudouin de Courtenay)以及美国的弗兰茨·鲍阿斯(Franz Boas),开始表述关于语言本质的观点。这些观点从诸多方面来看无疑源于以往语言学家所探讨过的问题,但却十分明显地有悖于当时的两大主流传统:其一是继承中世纪哲学家和语法学家的理性主义传统语法;其二是比较语言学之新发——19 世纪语言学的特别成就。

世纪之交(这个概念可自由构建),数位杰出人物对建立日后的语言研究之新传统做出了贡献。这一创新研究,大都与"结构主义"语言观的发展相关,尽管该理念的这些早期人物并不一

○ 导论

定以这样的角度看待自己的贡献。有些时候,他们的影响力非常有限,直到后来才有所改变。也有些时候,将其著作阐释为"结构主义"似乎是回溯时强加上去的。但是,"结构主义语言学"可以说是基本上与20世纪同时到来,并造就了合理、连贯而有机的研究对象。

20世纪的语言观与此前的语言观之间的区别,足以支撑起一个独立的研究领域。倘若接受了这一论断,那么我们或许就可询问:这部音系学研究著作的独特关注对象为何合理?这当然不是说语言研究的其他层面不值得关注;但本书的确承认,不管结构主义语言学的目标在理论上有多么普遍,其理论关注点其实仍在于语音结构。至于说存在结构主义形态学理论或句法学理论,这类理论往往是将音系学研究中业已取得的成果导入上述领域而已。虽然语言学的后结构主义发展可以说是向句法学投入了更为独立的关注,但是即便如此,或许也仍可认为,我们当前关于语言结构的概念,有许多都源自关于音系学特征的结构主义观点。诚然也可以说,大多数受到关注的语言学家(至少到20世纪60年代为止皆如此),或许都希望根据自己的音系研究正确与否得到评判。因为他们中大多数人认为,恰恰是在这一领域中,我们对语言本质的认识取得了重大进步。

因此,从语言学史的角度来看,研究音系学一个世纪以来的发展历程,若是有可能成为一个连贯的研究主题,那么我们就可继续以更具一般性的方式,来探寻这种历史研究的方法和动机。语言学史这一领域,已从多个视角吸引了相当程度的关注,我们可以从先前的研究背后辨别出若干独特的动因。

任何领域的学生,皆可能会探究该领域的历史,其原因之一就是为自己当前的见解和倾向找寻支持。我们常常发现,前人(最好是被普遍赞誉为大师的那些人,必要时,或许任何历史足够久远的人都可以)考虑过的某些东西,可以阐释为与我们自己所研究的东西相同。也可能,前人所做的论断在内容上与我们相似,或者是至少在形式上与我们相似。有时候,将此类前人列举出来,可视为给我们的想法借来了某种意义上的合法性,甚至成为我们观点的许可状(imprimatur)。

这种"根源"型的历史在许多学科领域中皆可一次次展现。但是,20世纪50年代和60年代初期,生成语言学(generative linguistics)对其源头进行论述时,这种情形是否特别显著,却很难说。现在就举出具体的例子来未必特能说明问题,但这样的例子会在后面出现。只要这一态度能够得以记载,反生成主义(antigenerativist)的文献中的批评基调就显得有些反讽:他们认为生成语言学酷似"摧毁圣像运动",对过去极不友善。显然,从原则上来说,我们只要能够看出某一历史探讨属于这种自我证明型,就应当对其结论保持怀疑。这种"依照出身而定的罪(guilt by assoliation)"颠倒事实,基本无法合理地取代论证过程。其唯一可能的效度只是对相反意见加以反对,声称当前某些观点荒唐得不可救药。

研究本学科历史的另一个目的(从学术角度来看,这个目的似乎更为可敬)是寻找独到的洞察与启示。几乎没有哪位研究者会觉得自己可直接获取值得探究的全部真理,他自然会向同代人寻求帮助。不过,我们除非严格认定历史发展是无降势的单调运动,除非认为当前自身一定优于过去,否则就没有理由不

○ 导论

带着类似的敬意来对待我们的学术祖先。历史上出现过的许多独具匠心的真知灼见,未能全部融入学科之中。有的或许是因为缺乏恰当的理论框架来把发现或结论放置进去,有的则是因为某些论断的不合时宜,①还有的或许是因为不幸的表述方式,②或者仅仅是因为该调查研究者无名无分。回顾这些在我

---

① 例如,1911 年,马泰修斯(Vilém Mathesius,1882—1945)在捷克皇家科学学会发表演讲,题目是《论语言现象的潜势》。演讲以及随后发表的文本都未能引起任何反应,因为当时布拉格的语言学氛围深受新语法学派历史观念的控制,人们无法赏识马泰修斯的思想。1920 年,雅柯布森(Roman Jakobson,1896—1982)在布拉格读到该文,他对马泰修斯说,如果此文 1911 年是在莫斯科宣读,将引发一场真正的语言学革命。《论语言现象的潜势》英译本收入瓦海克主编的《布拉格学派文选——布拉格学派一些基本的和鲜为人知的方面》(Vachek, Josef. ed. 1983. *Praguiana: Some Basic and Less Known Aspects of the Prague Linguistic School.* Prague: Academia.)。——校者注

② 罗宾斯(2001:164)在论及德国语言学家洪堡特(Wilhelm von Humboldt,1767—1835)的时候说,如果洪堡特的文体不那么松散,如果他的思想能阐释得更加充分,有更多的举例说明,如果他的作品更广为人知,人们想知道,他是否会得到堪与索绪尔相比的地位,成为现代语言学思想的奠基人之一。见罗宾斯《语言学简史》(Robins, Robert H. 1997. *A Short History of Linguistics.* 4th edition. London and New York: Longman. 外语教学与研究出版社,英文影印本,姚小平导读,2001)。再比如,瑞典语言学家苏丹(Karl Fritiof Sundén,1868—?)有一部英文著作《英语的陈述范畴与陈述变化》(1916. Essay I. *The predicational categories in English.* Essay II. *A category of predicational change in English.* Uppsala: University Press.),颇有新意,但是表达方式欠佳。英国语言学家布拉德雷(Henry Bradley,1845—1923)指出,苏丹文笔表达不清楚,许多句子要读两三遍才能明白意思,这些句子大多结构正确,没有歧义,但表达方式并非英国人的自然用法,或者说并非不假思索就可以理解(1919. Review of *Predicational Categories and Predicational Change in English.* By K. F. Sundén. *The Modern Language Review* 14:121—123.)。——校者注

们之前研究过我们领域的人们所做的著述,我们总能够期待着找到些其后的研究无端忽视的珍宝。

不过,无论采取上述哪种动机来进行历史研究,我们都面临歪曲先前学者的风险,有时是通过将我们的关注点强加给他们,有时是通过把他们的著述塞进与他们的观点迥异的当今框架措词内。诚然,这不会削弱我们从这类研究中所获取与我们当前的研究工作相关的东西之价值。但是,就历史自身而言,这一问题显然会造就不实之史。

这类例子如波斯塔尔(Postal,1964)对鲍阿斯音系学理论的评述。波斯塔尔是在对沃杰林(Voegelin and Voegelin,1963)的评述做回应。后者将鲍阿斯描述为"单一层面"结构主义者,因为鲍阿斯相信(音系)表达式只存在一个在结构上有重要意义的层面。波斯塔尔的评论依据的是鲍阿斯研究伊洛魁族语言(Iroquoian)的一篇文章,他自己也承认该文较为孤立,在鲍阿斯的全部作品中或许并无代表性。他引述了几个例子。这些例子中鲍阿斯的言辞暗示,通过某种语言语法中特有的音系规则,一个表达式可向另一个表达式转化。据此他得出结论,鲍阿斯当时一定认为至少存在两层有音系学意义的结构。由于这些层面中有一个层面必须具有通过切分过程和分类过程无法从语音形式表面直接看到的特征,所以波斯塔尔提出,鲍阿斯其实认为,抽象音系结构通过与生成音系学十分类似的方式转化成了表层语音形式。

波斯塔尔对鲍阿斯的看法当然可能正确(虽然我们会在第八章中提出他的看法并不正确),但是得出这一看法所使用的方

○ 导论

法论却不那么让人满意。尤其需要指出的是，只不过是因为我们把鲍阿斯的话塞进了当代人的嘴里，这些话才具有了波斯塔尔从中发现的暗示。抛开年代误植（anachronism），我们会发现鲍阿斯只是使用传统语法的措词来描写语音交替现象而已。因此，说"A（在某些条件下）变成了 B"并不是声称 A 已经预先存在，并且后来在相应条件具备时转变成了 B。这意思只是说，在我们或许期望（可能是依据其他与之相关联的形式）找到 A 的地方，由于相关条件得到了满足，我们实际找到的是 B。这种描写语音交替的表述模式在 19 世纪及 19 世纪以前的描写中十分普遍，与认为语言形式的语音结构只有一层有意义的表达式的观点相容甚好。生成语法的发展造就了一种气候："A 在 C 条件下变成 B"中包含较为抽象的表达式（A 出现于此）和较为具体的表达式（B 出现于此）之间的关系；但是，这并非以此方式讨论语音交替的惟一阐释（甚至也不是最直接的阐释），当然也没有理由像波斯塔尔那样将其归功于鲍阿斯。

　　类似另有一个或许更激烈点的例子，是莱特纳（Lightner，1971）对斯沃迪什和沃杰林（Swadish and Voegelin, 1939）那篇论形态音位理论的经典论文的批评。莱特纳特别探讨了斯沃迪什和沃杰林对英语中 leaf / leaves 等词尾清摩擦音在复数中对应浊摩擦音的语音交替现象所作的分析。斯沃迪什和沃杰林把英语 leaf 的词干表达为 |liF|（以区别于 |bəlif| belief 等带有不发生变化的 [f] 的词干）。莱特纳提出的问题就是，斯沃迪什和沃杰林的转写中，符号 |F| 代表的到底是什么？他得出结论（其实他俩得出的也是这个结论），|F| 不会是简单的 [f]，因为

7

5　其他一些以[f]为结尾的形式(如 belief)并未显现出问题中的这种语音交替。与之类似,|F|也无法代表[v],因为存在以不发生语音交替的[v]结尾词(如表示"休假"的 leave)。

　　基于上述考虑,莱特纳猜测,斯沃迪什和沃杰林当时一定打算用其|F|来表示别的音段——比如带有附加特征的[f],像咽化、喉化等。可是显然,为了这一目的而选用的任何特征,其语音值都从未在表层得到过实现。因为|F|永远是要么读[f]、要么读[v],并无附加的咽化或喉化等使之和其他情形中的[f]和[v]相区分。因此,莱特纳得出结论,斯沃迪什和沃杰林使用了随意的特征来使|F|成为附加区别符号,与|f|相区分。某一特征(如,咽化)的选择是完全任意的(只要所选用的这个特征在该语言中没有其他用途即可),因而造成其分析最终不统一。

　　对斯沃迪什和沃杰林的这一攻击,其弱点应当很明显。事实上,并无证据表明他们俩试图从语音角度来解释|F|和|f|之间的区别。他们明确表示了这样的事实:类似|F|这样的符号只不过是形态音位公式(|F| = 单数形式中为/f/,复数形式中为/v/)的缩略形式。在 20 世纪 30 年代的精神中,这样的公式不过是在对分布进行陈述(此例中,是以形态因素为条件,而不是以音位因素为条件)。由此可见,这一问题要从语音角度(或音位角度)来解释,只能通过参照其环境:在有的环境中,其值为/f/,而在别的环境中其值为/v/。关键的一点是,无论在何种情况下,都不是什么介于两者之间的东西或是与两者皆不同的东西。

○ 导论

但是,在莱特纳进行这种探讨的那个年代,大多数生成音系学家都相信,底层形式(或称"系统音位"[systematic phonemic]形式)中的每个符号都应当用一套统一的语音/音系特征来解释。因此,对于莱特纳来说,|F|如果既不是/f/也不是/v/,那么就必须在该理论所提供的某一(以语音为基础的)区别特征方面与两者都不同。这样的观点在当今无论有什么样的魅力,无论多么能够解释成语音结构的潜在限制性理论,都不应该将这样的立场强加于斯沃迪什和沃杰林。他们在尽力指出,自己的形态音位符号并不应当被直接解释为语音符号或音位符号。如果这么做,并且以此对他们观点的连贯性进行批评,就不是研究其著作的准确的历史方法。

作为历史研究的基础,更禁得住推敲似乎是第三种可能的动因:人们希望理解过去,可能只是为了懂得当前。倘若如此,这个理由对于历史的重要性表达得实在有些空洞。但是这个理由却掩盖了一个更为具体的问题。某一领域中,被其实践者习以为常并传递给其弟子的许多看法、问题、研究策略、强调重点,是通过类似的方式从他们自己的前人那里演变而来的。重要之处在于这一事实:传承过程的发生,未必表明这些传承下来的概念在每一步都经过了重新思考和全新判断。故而,我们或许会发现,自己核心关注的问题其实是些属于前一代人的问题。假使我们依据当前对本领域研究对象的理解,来重新设计我们的领域,那么这些问题就不会太吸引我们的注意力。

这就是说,某一领域的某些根本思想或指导思想常常发生变化,但这种变化却并未使该领域的其余部分依据基本原则得到重新思考并由此形成统一的整体。某一学科中的许多问题等,历经理论的实质变化之后却依旧如故。时常对一切进行重新思考,从而跟创新保持完全一致,这样的努力或被视为不应当。不过,对基本的一致性进行臆断的代价,或许就是向该领域输入了一些吸收得很不完善的概念残留:这类概念是先前的理论的核心,但跟我们当前的理解关联甚少或全无关系。因此,我们或许希望研究一下我们领域的历史,在一定程度上就是要指明此类异常情况。

生成语法近来的发展表明,研究语言学史的最后这个动因在当前或许格外贴切。这是因为,大多数思索语言学研究对象的学者所持的观念发生了一次重大变革。传统上,语言学家认为自己所关注的问题在于语言(language)研究,即研究构成统一而连贯的系统的(数量上或许无限的)可能句子集合(或话语集合等)。但是逐渐地,研究重点从语言的特征转向了语法(grammar)的特征,即研究规则之体系。这种规则体系使系统中(正确的)句子的特征得以具体化。

此处涉及的这一变化有些微妙,因为先前那些明确致力于描绘语言特征的研究者,自然在以语法的形式对其所进行的描写加以展示。而当前的研究以同样自然的方式,倾向于通过使用标注为正确(well formed)的句子来阐明其所研究的语法。因此,两种研究路子包含了对两类研究对象的同时关注。但是,先前几代语言学家把语法的展示视为满足某一具体语言基本要求的途径。而当今的兴趣点则更在于一种证据。这种证据由具体语言的语法提供,目的在于使语法的普遍形式(general form of grammars)得以具体化。语言学探索的对象所发生的明确转变显现了出来,虽然完整清晰地将这一问题公式化尚显困难。

然而,这一变化对本领域的概念结构十分重要:由研究句子集合转向研究规则系统,至少也会导致部分范围内的变化。这些部分中,我们可能期望找到理论构架与物理(神经、心理等)世界中的对象、结构之间的实证接触。乔姆斯基(Chomsky,1981)新近指出,"语言"(此处指某一特定言语共同体内部构成交际系统的句子集合)的实证特征或许会赋予系统研究一个未得到良好解释的术语,或者说至少是个不妥当的术语。由于这个概念实质上构成了先前所有语言理论的基础,放弃这一概念的影响可能会极其深远。并没有特别的理由去先验地相信,语言理论和语法理论彼此相称,当然也没有理由相信,一种类型的理论的猜想和结论,可以直接移入另一种类型的理论。

2 本书的目的

本书的地位,恰恰是基于这一问题。我想指出,语言学的表达式概念,源于关注"语言"(可理解为句子、词语、话语等的集合)的理论中的核心研究对象;而规则这个概念,则主要在与"语法"研究的关联中产生。本领域当前核心关注的许多问题,基本都与表达式的基本特征相关;可是,如果这个概念主要属于语言理论,并且我们认定语言学研究的合理对象其实是语法,那么就可以推论出,关于表达式特征的思考至少也须重新提出,并且依照我们赋予这一领域的逻辑结构来做出调整。

我们把这个问题放在语音结构这一范围内,使其具体一些。由于语言的口头特征,自然语言语音模式的组织结构基础,即在于其以何种方式构建了(物理上)相异的声道活动(event)之间的系统关联。对某一具体语言中此类语音模式进行特征刻画,主要就是对这类事件中所允许的变化域(variation range)进行描写。只要这类声道活动依旧可算作在语言学意义上"相同",即如此。即使是对于"相同"话语的连续重复来说,这个问题也无疑存在。因为足够精密的测量器具,通常可以辨别出任意两次物理声道运动之间的某些差别,无论这种差别有多么微小。某一话语的这种物理上相异的重复,即使在特定语言的说话人看来完全无区别,也依然如此。

　　从语言学家的角度来看,这种"差异在不同声道活动之间永远存在"的观念似乎是个纯粹的技术性细节(technicality)(无论这种技术性细节对哲学家或物理学家来说多么重要)。不过,在更高的层面上,有个类似的问题出现了,其方式只有语言学家才能正经使用。例如在英语中,重读音节的元音在长度上显现出一定的差异,这是紧随其后的辅音的特征造成的。这类"相同"的元音在其他方面都没有不同(ceteris paribus),但在位于/z/前时最长,位于/p/或/k/前时最短,位于浊阻塞音、鼻音等前面长度居中(参见莱依斯特[Lehiste]1970年关于相关事实的评述)。不过,我们若是说类似 razz 和 rap 中的 a 并非"相同"实在困难(至少在英语中如此);实际上,语言学家以外的人恐怕也根本不愿意相信这两个音不同。任何语言的语音模式中都包含数量庞大的此类发音规则,这些发音规则或多或少地为"相同"音的变化幅度和与之相伴的条件做出了精确的限制。

拿出一系列例子来解释英语重读元音长度(这是位于其后的辅音的功效)以及差异更为明显的其他情形中的完全渐进式过渡,十分可能。这就是说,相互关联的音在物理上可以极不相同(并且因此而在语音分析的任何层面上都不同),但却依旧算作语言学上相同的音。因为这些音在同一更大语言单位(即同一构形成分[formative]或同一语素[morpheme])的不同变体中相互联系着。因此,cats 中的[s]和 dogs 中的[z]代表的都是英语复数标记这一相同构件(这二者跟语素长度相同,而 horses 中的[z]只是这一更高单位中的一部分)。与之类似,fanatic 中的[k]在某种程度上也与 fanaticism 中的[s]"相同"。而在更高的层面上我们或许可以说,有理由认为 am 和 is 中含有相同的动词{be};再举个不那么极端的例子,在格鲁吉亚语 mo-klav-s("杀",单数第三人称):mo-kvl-a("杀",现在分词)这个例子中,我们发现相同的高级单位由相同的音段内容以不同的形式表现出来。

无论什么时候,我们只要研究语音形式之间的这类系统关系,就要力求为可视为"相同"的语言元素的变化状况确定变化范围和条件。确定变化范围和条件,就需要研究构成该语言语音系统的规则;系统关系如,(英语)"元音在/z/前最长,在/n/等前次之";"词尾阻塞音与位于其前的阻塞音清浊相同";"许多形式中的/k/如果后边接以非低前元音开头的词尾,则与/s/相关联";(格鲁吉亚语)"阻塞音加流音(或鼻音)加/v/的序列不存在,若预计发生,则会发现这些同样的辅音按流音或鼻音出现在/v/后的顺序出现";等等。这类陈述,无论其中隐藏着什么样的形式主义方法,本质上均表述了相关联的不同形式之间建立对应关系:即,条件 A 下的形式 x,对应着条件 B 下与之系统关联的形式 y。也就是说,从更高层面的单位的本质特征来看,(条件 A 下的)x 和(条件 B 下的)y 之间的差别不重要:二者可视为"相同事物"。

但是,无论什么时候,只要我们说(由于规则 R),x 和 y 在语言学上视为"同一事物",其实都禁不住要问这一"事物"究竟是什么。我们若要为这类问题提出答案,就不再会对使 x 和 y 相关联的规则进行描写,而是更愿意去提出一个体现二者共性的表达式。

语言学中(或者说至少是在关于语音结构的语言学角色的研究中),通过区分语音学和音系学,可以得出首要的深刻见解。这一点是基于这样的认识:对具体语言的描写必须对这一语言的独特规则进行某种叙述,这种叙述要超越在语音学角度有区别的音之间的系统关系,这些音的特征则取决于所研究的语言特有的条件。

或许,西方传统中最早的明显为"音系学"的观点,毫无例外地主要是规则之理论,而表达式的问题则是后来才产生的。索绪尔在个别音段层面上处理了单一性与多样性的问题,而博杜安·德·库尔德内和克鲁舍夫斯基则在形态单位层面上处理此问题;不过,由此而相关联的元素集合,其统一表达式的问题却是许多年之后才出现的。

但是很快,在索绪尔、博杜安·德·库尔德内、克鲁舍夫斯基的思想的后继发展中,关注点聚焦到了设想中的不变量表达式(invariant representation)的特征上。不变量表达式明显暗藏于变量(variants)下,这些变量之间的关联则由某一语言中的规则所系统管辖。因而,20世纪音系学史中的大多数时期,都是表达式理论的历史。这一历史致力于回答"音位、形态音位、语素的本质是什么"等问题。

从严格的唯名论立场上来看,或者可以不那么极端地来看,我们或许可以认为这一问题存在于逻辑错误之上。x 和 y 可视为"相同事物"这一事实,并未暗示可以对二者皆属的那个"事物"进行研究(这一观点是由林奈尔[Linell]于1979年在一个不尽相同却确有关联的场合中提出来的)。我们能够构建起这样一种表述:"不是本集合中的元素的一切集合的集合",但这一事实却未必暗示这一悖论成分的确可以存在;而总的来说,我们在本体论中绝不应当被元语言提供的可能性所误导。但是,即使是不那么极端的评论,即使不否认语言结构中潜藏的不变量的重要性,也依然可认为,完全聚焦于表达式问题会使大量规律性得不到解释,这类规律性由规则管辖,并充当语言变异(linguistic variation)的特征。如果我们把前面提到的由语言向语法的焦点变化视为语言学研究的对象,这一点就尤为正确。

在本书中,规则研究和表达式(指上文意义上的表达式)研究之间的平衡史将成为首要关注。我们希望为不同时期导致不同关注点的影响因素追本溯源;同时也希望探索出,看似明显属于一个领域的事实,何以能够在另一种理论的框架下得到容纳。从这一意义上来说,应当强调,我们并不想提出,在语言学理论中某种考虑是正确的,而另一种则是错误的。其实,规则理论和表达式理论都是在研究同样的语言结构相互紧密联系的层面以及不可分解的层面。但是,为了理解这一结构,这两个层面必须都得以考虑,而这显然并不总是语音结构研究继续展开的基础。

3 现代观点的历史起源:具体例子

刚才提出的该问题的历史研究法,其目的已十分明显。只要我们力图理解自己理论的概念基础,就只能够承认,我们自己的理论在一定程度上是他人(我们的老师、老师的前人)观点的残留。若是的确想评估我们自己理论的逻辑内涵,那么就有必要事先通过对前人观点的评估来达到此目的——即"采用他们自己的措辞",虽然这有点像个悖论。我们若要理解某一问题的成因和逻辑依据,就必须进入产生问题的观点的"内部"。

这里,我们可以举出一个此类学术传承性的例子。在音系学研究中,底层(音位或音系)表达式应当只包含区别性(distinctive)材料或称非羡余(nonredundant)材料,这一点常常被认为是不证自明。这就是说,若要得出某一形式的音系表达式,其中涉及的步骤之一就是消除所有可预测的特征并将该形式缩减到最小赋值;所有其他特征都由这一最小赋值出发,通过普遍规则衍生出来。其实对很多人来说,这类步骤在给定形式的"音系"表达式和"语音"表达式之间建立起了根本性差别。

但是有时候,消除羡余性会造成非预期的结果。某些情况下,两个或两个以上特征各自皆依其环境而可预测,这些特征之间相互关联,无法在不削弱描写的普遍性的情况下同时从音系表达式中消除。在这种情况下我们就必须得出结论,最小羡余特征表达式(minimally redundant representation)此时并非最佳。

例如在俄语中经常可以注意到,前元音[i]和后元音[ɨ]之间的差别并不具有区别性:[ɨ]出现在"硬"辅音(即非腭化辅音)之后,[i]出现在其他位置上。以此为依据,特鲁别茨科依(Trubetzkoy,1939)等学者下过结论:音系单位/i/(在"硬"辅音后由[ɨ]表示,在其他位置上由[i]表示)和/u/只在圆唇特征上相对立,和/e/只在高度特征上相对立。于是,该元音的最小羡余特征表达式不会包含任何跟[±后位性]相关的值,因为该特征的可预测性十分统一。

俄语中的许多辅音都属于相互对应的软硬辅音对,但并不是所有辅音皆如此。其中,软腭阻塞音/k/、/g/、/x/就没有以该方式成对区分。上述三个辅音中,每个辅音位于后元音([u]、[o]、[a])之前时都以语音上偏"硬"的变体出现,而位于前元音([i]、[e])之前时则以语音上偏"软"的变体(语音学称之为"腭音"[palatal])出现。由于/k/、/g/、/x/的这种"硬"(非腭化)和"软"(腭化)的变体之间的差别完全可预测,这类音段在无羡余描写中并不需要把这一特征具体写出来。

不过此时显然存在着一个问题。元音/i/的后位性,因其前边硬辅音的有无而具可预测性;但位于元音之前的/k/的"硬度",却又因其后面的元音的"前部性"而具可预测性。事实上,/ki/这个序列的发音永远是"软辅音"[kʲ]加前元音[i](例如,

[pušk,in]"普希金");但是,如果/k/和/i/都不被赋"后位性"值,就不清楚该如何描写上述事实。

诚然,如果/i/被赋值(羡余)为"基本"具前部性,问题就不存在了:我们只需要说,(a)软腭音在前元音前变为腭音,(b)/i/在"硬"辅音后具有[＋后位性]。可以猜想,俄语中"硬"辅音和"软"辅音之间的差别,跟后元音和前元音之间的差别是同一个[＋后位性]特征的问题。这套规则表达的是元音和辅音在适当的环境下相互调和时所体现出的同化本质。但是,如果音系元素只依其非羡余特征而赋值,软腭音的腭化规则就无法以后面的/i/作参照,并且必须被阐述为"软腭音在非低、非圆唇的元音之前变为腭音"。此类元音在所有情况下皆为语音学意义上的前元音(由于有规则让/i/在"软"辅音后成为前元音),因此,这一事实可视为在理论上十分独立,而此变化的同化本质则完全被掩盖掉。

在这一情形中,倘若想使描写的普遍性得以保持,这个明显的羡余特征就必须在音系表达式中得到明确赋值。当然也可以说,这个例子是个孤立的例子,在自然语言的结构中并不典型。但是在现实中,相互独立的特征现象在语言中十分常见,虽然其结果未必总被认定为麻烦。

这一类型的最简单例子出现得十分频繁,以至基本未受注意。设想一下,有两个特征完全可相互预测(至少在某些条件下如此):例如,许多语言中都有鼻音加塞音构成的辅音丛,可以从其中一个的发音部位预测出另一个的发音部位。我们常常从音系学的角度对其中的一个特征进行赋值(如,塞音的发音部位),

并列入一条规则来说明另一个特征(如,鼻音的发音部位)。但是我们必须认识到,从消除羡余性的角度来看,决定消除这两个相互依存的特征中的这一个而非另一个,要么全然出于任意,要么至少也是基于某种特别的(ad hoc)辅助原则,这样的原则很少会明晰或准确。在一些比较糟糕的情形中,为了达到消除羡余性的要求,我们或许得被迫做出些无法用原则理由来辩护的抉择。在20世纪的音系学家们当中,只有伦敦韵律学派(见下文第七章)愿意正经考虑这一问题,重新思索了羡余特征在语言描写中的作用基础。

  我们并不想在此为相反观点辩解,并不觉得可预测的特征应当系统纳入音系形式中而不是将其消除掉并通过规则来重新代入。相反,我们的要点在于提出,至少有这么个问题需要论证。并且,音系表达式中应当包含多少信息?回答这个问题的特定答案会引发其他结果,要求其依据原则理由得以衡量。尤其需要指出,认为这类表达式应当全无羡余特征的观点并非正确且不证自明。很有意思,有些话语科学家(speech scientist)做出了完全相反的设想:说话者所使用的语言形式中唯一具有语言学重要性的表达式,恰是呈现了极低层面语音细节的最大赋值表达式(此观点系通过与丹尼斯·克拉特[Dennis Klatt]私下交流所得)。

  实际上(正如后面我们要展开论证的那样),音系形式与其在语法中的表达式的基本功能相一致,且至少会有某一个可预测的羡余特征存在于其中,形成这样的观点完全可能。再次说明,我们此处的观点并不是要为此类观点的正确性辩护,而只是要辩明坚持这一观点的逻辑统一性。不过对于很多语言学家来说,这一概念似乎与音系形式和语音形式之差别的根本本质完全不相容。究其原因是很值得的:"音系"地位和可预测性之间的关系究竟是什么?只有非可预测性特征才可以出现在音系表达式中,这样的观点又是怎样形成的?

如果确实存在针对这一观点的其他理性途径,如果确实存在对上述问题加以支持的正面论证,那么似乎可以说,答案只能来自对相关概念的历史研究:音系表达式、可预测特征(或羡余特征)。对于"可预测的特征绝无必要出现在音系表达式当中"这个被强烈坚持着的观点,上述思考显示出了该观点的两个不同的源头。

这一观点的可能动因之一可以从索绪尔对语音结构概念的解释中找到(不过如我们将在后面论证的,这一解释并非索绪尔对此的惟一解释,甚至可能并不是索绪尔当时所持的见解)。该解释认为,音系结构中的单位,等同于使之与其他单位相区别的特征集合。"在语言中,仅存在差异而已"[①]这一信条常常被解释成把语音的音系特征完全等同于使之跟其他音相区分的那些特征——仅此而已。因此,没有空间可用来对不具区别性的特征进行表达。

第二个原因是完全独立的原因。20世纪40年代和50年代的信息理论(information theory)领域强调,消除羡余是辨认

---

① 此处"语言"即索绪尔的术语 la langue,指抽象的语言结构,与交际中的具体"言语"(la parole)相区别。——译者注

○ 导论

消息中的信息内涵之必要步骤。因此，那些把话语的音系形式等同于其潜在的信息内涵的人（如，雅柯布森[Jakobson]）因此也同样力求将可预测信息从音系结构中消除掉。

无论上述两点之一还是两点之全部，皆可视为十分具有说服力，皆可引导我们力求消除音系形式中的所有羡余特征。不过我们应当认识到，当代关于此问题的观点常常不是对此问题本身的独立思考的产物，而是从先前的研究者那里继承而来。这些先前的研究者基于上面所列举的那些因素得出了结论，并把这些结论作为定义给予我们。因此，我们若要对这些定义的价值做出评估，就必须具备把造就这些定义的论证重新构建起来的能力——这就暗示着，要重新构建起这些定义的提出者的逻辑。

若要做到这一点，我们就不能简单地到前人的论著中寻找我们自己所关注的问题。相反，我们必须竭力理解我们所做的研究在前人所关注的问题中是如何体现的。若要把我们的设想及方法论放置在使之得以产生的前人概念构架中审视，我们就必须询问，前人认为自己在做些什么？为什么他们思考的结果能够传递给包括我们自己在内的几代后人？是如何传递的？

例如，在目前这个例子中我们注意到，索绪尔的许多后继者对他的思想的解释皆源于这些后继者自己的"结构主义"这一概念，而非源于任何索绪尔自己的观点中内在的逻辑需求。这就削弱了其论证线索的力度。与之类似，从我们当代对人脑信息储备的整体性和内部羡余性的理解来看，20世纪50年代初对雅柯布森来说似乎很具说服力的信息理论之构建，跟当今的自然语言研究之间的联系已不那么密切。"索绪尔这么说的,所以必然正确"、"信息理论规定了这一观点",这样的论断和概念用当今的观点来看已经不那么具有说服力,而这两点却又是音系形式无羡余特征这一概念的支柱,因此,我们实在需要对自己在这一方面的设想进行重新评估。

我们在下面各章中证明刚才对音系学史所做的部分论断之前,上边勾勒出的论据尚无法自动起到说服作用。不过,这类论据应当能够阐明基本观点。除了科学"范式"(大体是库恩[Kuhn]1962年的概念)中时而可见的所谓剧变以外,我们研究问题的日程常常是由我们的前人所设定的,这一点千真万确(至少在某种程度上如此)。与之类似,针对任何特定问题的可能解决方案,其范围或许早已被上一代人所圈定。我们当今对其方式感到不足,但我们却对其加以保留,将其作为本领域递进式概念结构的一部分。若要理解这些问题,若要在必要之处对其进行重新思考,我们就必须理解那些最初造就了这些问题的动因。有些方面无论从时间上还是从潜藏的设想上都离我们很遥远,对于这些方面,或许需要相当大的努力。

4 本书的结构

基于上述考虑,任何对重要概念问题进行的以历史为基础的研究,都有必要包含重要人物的大量背景生平细节。本书也不例外:例如,或许会有人建议本书按所探讨的问题来组织下面的章节;但是,我们的讨论实际上却是按照大体传统的方式,围

○ 导论

绕着个人或团体来进行的,并且依据两条相互平行却又多少按时间顺序的线索来进行组织。这种"伟大人物"式的历史研究方法或许有时不能完全展现事件的特征及动机,但是不妨认为,我们若是在研究某个单独学科(比如语言学)中十分有限的局部,且基本是为了其内部原因而进行研究,那么所提出的问题的实质是可以使之完善的。

除此之外我们还想提出,本领域直至20世纪50年代左右,其特征一直在使研究路子围绕个人,而不是围绕相对来说无关紧要的问题。本书研究的大多数时代,语言学家们彼此隔离,其工作环境比当今的通常情况要孤立得多。许多问题的发展在很大程度上都应归功于某些学者个人的研究,而不大可能是由于当今那种规模巨大、职业统一的语言学家群体所为。

因此,我们在第一章和第二章中追溯音系学在欧洲"结构主义"肇始阶段的发展。这是基于对索绪尔著作的思考,尤其是我们在《普通语言学教程》中所能重新构建起来的关于语音结构的观点。虽然索绪尔的观点在其原始表达之后才变得有影响力,但是这些观点对本领域基本概念的发展无疑有极为重要的决定性作用(至少在后来的语言学家们对其所做的阐释当中如此)。除此之外,索绪尔对于"音系学"领域(指我们当今所说的音系学)的真实想法扑朔迷离,这一特性使他的著作成为绝佳源泉,一系列在后来的探讨中地位重要的问题由此而生。因此,第二章介绍了若干种路子,皆研究索绪尔关于语音结构的基本思想可如何进行潜在解读——这些音系学理论类型对后面的章节均会有所作用。

我们接着进入第三章，研究本领域的另一组早期开拓者：扬·博杜安·德·库尔德内和他的合作者米柯拉依·克鲁舍夫斯基。虽然他们俩不如索绪尔知名（至少可以说基本上如此），但却同样对本领域，尤其是对俄罗斯和东欧的语言学家有重要的构建性影响。我们在第四章中追随这一影响，从莫斯科学派一直到布拉格学派早期，最终到特鲁别茨科依和雅柯布森的著作。雅柯布森本人后来在本领域的发展将在第五章中单独探讨。

虽然这些人并不合乎上述章节顺序所暗示的线性发展，但是无法否认这个事实：除了莫斯科-布拉格-雅柯布森传统所体现出的结构主义之外，还存在其他形式的"欧洲结构主义"。在第六章中，我们要勾勒语符学理论（glossematic theory）的音系侧面（基本与路易斯·叶姆斯列夫[Louis Hjelmslev]的研究等同）。这部分很有意义，因为跟其他理论相比，该理论的细节在当今的探讨中名气相对较小；同时也因为，该理论或许代表了结构主义学说的最抽象版本。而若要思考英国韵律分析（prosodic analysis）学派的研究，就必须更剧烈地与单一式的发展序列决断。该理论与当代音系学中的自主音段结构、节律结构等提法之间的概念联系，需要我们在第七章中至少对这一理论进行简略的描述。这一理论独立于其他所有结构主义（音位）音系学理论，这一点很有名——其实这种独立性有时被夸大了。

接着，我们在第八章中回到世纪之初，来追溯北美语言学的发展。虽然北美大陆最早的重要语言学家（如辉特尼[Whitney]）或许仍可以说属于欧洲传统，但是对弗兰茨·鲍阿斯及其弟子们来说却并非如此。他们为语言学问题开创了一条

○ 导论

真正独立的道路。由鲍阿斯出发,我们继而在第九章中探讨萨丕尔,在第十章中探讨布龙菲尔德,并在第十一章中研究上述人物的观点如何在影响力巨大的美国结构主义(即后布龙菲尔德)理论中得到(或未得到)反映。该理论中形态音位学(morphophonemics)这一特殊问题的地位引导我们对生成音系学之肇始进行了评估;第十二章中,我们尝试对生成音系学与之前的两大主流(即欧洲主流和美国主流)的联系进行总结。最后,在编号为不吉祥数字的第十三章里,我们冒险进入最危险(也是最富诱惑力)的方面,对自从乔姆斯基和哈雷的里程碑式著作《英语语音模式》(*The Sound Pattern of English*,1968)出版以来广义上的生成音系学内部的某些流派进行评价。

本书绝不是语言学史方面的第一部书,也不是讨论 20 世纪音系学的第一部书。罗宾斯(Robins,1967)等人的著作,尤其是费舍-于尔根森(Fischer-Jørgensen,1975)的著作,为本领域的通史提供了极富价值的宝贵信息。若是没有这些著作,本书几乎不可能写成。还有许多专门性的研究同样十分有用,如雅柯布森(1971a)和海姆斯(Hymes,1974)的很多文章,以及基尔伯里(Kilbury,1976)、斯坦柯维茨(Stankiewicz,1972)、朗根顿(Langendoen,1968)、海姆斯和福特(Hymes and Fought,1981)等许多人的著作。关于最近这一时期,纽梅耶(Newmeyer,1980)的著作价值极高,虽然他的著作着重关注的是句法研究的历史。

但是,现有的这些研究音系学理论发展历程的文献,其首要关注对象大多是为本领域发展过程中所涉及的人物和事件构建外部历史,理清其相互之间的影响,并以负责而连贯的方式将其观点呈现出来。这实在是不容小觑的贡献。不过,这并不排斥本书中的这种围绕特定的中心问题及其来源而进行的研究。如果说下面各章的实质内容大多在已出版的文献中也找得到,那么仍然有理由用另一种方式将其呈现出来,并且用其来解决我们所聚焦的问题。

对于我们必须在下面各章中谈论的各位历史人物,虽然已有很多广为人知或是广为接受的观点,但是仍会有一些地方,我们所提出的解释会不同于大家普遍所持的观点。对于索绪尔来说,这一点尤为如此。索绪尔使得其后的历史学家的任务变得困难无比,因为他本人并未将任何关于语音结构的已出版论述作为普通语言学的一部分。我们因而只能从零星的笔记当中以及经他的学生们、同事们之手而得到的编辑整理当中进行推断。

实施对索绪尔的特别解读引出了另一个基本问题。倘若本书的目的完全在于对语言学史本身做出贡献,那么我就有责任通过对索绪尔学研究(Saussureana)的文献进行旁征博引来构建起这样的阐释。但是,这种学术努力却会让我远离我所关注的中心。本书中我将止于提出我认为合理的观点,并勾画出这种观点跟索绪尔的著作所得到的传统解释方式之间的关系。可以期望这种观点对确保后续研究起到足够的作用。这类后续研究可以做出自己的决断,来阐释索绪尔本人的语音结构图景。我对其他历史人物的展示也做了类似的考虑(对他们来说或许不那么重要)。

构建20世纪音系学史之事实的大部分工作,要么已由他人完成,要么会分散我们对"规则和表达式如何相互联系"这一研究目的的注意力。同样必须强调的是,如果你希望真正理解前人关于语言及其结构的看法,就没有哪部二手资源(例如本书)可以取代对他们做出的实际分析所进行的仔细研读。不过我希望,下文呈现出了足够的图景,使那些即使对专业文献不熟悉的人也能够形成关于这一领域发展历程的连贯而基本准确的印象。

一　费尔迪南·德·索绪尔

常规看法认为,20世纪语言学之独特内容,很大程度上可追溯至日内瓦语言学家费尔迪南·德·索绪尔的研究。诚然,从某些观点的历史前后性来看,或是从他人对索绪尔所施加的影响来看,文献展示出了某种程度的不一致看法。况且,索绪尔如何取得了(或者说是被给予了)影响力如此巨大的地位,其细节依旧十分模糊(见佩西瓦尔 Percival, 1977)。不过,人们好像几乎一致同意,索绪尔的观点建立起了真正的里程碑,建立起了被我们视为关于语言的现代观念之开端。

不幸的是,那些初涉《普通语言学教程》的人要想弄懂我们为何对此小题大做却并不容易。似乎构成了索绪尔体系之核心的许多论断,在今天的读者看来简直就是显而易见(只要不是那些古怪晦涩的论断!),尤其搞不懂这本书当时为什么会那么重要。这种反馈的原因不仅仅在于,索绪尔的观点如今已被认可为本领域的出发点,而且在于,他的观点实在太面熟了。毕竟,即使哥白尼天文学的基本结构如今已成为常识,我们也依然会赞叹其革新本质。与之相反,我们理解索绪尔观点之重要性时遇到的困难,或许可追溯到某种完全属于前科学(prescientific)意义上的显而易见性。一个人若要阐发并诠释那些造就了"行

一　费尔迪南·德·索绪尔

星绕着太阳旋转"结论的论断,就必须得是天文学家,必须使用专门的设备和数学技能。可是,似乎任何人都有能力看出充当系统的语言和充当行为的言语之间的差别、语言的历史发展和语言的当前状态之间的差别,以及索绪尔理论的其他基石。

　　确实,他的很多论断以前显然也有别人做过,而索绪尔的重要性也不在于声称他所说过的一切皆为完全原创。相反,他把许多论断综合到了一起,使之成为与20世纪头几十年语言科学研究中的流行理论迥异的统一体系。虽然索绪尔的基本立场似乎不言自明,但我们却必须认识到,他的基本立场(在其历史背景下)跟构成当时科学语言学研究方法之基础的那些立场是全然对立的。进一步说,索绪尔的许多提法,无论拿出哪一项来单说,其所谓显而易见性皆使由此产生的整个理论具备了某种直接性。这一直接性造就了其深具说服力的特点,并最终造就了其革命性特征。

　　索绪尔本人对自己事业之重要性的看法是,他提出了语言是什么这一基本问题,并认为回答此问题是语言学家的根本责任。虽然这一点就是语言学的内容,这似乎不言自明,但是我们必须承认,这在当时标志着看法上的根本变革。其他人已是想当然地认为,人人都明白语言是什么,因此适宜于科学研究的问题成了:自然语言是如何进化并发生变化的?语言最初源于何处?逻辑思考是如何体现在语言结构之中的?等等。19世纪比较语言学所展示出的成就,几乎将有关语言的全部科学注意力都聚焦于与语言系统之基本特征全然不同的问题上。而恰恰是索绪尔的成果,使这一潮流基本逆转。于是,后索绪尔时代的语言学家们主要投向了共时理论研究。这种共时理论研究即是基于(至少原则上如此)对现实"语言状态"(états de langue)的描述。

在索绪尔看来,正式的语言研究或许始于中世纪的思辨语法或哲学语法传统。但是,这一传统却演化成了他所说的纯粹的规定性研究,不注重某一特定语言的系统是什么,却注重其"应当"是什么。继而,在19世纪,比较语言学蒸蒸日上,将注意力转移到了"具体的语言状态源于何处"这一问题上。这一理论试图依据特定语言的过去来对该语言提供解释;但是,由于这一理论坚决否定有必要从任何具体的当前事物状态中寻求解释,因而致使语言学家的精力更加远离了解释"语言是什么"这一基本问题的任务。

索绪尔因此号召,以寻求解释、深刻理解研究对象的根本特征为基础,重新建立起大体共时的语言研究(注意,要陈述这一观点,就很难不使用索绪尔的语汇)。仅此一点,他在本领域历史中的地位就确定无疑地得到了保证。不过却不仅仅如此,索绪尔以更详细的方式开创了此后主导本领域的焦点。这个焦点是系统(或者用他的弟子梅耶[Meillet]的话来说,是"一切相互联系"[où tout se tient])的系统,①而不是针对某些元素的常常是原子论式(atomistic)的研究。历史语言学研究的成功,大多在于将注意力集中于单个音(或是有限的相似音组)的历史;索

---

① 关于où tout se tient 的出处,参见 Brogyanyi, Bela. 1983. A Few Remarks on the Origin of the Phrase "Où Tout Se Tient". *Historiographia Linguistica* 10:1—2 (1983), 143—147. ——校者注

绪尔则提出了一种希望:这种零打碎敲的(并且最终敲碎了的)方法并非通往真正的人类语言科学研究的惟一可行途径。

倘若狭窄聚焦于个别现象使人无法看到这些个别现象之语言学价值所处的系统结构,那么,将"语言"现象之全部方面囊括进一个统一问题的尝试就不会令人满意。因为这样的尝试无法避免导致不一致。"就其整体性而言,语言是多形式的、不规则的;它行走于多个学科之间,同时显示出物理、生理、心理的特征;它既属于个人领域,也属于社会领域;它无法划在人类现实之任何范畴内,因为不存在对其统一性加以鉴别的途径。"(索绪尔,1916:25)这一两难境地的解决方法十分简单,就是要聚焦于语言当中确实可提供统一的问题对象的那些方面:即具体的各种语言下所隐藏的系统之特征。因此,他的研究实为构建了本学科自此之后的根本特征。

对于语言学家来说,费尔迪南·德·索绪尔是有重大历史影响的重要人物。因此,到了日内瓦(他出生的地方,也是他度过学术生涯之大半的地方),发现他远非姓德·索绪尔姓氏的人当中最出名的一位,不免会有些吃惊。在他1857年出生之前很久,他的家族在瑞士的科学界、思想界就已经十分重要了。在瑞士历史文化中,其他姓德·索绪尔的人比他更为显赫。特别是他的叔爷峨拉斯-本尼迪克特·德·索绪尔(Horace-Bénédict de Saussure,1740—1799),是日内瓦自然科学发展史中的主将;他尤其因对勃朗峰首轮攀登行动之一的记述而出名,该作品至今仍为瑞士地图绘制之基础。其他一些祖先,也在各个科学领域扮演了重要角色,这些人至少可以追溯到18世纪初。

由于这样的家族背景,人们并不惊奇地发现,年轻的费尔迪南·德·索绪尔于 1875 年被送往日内瓦大学学习物理学和化学。在那之前,他(除了法语和德语之外)已研习过英语、拉丁文和希腊文。的确,他 15 岁时已经写出了一篇论文,论证所有语言皆可被简化为包含 2 至 3 个辅音的系统。他似乎很早就发觉,自己对从事语言学研究比从事物理学和化学研究更有兴趣。1876 年,他离开日内瓦前往莱比锡学习印欧语,师从库尔提厄斯(Curtius)、布劳纳(Braune)、莱斯琴(Leskin)(还有布鲁格曼[Brugmann],他和布鲁格曼的关系很有限、很敌对)。此后的 4 年(除了有一年半的时间在柏林学习梵文之外),他均与莱比锡的"青年语法学家们"(Junggrammatiker)一同度过。

1876 年在莱比锡是极为重要的一年:这一年通常被视为青年语法学派理论"一切皆立即发生"(胡尼希斯瓦尔德[Hoenigswald]1978)的一年。这一年,在诸多事件之中,莱斯琴构建了语音变化规则性学说,维尔纳(Verner)发表了论格林定律之例外的著名文章,布鲁格曼提出了印欧语成节鼻辅音理论(这一事件对年轻的索绪尔造成了影响,因为他曾于几年前得出过大体相同的结论,未能发表,显然只是因为与当时广为接受的印欧语音系学原理严重相左而已);这一年,济弗斯(Sieves)出版了《语音生理学原理》(*Grundzüge der Lautphysiologie*),为语音变化理论构建起语音学支柱。于是,索绪尔即刻就被这种科学革命萦绕着的氛围所吸引。

他此前研习语言、思考语言学基本问题所投入的时间,显然为他积极参与这类研究做了很好的铺垫。他已于 1875 年加入巴黎语言学学会(Société linguistique de Paris),在印欧语方面的部分早期作品已于1877年问世。不过,他的重要著作是丰碑式的《论印欧语元音的原始系统》(*Mémoire sur le système primitif des voyelles dans les langues indo-européennes*),该书于1878年12月在莱比锡出版(虽然书上写的年份是1879年)。

这部作品展示了对印欧语元音系统的全面构拟,其影响力全然无须夸张:把这部作品对印欧语语言学的影响跟《普通语言学教程》对普通语言学的影响相类比,完全不悖于情理。虽然这一过程漫长而迟缓(的确,可以认为这个过程至今没有完成),但是将索绪尔《论印欧语元音的原始系统》中所表述的观点逐步吸收进历史语言学领域,对这一领域的方向全然起到确立作用。该书展现了原始印欧语作为系统的连贯图景,以革新的方式阐释了主导其后的研究的那些问题。

这一系统中最著名的是"响音系数"(coefficient sonantique)理论。响音系数,就是既可作为元音实现(被辅音包围时)也可作为辅音实现(位于元音之前时)的元素,如流音、鼻辅音、高元音/半元音(i/y,u/w)。索绪尔这一提法的新颖性和一致性基本在于这一事实:他把(当时)从未以明确方式进行过语音学证明的两个因素纳入了"系数"的发音:系数仅以其他元音身份出现,或是通过对前一个元音产生影响而出现[①]。

[①] 作者安德森(2012)曾强调,索绪尔是按数学意义来使用"系数"这个术语的。"系数就是与其他元素相组合的元素,从而可对该组合进行计算。代数式 $3x+y$ 中,3 是 x 的系数,x 取任何值,皆可计算出 $3x$ 的值。'响音系数'的功能大体相同,因为 y、w、r、l 等皆可与基本元音相结合而形成声响。这一点很重要:响音系数在实质上不是音,而是组合之可能性。"(引自作者与译者的私人通信,2012年8月1日)——译者注

当然，这就是后来被称为"喉音"(laryngeal)的那些元素。又过了近50年，库雷沃维茨(Kuryłowicz)①发现了这些音段在赫梯语中的直接(辅音)反映形式(reflex)。这一发现通常被视为极其惊人地印证了索绪尔方面的出色推断。不过，在《论印欧语元音的原始系统》当中，"喉音"最重要的方面并不在于发现了原始印欧语的附加音段，而在于让索绪尔得出这些音段的研究方法。这一方法恰恰在于将印欧语的响音作为一个系统来思考，他才对附加因素的存在下了结论。附加因素虽然没有被直接证明(是辅音)，但却依照系统之规则而运作，并且对已获证明的形式有明显影响。这一观点试图找寻由语言(无论该语言是直接观测到的语言还是构拟出的语言)构建起的系统所具有的统一性，而非仅仅调查构成该系统的个别元素的历史。这一观点与当时的历史研究主流线索迥然不同。但是，由于其自身原因，也由于"喉音理论"的突然成功，该观点逐渐引发了普通语言学以及历史语言学中最现代的重大研究。

　　语言系统(与简单的元素输出相对立)这一概念在索绪尔的研究中始终居于中心位置，从这一点来看，《论印欧语元音的原始系统》和索绪尔后来对语言的看法之间存在着合理的直接联系。他的印欧语研究和其他研究之间的另一联系在于，他联系前者而发展出极其详尽的音节结构理论，并指出了音节对语音学的重要性。后来在《教程》中发展出(被他的编辑者们呈现得

---

① 耶尔热·库雷沃维茨(Jerzy Kuryłowicz, 1895—1978)，波兰语言学家，代表作《印欧语中的变音》(*L'Apophonie en indo-européen*, 1956)。——译者注

有点脱离语境了)的语音结构,其图景建立于这一概念之上:音段的实际语音价值在于(a)其"语音种类"功能(粗略地说,就是其基本发音/声学类型,比如用发音器官静态位置来描述)以及(b)其在音节中的位置(或者也可能是在言语链中更大单位中的位置)。我们会在下一章中回过头来谈索绪尔论述此类语音结构的观点的实质;因为目前我们只能简单地注意一下《教程》中的语音展示和《原始系统》中的问题(尤其是响音系数的本质这一问题,响音系数的实现形式基本要依靠其在音节结构中所发挥的作用)之间的联系。

与《原始系统》范围之广泛相比,索绪尔1880年向莱比锡提交的博士论文似乎明显狭窄很多。该论文论证的是梵语属格性独立结构(genitive absolute construction)的用法。虽然该论文毫无疑问是一份学问极深的研究成果,但是后世从事索绪尔研究的学者们试图辨认出其中所述的语言结构基本问题的努力却基本未获成功。该论文的成就(索绪尔的答辩获"最优异成绩"[summa cum laude])更在于其学问之展示而非其持久重要性。

的确,从他已出版的著作的角度来看,《原始系统》基本上是索绪尔所撰写的唯一的重要作品。完成博士论文之后的十年间,他写了数篇相对较短的文章,皆为论证具体语言中的具体历史问题。或许这其中最重要的是那篇论立陶宛语重音系统的文章;但是即使从这个角度来看,他所要说的话当中也仅有一部分真正出现在了出版物之中。余下的半生中,他其实没再以文字形式创作任何东西。

1880年获得博士学位之后,索绪尔离开了莱比锡(他与青年语法学派的关系似乎已相当紧张),去往巴黎。截至 1881 年秋天,他已在高等研究院(Ecole des Hautes Etudes)被任命为哥特语及古高地德语讲师(maître de conferences de gothique et de vieux-haut allemand)。在此后的 10 年里,他在此讲授了一系列课程,以日耳曼语为主,但也包括 1887—1888 年度的希腊文和拉丁文。在巴黎的最后几年,他还讲授了对印欧语结构的更一般思考。他的课程是巴黎最早的历史语言学课程之一,他也吸引了数量相对较多的学生——显然,其中许多人是十分出色的学生(包括安东尼·梅耶[Antoine Meillet]、莫里斯·格拉蒙[Maurice Grammont]、保罗·巴西[Paul Passy]等后来在本领域产生重大影响的人物)。他还在巴黎语言学学会中日益活跃,出任多个管理职务,这也是他跟当时大多数语言学家都有直接接触的原因之一。

他在巴黎的职业生涯因而成为巨大的成功,他的课堂十分重要,听者云集,而他也基本被考虑为终身教授职候选人以及法兰西学院候选人。1891 年,他被授予荣誉勋位勋章(Légion d'honneur)。但是,他却在那一年决定离开巴黎重返日内瓦。那里为他设置了特别教授(professeur extraordinaire)职位,由他讲授梵语和印欧语。此后的 22 年,直至 1913 年他逝世,他都在日内瓦执教。日内瓦时期他的学生数量少了许多,学生基础也降低了不少。实际上,除了来日内瓦指名道姓随他学习的少数外国留学生(如 S. 卡尔采夫斯基[S. Karcevskij])之外,如果说几乎没有谁在整理索绪尔该阶段生平以外的方面做出过什么突出贡献,似乎并无偏颇。

一　费尔迪南·德·索绪尔

他的书面输出实际上也进入了停滞期（巴黎时期就已经相当零星了）。部分原因在他对语言学界概念基础的不满情绪中似乎有所反映。例如，他在致梅耶的一封信中（1894，引述自戈代尔［Godel］，1957:31）说，自己对于目前从事的语言研究已无法写出任何理性的东西，因为那样恐怕得首先承担起一项巨大任务：告诉语言学家们他们研究的到底是什么东西，即重新思考我们对语言下定义的基础。人们很难不去想象，除了书信中透露出的抑郁情绪之外，还有别的因素致使他退出了自己在巴黎苦心经营的岗位，不过并没有其他有力证据可以清空对他离职原因的猜测。

无论如何，他除了自己基本的梵语课程和印欧语课程之外，又被安排讲授普通语言学课程（时间是1906年，原因是另一位教授去世）。由此而进行的授课活动基本构筑了索绪尔此后名誉之基础。索绪尔在日内瓦大学三度（1907、1908—1909、1910—1911）讲授普通语言学课程。1913年逝世时，他并未将此资料以任何出版物形式写下；实际上，他已毁掉了自己的大部分授课笔记。因此，倘若不是他的两位同事所采取的措施，我们可能除了他学生们的回忆之外几乎什么也拿不到了。

查理·巴依（Charles Bally）和阿尔贝·薛诗蔼（Albert Sechehaye）其实并未听过索绪尔的普通语言学授课，但他俩对课上所讲授的观点基本熟悉（薛诗蔼的妻子其实就是索绪尔第三度、也是最后一度授课时班上的学生）。索绪尔逝世后，二人竭力重构起了一部他或许本该写出的书。其基础是仅存的一点手稿以及听他课的学生们的笔记，后者为主体。由此而生的《普通语言学教程》于 1916 年出版。正是这部书,基本成为人们声称"索绪尔说了"这个那个时的参照。"索绪尔的"著作是以这样的方式筹备并出版的,其结果就是,对于大多数问题,我们几乎都没有直接证据来证明索绪尔其实到底说了什么。不过巴依和薛诗蔼所采用的学生笔记,再加上他俩以及其他人(特别是戈代尔 1954、1957 和恩格勒[Engler] 1968—1974)此后提供的一些未出版的材料,可以为我们对诸多问题的判断给予合理的基础。

不过从某种意义上看,我们探究索绪尔思想时的间接性是完全合适的。《教程》第一版在受到尖刻批评之后,逐渐于 20 世纪 20 年代、30 年代开始变得知名。其部分原因是由于译介。值得注意的是,英语译本直到 1959 年才问世,这至少在一定程度上造成英美语言学家大多没有直接援引过索绪尔的思想。正如当时的情况,索绪尔的影响力几乎完全是通过这部书发挥出来的,而非通过他自己或是他学生的真实语言学著作,其效应几乎完全是嗣后式效应。因此,他的重要性取决于人们认为他说了什么,这比他实际上说过什么要重要。所以,《教程》对其思想进行展示的那种间接的方式,协助强调了他的影响力之确切本质。这种影响力存在于音系学等具体领域此后的发展过程中。

虽然事实告诉人们索绪尔的"真实"观点(不管这些真实观点到底是什么)对本领域发展的重要意义不如别人对其观点所做的呈现,但是我们在下文中仍会采用很多研究索绪尔的其他学术成果,试图整理出他自己当时对音系学理论核心部分所持的观点。原因之一,这项工作自身就很有意义(不仅仅是出于历史原因);原因之二,这项工作或许可为其他人(尤其是那些认为自己是在发展索绪尔的"结构主义"概念的人)归因于索绪尔的那些观点构建起某种视角。

1 索绪尔对语言、具体语言及语言学的看法

在进入索绪尔对音系学本身的研究之前,我们必须对通常跟《普通语言学教程》相关联并因而跟索绪尔相关联的基本语言观进行探讨。此处我们旨在指出索绪尔觉得跟语言系统研究相关的全方位思考,而不想具体考虑语音结构研究。后者将成为下一章中的主题。如果觉得本节中的探讨显得太抽象且与音系学问题相关不大,那么本节中所提出的问题才是后面的内容所需的必备基础。

若干基本概念对立构成了探讨索绪尔语言理论所需的方便框架。这些对立中最基本的(也是最著名的)就是语言(langue)和言语(parole)之间的对立:这两个术语大体上可译成英语中的 language 和 speech。而这两个术语皆与"言语活动"(langage)相对立,这个"言语活动"即是"语言"(Language)最普通的意思。如我们前面所述,索绪尔拒绝使用这一解释宽泛的概念作为科学研究之连贯对象,并转而把焦点集中在范围更有限的"语言"和"言语"这两个概念上。

第一个概念"语言"是言语活动的一个层面,这个层面代表我们对语音和意义之间系统对应关系的知识,这种对应关系构筑了我们的言语活动(其中包括什么样的话语在我们的言语活

动中可能、什么样的话语不可能等知识）。在索绪尔看来，这种"知识"由符号（sign）系统组成（这个概念将在下文中深入探讨），而每个符号又等同于一个具体的音义联系。这种符号系统构成了言语共同体中的常识，并因此独立于共同体中某一具体成员的个别特征之外，也独立于操该语言的人在某一具体场合中可能说出的任何具体话语之外。

另一方面，"言语"则恰恰是这种知识在具体场合中由具体说话人所使用着的方式。在索绪尔看来，这（从理论上说）不仅包括每分钟都在变化着的说话人行为细节，而且还包括言语活动中表现具体词语之特征的发音语音学事实和声学语音学事实（即便其方式全然普遍且不依赖于说话人，亦如此）。正如我们将在下一章中申明的那样，这一概念存在一定难处，但从理论上说，这一概念遵循了这样一个事实：对于"语言"系统，重要之处不在于具体符号所使用的形式，而在于这些符号彼此相区别。由于不属于"语言"的东西皆属于"言语"，所以可以推论出，词语的语音学形式属于后者，至少对其具体的工具性细节来说如此。

后面我们会看到，语言和言语之间的区分（不提其他差别）很像索绪尔之后其他语言学家用其他名称表示的此类区分。这一区分基本上是潜藏于某一语言之下的系统（该系统使这一语言区别于别的语言）和操该语言的人们在具体场合中对该系统的运用之间的区别。后者受个人风格之特性或情景之特性（或两者兼而有之）的制约。虽然对这种平行性的确切程度可加以争论（最终似乎也的确有时候在争论！），但是索绪尔理论中的语言和言语之间的区别，与乔姆斯基等生成语法学家的著作中所提的能力(competence)和行为(performance)之间的区分角色相同。

"能力"代表的是语言统一的言语共同体中理想状态下的（显然是种不存在的状态）说话者—听话者所具有的知识，与具体说话者在现实条件下如何使用、多大程度上来使用这一知识的那些细节相对立，并受到语言之外的因素的限制(后者即"行为")。因此，若不考虑索绪尔和乔姆斯基的系统特征概念之间的其他差别，"能力"合情合理地与索绪尔的"语言"概念在特征上相似。在这两种理论中，皆是这类区分使得理论能够"顺利起步"。其途径就是提供某种原则基础，来对研究对象加以界定。而界定的方式则在于，对不确定的各种现实事件加以理想化提炼，并聚焦于其系统层面。

"语言"，除了充当由相互对立的符号构成的系统之本质以外，其确切特征并不容易从索绪尔的著作中准确得出。一方面，"语言"被说成是具有内在的社会性，因为"语言"存在于某一言语共同体中，而不在任何个人那里完整呈现。另一方面，有些场合下"语言"被描述为具有某种心理性，并且存在于言语共同体的每一位成员那里。在展示索绪尔的观点时，"语言"的心理层面常常受到忽视或低估。但是，仔细研读索绪尔本人的笔记以及他学生们的笔记，会发现这一层面所占据的地位要比人们有时赋予这一层面的地位核心得多。

确实，在有些文字中，索绪尔反对纯粹从心理角度对"语言"的本质进行阐释。但这类反对显然基于两点。其一，"语言"不可等同于从任意个人当中以心理方式呈现出的东西。因为，使

"语言"拥有交际基础功能的,乃言语共同体内部的系统共性。这种反对故而对应的是上面提到过的"语言"之理想化特征:正如生成语法学家所提的(理想化)语言能力不能等同于某一个别说话者所拥有的语言知识,"语言"也不能等同于说话者共同体中的具体成员头脑中可寻到的东西。不过,这两个概念都必然涉及人类知识和认知的结构,这一点在索绪尔的笔记中清楚可见,他的笔记多次提到语言之心理本质。

另一方面,对于许多论及语言之心理本质的研究,索绪尔都持反对意见,因为这类研究试图把语言的本质缩减为人类心理之普遍原则,这些原则在语言以外的领域同样有效。与之相反,索绪尔坚持认为,对言语活动进行的心理研究,其目标必须是"为表达划定视野,对其法则加以理解,不依据其与普遍的心理学机制的相通之处,而相反要依据语言现象中具体而全然独特的存在因素"(Godel 1957:52 引述)。①因此,"语言"既不是具体心理学的研究对象,也不是普通心理学的研究对象;它必须依据某一心理能力之独特而具体的特征来加以研究,这种心理能力是从具体个人对其实现形式那里理想化出来的。

确定此类普遍化语言能力的重要性,暗示着阐释索绪尔"语言"概念时的另一类含混。虽然这通常是指在某个时间点潜藏在某一具体语言下的系统,但在索绪尔教程的笔记中却有文字表明一种更为普遍的含义:"通过观察这些语言,他[语言学家]

---

① 除了有特别说明之处外,索绪尔著作中的引文皆由作者译为英文。——原作者注

一 费尔迪南・德・索绪尔

会提取出普遍的东西(即普遍特征[des traits généraux])。因此,他面前就会有一整套抽象之物;这就是'语言'(la langue)。'语言'是属于一切具体语言(les langues)的普遍〈共同〉特征之集合。'语言'是人们可以从诸多不同语种中观察出来的东西"(Godel 1957:157 引述)①。所以,"语言"是一种结构,它代表着一种独特而普遍的认知能力,这种认知能力在具体语种的系统之中得以实现。

多年来,人们普遍猜测,索绪尔将语言本质定义为社会性的看法,其基础是杜克海姆(Durkheim)著作中衍生出的社会事实(social fact)这一概念。而今看来,这一图景似乎完全是 W. 多罗舍夫斯基(W. Doroszewski)的论断。他当时很可能试图削弱索绪尔著作中明显的原创性(关于此问题的探讨和更多参考文献,参见佩尔西瓦尔[Percival] 1977:393-394、397-398;克尔纳[Koerner] 1973 也对该问题进行了长篇论述)。参考杜克海姆一说,在《教程》的引注中尤其无法得到印证,在《教程》所依据的笔记中同样无法得到印证。而这些笔记的特征(例如,对辉特尼的多处引述)并不会让我们觉得,索绪尔会忘记提及这个关乎语言(langue)终极本体论地位的如此重要的概念的来源。

虽然索绪尔对语言机制的社会本质的观念和杜克海姆无疑有相同之处,但是并没有理由认为一方源自另一方,并继而将两者等同起来。索绪尔所说的语言之社会特征,似乎主要以这样的事实为基础:一切个体内在的系统皆接受(即学习)自共同体;

---

① 本段引文为法文原文,作者未将其译为英文。——译者注

43

而不同个体之系统,在允许个体运用语言交际能力方面,必定是相一致的。这一观念跟杜克海姆的社会事实概念只是间接相关而已。

2 语言符号

如前所示,对语言和言语进行区分的首要原因,就是让语言学家能够聚焦于前者。在索绪尔看来,语言是一个符号系统(a system of signs),而随之需要得以澄清的基本问题即是这类符号的本质。符号的基本特征就是某一能指(signifiant,即"声音图像",也就是符号的外部范畴或指称范畴)和某一所指(signifié,即"概念",也就是符号的内部范畴或被指称范畴)之间的统一。符号既不等同于能指,也不等同于所指,而是精确地等同于将二者捆绑在一起的那种关联。英语中[trij]表示"树"这一事实构筑了符号,而无论[trij]这一语音形式自身还是"树"这一概念自身,都不是符号。

重要的是,能指和所指在本质上皆具有任意性之特征。因为可能存在的语音外形因语言之不同而具有明显差别,所以其范围无法视为某一具体语言的特定前提。看出这一点并不难。而音与义之间的关联同样也是任意的,至少在具有意义的单个单位的层面上如此。该问题一经提出,即不辩自明:这个结论直接源自不同语言用不同词语来表示相同事物这一事实。

可能存在的概念(所指)之范围同样是任意的,这一点或许不那么明显。索绪尔花了一定气力来反对"某一语言的符号清单构成其全部词汇(nomenclature)"之类的观点。所谓"全部词汇",简单地说就是语音词汇和预先给出的可能概念之间之关联的集合。与之相反,他认为,概念之范围充当某一具体语言之符号系统的功能,与语音形式之集合相当。不同的语言以不同的方式对现实进行切割:因而,法语对带扶手的座椅(un fauteuil)和不带扶手的座椅(une chaise)进行区分,不考虑其大小。而英语对此不加区分(或者说,英语对大型座椅[armchair]和小型座椅[chair]进行区分)。另一方面,英语对小牛(calf)和用作食品的小牛肉(veal)进行区分,而法语对此并不进行区分(二者都称为 veau)。

不过,跨过"不同语言拥有不同语音词汇、不同概念、不同音义联系"这一事实,符号的任意性原则具有更深层的意义。在索绪尔看来,这是因为,符号充当某一具体语言的构件的意义,恰恰是我们进行分析的产物。由此产生的符号,其现实意义仅在于此类分析意义上的关联。换言之,让某一符号得以存在的并非该符号的具体内容,而是该符号与同一系统中其他符号之间的关联——尤其是该符号不同于其他一切符号这一事实。这就是符号所具有的惟一一种"存在"(此处的"存在"是语言学分析中的术语)。

因此,即使两种语言中包含外表相同的符号,即使这些符号具有相同的语音内容以及相同的概念内容,我们仍然不能将其视为"相同"符号。只要这两种语言中其他的一切符号皆不相同(我们设想至少会存在某些差别,否则就不会是两种语言了),一种语言内部使每一符号有别于其他符号的总关联网络就不同于另一种语言中相应的关联网络。正是这类由区别性关联构成的网络,给予符号这样的"存在"。因此,这两个符号不可能被视为相同。

最后这一点值得强调,因为索绪尔把以此为基础的方法论问题看得极为重要。大多数评论者已对"符号的存在仅为形式上的、划界性的"这一论断投入了相当多的关注,但有时却给人留下了这样的印象:这是个关于信念的有点形而上的问题。事实上,符号的纯区别性、纯关联性本质,跟索绪尔思想的其他方面完全匹配,一定程度上表明索绪尔基本不愿意把独立的存在运用于源自外部的分析对象。在任何特定领域,或许都存在对事实之集合进行分析的诸多不同方法,并且这些事实会历经分析的不同"组成部分"。因此,任何"组成部分"的存在,绝非先于分析、独立于分析:其现实意义完全在于其进入某种真实关系的程度。

例如在探讨形态学分析时,索绪尔提出,若要分析某个包含前缀和词干的形式,前缀(只要该前缀在该语言中不构成独立的词)的存在就应限于前缀形式和非前缀形式之间的关系上。只有独立的词语才会被给予"真实"地位,而其(不可分割的)组成部分则只是将其本体地位转化为代表平行序列成员之间的联系的方式。总的来说,索绪尔似乎很不愿意把"现实"运用于纯理论对象上;分析中的多数术语,因而都是表示事物之间关联的名称,而非"事物"本身的名称。若符号之类的对象被刻画为纯关联性的,我们就不仅应当将其解释成"我们能够确定其特征的惟一途径就是研究其所进入的关联",还应该解释成"这类关联是其所具备的惟一一种存在。"

因此,构成(某一特定)语言的符号系统,是语言结构当中的纯形式类型关系。这一系统通过言语共同体成员对(他人的)说话行为的观察,储存在每个个人之中。这一系统一旦通过该途径获得,就构筑了言语共同体的某一成员所参与的特定说话行为的基础。所以,虽然存在语言和言语在概念实质方面的区别,但是二者却十分紧密地相互联系着。语言的发展取决于言语(之观察)——虽然言语的任何具体例子只具有其通过语言的潜在系统而造就的特征。语言(充当系统)和话语(充当行为)之间的关联概念并非索绪尔新创(二者之间的区别当然也不是),但他却可能是为了研究一般意义上的语言本质而竭尽全力对这一成果进行发展的第一人。

3 语言与其历史的联系

现在,我们来看索绪尔语言观中的另一基石:他对语言和语言变迁之间的关系的刻画。我们首先会注意到,因为语言符号是完全任意的(上文意义上的"任意"),所以,除了共同体内部的纯粹传统因素之外,并不存在阻止语言变迁的外部制约因素。另一方面,符号任意性造成的结果就是,探讨让言语共同体成员在特定时间改变他们所使用的符号,并无合适的基础。这就意味着,语言系统自身的变化完全不合乎逻辑——依此,索绪尔得出结论,语言(langue)的变化并不会自己发生(其方式在有些人看来或许是精妙的法语式逻辑)。

相反，变化发生在言语当中（尤其是具体的言语行为当中）；而语言的变化则是源于我们前面探讨过的语言和言语之间的关系，且语言的变化绝不是由系统自身推动的。至于变化的动因（以及由此产生的对变化的诠释），切记符号的能指层面的特性即是语音属性，因此，其实现之细节属于处理语音现象的言语研究之分支。所以，虽然语音变化可能会对语言系统产生影响——例如，可能会导致两个符号的能指不再具有区别性等状态——但是，语音变化完全在言语层面内部发生（其原因独立于语言本质之外）。

这将我们带到与索绪尔的名字联系在一起的另一组著名对立体：即共时语言学（也可称作对代表特定时期特定共同体的语言的特定语言现状[état de langue]的研究）和历时语言学（即历史视角下的语言研究，包括构拟以及我们认定为"同一语言"的语言在不同历史阶段的联系的其他方面）之间的对立。从语言学家们对自己所处时代的处理方式来看，索绪尔对语言共时研究优先的强调，其效应或许超过他所说过的其他任何话。因为该观点使本学科的方向发生了几乎翻天覆地的变化。

似乎有理由认为，如果像索绪尔所强调的那样，语言学的首要目的是解释语言是什么，那么，对共时语言系统的论述必然会成为其最根本的关注点。我们认为属于某一语言的说话者的那些知识，倘若有人想理解其本质，似乎历史方面的考虑应当被直接排除掉。因为（除了那些古怪的语文学家之外）母语者并不具备关于其语言的历史知识，或者说甚至并无途径获取关于其语言的历史知识。此处，以及其他几处，索绪尔均以象棋做类比。

若要理解棋局中某一位置的本质,若要理解某一具体时间棋子当前布局所具有的可能前景,从开棋时就在观棋的人并不比此时刚刚前来观棋的人更有优势:对这两种观棋者来说,重要的都只是当前的位置(包括下一步该谁来走这一事实)而已,别无其他。在语言研究当中,同样的情况似乎也说得通。人们可以期待,语言学中严格的共时研究优先可通过这一问题的提出而建立起来。

但是,索绪尔强调共时问题的核心性时,却需挑战当时流行的新语法学派语言学阐释观中的核心理论:该理论认为,历史研究不仅重要,而且更是惟一真正"科学"的语言事实研究方法。十分有趣的是,这一观点的诱惑力可视为基于一种极其索绪尔式的见解:语言符号的任意性。如果某一特定语言中的符号当真是完全任意的,那么其当前现实就无法得到可能的现状解释。我们若试图解释事物当前的存在方式,那么最佳途径就是展示这些事物是如何发展为现在的样子的:应当竭尽所能地构建出这类先前诸阶段,以及将其相互联系起来、并跟当前使用着的形式联系起来的一系列语音"法则"。这恰恰就是赫尔曼·保罗(Hermann Paul)、卡尔·布鲁格曼(Karl Brugmann)等人的观点,新语法学派印欧语研究方法的辉煌胜利使其在当时得到了压倒多数的赞同。

不过对索绪尔来说,用这样的理论作为对语言本质(或各种具体语言的本质)的解释性论述,完全无法让人满意。这一历史观点的明显缺陷在于,它只是将问题推后了而已:如果我们从先前的系统经历过的一系列有序变化这一角度来解释当前的阶段,那么就依然留下先前的系统未作任何解释。先前的系统又从何而来?很明显,这个问题是个鸡和蛋的问题。但是,我们可以把这一困境看得比这还要恶劣。这是因为,在追寻造就当前语言现状的先前各阶段的过程中,我们不断将问题推向构拟系统,而构拟系统却根本无法进行观察(除了通过推断来观察、通过其在现代语言中的映像证明来观察之外)。

用历史的方法阐释概念的第二个困境、也是更加重要的困境在于,在索绪尔看来,历史概念造成了研究对象的完全错误。如前所示,索绪尔认为历史变化的轨迹(以及由此产生的语音法则运作领域)完全位于言语之中。但是,我们如果依靠历史变化来解释共时状态,就会因此而把语言事实矮化为言语事实,从二者在基本概念上的差异来看,这完全不允许。

当然,这并不是说我们无法系统研究语言变化。我们可以承认,某一特定语言的各个历时相关阶段代表不同的语言现状,而这些语言现状则系统关联,因而这类变化并不影响长期的语言。但是如前所示,这类相关联的各系统之间的联系,严格来说位于语言研究领域自身之外。通过影响言语行为的语音倾向之运作,下一代人(他们要继续走过不同的基本语言经历)很可能会以对所发出的言语的观察为基础,导出一种不同的语言系统——这导致了明显对语言产生了影响的语言变化。但是,此处需强调的要点是,变化的推动力绝非位于语言本身当中。关于变化的研究完全依靠对各共时状态的先行理解,再加上那些由一门位于语言研究之外的学科提供的事实(这个学科就是语音学,它是个研究言语的分支学科)。因此,历史研究根本无法为语言之本质提供解释性理论。

有人可能会提出,虽然索绪尔的观点在语音变化方面有说服力,但是类比现象(the phenomenon of analogy)却必然代表某种由语言系统直接促成的变化,因而属于语言研究。不过索绪尔预料到了这一异议,并提供了答案。

据索绪尔所提的类比之本质的概念,类比的确构成了语言范畴,但却未构成语言之变化,因为类比被认定为根本不构成变化。相反,当我们创造一个明显新创的类比形式时,我们是通过运用某种语言系统之规则将其创造了出来(从类比的定义来看):规则是运用之前就已经存在了的规则。所以,我们只是使系统中潜藏的可能性得以实现了而已,并没有在系统中造成变化。虽然可以看出这种关于类比的观点挽救了索绪尔"历史变化研究绝非语言研究的正确组成部分"的论断,但是很明显,倘若将这一观点推向其逻辑结论,该观点就会造成十分宽泛的系统规则概念,宽泛得或许会无法让人满意。不过,因为索绪尔几乎未关注如何阐释共时系统之规则的问题,所以这一后果并未在他面前出现。

于是,索绪尔的语言学概念之核心,即历史探究无法为共时语言学研究发挥裨益,且只有共时研究才能为本学科的中心问题提供解释性答案:这个问题即语言(language)之本质(总的来说,就是 langue 之本质)。似乎,为了在语言研究中树立起共时之优先性,指出刚刚讨论过的那些问题足矣;因此,有点难以搞清为什么《教程》中以及索绪尔的笔记中投入了那么多篇幅来反复将历史方法之精神从语言学中驱逐出去。

但是,思考一下当时以历史为导向的观点的强势地位,会迅速向我们展示为什么如此之多的注意力被投到了这一问题上。我们一旦想起19世纪末历史语言学被认为是为具体语言事实提供了真实的(并且是惟一科学有效的)阐释,就明白了索绪尔为什么觉得必须反反复复回到这个问题上、在每个可以设想的语境中都要回到这个问题上。除此之外,他学生时代在莱比锡跟新语法运动的主将们之间的紧张关系之类的纯个人因素,也极有可能(至少也是下意识的)与他追求这一目的时的那股热情有关。

无论是何原因,索绪尔的著作都在以最坚持不懈的方式,从他的理论阐释中消除一切哪怕带有一丁点像是在用历史方法解决语言学核心问题的东西。他或许认识到了这一态度某种程度上有点夸张,但是他却觉得在当时的观点气候下"强调非历史阵营毕竟没有什么危险"(引自戈代尔[Godel]1957:45)。这一点无疑正确,关于共时思考之优先性的任何不那么激烈的辩护言辞,可能都无法有效地重置本学科的导向来解决核心问题。不过,索绪尔整体摈弃一切哪怕只是看起来像历史基础的东西,对语音系统研究中问题的界定及可行的解决方案产生了深远影响:这种影响索绪尔可能认可,也可能不认可,但却全然超出了他所反对的最基本的东西的范围。我们将在下一章中看到这些问题中的一部分。

二　索绪尔的语音结构观

　　索绪尔本人的著作中无疑缺少明确证据，证明人们应当如何运用他的基本观点来解决语言中的具体语音问题。虽然共时语言系统的本质在他执教生涯的多数时候（至少在他回到日内瓦之后）都在占据着他的注意力，但他只是在晚年的课程中才探讨了这类问题。此外，他其实并没有对各种具体语言进行现状描述，因此我们无法获得可证明他的观点的大多数可用资料。

　　《教程》本身基本是在探讨语言符号之本质这个普通符号学的问题，几乎没有十分具体地提及语音系统的特征。但是，该书中却有一份重要的证据资料：导论后面的附录。该附录论述的是（我们今天所说的）语音学（phonetics）。这份附录貌似一件强行插进其余文本的怪东西，因为该附录与书中的其他部分不同，依据的不是索绪尔的普通语言学授课，而是 1897 年所做的关于音节理论的一系列讲座。巴依本人听这些讲座时的笔记，再加上 1906 年的第一轮普通语言学课程开头几节课上关于类似内容的学生笔记，构成了这部分文本的基础。

　　似乎可以说，如果这份材料是我们研究索绪尔语音结构观的主要资料来源，那么其相对较早的时间损害了其与索绪尔后来的普通语言学观之间的关联。但是,基本相同的阐述在后来的授课中重新出现,说明他在这些问题上的观点依旧相对稳固。除了这份附录之外,还可以引述索绪尔本人的数量不大的几份笔记(戈代尔,1954),以及雅柯布森(Jakobson,1970)曾经研究过的哈佛大学图书馆收藏的一部手稿中的另外几份笔记(明显是为撰写此领域的书而准备的)。最后,还有一些结论可以从他1909—1910年度关于希腊语和拉丁语音系(见莱希勒-贝格兰[Reichler-Béguelin],1980)、形态(见戈代尔,1957)的授课中得出(尤其是涉及索绪尔的语音交替观的部分)。浮现出的这份全景图是份连贯的图,且并未表明《教程》中那份1897年的材料不代表索绪尔后来的观点。

强调这些纯粹的文本问题的原因在于,虽然索绪尔的名字表达出某种几近终极权威的意义(至少对部分人来说如此),但是找寻出他对具体问题的真实想法却常常像是在解读远古神谕。零散而有限的文本中充满了暗示,却缺乏详情,使得每位解读者能够找到自己所需要的东西,从而使自己对该问题的刻画获得理据。毫无疑问,本章所作的阐述也无法避开这个陷阱,但是,索绪尔所呈现的语音问题中似乎有些十分明确的观点,我们将竭力围绕着这些观点。

1 语音、语音图像及其研究

我们记得,索绪尔把语言学看作是关于某一类型的符号的研究。我们还记得,所研究的符号具有使概念(所指)和语音图

二 索绪尔的语音结构观

像(能指)统一起来的特征。索绪尔的大多数解读者都在试图淡化语音图像的语言学关联,但在我看来,忽略"语音图像有何具体特征"这一问题,似乎在一定程度上没有理解索绪尔在语言概念方面的某种要点。

例如,引用索绪尔的学说"语言中仅有差别……没有积极因素"来证明构成语音系统的具体元素并非语言学研究的合理对象,是件很平常的事。但是,认为语言学家必须首要考虑语音之间的差异,绝不是要把对语音本身的研究全然放弃掉。虽然语言学家的主要兴趣在于符号间的对立系统,但是这种对立却是建立在语音图像的差别之上的,而这种差别本身又依靠加以区分的各个音的特征。因而,索绪尔强调,有关语音构成和语音积极物理特征的研究(传统语音学的内容)本身并不是语言学研究:我们只有在思考语音图像之间的关联时,才是在研究语言系统。不过,他坚持认为语音形象是符号不可分割的两面当中的一面。这明显说明,这类语音图像只要其本质支持其区别功能,就确实属于语言学研究对象之范畴。

将这一问题套入我们今天常用的语法概念,我们或许可以使问题更加具体。在当今的语法学中,我们可以区分出语言的语音系统描写中的两个方面。其一,语法提供了语言形式之表达式(representations)的集合,其形式为转写之系统加上对其进行解释的诸原则。这类转写系统通常被认为是根本独立于任何具体语言,其定义通过基于人类语言能力的普遍可行性因素(而非某一具体语言的语言事实)而给出。

其二,语法还提供了规则(rules)之系统。规则也可称之为某一具体语言特有的原则,用索绪尔的话来说,规则把有些表达式刻画为(潜在)属于不同符号,把另一些表达式刻画为(潜在)属于同一个符号。例如,"羡余规则"表明:如果与某一符号对应的表达式具有某一特征 P,那么它必然也具有(或者在某些情况下不具有)特征 P'。这类规则描述了某一符号在实现过程中的可允许差异之范围,并且由此(通过推论)描述了可对不同符号进行区分的那些特征。当然,除了由羡余规则表达的那些规律性之外,还存在其他类型的规律性。基本要点应该很清楚了:某一语言的诸规则(不同于用来表示语言形式的转写系统)是该语言所特有的,而这类规则的总和则刻画了语音对立与符号间对立相对应的系统。

经过上述术语的构建,索绪尔的观点已很清晰:语言学家的职责,不是研究(语音)表达式之本质,而是研究规则之系统。规则之系统潜藏于符号区分之下,且由此构筑某一具体语言。不过,语音系统本身即使是在这一背景下,也并非跟语言学家的任务毫不相关。其实,只有以理解语音图像之本质为基础,为具体符号系统之构建而制定规则的任务才能够得以实施。我们必须得出这类语音图像的正确概念,从而具备研究系统用的恰当基础。理由之一在于,如下文所述,语音图像并不只是对话语的发音描述,语音图像更是一种更抽象、更侧重感知的"无时限"描述。但是,语音图像构成了基本单位,对这些基本单位进行区分,成为语言系统之基础。

然而,有时候有人会提出,索绪尔觉得符号是种十分抽象的存在,以至符号之能指和语音图像本身之间的联系是一种完全

二 索绪尔的语音结构观

偶然、完全意外的事实,跟语言的本质没有关系。的确,《教程》中坚持认为,物理语音本身并不属于语言,而仅仅是一种支撑语言表达式的物质而已("发声"[phonation]……只是语音图像的实施而已——引自戈代尔 1957:82),因而属于言语范畴。此处的问题在于,具有不相关特征、偶然特征的并非是人们时常提出的语音图像,而是语音本身。对索绪尔来说,后者是语言之可能性的具体物理手段、发音手段,因而属于言语研究。而另一方面,语音图像作为感知范型(perceptual archetype)具有不受时间限制的特征(1916:98),虽然充当发音、感知等具体行为的基础,但却并不应当与之混淆。所以,这种语音图像作为语言符号必不可少(虽然并不独立)的组件,并不能从语言中排除出去。

索绪尔曾经明确说过,语音手段并非必要,因为符号可以通过其他途径来激活。这一观点或许同上文中的阐述相悖。但是,这却使人注意到索绪尔阐释这一观点时所使用的例子:这就是,将语言符号转换为文字的可能性。表面上看来,书面符号的表达跟语音图像没有丝毫关系,因为这类表达涉及的是一种全然不同的视觉媒介,而非听觉媒介。

但是,我们如果看看充当《教程》基础的笔记中这个例子的语境(见戈代尔 1957:193—194),这个问题会显示出一种不大相同的思路。事实上,对索绪尔来说,从文字的固有特征(而非外部的发音特征)来看,文字跟语音图像系统有或多或少的直接联系(取决于具体的体系)。他认为,由字母文字体系造成的切分跟语音图像之基本特征之间存在对应关系。这是他在《教程》中论及希腊语文字系统时明确表达的观点:文字造成的切分映射了与之平行的感知中的语音切分，而后者又充当了人类言语感知的最基本特征的一部分。因此，字母文字提供了一种有时不尽完善但却又大致准确的语音图像表达式，与具体语音的发音构成类似。所以，在文字中得以实现的符号之例子的重要性，并不表明语音图像对语言无关紧要，而是表明（物理）语音对语言无关紧要。因而我们必须得出结论，对索绪尔语言系统观的评价一定要建立在其语音图像之本质这一概念上。

在语音图像研究中，索绪尔大体区分了三种研究方法，三者可视为刻画出了三个不同领域。这三个领域的划分在相当程度上对应着后来的语言学家们所说的这三个领域。不过，虽然他常常使用和后世的著作中相同的术语，但他对其的使用方式却极不相同。因此，对现代的读者来说，索绪尔的术语体系至少需要一点澄清。

语言符号（尤其是其线性特征）及其在组合结构中的实现形式的本质，直接造就了形态学（morphology）研究，此形态学与后世的语言学理论中的形态学大致相同。话语链可以被拆分成相互分离的符号，而形态学研究的就是这种拆分之下隐藏的规则。好几处都表明了这种链条的拆分以（共时的）平衡类推为基础，为形态上相关联的词语之间建立了联系。如第一章所述，索绪尔不愿意为以此方式孤立出来的词语部件赋予独立存在，而是希望聚焦于这些部件之下隐藏的关联。而从我们此处的目的来看，我们只需要注意到，与至少词语大小的符号相对应的部件，被语言的使用者们认为是存在的、真实的。

话语链中的各个符号，可以以其语音图像在话语中实现所

二 索绪尔的语音结构观

依据的机制和原则为视角加以研究。不过这一研究本质上属于言语式语言学,而非语言式语言学。索绪尔把这种关于具体语音发音和声学的共时研究叫做"音系学"(phonologie):该领域基本相当于语言学家当今所说的语音学(phonetics)。在下文的探讨中,除了必须让大家注意索绪尔的用法时之外,我们将使用现代的术语体系。①

索绪尔还区分出了一个他称之为"语音学"(phonétique)的领域。不过他对该词的使用跟我们今天对该词的使用有很大不同。索绪尔的"语音学"根本不是共时研究;相反,它研究的是语音的历史演变和变化。跟他的"音系学"一样,这也是个言语研究范畴,因为它基本上以具体说话行为中说话者实现其语言符号所依据的机制为基础。索绪尔非常相信(正如新语法学派语言学家们也非常相信)对言语事实的细节研究会促成对语音变化机制的全面阐释。为了与现代用法保持一致,我们将在下文中把这一领域称为历史语音学(historical phonetics)(除非要论述索绪尔的术语本身时)。

索绪尔对"音系学"和"语音学"两个术语的使用对现代读者来说有些让人糊涂,因为除了他的学生 M. 格拉蒙(M. Grammont)(从他在巴黎的那些年以后)之外,根本没有人继续使用他的这两个术语。但是,这两个术语皆对应着语言研究中较为成熟的方面。不过,这两个术语均未能向我们提供一个名

---

① 这种情况下,作者使用的是索绪尔原著中的法文术语 phonologie,以区别于与现代意义上的音系学(phonology)。在本汉译本中,用加引号的"音系学"表示索绪尔的 phonologie。——译者注

称,来指称充当"语言"组成部分的语音图像研究。构成语言符号一个方面的语音图像,跟具体的语音有着诸多本质上的不同(语音图像不受时间因素影响,而不是在时间中得以实现;语音图像在发生和感知之间处于中立状态;等等),因而无法被语音学研究或历史语音学研究直接捕捉。事实上,没有理由相信索绪尔曾对研究语音在"语言"中的地位的学科做过任何论述;这只是语言学的一个方面而已。的确,因为他在讲学时多次强调过,语言符号研究必须基于对能指和所指的同时(simultaneous)研究,所以,在他对基本问题的阐述中随处可见的教学需要似乎已使他避免使用任何暗示可将符号的两面违规拆开的术语。

2 "音位"和"音种"

要理解语音图像的本质,我们就得将其与语音学的研究对象加以对比。运用物理研究法(这其实不是语言学的方法),我们可以对言语中的语音单位进行研究。这类单位既有发音一面,又有听觉一面(索绪尔称之为"声学"一面):因此,如他所言,这类单位"在两个链条中皆涉足"——这就意味着这类单位并非中立于我们的两种言语研究方法之间,而是说上述两个方面皆跟其特性相关联。这种在说话行为中、在具体时间中发出并接收到的具体而可实现的言语声音,被索绪尔称为"音位"(phonème)。①

---

① 作者在论及索绪尔的术语"音位"时,使用的是索绪尔的法文原术语 phonème,以区别于当代语言学意义上的音位。本汉译本中,用加引号的"音位"表示索绪尔的 phonème。——译者注

二 索绪尔的语音结构观

在索绪尔的术语和后人的术语的所有分歧当中,这个术语无疑是引起最多误解的一个。虽然音位这个词后来在各种语言中都是指具体具有区别性(distinctive)的语音成分,但很明显,索绪尔完全不是这么用的。相反,他只想用"音位"这个词来表示"言语声"(speech sound),并未隐含具体语言中具有区别性的特性之义。说到这类成分具有区别性的属性时,他的意思只是说,符号之间的对立在言语中是通过言语声之间的差异体现出来的:这根本就没有暗示"音位"本身像后来的音系学家们所定义的那样,是其内涵在于其区别功能的单位。

其实,无论这一点能带来什么样的历史意义,索绪尔对该词的使用都符合该词的最初意思。据戈代尔(1957;另见雅柯布森1960),这个词是法国语言学家 A. 杜弗里什-戴热奈特(A. Dufriche-Desgenettes)创造的,并在19世纪70年代初向巴黎语言学学会(Société linguistique de Paris)进行陈述时做过一点新的组构(未获得太大成功)。对这位语言学中如此重要的术语的创造者,我们的了解少得惊人:很明显,他的名字全称甚至从未有过记载。[①]他向语言学学会提交的几篇论文在协会的出版物上以文本或报告的形式出现过,除此之外,我们对他的了解就仅限于他是协会的注册会员了。不过还有记录显示,他有一次曾建议取消协会章程中反对讨论语言起源的条款(他忘了该条款

---

① 维基百科现将他的全名及生卒年代标注为 Antoni Dufriche-Desgenettes(1804—1878),其依据为约翰·E. 约瑟夫(John E. Joseph)1999年所著"杜弗里什-戴热奈特与音位的诞生"(Dufriche-Desgenettes and the Birth of the Phoneme)一文。——译者注

当时已获通过了）；由于没有附议者，这份建议书没有保存。

无论如何，杜弗里什-戴热奈特都曾建议使用"音位"一词来取代德语中的"语音"（Sprachlaut），并因而只想用该词来指（单一）语音。巴黎的其他语言学家继承了该词，索绪尔在《论印欧语元音的原始系统》中使用了该词（虽然其含义再度相异）。在他的普通语言学著作中，该词很明显是指我们今天所说的音段（phonetic segment），可理解成说话行为中（最终不可再分）的单位。

对索绪尔来说，"音位"的完整性、原子性特征通过感知过程得以确认。在他看来，当我们感知言语时，言语直接表现为具有同质内部结构的、非时间范畴的声学图像序列，与音位序列相对应。因此，与可度量的言语信号连续体相呼应，切分过程可被视为建造于感知系统之中（见上文中对文字系统中体现出来的此类切分的论述）。从19世纪的语音学家对言语的过渡以及言语的连续特征的兴趣来看，这是一种很不平凡的提法。索绪尔对这一观点未引出处，并认为这是不言自明的道理。不过，了解一下索绪尔的这一看法源自何处倒是很有意思。

由于与音位相对应的单一感知对象具有内部同质性，我们无法对其直接加以分析。故而，我们若要对音位进行描写，就一定要从其发音层面来进行，其途径就是对发出声音所需的发音器官进行描写。索绪尔所给出的以此为基础的实际音位分类，直接基于叶斯柏森的语音学观点，并无特别的创新特征。

但是，语音学中却存在着比音位更为抽象的单位。从其本质来看，诸音位在言语链中组合发出。个别来看，每个音位都在

二 索绪尔的语音结构观

音节这一更大单位的内部占据一个特定位置。由于其在音节中的位置,音位或许会具有使之不同于其他类似音位的多个特征。这类问题中描述得最为深入的,是不爆破式发音(implosive articulation)(或称动态闭合)和爆破式发音(explosive articulation)(或称动态开启)之间的区别。例如,英语中的[dɪd],开头的[d]是爆破音,而结尾的[d]则是不爆破音:索绪尔因而将这一序列转写为[ɮɪʙ]。

[ɮ]和[ʙ]的发音明显不同(且完全独立于清化、尾送气等问题之外),因此不爆破音和爆破音构成了不同的音位。但是,二者之间的区别是基于更高层次单位(音节)的发音组织。我们若要把这一因素造成的差异加以抽象,就得到了音类(phonetic species):可依据发音器官的非时间变化位置来进行描述的单位,这就是我们通常在语音学中所进行的那类描写。不爆破音[ɮ]和爆破音[ʙ]属于同一个音类[D]。据认为,应当存在数量有限(虽说这个数量可能很大)的各种可能音类,对其进行的描述不依赖于任何一种具体语言。

索绪尔似乎认为,与相同音类的音位相对应的听觉印象是相同的,故而他还认为,这个单位比音位本身更接近言语中以听觉为基础的单位。具体的音位,是音类的位置性实现形式,其变化形式主要取决于普通语音原则,而非因语言而异的原则。重要的是,音节组织结构在此逐渐被抽象了出去。不难推测出这一观点跟《论印欧语元音的原始系统》中论述过的响音系数理论之间的关联。例如,反复出现的一个关于不同音位属于同一个音类的例子,就是索绪尔把(元音前的前流音)[y]①、(元音)[i]和(元音后的后流音,即双元音中的后一个成分)[i̯]描写为同一个音类[I]。不过,除了音节中的简单位置之外,音位之间还存在其他差异。这种差异取决于音位与邻近的其他具体音位之间的在组合中的效应,这一点或许也同样重要。

相同音类对应着依靠话语链具体位置而定的不同音位,这类原则的全面细化可促成一类"组合语音学"(combinatory phonetics)。最终,在历史语音学内部对历史变化进行解释的可能性取决于这类原则的发展,因为"言语"中出现的变化基于音位之间的详细位置差别。例如,索绪尔思考过日耳曼语历史中的[..Vgn..]序列和[..Vng..]序列(以及其他塞音加响音的序列)。前者(塞音加响音)发展出了一种增音性元音(epenthetic vowel),而后者(响音加塞音)则没有(在这个例子中,是出现了同化)。倘若我们要问为什么会出现这一差别,那么就无法在音类层面上为这一问题提供答案。但是从理论上说,对所涉及的音位之间的低层面差异进行思考,可为我们提供阐释之基础。因为塞音前面的响音,其构造跟塞音后面的响音不同(因而成为不同的音位)。当然,塞音中也会出现对应性差异。

虽然索绪尔没打算提供这类问题的细节性解释,但是他十分自信地认为,经过恰当研究的组合语音学理论可以促成这种解释。对(共时)语音细节的足够细微的研究能够为语音变化提供全面解释,这一信念是当时的流行观点。该观点源于两种研

---

① 原文如此。这个音通常标为[j]。——译者注

究的融合:新语法学派对语音变化之规律性的研究、19世纪末语音学研究中日益依靠观测的繁琐工作。解释性历史语音学(explanatory historical phonetics)这一概念(以"组合音系学"为基础)在索绪尔的学生格拉蒙(如,格拉蒙[Grammont], 1933)的研究中贯彻得相当可观。在当代部分研究中,这一概念重新出现(虽然可能是为了完全不相关的原因),如奥哈拉(Ohala)等语音学家的观点(如,见奥哈拉[Ohala]1979)。在奥哈拉看来,音系规则的实质内容可以与语音学中的细节性事实进行穷尽性对应。但是很明显,这依然是个研究计划,而不是一份得以展示的倡议书,正如索绪尔那个年代的情形一样(见安德森[Anderson]1981)。

3 能指的语言学表达式

我们既然已经构建起了语音学(即索绪尔所说的"音系学")研究对象之本质,就可以回到语言符号的能指之本质这个问题上了。索绪尔几乎总是将其称为声学图像(images acoustiques)或"语音图像",并将其描述为决定说话者的意图和感知的心理现实。因此,语音图像中立于发音和感知之间:在发音中,它是说话者竭力服从的模式;在感知中,说话者将外部刺激与其进行匹配。但其本质却既不等同于发音,也不等同于感知。我们可以将其中立特征跟音位的双值本质做一下对比:音位是个具体的音,故而既具有发音方式,又具有感知之具体效果。而语音图像,在每一具体说话过程中既未被发出,也未被感知。相反,语 41

音图像决定了各个具体的发音或各个具体的感知应当被归到哪一类别当中。

说话时，我们竭力发出某一语音序列，这种语音序列将符合我们所使用的符号的语音图像。严格说来，这么做的机制跟这些语音图像无关，因而跟这些符号本身也无关。与之对应，我们的听众将我们的话语感知为具有某种语义，因为听众自身系统中的符号所具有的赋值特征，在我们的说话行为与其语音形象相符时得到了激活。因此，语音图像和具体的发音、感知之间的关系，跟元素类别和该类别的具体代表之间的关系十分类似。当然，认识到语音图像和具体语音之间的差别源于二者各不相同的本体论地位之后，我们依旧没能具体说出语音图像具有什么样的特征。我们只是指出，无论语音图像是什么，都必须足以在符号系统被用于具体说话行为时对发音和感知进行支持。

索绪尔在探讨语音符号之能指时曾反复强调，能指之关键在于其互不相同这一事实。在"语言"研究中，我们的兴趣在于对这类差异进行刻画，这就将单个符号组织进了关联之系统当中。这确实是索绪尔对语言学的发展所做出的最重要的贡献：让语言学家的注意力聚焦于对符号间差异进行支持的规则和关联之系统，而不是聚焦于单个语音、单个意义本身的细节。

20世纪初，这是个兴趣点上的必要而及时的转变。工具性语音技术的发展取代了先前那种基本内省式的方法，这使得研究变得十分繁琐复杂，以至意义开始在语音细节中渐被丢弃。一旦我们认识了可测量的言语事件范畴之范围，就不再存在明显标准能让我们依此决定多少细节才够。我们很快得出结论，

二 索绪尔的语音结构观

很明显,我们所进行的测量,虽然可能确实代表了对言语事件的真实观察,但却不再代表对其语言学功能来说必不可少的那些东西。在物理事件(索绪尔所说的音位)中,没有什么东西能告诉我们哪个值得测量、哪个不值得测量。

然而,索绪尔对具体语音和符号能指的区分,却将这类语音研究抛入了眼前的焦点之中:某一语音特征的语言学功能,由其对某一符号的发音、感知跟另一符号的发音、感知所起的分隔(或不分隔)作用来决定。对索绪尔来说,语音学家积累的细节信息对语言学家来说仅有有限的作用,因为语言学家的首要兴趣在于各语音图像间的差异方式,因此并不需要了解语音学家所能够告诉他的一切。

于是,通过这一举措,语言学家得以从日益增强的语音细节之怪圈中解放出来。不过,关于他们的确感兴趣的"语音图像究竟什么样"这一问题,这依然没告诉他们太多。但是,对其本质的暗示(至少是索绪尔对此的概念)可从其名称中看出来:从其内容来看(与跟具体音段相联系的语音印象[impressions acoustiques]相比较),语音图像暗示其只是理想状态中的语音表达式,其语音细节全面细化到音类层面(虽然没有到音位层面)。符号之能指和利用该符号所说出的话语之语音表达式(音类层面)之间的区别,因此不是所含信息量的区别,而是特征描述之本体论地位的区别。如上所示,这一差异与类别和代表之间的差别十分相似。

符号之能指可视为应按语音特征的一定范围来描述,这一提法跟有关索绪尔观点的文献中的普遍阐释全然相反。由于他

42

强调能指的区分性特征之中心本质,可以推断,能指应视为只依其区别性特点而得以描述。从这一观点来看,某一具体语言中的任何音类,若无法用来对一个符号和另一符号进行区分,在该语言中相应的能指表达式中都应当完全不提(虽然在别的语言中,该能指表达式若是具有区别性,或许需要加以描述)。

但是,这个描述了一半的能指概念其实很难拿索绪尔确实讲过的话来充当支持基础。他在哪里也没直接说符号的表达式(或者说是符号能指之表达式)在特征上(上文所强调的本体论地位之差别除外)跟语音表达式有根本区别。也就是说,并没有暗示说需要一种后索绪尔音位术语意义上的"音位"(phonemic)表达式(即使在他似乎要提出这一问题的地方也依然如此)。

索绪尔说过的话和没说过的话皆暗示,能指表达式(representations of signifiants)已全面细致(其程度与音类相同)。例如,他在探讨转写问题时表示,全面细致的语音转写(记录每个音位的全部特征)的确只对物理学家有用,对语言学家则无用。但是究其原因,并非是因为那样的转写包含了羡余细节,而是因为其笨重而不合审美。简单些的转写若足以展示音类,便足以满足语言学之目的。我们必须牢记,索绪尔否认其语言学价值的那类表达式,其物理精确程度仅仅局限于语音学家的慧眼及其测量设备的精良——这并未包括对那些在所调查的具体语言中恰巧未起区别作用的特征进行展示,虽然这些特征可能对具体音类有所刻画。

此处对索绪尔思想的解读或许显得有些悖论:毕竟,在某一特定的"语言"系统内部,对能指进行刻画且对其进行赋值的因素,就是将其与该系统中的其他能指进行区分的因素。因此,"语言"研究必须阐释符号与符号之间的区别和对立,而这一目标似乎与对语音图像的区别性特征和非区别性特征不加区分的能指表达式缺乏一致性。

这一显著难题之产生,是因为我们在音系描写中把目光局限在了表达式的角色上。我们要想解决这一问题就必须记着,索绪尔基本不愿意把"现实"赋予那些因语言学分析而产生的单位。相反,他更愿意把"现实"赋予那些由这类分析而展现出的语言学单位与语言学单位之间的关系。语言学描写(linguistic description)这一概念不仅包括一套语言学元素之表达式,而且还包括一套决定这类元素之形式和相互关系的规则。回归这一概念时我们可以看到,对符号间之差异系统进行阐释的任务,其实可以理解为可以通过展示规则系统来解决的问题,而不必让表达式之选择涉足进来。

4 研究音系差别的一些方法

若要让这一提法更为具体,就要考虑一下用来对某一语言中符号(能指层面)间区别进行描写的若干种方法。依据其为系统标写(具体语言的)能指所提供的特征,我们可以对这些理论进行刻画(我们将称其为"音系表达式")。此外还涉及这类标写和其他描写(即规则)之间的关系。如下文各章所示,本节所勾勒的各种方法其实在语音结构探究史的各个时期都曾使用过,因而,哪种方法都不是仅做做稻草人而已。

一个极端,我们或许可以把全部注意力集中于该理论向语言形式提供的一系列音系表达式。这样,我们其实可以在描写中对规则所发挥的作用忽略不计;但是,只要我们能够对音系表达式进行定义,就几近于在对符号之间起区别作用的那些特征进行描写,故而使之切实具备该特点。依此观点,音系表达式仅依据其对应形式的区别性特点来赋值。可能存在的语音表达式的普遍性可行理论,或许可为展示所研究的语言中不具区别作用的附加特征提供条件。但是,该语言的形式表达式中,这类特征会被"留为空白"。

当然,我们可以为这样的理论设想出诸多补充,这些补充在被认为对音系元素起区别作用的特征之产生这一问题上互不相同(在处理上述特征和可在语音层面观察到的特征之间的关系时尤其如此)。这些问题暂时还不现实,因为,从某一语言内部的音系表达式中具有标记性的特征集合来看,我们希望关注的这类理论,其特征即在于其完全聚焦于对"区别性"、"对比"等的解释。

其实,正是这种方法,刻画了音系学中多数版本的"音位"(phonemic)理论。这类理论通过对音位集合(此处的音位已不再是索绪尔意义上的音位)进行阐释,对符号之间的差别进行了描写。集合中的每个音位,皆是由使其区别于系统中其他音位的全部特征(且仅有这些特征)来描述的音段。因此,音系表达式包含此类音位之序列。差异性可再度得到构想:例如,在这一理论的某些版本中,附加特征若是在具体的音位序列内部可以预测出来,则可被提取出来并被保留为非标记成分(所以,当鼻

二 索绪尔的语音结构观

辅音位于阻塞音之前时,其在别处原本具有区别性的发音要点或许可以省略)。从我们的目的来看,重要的是,某一特征的某些"区别性"标准一旦给出,就会被看作不含任何非区别特性标写之定义。

当然,我们因而必须定义音系转写及其所代表的语音现实之间的联系。这一联系是规则之集合的问题(这类规则在实践中往往论述得不够),可发挥在音系表达式中"填空"的功能,即,向可直接由音位形式投射而出的集合添加非区别性特征。这类规则在某些方面类似于索绪尔明确提出的那些规则。索绪尔通过增加语音细节来把音类和"音位"联系起来,而这类语音细节则源自某一特定音段得以实现时的组合环境之结果。不过,索绪尔的规则显然并不能解释为某一具体语言的系统组成部分,而是(纯粹语音学意义上的)人类言语之普遍产出机制的产物。因为这类规则属"言语"方面,所以,无论从普遍性意义来看,还是从具体语言来看,都不属于"语言"系统。但是,上述理论所要求的音位规则,显然并非对所有语言都相同。

不过,音位表达式确实是"语言"系统的一部分。并且,如果这类表达式必须由一套具体语言规则来完善,且这种规则用附加特征(非区别性特征)来为其赋值,那么,问题依旧会产生:这类规则又应当被视为属于语言的哪一方面呢?一种极端的解释可以认为,只有音位表达式才属于"语言",规则以及语音实现形式都属于"言语"。但是,从长远来看,这一观点难以支撑。许多学者都已指出,某一特定形式的可能发音域(range of possible pronunciations)的确是其所在语言的一部分。即使所有区别性特征都被正确发出,造成非区别性特征中任意性变化的发音也依然必须借助该语言的系统来排除出去。这就意味着,对这类非区别性特征起决定作用的原则本身,必然是系统的一部分,因而也是"语言"的一部分。可是,人们很容易受到诱惑,想要完全忽略掉这类规则的存在(或者至少是忽略其系统地位),并转而完全聚焦于对形式之非羡余性具体语言音位表达式进行定义——20世纪音系学理论大多有过这样的经历,除了对充当表达式元素的音位进行了恰当的定义之外,很少(或是完全没有)再做其他关注。

诚然,正是这一阐释,被最为普遍地用来解读索绪尔的观点,其依据即是他对区别性的强调;并且,他对如何描写区别性基本未做具体探讨。索绪尔要求对符号起区别作用的差异体系应充当语言学描写的对象,在许多解读者看来,实现这一要求的惟一途径恰恰就是用这一特征来对表达式进行定义。但是我们已在前边提到过,这并非对索绪尔的必要阐释:一方面因为,他对符号之能指所进行的论述,暗示出一种不甚抽象的、更"语音"的描写,而未局限于区别性特征;另一方面则因为,他不愿意构建起一种分析单位(即后索绪尔意义上的"音位")并将现实赋予这种单位。不过,他必然意识到,倘若语言中有任何"现实"的东西,则语言符号及其能指、所指必然是"现实的"。

刚刚探讨过的这类观点可以称作"不完全赋值音位理论"(incompletely specified phonemic theory),此名称表示,音位仅在有限特征范围内赋值(不是说这个理论自身赋值不完整!)。其基本特征就是,音系表达式元素(即"音位")是十分抽象的元

二 索绪尔的语音结构观

素。从字面意义即可看出,这种元素是从现实化言语中的某些基本语音特征中抽象出来的。但是,要认清索绪尔对区别性特征和非区别性特征之间差异的重要意义所进行的基本洞察,这一方法并非惟一途径。我们或许还可以设想出一种理论,围绕"音位"是什么这一某种程度上更具体些的概念。下文中,这一问题可以通过准数学术语来展开:

设定我们已辨认出某一语言的话语中出现的全部音段,设其为 $p = (p_1, p_2, ...)$。现进一步设定,对于 p 中每一对(p_i, p_j),我们皆已辨别出[p_i]和[p_j]之间的差异是否能够将该语言中的某一符号和另一符号区分开来(即,用"前系统"[presystematic]术语来说,就是[p_i]和[p_j]是否构成对立)。我们把集合 p 分成若干个子集,如,每个子集 P_i 至少包含一个来自 p 的元素[p_i],此外还包括(也只包括)所有跟[p_i]不构成对立的元素。因此(设定对立关系之程度运作良好,或许这个设定有些过强),当且仅当音段[p_i]和音段[p_j]属于不同的子集 P_i 和子集 P_j 时,两个音段可(潜在)对符号起区分作用。

现在,从每一个子集 P_i 中,我们仅取出一个具有代表性的音段,记为[p_i^*]。我们可以把集合 {[p_i^*]} 称为该语言的音位集合。对于一切话语来说,通过用相应的音位来取代各个音段,即可得出其音系表达式:也就是说,由该音段所在的子集 P_i 中的"指定元素"[p_i^*]来取代该音段。因此,我们可以给出一系列规则。通过指出某一给定非对立子集 P_i 中每一元素出现所需的条件,通过在适当条件下用同一子集 P_i 中的其他元素来取代

[p_i^*]，这些规则让我们能够将音系表达式转换为语音表达式。

我们将把这一观点称为"充分赋值基本变量音位理论"(fully specified basic variant phonemic theory)，这一观点跟不完全赋值音位理论至少在两个重要方面有所不同。其一，这一观点中的"音位"是充分赋值的音段(虽然只是该语言中出现的音段的一个子集而已)。其二，音系规则在不完全赋值的音段中并不通过"填空"来得出某一语音形式，而是用一个音段(指定音段，即"音位")来取代另一个音段。

显然，第二个观点虽然跟第一个观点全然不同，但却让我们能够满足索绪尔的基本要求：能指中的区别体系应当在语法中得到描写。这是因为，给定任意一个话语对(pair of utterances)，我们只要通过对比其音系表达式，就可以立即判断出二者是否与不同的符号相对应：如果音系表达式相同，则二者不可能是不同能指的实现形式；而如果音系表达式不同，则二者一定是不同能指的实现形式。这跟不完全赋值音位理论中能指之间区别性的重构方式基本相同。两者之间的最主要区别在于这一事实：如果音位被视为完全赋值之基本变量，而不仅仅是不完全赋值的特征群，那么，语法规则(不仅限于音位表达式)在语言系统描写中所发挥的重要作用就更加明显了。

不过，很难说这种音系结构本质概念跟索绪尔的概念相符。前面我们已经提出过，对他来说，能指之表达式应当基于与(赋值的)音类相对应的语音图像。从这个意义上来说，完全赋值基本变量的观点比不完全赋值音位理论更符合索绪尔的明确图

二 索绪尔的语音结构观

景;但是,用一个赋值音段来取代另一个赋值音段,这样的规则之概念对于《教程》及其他文献所展示的语音结构来说显得很怪异。

因此,我们或许应提出第三种音系理论。这一理论不区分"音系"表达式和充当完全赋值音类(语音图像)序列的语言形式的表达式。这样的理论因而不包含格外看重对比概念的系统抽象表达式。很明显,这样的表达式并不充分:该观点所设想的单个表达式不足以解决对能指之间的差异系统进行描写这一问题。给定两个这样的表达式,我们并没有直接手段来审视并判定二者之间的差异是否跟符号之间的潜在差异相关,也无法判定该差异是否位于单个符号所允许的变量范围之内。

该功能故而不应当通过"音系表达式"自身来表现,而应当由一套规则来表现。这套规则既可对某一语言中的可能表达式之范围进行赋值,也可对从这类表达式中得出的关系进行赋值。正如斯坦利(Stanley,1967)在其生成式框架中所描述的那样,这类规则或许跟运用于完全赋值形式的那套羡余条件具有(局部)相似性。其中包括正向条件("该语言中的每一个形式均具有特征 P")、负向条件("该语言中没有哪个形式具有特征 P")、推论条件("若该语言中有特征 P,则也有特征 Q")。对后者来说,有的条件中必然允许分裂,从而确保了自由变体(free variation)之存在(例如英语中,"若某一形式以塞辅音为结尾,则这一音段要么除阻,要么不除阻")。

有了这一途径我们就可以宣布,已经完全捕捉到了(潜在的)区别性能指和非区别性变体之间的差异。也就是说,给定任意两个语音表达式,我们就原则上能够通过参照这类语法,确定其在此意义上的地位。首先,我们要问二者中的一方(或二者全部)是否违反了任何被宣布为语言规则的那些条件。如若有所违反,则此类形式必然绝非潜在的能指,更不可能成为构成对立的区别性形式。如果未有违反,则我们可为这两个形式之间的差别列出一份清单。当然,倘若这两个形式根本无差别("音类"层面上),我们就可以断言,二者无法跟不同能指相对应。而倘若二者的确具有差别,我们则可以提出这个问题:二者之间的每一个差异是否都联系着可在某一语法规则内部找到的某种可允许的断裂?例如,英语中的两个形式,惟一的差别就是一个形式中有位于结尾的不爆破塞音,而另一个形式中有位于结尾的爆破塞音,那么,这两个形式就会通过上文中尝试性构建的规则中的断裂,来满足这一标准。当且仅当形式之间存在不满足此条件的断裂时,这些形式才会跟潜在的具有区别意义的能指相对应。

虽然这一过程在如此详细叙述时显得过于复杂,但是必须清楚,该过程在理论上跟先前的两种理论一样有效,可为能指的区别性特征和非区别性特征之间的差别进行明确的重构。其最关键特征在于这一事实:它将阐释差异的全部负担都放置到了规则系统中,而不是放在对特别种类表达式的定义上。从这一观点来看,语言学家的职责就是为具体的语言构建出这类规则——这类规则通过直接方式,表达了具体语言所特有的符号之能指,也表达了它们之间的联系。

我们并不想表示,关于语音结构的第三种观点(我们称其为

二 索绪尔的语音结构观

完全赋值表层变量理论［fully specified surface variant theory］）为索绪尔本人的看法勾画了全面而忠实的图景。不过，的确有若干方面表明，跟上文展示出的与之相竞争的理论相比，这个理论可能至少在某种程度上较为接近索绪尔本人的看法。

跟"不完全赋值音位理论"相比，该理论未要求我们通过将现实赋予某一"音位"表达式来对语言分析之结果提出假说。这种"音位"表达式原则上区别于那类在发音和感知中为我们对符号的语言学使用起支配作用的语音图像。索绪尔在此问题上所说的每一句话皆暗示，他并不把能指形式和语音现实形式之间的差别看作是赋值程度上的差别。并且，如前面数次提到的，他更愿意把关联（relations）而非抽象单位（units）看作是语言学现实，这是他的原则。

但是，跟"完全赋值基本变量理论"相比，最新的这幅图景并未要求我们假定出将一个音段类变为另一个音段类的诸规则。如我们在下文关于他处理语音交替问题的探讨中所看到的那样，这种语言规则性的构建同样跟他的共时语言学结构之基本概念完全对立。

语音结构之完全赋值表层变量观的更深层潜在优势在于，其解决了上文所提出的一个问题：从"语言"和"言语"之间的差别来看，非区别性特征拥有何种地位？倘若我们把对这类非区别性特征的描写构建为因具体语言而异的规则问题，则我们就是在由此将音类可允许的变量之范围赋予语言之语法，并因而赋予"语言"。相比之下，把音类序列实现为具体音位（索绪尔意义上的音位）之序列，是人类发音系统（或许也是感知系统）的产物,因此是应当由语音学家来研究的"言语"问题(虽说这类细节只要向历史变化之解释性叙述提供了依据,就依然对语言学家构成吸引)。

因此,似乎存在另一种逻辑上连贯的途径通向(后索绪尔)音位理论,来实现索绪尔在语音系统描写中的基本目标。更确切地说,还存在某种理由来将他的观点和这一其他途径建立起联系,而不是要跟某种把音位看作语言对立之直接化身的理论之间建立起联系。至少,没有理由断言,索绪尔"音位"概念的含义就是该术语此后逐渐拥有的意义。或者说,倘若他真那样认为了,那么他的贡献就更大了。虽然在这个意义上,符号之能指恰似经过语音赋值的实体,似乎具有积极特征,但是,只要具有音系意义的重要表达式拥有某些特征(如区别性特征)这一点就并没有将这一图景跟其他任何图景(如严格的音位理论)区分开来。无论从哪一点来看,语言学家自身的任务都不是研究这种表达式的特征:这是语音学家的事情。语言学家的兴趣在于规则之系统。

的确,人们可以坚持认为,以此方式对"语言"系统进行的刻画,因为只是在负赋值和对立赋值中包含"变量有哪些制约因素"以及"形式间哪些差异是可能的"等问题,所以极其接近于满足索绪尔的名言:语言是形式,不是内容。在规则之系统中,而非在对构成能指本身的实体所进行的刻画中,通过集中描写"语言"系统,这一以完全赋值表层变量为基础的系统在描写语言形式上和语言关联上放置了等重的语言学描写砝码。

索绪尔究竟如何看待语言符号系统的语音结构层面?探寻

二 索绪尔的语音结构观

这一问题本身就很有意思。探寻这一问题也很有用,因为恰恰是他的理论阐述中这一方面的非赋值本质,使人有可能看清其基本的洞悉。这种基本的洞悉通过十分普遍的条件展现,并容许范围广泛的可能实现形式。不过,从语言学史的角度来看,这一探寻并不重要:某种程度上说,对索绪尔,重要的不是他本人的想法(反映他本人想法的文本几近于全无),而是人们对他的理解对后世的语言学家们所发挥的影响。

其实,索绪尔的解读者们几乎无一例外地在关注他思想中的一个方面:他坚持认为语言描写必须主要描写将一个符号和另一符号相区别的系统。实际上,所有评述者都在通过直接构建区别性的语言表达式概念(或称"音位转写"概念)来阐释这一课题。其结果便是相互竞争的各种音位理论激增(我们将在下文中讨论这些理论),且几乎都声称在这一方面或那一方面从索绪尔的最基本洞察那里得到了启发。可以说,这些理论全都受到了本质上的误导,至少从对索绪尔的思考来看如此。没有理由相信他是从表达式系统的角度构建了"语言"系统:的确,提出这样的观点似乎并不完全是"年代误植"(anachronistic):"语言"在本质上所具有的关联(relational)特征,在精神上更接近于当代的把语法看作规则之系统的理念。

5 索绪尔对语音交替的描写

另外一个既值得研究其自身影响力又值得研究其与索绪尔语言结构普遍概念之间的关系的话题是他对语音交替的处理。

我们已经十分专注地审视了诸符号各自相区别的方式,但是索绪尔当然明白,某一具体语言内部的符号之间的某些反复出现的差异,或许具有某种特殊地位。这类差异若真的具有系统性,则不仅可以让符号保持区分,而且可以把它们相互联系起来(这一点颇为悖论)。对这类关联的描写跟他的"语言"结构观紧密相关,跟语言的共时性和历时性之间的联系之本质也紧密相关。

例如,在希腊语的历史中,位于元音之间的[s]因语音变化而脱落。原本以[s]结尾的词根因此逐渐具有两种形式(带[s]的和不带[s]的),由其后面是否接元音尾而决定。类似 tre-ō 和 a-tres-tos 之类的形式之间的联系,其系统性本质造成了一种概念(对于操该语言的人来说):"诸如 ne-/nes-、geu-/geus 之类的词根组之间"存在着"一种对应关系,[……]代表等价组"(转引自莱希勒-贝格兰[Reichler-Béguelin]1980:47)。因此,带[s]的形式和不带[s]的形式虽然能指不同,但却能够相关联,这样的关联叫作语音交替(alternation)。在其他文献中,语音交替被解释为"通过两个可赋值的音在两套共存形式之间或多或少地做规则变动而形成的对应关系"(转引自戈代尔[Godel]1957:253)。此处所说的"共存形式"非常重要,因为索绪尔曾在多个场合强调过,语音交替是一种语法现象:"形式与形式的对立,而不是音位与音位的对立。"(同上)。

每种音系学理论都必须以某种方式涉及语音交替现象,哪怕只是想把它从语音结构之原则层面中刨除出去。对语音交替加以审视、建构的方式,或许可看作对某一音系学理论的首要"诊断"。例如,生成音系学多数研究,其基础可视为在尝试把交

二 索绪尔的语音结构观

替着的表层形式化简为统一的底层表达式。与之相比,结构主义音位理论的若干不同版本,其相互区分的标志大体就是看其在多大程度上允许有关系统性语音交替的信息对音位分析之选择产生影响。

索绪尔对语音交替的态度最明显的特征,基本上源于他所提出的有必要把具有历时性质的事实从共时描写中驱逐出去这一观点(有时这个观点被夸大了)。若要为由此而生的结果举例,可思考对拉丁语中 $capiō/percipiō$ 等语音交替模式进行描写时所用的基本方法。由于一条将中间音节的[a]变为[i]的规则的作用,$percipiō$"来源于"$capiō$,这一描写似乎很传统。但是对索绪尔来说,这样的描写完全错误,因为这样的描写把若干混乱引入了共时系统中。其中很重要的一点就是,这样的描写造成了一种印象:历史变化(即中间音节中的[a]被[i]取代这一语音变化)某种程度上应当属于共时语法中的组成部分。

在索绪尔看来,该共时事实只不过是两个不同符号($capiō$ 和 $percipiō$)之间的某种系统相似性而已。两个符号皆属于"语言"(正如两者之间的相似性),但是这并不意味一方"来源于"另一方。如果说 $percipiō$ 确实"来源于"什么,那只能是来源于早先的 $percapiō$,而严格说来这也的确是个历史事实。但是,早先的 $percapiō$ 和之后的 $percipiō$ 之间的关系并非"语言"事实,而是一种语音变化事实,故而是"言语"问题。而从"语言"系统来看,所发生的只不过是"$capiō$ 和 $percapiō$ 间对立"被新的"$capiō$ 和 $percipiō$ 间对立"取代了而已。在这两个阶段中,我们均有两个不同的符号;虽然该区别的特点在不同阶段有所不同,但是该变化本身并非共时语法的特征(在两个阶段都不是)。

有时,由一系列历史变化引发的语音交替自身可能会成为某一语法范畴能指中不可缺少的组成部分。因此,在早期日耳曼语中,诸如 fōt 和 fōti 等单复数对之间的对立是由具有区别性的可分词尾-i 实现的。由于元音交替、非圆唇化、词尾元音脱落三种语音变化,这一对立在古英语中由 fōt 和 fēt 之间的对立取代了。但是,在此问题上,说古英语的 fēt 经过共时元音交替规则而"来源于"fōt,是不正确的;相反,该语言把语音交替的系统性特征视为符号之间的可能关联。能指中包含后元音的符号,跟另一些符号系统关联,而二者间的区别恰恰就在于后者的能指中包含相应的前元音。在 fōt/fēt 这一对立当中,其关系本身就可用来充当单数和复数之间的符号差异之基础——正如能指范畴中的其他任何差异可充当这类对立之基础一样。例如,词首音段之间的差异、词尾有[-əz]的形式和无[-əz]的形式之间的差异等等。因此,形式之间的关联,是共时系统的一部分,正如语音图像的可能元素范围是共时系统的一部分一样。

这种系统相似性是该语言的共时语法的组成部分。虽然有这样的事实,但是我们必须避免说 fōt/fēt、capiō/percipiō 等对立中存在某种统一单位(single unit)(即 fōt、capiō)及使其在特定环境下变成别的什么的一套共时规则。事实上,无论在语音交替显现出来的晚期阶段,还是在存在 fōt/fōti 对立、capiō/percapiō 对立的早期阶段,我们都不必考虑统一单位。从共时角度来看,我们在两个阶段各有两个不同的符号,而非一个统一单位。"变化"是个历史语音学的事实,"但其活动却属于过去。

二 索绪尔的语音结构观

而对于说话人来说,仅存在共时对立"(1916:219)。如果给出一条规则,使一个形式变为另一个形式,就会错误地给人"存在状态之处必有运动"(同上)的印象。

此外,甚至连"上述例子中历史上存在统一单位"、"统一单位经历了两种不同方向的语音变化"这样的说法都是不正确的(据索绪尔)。理解这一论断需要一点思索,因为他先前好像正是把原始统一体的这种分道扬镳式的变化,拿来作为引起共时语音交替的历时事实。但是实际上,他认为在每个这样的例子中,都存在某种形式差别,这种形式差别甚至在更早的阶段就已经存在。历史变化所强调的(不是创立的)正是这一差别。

我们若是回顾一下索绪尔对组合语音学的详细研究所做的贡献,这一点就变得更加清晰了。组合语音学可理想性地展示出音节或其他超音段单位中不同位置上出现的相似音位之间的细微差异。也就是说,即便我们在 fōt 和 fōt(-i)中有相同的音类序列,这两个符号的不同一性(nonidentity)依然会导致相关音位具体语音特征间的差异。位于词尾的[T]和后面紧跟[i]的[T]实现方式不同——因此,fōt 中的[Ō]和 fōti 中的[Ō]处于不同的环境之中,这也相应地造成了这两个[Ō]之间的差别。如果我们的共时描写中存在规则使某一音段、某一形式变为另一音段、另一形式,就不仅有把历时事实非法引入共时之中的风险,而且还可能会造成轻视了对这类变化所做的潜在语音阐释。对索绪尔来说,这一阐释来自形式之间原本就具有的差异,而不是其统一性。

索绪尔无条件地拒绝用统一"低层"形式以及把一个音段变

为另一个音段的规则来描写语音交替,这对该领域的发展产生了重大影响。此后的几代语言学家,感到这种拒绝直接源自共时语言学家和历时语言学家之间的区分效力,于是也同样采取了拒绝态度。结果,一直过了很久很久,"形态音位性"阐述才再度被视为语言学描写中值得肯定的组成部分。索绪尔把对语音交替的描述限制在对表层诸形式间的差异所进行的描写上,后人基本沿袭了这一点(有少数几个例外,我们将在后面各章当中看到)。结果,语音交替这一普遍性主题被视作更高层面的学科(如形态学)的研究内容,而非语音结构问题。索绪尔所提倡的对某一描写手段的限制,由此被阐释为对跟音系分析相关的数据范围的限制,成为一种更加强大的制约。

我们必须强调,虽然索绪尔对展示统一性底层结构、展示改变音段特征的规则的那类语音交替描写毫无怜悯,但他显然把语音交替视为语音结构中由规则来支配的层面。并且,他把所涉及的规则视为把(某一具体语言中的)一个表层形式跟另一个表层形式直接关联起来的规则,并且未对这些形式设置优先顺序(也未设置充当二者来源的间接测定出的第三种形式)。由此,他的所有规则都具有"词汇羡余规则"的特征(杰肯道夫[Jackendoff]1975 的术语)或"对应"特征(洛佩斯[Lopez]1979的术语)。具有这样特征的规则或许能够阐明形式与形式之间的推论关系(即"如果语言中包含某个带有特征{F}的形式,则还可能存在某个带有特征{F'}的系统关联形式"),但这一关系在所涉及的形式之间直接展现,而不是通过其中一者或两者从其他表达式(可能是个更为抽象的表达式)中衍生出来的方式来

二 索绪尔的语音结构观

展现。

这样的非衍生性描述,可能是描写普遍性语音交替的恰当方法,也可能不是。不过,这并不是此处的问题。重要的是应当注意,索绪尔对语音交替描写给予了相当重要的地位,并且无疑乐于把"现实"赋予描写语音交替的诸规则。在他看来,通过类比现象,这一现实得到了确认。

我们还记得(上一章中),对索绪尔来说,"类比性变化"(analogical change)完全不会造成"语言"系统的变化,因为在他看来,类比性形式只包括"语言"系统中业已存在的固有潜能的实现形式。若是有儿童使用了 goed 这个形式而非 went,并不会造成系统当中的变化。因为系统中早已包含一条规则来规定:与某一现在时动词词干相对应,可存在一个过去时形式,由相同词干加后缀-ed 构成。该形式因而是系统中固有的,儿童对其加以使用并未造成变化。当然,如果 goed 这个形式最终渐渐完全取代了 went 这个形式,那么后者的消失就的确造成了变化,但是类比性新形式的创造却并不会造成变化。

为了让这一关于类比的阐述能够进行下去,有必要辨认出大量按照"语言"系统中的原则进行编码的语音交替。进一步说,这至少在理论上为类比的运作施加了制约,因为只有当语言中(独立地)包含支持新形式产生的语音交替规则时,类比构成才成为可能。并非任何 A∶A' = B∶X 型四项比例式都自然成为潜在的有效语音交替;只有当 a)有某语法规则使 A 和 A'相联系,且 b)同一语法规则(潜在地)使 B 和某个 B'形式(=X)相联系时,该比例式才会造成类比形式的产生。例如,这一限制禁止英语中按照 ear：hear ＝ eye：X 这一比例式来产生新动词 heye(看)。在索绪尔看来，这样的假比例式无法成为可行性类比创建的基础，因为英语中 ear 和 hear 之间完全相互封闭，其关系并不依赖任何语法规则。索绪尔对可行类比和已存语法规则之间的基本联系的看法，跟后来由库雷沃维茨(Kuryłowicz)明确表述的观点十分接近(例如，见库雷沃维茨 1949、1964)。

系统中诸规则在决定类比运作中的相互作用，在索绪尔的某些具体讨论中进行得很深入。类比创建的标准例子是，依据比例式 ōrātōrem：ōrātor ＝ honōrem：x，拉丁语中 honos 被 honor 取代(1916:226)。不过，对其希腊语、拉丁语音系进程中这一例子的探讨(见莱希勒-贝格兰[Reichler-Béguelin]1980)显示出，此处涉及的问题要远远超过构成比例式的那三个项的存在。

尤其是，拉丁语的"r 音化"(rhotacism)这一历史变化已使很多元音之间的[s]变成了[r](这里我们不必考虑这一变化的详细历史)。结果，许多形式(如 honōs/honōrem)都展示出了特定条件下[s]和[r]之间的语音交替。在索绪尔看来，这一现象作为拉丁语语法规则得到了反映。但是，其他很多形式(带有原有的[r]而非[s]的形式)却显示，[r]没有与[s]构成语音交替。在这些形式中，语音之间的[r]跟位于词尾及辅音前的[r]有规律地关联着。

此时若给出一个带有位于元音之间的[r]的形式(如 ōrātōrem 或 honōrem)，人们无法从中直接判定所面对的[r]是

二 索绪尔的语音结构观

否跟[s]有语音交替关系。索绪尔提出,恰恰是这种不确定性(如今我们按照齐帕尔斯基[Kiparsky]1973b 的提法,称之为"不透明性"[opacity])为类比构成提供了动力。这之中就包括用规则的[r]:[r]模式来取代[r]:[s]语音交替。两个模式皆因语法规则而得以确立(一个较为琐碎,另一个因 r 音化的共时关系残留而形成)。[r]:[r]模式的选择,以及由此产生的honor 的"新创",都被明确表述为是由于"范例往往使其所在的框架变得一致"①(莱希勒-贝格兰[Reichler-Béguelin],1980:56)。把范例的发展方向解释为趋简,其实是种完全传统的解释,但是索绪尔此处对其所进行的运用,预示出一种思路。这一思路中,诸规则间不透明性互动的解决方法跟我们在近些年的探讨中所看到的方法十分相似。

虽然索绪尔并未明确指出对依据现有共时规则而进行的类比应做何限制,但这类限制可从其类比"变化"中得出来。并且十分明显,他在此类问题产生的各个地方(如,他的希腊文、拉丁文音系、形态等授课)都坚持了这一点。他对具体的类比变化的阐释中,常常要依靠支撑该变化的那些语音交替所具有的规则制约性特征;他对涉及类比的其他阐述加以摒弃,也是因为其缺乏这一基础。显然,对于形式之间的相似性何时才能合理构成一条语法规则,很难做出先验式界定。因此,也很难确认索绪尔的所有具体历史探讨都依照了他自己的原则。不过这种困难也

---

① 原文为法文:un paradigme tend à unifier le cadre dans lequel il court. ——译者注

绝非索绪尔思想所独有。关于他的图景必须要认识到的是,类比在理论上与语法结构有直接联系,尤其与构成"语言"系统之组成部分的系统性语音交替的模式有直接联系。

6 索绪尔和音系学传统

本节总结我们对索绪尔音系学观原则所做的回顾。虽然他的著作中几乎没有什么足够详细的东西可直接充当具体描写音系结构的基础,但是自此之后该领域中的多数问题至少已被提出来,且其中若干问题的源头即在于此。希望我们已经在上文中表明,构成"语言"的索绪尔能指系统概念,并非首要在于形式的某种记录方式或表达式,而是在于规则之系统,该系统解释了形式之间的相互联系。这包括为某一具体语言中的形式界定范围的规则,包括为同一能指的各实现形式内部所允许的差异界定范围的规则,还包括对系统中使一个形式与另一个形式相联系的系统语音交替模式进行描写的规则。这些都是系统的诸方面,索绪尔认为这些方面对于每位说话人来说都是真实的,且构成了语言的社会特征、人际特征的基础。

当然,我们并不想造成一种时空错乱的印象,认为索绪尔的观点"完全现代"。有些明显的局限性使他的系统跟当今的许多音系学著作相区别。如,他的"规则"仅限于陈述表层形式内部以及表层形式之间获取的不经中介的规律性,而不是从更抽象的形式中把这类规律性衍生出来(至少在部分情况下如此)。

同样,其他一些差别也使索绪尔和当今的音系学家相区别。

二 索绪尔的语音结构观

不过,正如存在很多问题使他和紧随其后的音系学家(他们时不时把索绪尔的名字拿来当作其著作的基础)相区分一样,他和后来的音系学家之间也有大量相同之处。索绪尔的影响力除了"语言"和"言语"之区别、共时从历时中的分离、语言符号之任意性等原则的导入之外,主要就是在语言学的重大转向中体现出来的。此类努力先前曾聚焦于以语音细节为基础的原子式历史研究,而此后的研究,却是聚焦于系统之研究、共时规律性之研究,尤其是因具体语言而异的全面语法特征之研究。

在上述所有这些方面中,后来的研究都逐渐建立在了索绪尔自己的原则上(不过,对于通过解释表达式的具有理论意义的层面来实现上述目标的尝试,似乎不能这么认为)。但是,正如我们在前边某节中所见,索绪尔本人可能更多充当了某种程度上"悬于空中"的某一工程的转世化身,为他人的思想起了强化作用和使之合法化的作用,而不在于构成其具体的来源。他的直接影响程度虽然仍然有待确切研究,但是却在很大程度上已获追溯(ex post facto)执行。

三 喀山学派:博杜安·德·库尔德内和克鲁舍夫斯基

索绪尔开始正式专注于普通语言学问题之前若干年,这些问题当中有许多已构成了波兰语言学家扬·博杜安·德·库尔德内(Jan Baudouin de Courtenay)①及其学生们、同事们(最值得关注的是米柯瓦依·克鲁舍夫斯基[Mikołaj Kruszewski])所关注的核心。博杜安的论著闭塞于俄罗斯中部的喀山地区,基本无法为欧洲学者所获及,虽说他们当中有少数人对其尚有知晓。在这个喀山学派的著作中,我们看到了许多后来被归功于索绪尔的相同观点。并且许多时候,博杜安对这些问题的构想及其探讨和解决,远比索绪尔明确得多、清晰得多。

不过,我们研究博杜安和克鲁舍夫斯基的观点,并不仅仅是因为他们区分了语言和言语、共时与历时,也不仅仅是因为他们辨别出了区分词义的语音特征和不区分词义的语音特征之间的差别,甚至不仅仅是因为他们率先使用了基本是现代意义上的"音位"一词(他们也是"语素"一词的创造者)。虽然事实是他们

---

① 扬·博杜安·德·库尔德内,"博杜安·德·库尔德内"整体为其姓氏。——译者注

三 喀山学派:博杜安·德·库尔德内和克鲁舍夫斯基

论述这些问题要远早于索绪尔,但是他们的重要性却并非在于其简单的历史居先。这是因为,欧美语言学家在此类问题上的看法基本来源于索绪尔对这些问题所展示出的轮廓(或者说,这至少被声称是其来源)。鉴于索绪尔等同于现代语言学"文明传播者"的显赫地位,在论及这类思想的传承发展的著作中,他人在更早时说过大体同样的话这一事实仅仅能为喀山学派赢得一个致谢型脚注而已。在其他那些可以被引证为"现代"思想先驱者的人的例子当中的确如此,比如瑞士语言学家 J. 温特勒(J. Winteler)(他 1876 年对克伦茨地区的瑞士德语方言的描写中,明确探讨了人们后来所知的"音位原则")。①

除了其历史珍闻之地位以外,当代语言学家研究喀山学派的理论至少还存在着两个更为重要的原因:一个内在原因,一个历史原因。一方面,博杜安和克鲁舍夫斯基更加关注的是我们今天称作语音结构中的"规则"(rule)的那些概念,而非关注表达式(representation)之本质。他们已面对这个基本问题:如何通过研究语音区别经"形态化"而发挥的意义区分功能途径,来理解自然语言的语音结构。他们的中心焦点在于这类在形态上相联系(或称"交替")的诸形式之间的关系之本质。与他们之后的大多数人不同,他们首先处理规则的类型和演化问题,而不是构成(音系学意义上的构成)各个形式的元素的本质。他们处理

---

① 温特勒(1846——1929),瑞士语言学家,引人注目的著作是《Glarus 州 Kerenz 方言精要》(Winteler, Jost. 1876. *Die kerenzer Mundart des kantons Glarus in ihren Grundzügen dargelegt*. Leipzig und Heidelberg: C. F. Winter.)。——校者注

问题的方法之实质展示出了远见卓识(尤其是对音系学中"语音解释"之来源和本质的洞察),这一远见卓识之深刻程度,或许超过当今许多对相同问题的探讨背后隐藏着的那些想法。

而另一方面,博杜安论著中的理论提法和研究重点,促进了其后的音系学研究发展历程,尽管这种促进并不直接。虽然他在普通语言学方面的传授直至近年在欧美依然鲜为人知,但是他的确通过其弟子们,对俄罗斯的两大语言学学派之一圣彼得堡学派(即后来的列宁格勒学派)做出了重大贡献。因此,他对在俄罗斯学习的那些后来成为布拉格语言学小组核心成员的语言学家形成了微妙而间接的影响。该小组是当今的语言学思想的核心来源之一。在语言的本质这一问题上,存在着一条小路,由博杜安的提法通往特鲁别茨科依和雅柯布森的基本论断,虽然这条路有些一波三折。因而,如果我们想理解后者,研究前者就很是值得。

1 生平评述

虽然博杜安的家族起源于法国贵族,但在他 1845 年(于华沙附近的拉兹明市[Radzymin])出生之时,其家族已在波兰生活了数代;而他本人整个生涯中对波兰的文化和政治理想极为忠诚,即便是他一生中许多时光在国外度过亦如此。中学毕业后,他在华沙大学学习,于 1866 年在历史与语文学系获文学硕士学位。和索绪尔一样,他花了数年时间,在各地(布拉格、柏林、耶拿、莱比锡、圣彼得堡)跟随当时的知名学者研习印欧语

三 喀山学派:博杜安·德·库尔德内和克鲁舍夫斯基

言,这些学者包括施莱歇尔①、莱斯琴、布鲁格曼、德尔布吕克②。1870年,他通过研究类比之本质而在莱比锡获博士学位,并因对14世纪古波兰语的研究而获得第二个硕士学位(这个学位获于不认可波兰学位的圣彼得堡)。

1870年起,他在圣彼得堡的导师 I. I. 斯莱兹涅夫斯基(I. I. Sreznevskij)为其安排了比较语法学副教授(docent)一职。他在圣彼得堡的那些年最值得瞩目的成果似乎在于俄罗斯学院1872年为其提供的赴奥地利和北意大利从事斯洛文尼亚方言田野研究的机会。这一成果1875年出版之时,他对部分方言的语音体系所进行的研究为他赢得了俄国的博士学位。不过,他

---

① 施莱歇尔(1821—1868),德国语言学家,著作包括《印欧语比较语法纲要》等(Schleicher, August, 1861—1862. *Compendium der vergleichenden Grammatik der indogermanischen Sprachen*. Weimar: H. Böhlau. 2nd edition 1866; 3rd edition 1871, 4th edition 1876. *A Compendium of the Comparative Grammar of the Indo-European, Sanskrit, Greek and Latin Languages*, by August Schleicher. Translated from the 3rd German edition by Herbert Bendall. London: Trübner & Co., 1874—1877.)。——校者注

② 德尔布吕克(1842—1922),德国语言学家,著有《语言研究导论——比较语文学的历史与方法》(Delbrück, Berthold. 1880. *Einleitung in das Sprachstudium: ein Beitrag zur Geschichte und Methodik der vergleichenden Sprachforschung*. Leipzig: Breitkopf und Härtel. 6th edition 1919. *Introduction to the Study of Language: A Critical Survey of the History and Methods of Comparative Philology of the Indo-European Languages*. By Berthold Delbrück. Authorized translation, with a preface by the author. Leipzig: Breitkopf and Härtel. London: Trübner & Co., 1882.),《印欧语比较句法》(1893—1900. *Vergleichende syntax der indogermanischen Sprachen*. 3 volumes. Strassburg: Karl J. Trübner.)。——校者注

的政治观点以及他对斯莱兹涅夫斯基某种程度上的鄙视,致使其在首个任期结束后无法继续留在圣彼得堡,而是于 1875 年被派往喀山(首先任副教授,一年后任教授)。

位于俄罗斯中部的这座偏僻的鞑靼城市,其闭塞性难以想象。博杜安不得不在此工作,十分不悦。不过有时看得出来,这种闭塞性对他的学术起到了解放之效乃至裨益之效:如果说那些出版于喀山的著作不太可能被西欧的学术圈子获悉,那么也因而不会遭受这类圈子施加的压力。倘若博杜安完全依赖当时由新语法学派人物控制的学术刊物来发表作品,或许就不太可能写出他在普通语言学领域的很多著作。其实,他和他的弟子们确曾向这类刊物投稿,这类稿件得到的是带有很大敌意的反馈(博杜安也在以其尖利的笔锋和暴躁的性格,竭力加剧这种敌意)。我们还应当注意到,喀山也曾是(50 年前)N. 罗巴切夫斯基(N. Lobačevskij)出版其非欧几何著作的地方。无论喀山多么像边疆那样缺乏便利设施,无论喀山距离主流学术生活多么遥远,或许都不会明显挫伤创造力。

在喀山的那些年,恰恰成为博杜安在普通语言学领域成果最为丰盛的时期。这或是由于其相对年轻,或是由于其闭塞性——抑或是由于那里令人倍感欣喜且催人振奋的学生们和追随者们。他们中首当其冲的是米柯拉依·克鲁舍夫斯基,博杜安迅速与之发展了极为近密的工作关系。语言学的历史文献中已有一定数量的关于二人合作细节的探讨,尤其是关于二人在"喀山理论"某些领域的形成过程中的相对领先地位。博杜安本人对这类问题的探讨对解决这些问题作用不大,因为他时而对

三　喀山学派:博杜安·德·库尔德内和克鲁舍夫斯基

克鲁舍夫斯基科学而有力解决音系学问题过分溢美,称如不解决这类问题,此后的进步将全无可能;时而又转向认为"克鲁舍夫斯基不过是把从别人那里学来的东西重造了个更精美的外形"(博杜安·德·库尔德内,1895[1972]:150)。

和博杜安一样,克鲁舍夫斯基也出生于波兰(卢茨克[Luck]①)。他生于1851年。和博杜安一样,他曾在华沙的历史与语文学系学习。不过他将大多数时间用于研读哲学和心理学。他尤其在英国哲学逻辑领域受过很好训练,后来他在语言学问题上的思想发展反映出了这一点。1875年他提交了关于民俗学主题的硕士论文后,本打算继续其语言学研究,但因财力问题未能施行。他向地方贵族圈的女儿们讲授俄罗斯语言和文学数年。在此之后听取了他的一位导师的建议,前往喀山跟随博杜安学习。

他和博杜安通信来往了一段时间,并宣布自己有兴趣为语言学建立真正科学的基础。这之后,他于1878年来到喀山,并立即成为博杜安的研究工作和教学工作中的积极参与者。1881年,他以关于古教会斯拉夫语组合型语音交替(guṇa alternation)的论文而被授予硕士学位。该著作中包含了坚实而系统的一章论述语音交替(alternation),并在博杜安公开发表的一篇评论中得到了极度赞扬。他1883年的《语言科学概略》(*Sketch of the Science of Language*)是一部虽在一定程度上带有尝试性质却更具全面性的著作,该著作为其赢得了博士学位。

---

①　今位于乌克兰境内。——译者注

1884年，克鲁舍夫斯基患上了日益严重的神经变性紊乱。显然，以这样的方式早早失去自己年轻的合作者，博杜安永远未能完全接受。在博杜安为他而作的讣告文中，这一点尤其明显而痛苦。这篇文章只能视为片面（从多重意义来看皆如此），它向我们展示博杜安的思想状态，超过了展示克鲁舍夫斯基的著作。因而，他对克鲁舍夫斯基在二人共同成果中的贡献的许多贬低之辞（该文中以及此后的其他著作中），必须视为与事实罕有必然联系。

　　无论如何，猜测二人各自的贡献无太大意义，因为恰恰是二人的共同成果发展成为那些后来展示在他人面前的理论观点（基本是通过博杜安的教学和著述，这一点也没错）。这些主题大多数在博杜安开始与克鲁舍夫斯基共事之前的教学计划中就已经可以找到，虽然只是以提纲的形式存在。这类主题中包括以物理语音视角进行的言语研究和语音差异的语义区分方式研究之间的本质性差别，包括语音交替研究对理解语音结构的重要作用，包括语音变化和语音交替之间的关系，等等。但是，理论的实质及兴趣，却是通过二人的共同努力发展起来的。

　　1883年，多尔帕特（Dorpat，即爱沙尼亚的塔尔图[Tartu]）设立了一个比较斯拉夫语语法教授职位。博杜安感觉该地点比喀山更具吸引力，就立即迁往该地。克鲁舍夫斯基最终（于1886年）坐上了博杜安在喀山的位置，但此时疾病已恶化极深，他已无力接受此任命，并于次年辞世。

　　而博杜安则于1893年在克拉科夫出任比较语言学与梵文教授。这个职位似乎满足了他最热切的期望，因为他终于在波

三 喀山学派:博杜安·德·库尔德内和克鲁舍夫斯基

兰了。不过,他的亲波兰情感对于不支持帝国内部斯拉夫民族主义的奥匈帝国当局来说似乎有些过格。由于博杜安没能获得我们今天所说的学术终身职,他的合同5年后未再续签,因而他被迫回到了圣彼得堡。他在那里再次陷入政治困境,这次是由于攻击沙皇对少数民族的镇压。他最终入狱数月。第一次世界大战打响前夕,他被释放,再度短期执教于圣彼得堡,直至应战后重组并独立的波兰的邀请,出任华沙大学印欧语言学教授。他在此居住直至1929年去世。

人们或许想得到,博杜安和克鲁舍夫斯基的影响主要体现在博杜安的学生身上,尤其是他在圣彼得堡的学生们,他的学说某种程度上在苏联列宁格勒语言学学派那里得到了延续。但是,他俩自己的著作也绝非不为直系圈子之外的语言学家们所了解。首先,跟索绪尔不同,博杜安对"动手操作型"语言学描写中的细节问题有浓厚的兴趣,对使用理论观点解决实践问题也有浓厚的兴趣。他做过大量的田野调查,尤其是关于斯拉夫诸方言的田野调查,并且对斯拉夫比较语言学做出了许多重大贡献。同样与索绪尔不同,他在世时发表了大量作品。并且,即使他像其他很多人那样从未对自己想要阐述的普通语言学观点进行重要梳理,我们也仍不缺乏关于他的观点的直接证据。不过,由于他的大量著作中有许多是在极其偏僻的地方、使用许多西方学者无法读懂的语言出版的(尤其是俄语和波兰语),所以他的观点并未被其同代人广泛知晓。

其中的一个例外就是索绪尔,他于1881年在巴黎语言学学会的会议上见到了博杜安。博杜安向学会捐赠了他和克鲁舍夫斯基的部分著作,索绪尔满怀兴趣读了这些书。索绪尔在他自己的笔记和手稿中不止一次地指出,博杜安和克鲁舍夫斯基"在没有背离纯语言学背景的情况下,比任何人都接近'语言'(la langue)这一理论观点"(戈代尔[Godel]1957:51)。而索绪尔的观点,至少他早期关于印欧语的著作中的观点,在喀山也同样广为人知。1880年,克鲁舍夫斯基为《论印欧语原始元音系统》写了一篇热情洋溢的书评。显然,他从这部书中取来了"音位"(phoneme)一词(因此,在此词以类似当今意义重新出现于西欧传统中之前,有一定的历时演化味道,这一点我们将在下文中探究)。博杜安的论著也充分肯定了《论印欧语原始元音系统》中研究方法和研究重点方面的重要革新。

　　现代音系学思想的这两大源头之间,因而存在着一定程度的互动,其中包括几份书信来往,以及相互之间的赞许。不过,只要是考虑直接影响力,只有索绪尔的著作广为人知,直至博杜安的论文选集用俄文(1963)和英文(1972,不如俄文版完整)出版为止。① 克鲁舍夫斯基著作的英译版选集已许诺了多年,但在

---

① 博杜安选集的俄文本有两卷,英文本一卷。英文本的编者和译者为语言学家、斯拉夫学家、耶鲁大学教授斯坦科维茨(1920——2012)。英文本的题目是《博杜安·德·库尔德内文集——结构主义语言学的开端》(Stankiewicz, Edward. 1972. *A Baudouin de Courtenay Anthology: The Beginnings of Structural Linguistics*. Indiana: Indiana University Press.)。英文本为西方语言学者(尤其是斯拉夫语言学界之外的学者)了解博杜安起到了重要的作用。英文本出版后,斯坦科维茨将一册赠予老师雅柯布森(1896——1982),雅柯布森高度评价该英文本,并回赠自己的《选集第二卷——词与语言》(Jakobson, Roman. 1971. *Selected Writings II: Word and Language*. The Hague: Mouton.)。关于雅柯布森、斯坦科维茨如何看待博杜安,参见伯恩鲍姆的论文集《斯拉夫学者的肖像》(Birnbaum, Henrik. 1998. *Sketches of Slavic Scholars*. Indiana University: Slavica Publishers.)。——校者注

三 喀山学派:博杜安·德·库尔德内和克鲁舍夫斯基

本书撰写之时,尚未问世。① 虽然存在对喀山学派许多著作的内在兴趣,但不幸的是只能通过雅柯布森的评述文章(雅柯布森[Jakobson],1929、1960、1965)等二手资料得以知晓;虽然这些评述极富价值,但却不可避免地反映了雅柯布森自己对于博杜安和克鲁舍夫斯基著作中重要和不重要的东西所强烈坚持的观点。

2 喀山学派对语音系统的研究

正如索绪尔的许多观点源于他所受的(新语法学派)历史语言学训练一样,博杜安和克鲁舍夫斯基对普通语言学问题的许多论述都反映了其教育背景以及他们所处的 19 世纪晚期的语言学研究群体的观点。他们是这个群体中的独特组成部分。不过,博杜安早在其圣彼得堡大学就职演讲中,就已建立起其语言研究方法和其他人的语言研究方法之间侧重点的显著不同。他以近似反讽的方式指出,这类研究中有许多各不相同的可行目标及方法,这些目标和方法要么不足要么不充分,必须全部摒弃掉(1871;以下引文出自 1972 年英文版)。

语言学家绝不能仅仅满足于堆砌某些具体语言的描写性数据,而"对解释其原因不加尝试",因为这样的态度"回避了数据收集的用途和目的",并"把科学矮化为纯粹的实证工作,矮化为某种无意义的游戏。"另一方面,先验式的哲学语法传统"运用思

---

① 此书已于 1995 年出版。——译者注

辨以及关于语法事实的有限知识来构建语法系统,这样的语法系统把语言学现象强行塞入一件逻辑紧身衣当中",这同样无法让人满意,因为这一思想会"为了狭隘的理论而违背事实、歪曲事实。"虽然解释性工作(explanation)是真正的科学惟一可行的正式目标,但显然绝不能因而低估为了进行解释而进行的描写性工作(explicanda)。最后,通过使用比较法等语文学手段构建语言的先前历史,同样也有不足。因为如果只是为了构建而构建,那么这就仅仅是纯经验式描写法的历史变体而已。

事实上,语言科学必须力求理解对其研究对象的本质与演变起支配作用的法则和力量。对博杜安来说,倘若语言历史之研究(他的同代人的最主要关注对象)要超越历史事实的构建与记录,并变得真正具有解释性,那么就必须建立在对语言系统之共时本质的理解上。这一必要性有两个主要原因,一个比较实际,另一个则为基本原则问题。

一方面,可直接用于研究的,恰恰应是活语言(living languages):语言历史的先前诸阶段,只是通过推断而得以知晓的,或者充其量是通过文字记录而知的,而这些只是语言的间接展示而已,并非真实语言本身。因此,在为"运作于语言之中的力量、支配其演变及生命的法则"等充当证据时,活语言必须拥有基本的优先权。此处我们应当注意到,虽然博杜安批评为了描写而描写、为了经验式而经验式的语言研究,但是他却同时强调,对活语言的详尽了解是一切理论性、解释性尝试的核心基础。

另一方面(也是更加重要的一方面),正是在对共时系统起支配作用的力量当中,我们发现了导致历史变化的潜在原则。

三 喀山学派:博杜安·德·库尔德内和克鲁舍夫斯基

因此,我们必须优先寻找对活语言的共时系统起支配作用的普遍法则。这一着力点尤其吸引了克鲁舍夫斯基。他来到喀山,对博杜安此后的著作中此类问题的强化起了极大的作用。克鲁舍夫斯基希望能够构建起一组数量不大的语言本质之基本法则,构建起源自心理学上所说的"联系原则"(principle of association)的、具有高度演绎性和解释性功效的原则。

从历史语言学盛行的关注点背景来看,克鲁舍夫斯基(以及博杜安)的目标就是要使语言学成为一门具有解释性特征(而不是仅有归纳性特征)的自然科学。语言学家倘若能够不再关注对或多或少具有偶然性的事件加以记录的历史,就能够聚焦于对语言本质真正必不可少的东西了。这样,对语言结构的描述就能够以演绎方式建立在共时结构普遍法则上了。有趣的是,半个世纪后,特鲁别茨科依(1933)提出,音系学关注此类普遍法则的找寻,并将其视为发展中的(布拉格学派)音系学的主要贡献之一——这一方法论上的"进步"其实也是博杜安和克鲁舍夫斯基思想的核心。

克鲁舍夫斯基研究语言共时结构的方法基于他早年的对哲学的研读,尤其是他对培根、休谟、洛克、密尔等所代表的英国哲学逻辑及心理学传统的熟识。这些学者力求将"因果关系"(causality)简化为"恒常连结"(constant conjunction)[①]。以这

[①] 休谟在《人性论》中提出,虽然人们常常认为一事物造成了另一事物,但这种"因果关系"未必代表事物自身的自然本质,而应归结为人们的心理习惯。因此,与其认为 A 造成了 B,不如认为 A 与 B 之间存在"恒常连结"。——译者注

类典型观点为基础,他们提出一种期望:哲学上的许多重要概念最终可以用心理学概念来解释,而在当代思维结构概念中发挥重大作用的那种"联系"概念尤为如此。

因此,克鲁舍夫斯基在其理论著作中把语言之本质最终展现为由语言形式之间的两类联系构成的网络。一为以同时性(simultaneity)为基础的联系,即结构之平行关系;二为以序列性(sequence)为基础的联系,即更大结构中的常见并列关系。当然,这与索绪尔所说的形式之间的联系关系(后世学者称之为聚合关系)和组合关系基本相同。以这类同时性关系或序列性关系为基础,词语构成词族(family);词族也可称为"词巢"(nest),因为一个词与另一个词之间的联系造成了第一个词跟与第二个词继续联系着的其他各词之间的更进一步的层层联系。形式之间的这一联系网络系统是语言的结构基础,而关于这一具有形态结构相似性和邻近成分可组合性的系统的知识,则构成了"语言知识"。

要想为语言变化构建起解释性理论,就必须理解此类联系系统的本质。对于由"类比"或"语源俗解"造成的变化,尤其如此。克鲁舍夫斯基把二者视为同一类例子。据他的看法,此类变化阐释了语言中的重组(reintegration)因素所发挥的中心作用。对克鲁舍夫斯基和博杜安来说,语言不仅仅是机械性重复的问题,而是包含言语中所使用的各特定结构的常态性再创造;因此,语言形式时常需要在联系系统中寻找自己的位置。

恰恰是这种不断重组进入系统的需求,提供压力造成了类比性变化及语源俗解式重构。德语 essen(吃)的过去分词,我们

三 喀山学派:博杜安·德·库尔德内和克鲁舍夫斯基

设想为 *gessen(< *ge-essen),该过去分词额外增加了一个前缀 ge-,变成了 gegessen,此时我们可以把该现象归因于这一事实:*gessen 这个形式在说话者看来不符合"德语过去分词通过在词干前面加前缀 ge-而与词干相联系"这一规则。从 *gessen 中去掉 ge-就只剩下了-ssen,显得不像个词根;因此,通过拿这个整体形式作为基础来构成新的"规则化"分词 gegessen,这个形式就被并入了语言模式之中。或者,可以看一个"语源俗解"的例子。说古英语的人从拉丁语中借来了 margarita(珍珠)一词,此时,该形式在他们的语言系统中完全孤立,跟其他任何形式皆无联系。通过把该词重新分析为 mere-grota,他们就能够使其融入更宽泛的关联模式之中:在这一形式中,该词是个十分规则的复合词,由 mere(海)和 grota(谷粒)构成。要理解这类变化以及与之类似的变化,我们首先必须要了解这类变化所基于的共时关联系统之基本理论。

有趣的是,对语言之本质的共时理解和历史理解之间的相互依存性,在两个方向上皆发生作用。正如有必要把历时解释建立在对共时现实的理解上一样,如果没有对历史发展变化的理解,就不可能达到对现实的完全充足的阐述。比如,恰恰是出于这一原因,博杜安·德·库尔德内批评梵语语法学家"缺乏历史感,无法把握渐进发展、历史顺序或普遍意义上的时间性的重要性。"正是由于缺少对语言发展的重视,导致了"他们的语法规则的纯机械性特征;他们对各种语法形式的构成给出了绝佳的规定,但我们若要寻找这些形式产生的途径和手段,却是徒劳的"(博杜安[Baudouin],1895[1972]:147f)。

博杜安基本上认为,语言之历史阐释本身并不比其他纯描写性研究更令人满意。由此看来,并不清楚应如何看待这些对梵语语法传统的批评。当然,他很可能只是反映了当时盛行的新语法学派观点:可以对某一具体语言状态之实质所做的唯一的解释就是历史解释,因为一切特定的事物状态,最终都是导致该状态的(个别、偶然的)历史事实所累积而成。不过,考虑到出现博杜安的批评性话语的那部著作的研究目的,这些话语中确实存在一个更有意思的观点。

不仅语言状态的具体内容可以被视为历史变化本质之产物,语言状态的本质和特征亦如此。形式之间的个别联系之事实(如语音交替中常常展示出的那样),是历史变化之结果。例如,德语 Wort(词,单数)和 Wörter(词,复数)之间的形式联系之一就是历史变化之结果。在这一变化中,后元音位于(原本)含有前高元音的词尾之前时①,被前元音所取代,因此导致了相互联系的词[o]和[ö]之间的共时语音交替。潜在的语音交替类型,以及由此而产生的潜在的系统语言联系之类型,在很大程度上是语言系统的潜在演化发展类型的产物,因此,对这种关系的理解可以从语言变化特征研究中得到启示。博杜安(1895)所展示的关于语音交替及其演变的理论,目的就是要得到该特征:共时语法中的潜在语音交替域,可以展现为跨越时代的语音联系的隐性潜在发展域的产物。

因此,博杜安关于共时和历时之间的互动概念,比索绪尔的

---

① 名词复数词尾-er 中的元音原为/ɛ/,后弱化为/ə/。——译者注

三 喀山学派:博杜安·德·库尔德内和克鲁舍夫斯基

不可逾越的二分法充实得多。其实,喀山学派的大多数理论著作都致力于以积极的精神来探索这一关系。在接下来的几节里,我们将勾勒出克鲁舍夫斯基和博杜安对语音交替在语言本质中的核心作用所做的论述。在他们看来,语音交替的最初原因最终应当在语音因素中找到,这类语音因素应按物理学、生理学问题进行共时研究。语音交替继而融入到语言系统中,是基于暗含普遍形态关系的共时关联原则,正如其在地位修正和变化上的能力。而由此建立在共时因素上的上述演化因素之和,对可能在任何给定语言系统中发现的语音交替之域起制约和预测作用。语言的根本属性和语言的发展变化由此不可分割地相互缠结起来。

3 音系结构之本质

博杜安区分了共时语言系统研究的两个层面:物理(physical)层面和心理(psychological)层面。在语音结构这一特定领域,"语言的纯物理层面"研究(即当今保留了"语音学"这一名称的学科)叫做人类语音学(anthropophonics),该研究从生理学或声学的角度对语音进行分析。从理论上来说,人类语音学中包含由生理学家或物理学家直接提出的问题。他们对语言或言语本身并无特别兴趣。而语言学家对其答案感兴趣的那些具体问题,在上述领域中基本并未被提出,从更普遍的视角来看似乎是些带有无关细节的问题。

研究语言语音系统另一层面(非物理层面)的,是心理语音学(psychophonetics)领域。这一层面的研究对象是"某一特定言语共同体对语言的感觉"(博杜安,1871[1972]:58;着重号为原书所加),并将语言视为以某种方式相互联系着的语音/意义关联之特定系统。从理论上说,心理语音学跟心理学的联系,很大程度上恰似人类语音学跟物理学、生理学的联系,但是,语言学家感兴趣的具体问题似乎又未能对大多数心理学家构成足够吸引力,未能促使其进行详细研究。

语音结构的心理层面关键在于建立在"从形态学和构词法角度进行的语音分析"(同上,61)的基础上。这在某种程度上反映出语音差异因可用来使词与词相区分而具有"心理语音学"价值这一认识。(某些)语音差异的区别性价值这一基本概念,日后被称为"音位原则",是博杜安晚年在圣彼得堡和华沙所关注的主要问题。这或许是受了20世纪初该思想在更广泛的语言学群体中所获得的显赫地位的影响。但是,这一问题绝不代表博杜安和克鲁舍夫斯基在其喀山合作时期所强调的主要问题。

事实上,他们这一时期的"心理语音学"研究的主要关注点在于一个源自历史思考的现象。他们发现,经过语音变化所发挥的形式多样的区分性作用,词源上属于同一个音类的音(在随后的历史阶段中)可能会在不同的环境中得到不同表现。这些不同环境若是发生在同源词当中,或是发生在同一个词的同源形式中,则结果可能是:该问题中的语音差异逐渐会成为将形态学上既不相同却又联系着的诸形式相互区分开来的因素之一——甚至可能是唯一的因素。

例如,在英语史中,导致摩擦音浊化的因素(最初是纯机械

三 喀山学派:博杜安·德·库尔德内和克鲁舍夫斯基

性因素)存在于某些由名词演化而来的动词中,但是在衍生出这类动词的相关名词中却并不存在。虽然此后的变化消除了这些名词与动词之间的其他差别,但是词尾摩擦音的清浊之分仍然对 cloth / clothe、house([s]) / house([z])、calf / calve 等成对词起区分作用。由此,原先纯属人类语音学的差异取得了心理语音学价值。在完全属于人类语音学的差异和像上例那种完全被形态学化的差异之间,同样存在着中间层;德语中的变元音(umlauted vowel)和不变元音(unumlauted vowel)之间的差异即是这种例子,大体上是与其他某种标记(如指小后缀-chen)相联系的辅助性形态差异标记,而非该形态学差异的唯一形式标志。对语言共时系统中此类语音交替的性质和作用的研究,在喀山学派心理语音学研究中占有中心地位。

　　语音交替在喀山理论中的中心地位可以从"音位"概念在该研究中所经历的渐进变化中看出。克鲁舍夫斯基是将此概念引入喀山的第一人,如前所述,这个概念借自索绪尔(因此,归根结底来自杜弗里什-戴热奈特)。上一章中已经提到过,索绪尔对音位这一术语的使用,相当于(语音学中的)"言语声"概念。我们或许会认为,博杜安和克鲁舍夫斯基只是想把这一单位的所指从人类语音学转移到心理语音学。但事实上,这一情形似乎要复杂得多。

　　克鲁舍夫斯基并不是从索绪尔的普通语言学著作中拿来了"音位"这个概念(1880 年,这部书显然不存在),而是从他早年的印欧语著作中将其拿来,尤其是《论印欧语元音的原始系统》。索绪尔在该著作中使用"音位"来指称一种历史单位:即某一特定语系的祖先性的原始母语（protolanguage）中的某一（假说性的）音，以及它在每一子嗣语（daughter language）中的映射形式。以此方式来理解的"音位"，其实是个"对应集合"（correspondence set），可以在历史研究的过程中将其辨别出来。当然，如果某个音在多种环境中经历了多次语音变化，则由此产生的各个音依然是这一意义上的同一"音位"的成员，不管从语音学角度来看这些音之间差别有多大。

克鲁舍夫斯基拿过来的，正是用共时术语重新浇铸过的这一术语。正如索绪尔的用法，他首度论及"音位"，是将其作为建立在系统比较上的单位。不过这次，是在某一语言内部进行比较，而非跨越整个语系。我们比较不同词语或词族中的相同的形态学单位例子时，可能会在互不相同但却在人类语音学层面上相关联的音当中发现语音交替，可能会发现历史上相关联但却已不再相同的音，这些音由关联词类之间所存在着的形态学联系维系着。这就是新角度下的"音位"概念的基础：在不同词族中的相同形态单位内部占有平行位置的语音交替音的集合。

克鲁舍夫斯基虽然断言这一概念对语音学和形态学的一切科学研究都至关重要，但是却并未立即对其进行深入发挥。他似乎觉得，每组语音交替都在共时系统中构成一个独特的"音位"；也就是说，每个"音位"都包括一组带有语音交替条件的交替着的人类语音学元素。按照这一观点，如果同一个音参与了若干个不同的语音交替，就没有理由认为其不能分属若干个不同音位。这其实跟特鲁别茨科依后来发展出的"形态音位"（morphophoneme）概念十分相似（见下文第四章），"形态音位"

三 喀山学派:博杜安·德·库尔德内和克鲁舍夫斯基

的主要用途就在于让我们表达出一种观念:虽然交替形式之间存在表面上的语音差异,但是形态元素却是单一的。例如,设想一下我们在处理一种类似德语的语言,该语言中词尾的辅音被系统地清化。我们若要表述"Bund [bʊnt](捆,单数)和 Bunde [bʊndə](捆,复数)两个形式含有同一个形态元素"这一事实,就可以说该元素包括序列[b]、[ʊ]、[n]以及单一"音位"{词尾为[t],元音前为[d]}。

似乎是博杜安,略微(但却重要地)对这一概念进行了重新阐释。他通过分析语音交替,使"音位"成为心理语音学语音结构的终极不变量(ultimate invariant)。在拥有复杂的语音交替模式的语言中或许会发现,不止一种语音交替在对特定形态元素内部的某一位置产生影响。例如俄语中既有词尾清化又有腭化,其结果就是[g]既与[k]交替(词尾位置),又与[g,]交替(即腭化的[g],出现在前元音之前)。我们若要使上述交替保持一致性,就会在表述 kniga(书)之类的形式时遇到问题:该形式的主格单数中出现的[g],在属格单数 knigi 中出现在[i]前,呈现为[g,],而在属格复数 knig 中则呈现为词尾位置的[k]。由此,我们似乎得到了一种单一的三项交替([g]~[g,]~[k]),该交替跟独立的词尾清化交替、腭化交替之间的关系不明确。

化解这一难题的方法之一,是把音位看作交替着的心理语音学抽象单位,而不是将其看作给交替起的名称(name):例如,我们或许可以说,音位/g/既参与{[g]~[g,]}交替,又参与{[g]~[k]}交替。虽然克鲁舍夫斯基对音位的运用更接近于给交替规则起的名称,但博杜安的修改却使其成为发生交替的语素的心理语音学表达式中的元素。但是,对二者来说,交替对解释音位的地位都发挥了决定性作用。

不过由此出发,到为不再以交替为核心的那类音位下定义,还只是走出了一小步而已。倘若语音发生交替的语素中不发生变化的构件中也包含音位,那么我们就不仅可以轻而易举地把这个概念扩大到明显存在交替的成分,而且还可以扩大到那些体现"低层面"差异的音,即由人类语音学因素决定的差异(如英语元音位于浊辅音前和位于清辅音前的不同长度)。最终,这个概念可扩大到那些连人类语音学式的差异也不体现的音。其结果就是音位的同质性概念:语素的终极不变成分(ultimate invariant constituent)。因而,语素不必再被看作是由某些简单音加某些音位(交替发生的位置上的音)构成,而是可以简单看作音位之序列。在有些位置上,音位受交替规则制约,但交替本身已不再对解释音位的属性起轴心作用。由此,我们得到了博杜安的音位概念"言语声音在心理学上的对应物"(博杜安[Baudouin],1895[1972]:152)。在此后的著作中,博杜安力求为音位的这一定义找到概念基础,以区别外部的人类语音学现实和我们对该现实的心理理解。

追踪这一发展历程极具启发性,以为这一历程展示了一种渐进式的转变(显然也是很自然的转变):从以形态关联形式之间的有规律的联系(如今我们称其为"规则")为焦点,到以参与这类联系的各形式自身的表达式中的不变元素为焦点。该转变似乎是个十分直接的举措,使"某一特定形式的不变因素即是其与其他各形式的系统联系"这一论断让位给了"每个形态元素皆

三 喀山学派:博杜安·德·库尔德内和克鲁舍夫斯基

由一系列不变的构建材料构成,这些不变的构建材料跟构筑其物理实现形式的言语声音相平行,却在地位上有所不同"。

20 世纪音系学此后的历史,大多是在致力于尝试为这一设想中的不变单位提供令人满意的定义。不过还有必要注意到,这个不变元素问题的结果,最直接表现为处理由交替表达的系统变量(variance)的需求。语言最直接地呈现在我们面前的,正是这一系统差异性,及其该系统差异性的最本质的关联特征。对该差异性进行组织的方法之一,就是对潜藏的不变单位进行猜想——而从本学科的历史来看,这也的确是语言学家们对此类关联进行概念化的最自然方式。但是应当牢记,这并不是其唯一方式,甚至连其最透明的方式也不是。例如,如第二章所示,索绪尔似乎就曾持一种关于变量和交替的观点,该观点更接近我们所讨论的这种关联的直接论述,而不是更接近于基于另一种语言形式表达式的论述,或者说是基于实体化不变量(hypostatized invariants)的论述。

4 克鲁舍夫斯基的交替理论

虽然首度提出交替对理解音系结构的重要性的是博杜安(在其圣彼得堡和喀山两地的讲学中),但是首度系统探讨这一话题的却是克鲁舍夫斯基。他在喀山的硕士论文中包含一个很长的首章,探讨交替的地位和分类。后来(1881),该章出版了德语单行本。博杜安对其所展示出的"基本问题的严格逻辑分析"以及"克鲁舍夫斯基先生所做论述的科学本质"留下了深刻印象。

在引证了人类语音学上不同的音之间存在的一般交替现象,并导入了"音位"一词来指称交替中涉及的各个音的统一体之后,克鲁舍夫斯基的讨论内容中心,围绕将交替划分为三类。在任何一类交替中,我们都可以找出两个因素:交替着的各个音,以及每个音出现的条件。以此为基础,我们可以建立起一系列维度。按此维度,各交替可相互区分;依此维度,各交替可得以分类。克鲁舍夫斯基的类型划分中包含三类。

第一类交替要满足四个条件,如下。第一,交替的原因须具直接决定性和即时存在性,即每个交替着的音出现的条件因素在环境中都能够被辨认出来。用当代音系学的话来说,可以把这一点重新表述为一种要求:这类交替必须完全透明[①]。第二,这类交替必须具有普遍性,即不受该交替所发生的词语的形态类型的影响。显然,这要求第一类交替须受音系条件制约而非受形态条件制约。第三,这类交替须具"必要性",因为这类交替无例外,不存在一个交替音出现在了要求另一个交替音的条件中的情况。最后,第一类交替所涉及的音,是人类语音学层面上相互接近的音(即,只因有限的几个语音特征而相互区别的音)。

这类交替包括若干个相互区别的种类,虽然克鲁舍夫斯基并未对其做进一步区分。其中一种,涵盖了所有那些通常被归为"次音位"差异或"非区别性"差异的交替,如英语中由后面的

---

① 关于"透明性"与"不透明性"(opacity),见 Kiparsky(1973b)。——译者注

三　喀山学派:博杜安・德・库尔德内和克鲁舍夫斯基

辅音而导致的元音长度分布,以及俄语中由于前面的辅音腭化与否而导致的[i]和[ɨ]的交替。另一种,则涵盖那些原本具有区别性的音段相互交替的情形(在结构主义形态音位学理论中称为"自动交替"[automatic alternation]①),只要其交替条件具有透明性、音系性、无例外性即可:例如,德语中因(音节)末尾阻塞音清化而产生的交替,以及俄语中非重读音节中的[o]弱化为[a]而产生的交替。虽然克鲁舍夫斯基自己举的(少量几组)例子只包括后一种,但是显然(见 Klausenburger 1978)他的定义和意图亦可运用于次音位差异。他似乎完全不想强调交替着的音具有独立区别性(即后来的结构主义术语中所说的独立"音位")还是不具有独立区别性(即只是同一结构主义音位的不同"音位变体")这个问题。因这类交替而联系的音,称作发散音(divergent),这类交替本身则称为发散交替(divergence),该术语在大致同一时期由博杜安引入②。

有个事实搞清很重要:克鲁舍夫斯基认定某一交替为第一类,其分类标准并不仅仅具有标准命名构建方面的分类学意义;相反,这类标准旨在对可能交替的范围做出本质上的论断。由其论断可明显看出,由于这些特征皆不可分割,故只需确立起前三项标准当中的一项,即可确认某一交替属于这一类。他也的确指出,第四项标准(语音相似性)只是个必要条件而已,不是充分条件,因为属于其他类型的交替同样也可能会满足这一标准。

---

① 关于"自动交替",见 Wells(1949)。——译者注
② 见 Baudouin de Courtenay(1895)。——译者注

这一标准与前三项标准有明显不同,前三项标准既必要又充分,当中任何一项都对某一交替是否属于第一类起决定作用。

因此,这之中涉及的实证论断十分强烈,只要在某一具体语言中找到既符合前三项标准中的任何一项,又未能符合其余各项标准中的任何一项的某一交替,就足以表明该分类需要修正或摒弃。例如在拉丁语中,重音由一条忽略末尾音节的规则来分配;若该词由三个或三个以上音节构成,且倒数第二个音节是含有短元音的开音节,则重音位于倒数第三个音节,除此之外,重音则位于倒数第二个音节。这就导致了这一著名的重音位置交替:refécit 和 reféctus 重音位于倒数第二个音节,而réficit 重音位于倒数第三个音节[①]。该交替似乎完全透明,且以音系因素(而非形态因素)为条件,因此必然属于克鲁舍夫斯基的第一类交替,但这却呈现出一个问题。

特别是,拉丁语中存在少量重音例外的词:如 illíc 重音位于结尾,反映出其原形 illice 十分规则。原形中重音所在的音节后来变为尾音节。在这种情形中,克鲁舍夫斯基遭遇了某种"霍布森式选择"[②]:要么保留该重音规则的无例外特征,称该规则适

---

① refécit /refiːkit/ 倒数第二个音节为带有长元音的开音节;reféctus /refektus/ 倒数第二个音节为带有短元音的闭音节;réficit /refikit/ 倒数第二个音节为带有短元音的开音节。——译者注

② 即"没有选择余地的选择",托马斯·霍布森(Thomas Hobson,1544—1631)曾负责经营剑桥与伦敦之间的驿务,他在马匹租赁业务中规定,顾客只可选择离自己距离最近的那匹马,否则不予租赁。因而产生"霍布森式选择"一语。——译者注

三 喀山学派：博杜安·德·库尔德内和克鲁舍夫斯基

用于历史表达式，这样一来交替就不再称具有透明性；要么把这种词当作原本透明的规则当中的例外来处理。而无论哪一点，都使解释第一类交替的条件的统一性无法得以维持。

克鲁舍夫斯基本人并没有由成熟分析构成的大型实证库可用来操作；还应当强调，他得出自己的论断是通过演绎法，而未进行过建立在可用数据基础上的以归纳法为主的总结。因此，一旦有人把从他的著作中找到的这类论断作为实证假说来严肃对待，就发现这类论断并不难反驳，这一点不足为奇。但是，值得强调的是这个事实：他的框架旨在为"自然语言中的可能交替"概念做出实证式论断——语言理论的这一目标在当时十分具有革命性，而且当今语言学中无论哪种研究"类型学"本质的方法，也都未能达到这一目标。许多这样的研究似乎基于这样一种设想：一旦表明建立起了有用的分类学，并且在揭示现象间必要联系方面不必要求其具有解释性，类型学就得到了充分的推动。自然，在促进简明而准确的公式化表述方面，分类学在科学话语中拥有自己的地位。但是，分类不应跟理论混淆起来。克鲁舍夫斯基旨在构建起真正的交替理论，而不仅仅只是在构建对交替进行指称所用的名称。

因第一类交替（即发散交替）而联系起来的音，在克鲁舍夫斯基看来是同一个音的不同变体，这一点跟因第二类、第三类交替而联系起来的音相区别。参与后两类交替的不同的音，称作关联音（correlative），这两个类型十分接近（尤其是在跟发散交替相区别这一点上）。三项基本条件可视为适用于第二类或第三类交替。

第一，无法直接确定此类交替产生的原因，并且，在某些形式中，这种原因其实可能并不存在。此处所说的"原因"，显然是指引起同化、异化等的人类语音学因素。发散交替的产生原因永远在形式本身中显现出来（因为这类交替必须受到透明语音条件的制约），而关联交替的产生原因只有通过历史分析才可能得以发现，或者也可能在某些情形中完全不存在（例如，在那些由于类比重构而发生交替的形式中）。

第二，关联音的交替并非必要，因为任何一个关联音都可能在适合另一个关联音出现的条件中（以某种形式）出现。这一现象的出现，显然不是因为不存在其条件非透明、非音系的强制性交替，而是因为，无论把什么样的音系条件赋予关联音之间的交替，在非透明条件或形态条件下的某些情形中，从理论上来说都可以被违背。最后，比起发散音之间的交替，关联音之间的交替可能会涉及人类语音学上更远的关系（即更多的语音特征差别）。

这些条件再次包含了实证论断，因为前两点被认为是不可分割的。因此，对于为交替提供条件的那些因素，无论确定其非音系特征和其非透明特征中的哪一方，都应足以同时确定另一方，都足以将交替认定为关联音之间的交替（而非发散音之间的交替）。可以推断，由于发散音必须在人类语音学方面相似，所以，确定某一交替中涉及的音不符合该条件这一事实，也就确定了其关联音地位。不过，克鲁舍夫斯基明显对该标准的价值本身有所疑虑。

第二类交替和第三类交替之间的区别，实质上是个交替形

三 喀山学派:博杜安·德·库尔德内和克鲁舍夫斯基

态化的完善程度的问题。第二类交替可显示出对形态因素和非透明音系因素的局部依赖。例如,冰岛语中的 u 类变元音(u-umlaut)是一种 a 和 ö 之间的交替。当下一个音节的原因是 u 时,元音 ö 出现。但这一交替不可能是发散交替,因为(a)该交替不透明,表层 u 的部分例子属非词源性增音(epenthetic)且并不造成变元音(例如,hattur,"帽子",主格单数);(b)该交替并非完全是音系交替,因为在某些后面不接 u 的形态范畴中,ö 也出现(例如 barn,"儿童",单数;börn,"儿童",复数)。倘若交替完全与形态范畴相联系,则只能认为属于第三类:因此,德语的变元音无论什么时候出现在这一现代语言中,都不能认为是在受音系条件的制约,而只是在与特定范围的形态范畴共同作用时才发生。不过在上述条件下,第三类交替却可认为是强制性的(而第二类交替即使在能够引发该交替的那些形态条件下,仍可能不是强制性的)。

克鲁舍夫斯基的分类旨在成为穷尽性分类,并且不仅要构筑关于语言的强有力的实证论断,还要构筑起概念上极为简约的精炼框架。该分类同样得到了较好的推动,因为其基本概念能够与克鲁舍夫斯基认定为语言本质下潜藏的基本原则的那些东西相联系。不要忘记,在他看来,语言是按同时性(或称结构平行性)和序列性(或称具体语言形式内部的邻近性)排列的关联系统。把第一类交替处理成按序列性关联直接建立起来,十分可行。因为按照推断,条件因素在音系形式本身当中永远存在,以支撑这类组合关系。

另一方面,在关联音之间的交替中,条件因素不是位于与交替音具有序列性关联的其他元素中,而是位于该形式和其他结构类似的形式之间的联系环节中:即同时性联系,也称聚合关系。这种同时性联系可能跟某一形态范畴有牢固联系(第三类交替),也可能只是偶有联系或完全无联系(第二类交替)。这类情形中,联系只包括特定相关形式之间的聚合关联,而不包括对形态范畴起解释作用的系统结构模式。克鲁舍夫斯基所假设的交替类别域,因而与构筑语言结构本质的基本关联关系有着紧密联系。

5 博杜安对交替理论的发展

克鲁舍夫斯基对交替的论述,其逻辑结构简洁而精炼。但是,因其基于数量有限的数据且只提供了少量类型,其实证论断力度使之难以用来为全面、充分论证许多具体情形充当基础。博杜安在离开喀山之后以及克鲁舍夫斯基去世之后,继续对这些问题进行思考。1895 年,他发表了自己的更加全面的论著——《试论语音交替理论》(*Attempt at a Theory of Alternations*)①。他基本上把克鲁舍夫斯基哲学家式的先验(a priori)方法换成了实证语言学家式的后验(a posteriori)方法。

---

① 该书曾于 1894 年以波兰文发表,书名为 *Próba teorii alternacji fonetycznych*,但影响较为广泛的是其 1895 年的德语译本 *Versuch einer Theorie phonetischer Alternationen*。此处所使用的英文标题 *Attempt at a Theory of Alternations* 源自 Stankiewicz(1972)选编并英译的《博杜安·德·库尔德内选集——结构主义语言学的开端》。——译者注

三 喀山学派:博杜安·德·库尔德内和克鲁舍夫斯基

他运用了范围较广(但仍然有限)的事实性材料得出了对交替的分类,这一分类虽然逻辑上似乎不那么明晰,但却显现出了其自身的其他优点。

博杜安首先介绍了一般的交替现象,将其作为语源相关成分对比的共时对应物。之后,他提出一个一般问题:共时语言系统中是否存在"语音变化"?他的结论是某种意义上存在:他指出,由于各种(人类语音学层面的)方便因素的影响,常常存在预期发音和实际所发出的音之间的脱节。这种"可行发音对预期发音的替代"是"语言共时状态中发生的唯一一种语音变化"(Baudouin, 1895[1972]: 159 起)。

与之相比,严格意义上的交替"只是语源相关语素之间的语音差别"而已(同上)。二者在其基本实质方面迥异,但是二者之间却的确存在紧密联系。这是因为这一事实:"活跃的动态取代关系促成了萌芽状的早期交替;而交替虽然从同代视角来看似乎并无原因,但却可以追溯至早先发生的取代现象"(同上)。上述论断引申出的调查研究,成为在语言结构共时因素和历时因素的基本相互作用层面上构建共时交替理论的尝试,这一尝试在本章前节中已有所提及。

博杜安首先引入了几个可用来对交替进行分类的参数。其中第一个参数是语言共时状态内部可对产生交替的人类语音学原因进行确认的程度(即交替受到透明音系条件制约的程度)。若原因能够被指出,则交替称为新语音(neophonetic)交替;若无原因或原因含糊,则交替称为旧语音(paleophonetic)交替。与之平行的第二个因素是可为交替指认出"心理原因"的程度,

74 也就是说,该交替与独立形成的形态差异及语义差异之间的联系程度。在此意义上形态化(或语义符号化)的交替称为心理语音(psychophonetic)交替。

第三,交替可按照维系交替的原因是"传统的还是社会的"来进行分类,这与积极、独立的共时因素不同。某一语言中交替的出现可能只是由于重复和模仿(包括从一代说话者到下一代说话者的语言传承);也就是说,交替可作为具有或多或少任意性的语言事实而被学会,而不是由某种独立的人类语音学因素或心理语音学因素造成的。就积极的人类语音学因素的作用而言,博杜安所说的传统(traditional)交替包含形式之间的任意关系的习得,这类交替跟其他交替的区别在于概念原因。这种概念原因与自然音系学理论中造成"规则"安放和"(自然)过程"之间的区别的那些概念原因类似(参见 Donegan and Stampe 1979)。所有旧语音交替毫无疑问都是传统交替,但是如下文所示,新语音交替也能够变成传统交替。

交替还可以进行历史分类,按照其完全来源于某一具体语言发展史内部还是乃借用之结果。这一分类只跟历史语言学本身相关,但是,因为"从共时观点来看,所有交替都是该特定语言内部特有的"(Baudouin,1895[1972]:162)。与之类似,交替还可以按照"个体原因和社会原因"之间的差别来进行分类,但是从分类动因来看,这一划分实质上是新语音因素和旧语音因素、传统因素和非传统因素对立属性的结果。

最后,交替还可以按照其成因是简单原因还是复杂原因来分类。若交替单纯是新语音交替,不受传统因素支撑,或者单纯

三 喀山学派:博杜安·德·库尔德内和克鲁舍夫斯基

是传统交替,不受新语音因素或心理语音因素支撑,则为简单交替。而既涉及传统因素又涉及其他因素的交替则具有复杂成因。严格来说,这种二分法可再次化简为已经存在的其他分类法,但是,交替成因的潜在复杂性对其日后的发展发挥了作用,虽然缺乏逻辑自主性,但却值得指出。

通过上述参数,博杜安区分了三大类交替,其内容(以及名称)与克鲁舍夫斯基所做的区分类似。第一种类型称作发散(divergence)型,可以简单定义为新语音交替类型。但是,在这一类型内部,我们可区分出两个种类:一类是纯人类语音学式发散,语音驱动仍然是活跃的决定因素;另一类是真正乃语音交替的发散,因为传统因素(而非仅仅是机械因素)在其中发挥作用。严格来说,只有交替着的发散因素才直接与交替理论相关,但是,这些发散因素源于纯人类语音学式发散,跟其共享许多重要特征,难以仅仅通过观察进行区分。

发散型作为一个整体,显示出若干特征:(a)交替着的语音成分不仅仅是独立变体,而且还受到环境特征的共同作用;(b)条件因素直接起作用,即具有透明性;(c)交替无例外;(d)交替与"心理因素"(即形态因素或语义因素)无关;(e)差异本身可能不被说话者注意,因为其条件因素是语音因素而非心理因素。与克鲁舍夫斯基的探讨的不同之处在于(其重合部分不言自明),这些因素未必是源于发散类逻辑实质的定理,而是关于类型内部情形的实证观测。其角色在于充当关于发散交替演变的延伸探讨的基础,而不是用来对这一类型本身进行定义。

第二种类型是关联(correlation)型,可解释为旧语音交替、传统交替以及(最重要的)心理语音学交替。这些完全形态化的交替可再度用德语中的变元音联系(如单数和复述之间、指小词和非指小词之间)来阐释,同样展现出一系列相关的典型特征:(a)交替着的音(即"关联音")相互独立,且独立于其环境之外;(b)该语言中此交替出现的原因仅为传统传承;(c)任何人类语音学原因,其实质均为纯历史性;(d)关联中的各项皆与形态值或语义值相联系;(e)通过与心理因素的联系,关联无例外;(f)从语音学角度来看,关联音可任意不相似;(g)当关联发生历史变化时,该变化可完全不具备人类语音学上的连贯性;(h)在某一特定范畴中,关联可延伸至新形式中,其本质不变,而其他种类的交替无法通过此途径传递;(i)何种关联可行,不存在固定的制约,这一点与发散交替不同,发散交替中普遍因果因素构建了此类制约;最后一点(j)关联是逐渐获取的,而发散则是通过人类语音学动因直接获取的。

最后,我们还有一类狭义上的传统交替:这类交替是旧语音交替、非心理语音学交替、当然还有广义上的传统交替。这一类型有两个主要亚类型:一类由发散交替任意化而演变出,另一类则表现出原心理语音学交替的古旧残留。后者例如英语 was / were、rise / rear、snooze / snore 等词对中 /z/ 和 /r/ 之间的联系。这类交替皆具有关联交替的前三项特征(即交替项语音上独立,传统传承,以及可用纯历史人类语音学来解释)。此外,这类交替还以一种矛盾为特征:这类交替传统上支持由既非人类语音学也非心理语音学的因素(即语义因素或形态因素)支持的语音差异,但却存在消除该语音差异的趋势。最终,这类交替要

三 喀山学派:博杜安·德·库尔德内和克鲁舍夫斯基

么趋于消失,要么与某些形态特征或语义特征相联系,变成关联交替。

建立起类型学之后,博杜安重返其关注的核心问题:交替的起源及其演变。他发现,交替的起源无一例外地存在于"纯人类语音学式发散型交替"这一类型之中:即,通常存在于说话者意识之外的可机械预测的低层面语音差异,该差异的发生(或许还有感知)受到普遍制约的约束,且可用于解释"早期"交替类型或"萌芽"交替类型。例如,他此处所思考的差异包括:元音在清辅音后音高(pitch)有略高趋势,在浊辅音后音高有略低趋势;元音在浊阻塞音前略有加长趋势;与元音鼻化相联系的共振峰(formant)变化带来的典型感知效应;另外还有其他一系列语音学家比音系学家研究得更为仔细的效应。这类发散交替只要属于"只有靠刻意努力才能检测得到的显微镜式现象"这一范围之内(虽然足够客观真实),就不足以为所涉及的音位构建起差异。

只有当这种差异变得更大时,构建起语音之间可感知的差异时,我们才能够谈论真正的交替。低层面的差异从纯语音效应地位"篡位"进入语言结构领域的过程,称为音系化(phonologization);这个术语近年来出现在生成语言学的文献中(Hyman,1976),早年在雅柯布森等人的著作中也曾有过结构主义使用先例。但是,博杜安在其晚期著作中也用了该术语,毫无疑问,他是明确提出一切系统的音系差异皆起源于语音学细节的音系化的第一位语言学家。我们还能够注意到上一章中提到的索绪尔与之平行的观点:语音变化的解释,可以通过对组合性语音效应(即他所说的"音系学"[phonologie])的细节进行近距离研究而得出。对于这两位语言学家来说,19世纪的语音学研究展示出一个拥有极其丰富的细微差异的世界,在任意两种独特环境中,可能根本没有哪个音类是完全相同的。对于他俩来说,正是这种极其微小的细节,构建起语言学差异和语言变化的原材料。

音系化的机制十分明显:"包含不同音位的词语一方面具有人类语音学上的差别……另一方面具有心理学上的差别(即语义符号上的差别或形态音位上的差别),这一事实恰好导入了似乎相同但其差别却最终可被感知出来的音位之间的差别"(Baudouin,1895[1972]:195)。换句话说,语音差异无论多么微小,都与词语之间的差别有联系,这一事实使其成为词语区分因素的自然候选者。这一局面一旦形成,先前的机械效应就被提升至语言学上的交替位置(只要音系条件因素依旧透明,就是发散交替)。

音系化过程只解释了发散交替的存在:我们又应当如何去解释其他类型的交替的出现呢?博杜安并未忽略这个问题,他对这个问题的探讨同样清晰而明确。一方面,一旦萌芽状的交替变成了真正的发散交替,变体之间的差别就趋于加大。结果,对交替的当前形式的进一步维护就不仅仅依靠人类语音学因素了,而且还要依靠传统因素。因此,说英语的儿童必须学会在浊阻塞音前把元音加长,其程度超过纯人类语音学推动的情形。这一效应变成了语言的音系规则,而不是单纯的发音上的副效应(参见 Anderson 1981 及该文所引用的文献)。这样的交替就演变成了传统型发散交替(虽然仍是新语音交替)。

三 喀山学派:博杜安·德·库尔德内和克鲁舍夫斯基

但是,接下去,造成交替中隐含的人类语音学效应的最初的环境因素自身也会发生改变,使其新语音特征变得模糊。这当然是对交替中的不透明性的发展所做的经典描写:这个事实可作为例子:对那些在 latter(后者)和 ladder(梯子)中把/t/和/d/都替换为闪音/D/的说美国英语的人来说,为两词中元音长度差别构成条件的因素在表层形式中已无法显现出来。这一现象发生时,我们看到的已是严格意义上的传统交替,而不是发散交替。因此,发散交替中条件因素的这种不透明性的产生,为传统交替提供了来源。这种发展因这一事实而成为可能:即使是完整的新语音发散交替中的变量,也可被给予局部独立性,因为此类交替作为音系化的副效应,可变为传统交替。

不过如前所述,只要传统交替只依靠传统作为支撑,且与消除非功能性差异的趋势相冲突,就具有不稳定性。但是,如果该差异不仅跟两个任意关联形式之间的不同相联系,而且还跟其联系中的某形态方面或语义方面相联系,那么就会被保留下来。当这一情况发生时,该交替(用当今的术语来说)就得到了"形态化",成为关联交替。早期德语中非重读元音的弱化,使变元音效应转化为纯传统交替;通过具体的形态范畴而非人类语音学因素,该交替因在变元音和非变元音之间起联系作用而得以维持。结果,变元音可以在没有任何人类语音学动因的形式中出现,因为该交替如今已是(以形态因素为条件的)关联交替。所以,这类交替同样存在明显的源头,无须背离这一理念:所有交替的源头最终都可以从低层面的人类语音学差异中找到。

最后,因年代久远,关联交替的形态学支撑可能会通过形态类变化、音系类变化或仅通过某些词汇条目之间关联感的丧失而被磨蚀掉。比如,英语中可举出 was / were 等少量词对中的[z]和[r]之间的交替为例。该交替是曾经很高产的某交替(维尔纳定律的产物)的残存;曾经跟动词系统中的某些范畴相联系,但是,动词屈折变化的普遍消失留下了数量稀少的这几对词,而已无系统支撑。这类交替(从关联交替地位)回归至纯传统交替,并且,倘若只局限于数量少到一定程度的形式,则可能会完全消失。

我们从而看出了交替的"生命周期",该周期颇具解释力。它完成了博杜安要把语言的共时层面和历时层面统一起来的最初计划,因为每次历时发展变化,都根源于发生该变化的共时系统的特征。而某一共时系统的实质特征,则可视为其基本素材的一连串历史重组的产物。

其结果,或许就是当今为探讨什么构筑了"自然语言中的可行音系规则"这一问题而提出的几近充分的框架。该问题的任何观点,都必须面对一个明显的悖论:一方面,大多数规则离语音因素角度的可解释性十分接近;而另一方面,规则却根本显现不出任何趋势,来贴近这种语音上的可解释性,相反,却常常变成"疯规则"(crazy rule)(Bach and Harms,1972)。

承认这一问题的大多数音系学观点,都在通过忽略一方或另一方来"解决"这一问题。要么否认存在任何语音上的非自然规则,认为明显的反例其实根本不是语法规则,而只是无关紧要的准系统性相似(quasi-systematic resemblance)而已;要么认为语音自然性其实不是音系规则的相关制约,可行规则的类型可

三 喀山学派:博杜安·德·库尔德内和克鲁舍夫斯基

以无限,只能通过某一适当记录体系内部的形式特征来研究。上述两种方法均未能在全面处理音系结构本质方面取得显著成功(另见 Anderson 1981 中的深入探讨),或许可以认为,上述两种方法均不如博杜安(1895)处理这一问题处理得那样令人满意。

6 "喀山音系学"后期理论

虽然喀山学派交替理论所探讨的问题跟当代对这类问题的研究有惊人的相似之处,但是因上文所勾勒出的博杜安对交替理论的发展而断言喀山学派交替理论实质是生成音系学意义上的音系规则理论,显然是一种时空误置。二者存在诸多重要不同:例如,博杜安的交替不是通过从一个交替形式推导出另一个交替形式而构建,相反,是相关形式中占据等同位置的音之间的静态关系。这一非推导性特征的必然结果就是,交替并无次序性,也不存在最抽象结构和最具体结构之间的中间结构概念。此外,博杜安(或克鲁舍夫斯基)的著作中也不关注近年来音系学中居于十分显著位置的形式表达式问题。不过,从本书的角度来看,喀山学派的理论主要是规则理论,而非表达式理论,因为其焦点在于那些构建语言单位间差异域的各个形式之间的关系,而设想的潜在不变量元素本身的实质则是次要的。

必须说,该研究中所体现的交替理论对这一领域后来的发展影响极其有限。梅耶(Meillet,索绪尔的学生,通过索绪尔而熟悉喀山语言学家的著作)在其多部印欧语言著作中(尤其是关于斯拉夫语的著作中)利用了交替概念,部分使用了喀山学派的分类框架。但是,他对这类思想的兴趣在于将其用作描写工具,而非作为有待进一步发展的理论。其他人有时也会引述博杜安和克鲁舍夫斯基,但是(可能因为无法获取他们的出版物,也可能因为对其他理论的兴趣占了上风)交替理论的内容一直基本未得到重视,至少直到博杜安的著作新近得到译介为止①。

博杜安和克鲁舍夫斯基的著作最重要、最可能的直接影响,或许是雅柯布森的思想(见本书第五章)。雅柯布森无疑熟悉他们的著作,而他自己的著作则拾起了部分相同主题。雅柯布森的描写中把交替划分为自动交替和形态音位交替,把自动交替处理成音系学的一部分,认为形态音位交替与形态学联系更为紧密,可以说至少是部分受到了克鲁舍夫斯基和博杜安的著作的启示。与之类似,雅柯布森一派语言学家对寻找并描写形态音位规则的语法功能的兴趣,亦可追溯至喀山学派对关联交替的探讨。不过,这类概念其实是些极具一般性的概念,无论通过阅读本章中对这些理论所做的勾勒能够解读出多少东西,都无法成为该计划的发展。事实上,在雅柯布森及其学生们的著作中,我们很难找到或是根本找不到谁在致力于详尽阐述关于交替类型的原则性全面分类,(更重要的是)也找不到谁在关注这种分类在解释语言变化机制方面的运用。

---

① 苏联科学院曾于1963年出版了维诺格拉多夫(В. В. Виноградов)编辑的两卷本《博杜安·德·库尔德内普通语言学文集》(*И. А. Бодуэн де Куртенэ. Избранные труды по общему языкознанию*),但直到1972年该文集的英文选译本出版,才在西方引起较大影响。——译者注

三 喀山学派:博杜安·德·库尔德内和克鲁舍夫斯基

与交替理论不同,博杜安对表达式本质的看法可以说拥有一些或多或少的直接继承者。不要忘记在克鲁舍夫斯基的早期著作中,引入"音位"概念是为了表示发生交替现象的语素组成部分。如前所述,这个概念逐渐得到了一般化,变成了探讨音类的途径,而不仅仅是探讨交替的途径。由此,语素可视为统一由音位构成,而不是先由非交替语音构建,再加上几个包含交替元素的音位混合而成。通过这一形式,音位完全成为语言不变量表达式理论中的中心单位,而非变量研究的工具。这种"音位"本质迅速主导了语言学探讨,其中也包括博杜安的许多后喀山时代的著作。

博杜安的全部著作中皆具一致性的一点,也是被后来的评论者们视为他的音位定义中具有唯一决定性特征的一点,就是这一单位的心理学本质。该单位在其论证交替的著作中已出现过,并被解释为"言语声在心理学上的对应物",总的来说可理解为存在于说话者头脑中并代表其发声意图(该意图或许实现得并不完美)的某种理想声音图像。在后期的探讨中,音位逐渐与阐释为发散型的那类交替特别联系起来。如前所述,这恰恰源于说话者没有能力(或者更确切地说,是无法成功)在特定条件下发出意图中的某个音,并最终用其他音将其取代。因此,我们通过"清除掉发散中的偶发情况"得到了语言学上的自由语音这一重要概念(转引自 Stankiewicz 1972:25)。

以此方式阐释的音位,构建出一种单位,该单位恰好受以音系为条件的透明变量域的限制。例如,没有什么能够拿来反对把德语 Bund(一捆)中的最后一个音段表达为音位/d/,因为词尾清化交替是个发散交替。不过，在博杜安及其学生的后期著作中，这样的音位概念受到了进一步限制。

博杜安本人在其后喀山著作中开始更加注重语音（及音位）的意义区分功能。或许值得注意，有几次，他不是把这一功能跟音位联系在一起，而是跟音位的组成部分（即动态单位[kineme]和声学单位[acouseme]，语音听觉本质的基本组成姿态和方面）联系在一起。如雅柯布森（1960）所指出，这跟雅柯布森和特鲁别茨科依的著作中后来发展出的"区别特征"(distinctive feature)概念十分相似。但是，博杜安并未对这一分析做出详细分析。

音位的意义区分特征在他的学生 L. V. 谢尔巴(L. V. Ščerba,1880—1944)①的论述中得到了深入强调。谢尔巴曾在巴黎跟随卢赛洛(Rousselot)②和巴西(Passy)③学习语音学，后于1909年前往圣彼得堡主持实验语音学实验室工作。此后他在那里听了博杜安的授课，虽然他对其著作已基本熟悉。由于谢

---

① L. V. 谢尔巴的全名为列夫·弗拉基米洛维奇·谢尔巴（Лев Влади́мирович Ще́рба,1880—1944)，著有《俄语元音的质关系与量关系》(*Русские гласные в качественном и количественном отношении*,1912)一书。其姓氏目前英美通常转写为 Shcherba。——译者注

② 让-皮埃尔·卢赛洛(Jean-Pierre Rousselot,1846—1924)，法国语音学家，实验语音学鼻祖，著有两卷本《实验语音学原理》(*Principes de Phonétique Expérimentale*,1897/1901)。——译者注

③ 保罗·巴西(Paul Passy,1859—1940)，法国语言学家，国际音标学会创始人，国际音标设计完善者之一，著有《语音变化及其普遍特征研究》(*Étude sur les changements phonétiques et leurs caracteres généraux*,1890)。——译者注

三 喀山学派:博杜安·德·库尔德内和克鲁舍夫斯基

尔巴的兴趣直接在于语音结构,所以他并不十分关心交替理论(虽然他后来确实写过一些关于这个话题的东西);不过,他从博杜安那里部分接受了对音位进行定义的心理学方法。

一定程度上基于那些可能是从巴西著作中得来的思想,谢尔巴关注于对音位的区别功能(或称意义区分功能)的强调。因而,他无法接受博杜安将这样的现象解释为彻底的发散交替类型:由于德语中的[d]和[t]可用来使一个词区别于另一个词,所以不应该用建立在形态关系基础上的两个不同的音位形式(/bond/和/bont/)来表达同一个语音序列([bont])。因此,只有当两个音是某发散交替的成员,且该交替不会对有区别性的差异进行中和的情况下,谢尔巴的音位概念(这个概念构成了与苏联列宁格勒语言学派相联系的基础)才将其处理成同一个音位。[①]

这是博杜安的概念的自然发展(虽然未必是不可避免的发展),此后许多年的语言学理论,正是以此方式靠近音位的本质。但是,由于保留了博杜安研究音位的心理学视角,认为音位是"属同一意图的音",但是有"不同的人类语音学实现形式"(Baudouin,1895[1972]:171),谢尔巴的概念有一个方面在当时未得到普遍认可。从这个观点来看,把代表说话者潜在意图

[①] 关于谢尔巴的介绍和讨论,参见伯恩鲍姆的论文集《斯拉夫学者的肖像》(Birnbaum, Henrik. 1998. *Sketches of Slavic Scholars*. Indiana University: Slavica Publishers.)。赵世开主编,1990,《国外语言学概述——流派和代表人物》,北京:北京语言学院出版社。岑麒祥,2008,《普通语言学人物志》,北京:世界图书出版公司。——校者注

的音视为在某些(但不是全部)条件下转换成不同二级变量的"基本变量",似乎十分合理(的确必要)。如前所述,喀山学派的交替概念在这一意义上不是推导性的(虽然博杜安和克鲁舍夫斯基有时确实不系统地说起过把某一交替中的一个成员作为该交替的"基本变量")。不过,一旦我们把音位概念表述为发散交替(有限的一类)下潜藏的心理不变量,接受这一推导式图景就自然多了,可沿袭第二章中所勾勒出的"完全赋值基本变量"这一线索。

  正是以这个"列宁格勒学派"音位的形式,博杜安的思想对一战前后这一时期俄罗斯语言学气候的形成发挥了作用。一位语言学家,其最重要、最完善的普通语言学研究关注的是(本书意义上的)规则之概念,但是却因帮助形成音系表达式的特定概念而著称,这或许有些反讽意味。但无论如何,围绕列宁格勒学派音位概念正确与否而展开的探讨,对新一代语言学家思想的确立极具影响力。新一代语言学家此时正在俄国,但接着就成为了布拉格语言学小组的核心。

四 布拉格学派音系学:从莫斯科小组到特鲁别茨科依的《原理》

在圣彼得堡,音系学研究在谢尔巴、帕里万诺夫(Polivanov)①等博杜安的学生当中继续进行。不过,俄国革命爆发前夕的那些年,另一种语言研究方法在莫斯科发展着,这种方法基本上(虽然不是完全)独立于博杜安的思想之外。在一个新一代学者小组的探讨中,对诗学、文学分析及普通艺术结构等问题的兴趣,与斯拉夫语言学、历史语言学的影响得到了结合。他们致力于运用从索绪尔和博杜安的著作中发现的新思想作为基础,让这些领域宽广的问题得以发展。其产物即是对语言基本问题和语言学基本问题的独立视角,而该视角与圣彼得堡/列宁格勒学派严格以语音学为取向的观点有很大不同。

革命带来的动荡以及随后的那个时代使这个群体瓦解,他们中许多人被迫移民他国。然而,20世纪20年代,最重要人物中有好几位在布拉格及其周围定居,他们的合作在那里重新建

---

① 叶夫金尼·季米特里耶维奇·帕里万诺夫(Евгéний Дмиíтриевич Поливáнов,1891—1938),主要从事日语、汉语、中亚语言研究以及诗学研究,曾将吉尔吉斯民族史诗《玛纳斯》(Manas)译成俄语,大清洗运动中被处决,1963年平反。——译者注

立起来,并且围绕布拉格语言学小组(Linguistic Circle of Prague)的活动得以扩展。除了实际研究之外,该小组以极大的热情向更大范围的语言学世界展示了自己的观点,异常积极地将其他学者招募至结构主义音系学新理论中。这种十字军般的精神,或许跟他们的实际研究成果一样,在欧洲语言学家求新求变的特质中,对布拉格学派的语言学成就做出了等同的贡献。新颖和激情常常不可阻挡,在与像雅柯布森和特鲁别茨科依等强大学术人物的活动相结合时尤为如此,而此后语言学在其他背景下所展示出来的也是这样。

　　注意到这一点很有意思:通常被视为布拉格学派音系学实质典籍的那部著作——特鲁别茨科依的《音系学原理》,是由跟早先的莫斯科小组计划联系不大的人所作,并且此人就任于维也纳而非布拉格。当然,布拉格小组的其他重要成员有其他的兴趣所在,全面研究他们的思想将大大超出此处以特鲁别茨科依为中心的探讨。不过,有个论断很难争辩:无论从他对音系学特有问题的探讨核心来看,还是从他对其后的学术界的影响来看,特鲁别茨科依都代表了"布拉格"音系学的精髓。他在布拉格小组的环境下与雅柯布森的亲密合作,以及他所发挥的小组中或许最重要的国际团体代表的角色(无论在当时还是在后来的文献中都是如此),使他的研究成为小组思想中最基础、最重要的宣言。

四 布拉格学派音系学:从莫斯科小组到特鲁别茨科依的《原理》

1 布拉格小组的背景及特鲁别茨科依生平

莫斯科语言学小组于1915年由七位俄国青年语言学家建立,如其许可证上所述,"以研究语言学、诗学、韵律学和民俗学为目标"(引自Jakobson 1965:530)。七人的核心是罗曼·雅柯布森,1915年至1920年间担任小组主席;他和其他成员如N.F.雅克弗列夫(N.F. Jakovlev)(高加索语言专家)①因其对或多或少比较"纯粹"的语言学的贡献而著称。不过,从最一开始,该小组就把我们今天所说的来自艺术与文学(尤其是诗学)领域的交叉视角放置在十分显赫的位置上。

雅柯布森本人(1896年出生于莫斯科)对诗学极富兴趣,最初曾打算主修文学史。除了语言学小组之外,他还是莫斯科、圣彼得堡其他几个文学、诗学创新小组的成员。他被20世纪初艺术、建筑、音乐、诗歌领域的形式结构分析研究深深吸引,但却很早就得出结论,认为诗歌的形式研究必须以语言结构为基础并深入了解其语言结构,才能够继续进行下去。他的早期著作以诗学思考为主,虽然这一兴趣在其一生中始终居于中心,但他的语言学研究逐渐使他不仅研究民俗学、斯拉夫语韵律学、印欧语

---

① 尼古拉·费奥法诺维奇·雅克弗列夫(Николáй Феофáнович Я́ковлев,1892—1974)出身哥萨克贵族家庭,1916年毕业于莫斯科大学,师从富尔图纳托夫。20年代从事高加索语言研究并参与为该地区无文字语言创制文字。30年代曾支持马尔主义,因而在50年代马尔主义受到批判时被开除公职。——译者注

韵律学等问题,而且还研究斯拉夫历史语言学问题(当时莫斯科语言学界的主流研究领域),并最终研究普通语言学问题。

他曾提到(1962:631),当初他向导师提交拟阅读书目时,其计划中唯一未获批准的书是谢尔巴关于俄语元音的那部专著;自然,他首先读的恰恰就是这部以博杜安·德·库尔德内的(后期)音系结构本质观和音位观为背景的著作。语音结构单位概念若恰好表达了语音材料中可用来使词语相互区别的那个层面,则该语音结构单位概念似乎可充当进行分析的自然基础,使其他艺术领域中的形式关系研究延伸至文学领域(尤其是诗歌领域)。

博杜安的著作因而对莫斯科语言学小组的早期探讨发挥了间接影响。而另外一位小组成员则很快将索绪尔的思想介绍进来。谢尔盖·卡尔采夫斯基(Sergej Karcevskij)[①](1884年出生)于1907年移居日内瓦,师从索绪尔、巴依、薛诗蔼学习语言学。1917年,他返回莫斯科,成为语言学小组成员,并将索绪尔的《教程》(刚刚出版)中的观点呈现给俄国同行们。1919年再度离开莫斯科后,他又师从梅耶(1920至1922年),1927年被授予日内瓦大学博士学位,后在此任教。无论从他对莫斯科语言学小组的贡献来看,还是从他后来对布拉格语言学小组的贡献来看,卡尔采夫斯基均促进了两个小组对"日内瓦学派"语言观的熟悉。

---

① 谢尔盖·约瑟夫维奇·卡尔采夫斯基(Сергей Иосифович Карцевский,1884—1955),日内瓦语言学会创始人之一,曾任学会副主席。——译者注

四 布拉格学派音系学:从莫斯科小组到特鲁别茨科依的《原理》

截至 20 世纪初,"小组"(kružok,英译 circle)这一概念已在俄国知识分子中有相当长的历史。这种小型的半正式团体大体上由追随某一或多或少具有先锋派特征思想的年轻学者组成,轮流在家中聚会并举行讨论。由于这类组织(名义上致力于研究文学或类似领域)也是十分隐秘的政治运动的源泉,往往会不幸引发沙皇警察的关注。为了显示其善意(bona fides)并避免这类后果,莫斯科语言学小组(Moskovskij lingvestičeskij kružok)在俄国科学院所辖的莫斯科方言学委员会(Moscow Dialectological Commission)旗下运作。而方言学委员会自身则成立于 1904 年,旨在为对俄罗斯研究有兴趣的青年学者提供论坛,是当时从事语言学、民俗学研究的最活跃的团体。其最活跃的成员包括尼古拉·谢尔盖耶维奇·特鲁别茨科依亲王(Prince Nikolaj Sergeevič Trubetzkoy)[①],雅柯布森和莫斯科语言学小组由此开始与他有来往。

特鲁别茨科依于 1890 年出生于莫斯科,其父谢尔盖·特鲁别茨科依亲王是莫斯科大学哲学教授,1905 年去世时任莫斯科大学校长(rector)。少年特鲁别茨科依显然智力十分早熟,他 13 岁时开始研究俄国境内芬兰-乌戈尔各族的民族学和民族志

---

① 尼古拉·谢尔盖耶维奇·特鲁别茨科依(Николай Сергеевич Трубецкой,1890—1938)的家族是中世纪立陶宛大公国统治者阿列格拉德(Algirdas,约 1296—1377)的次子德米特里一世(Dmitry I Starshy,?—1399)的直系后代,因而世袭"亲王"(Prince)头衔。其姓氏源于德米特里一世的封地特鲁别茨克公国(Principality of Trubetsk),位于今俄罗斯、乌克兰、白俄罗斯三国交界的布良斯克地区。——译者注

学;15 岁时发表了两篇芬兰民俗学及沃古尔族(Vogul)、奥斯恰克族(Ostyak)和沃吉亚克族(Votyak)民俗学的论文。13 岁至 19 岁期间,他还研究了古西伯利亚语群的语言,为堪察达尔语(Kamchadal)勾勒了语法并对该语言和楚克奇语(Chukchee)进行了对比研究。据说,当时最显赫的楚克奇语和科里亚克语(Koryak)专家 V. 波格拉斯(V. Bogoraz)发现跟他曾有过很长时间通信的那位前途无量的学者其实是位中学生时,感到十分意外。

特鲁别茨科依 1908 年进入莫斯科大学时,曾想主修民族学与民族志学专业,但是莫斯科大学中开设这两门课程的学院将其作为自然科学学科来处理,而非特鲁别茨科依所期望的社会科学和人类科学。于是,他开始在哲学与心理学系学习,但很快发现在该专业同样也无法追求自己的兴趣所在。因此他在第二年转系进入语言学系。该系课程仍然没有围绕他的主要兴趣点,因为必修课主要是印欧语历史比较语法,不过他决定继续学习下去,这主要是由于该专业的方法论的原因。对他来说,语言学似乎比人类科学其他分支建立于更强的基础上,而印欧语研究则明显比语言学的任何其他分支发展得都要好,因而成为学习其研究方法的最好领域。

1911 年,特鲁别茨科依跟莫斯科民族志学会会长、奥塞梯语专家 V. 米勒(V. Miller)教授一起在高加索地区度暑假。这次出行,他开始研究西北高加索语族各语言;在这之后的一生中,他的确也都投入了相当一部分学术精力来关注这些语言以及东北高加索地区的那些语言。1913 年,他提交了语言学毕业

四 布拉格学派音系学:从莫斯科小组到特鲁别茨科依的《原理》

论文,该文研究印欧语的将来时表达法分布,获得了系学术委员会的认可。1913年至1914年,他在莱比锡师从布鲁格曼、莱斯琴等人学习(在此结识了同一时期也在那里的列奥纳德·布龙菲尔德),之后即准备博士考试,并做了授予博士学位所需的两场公开讲座。此后,他被授予相当于副教授的职位,开始讲授梵语。他还打算下一年度再增开阿维斯陀语(Avestan)①和古波斯语,但是到1916年为止,他的兴趣已不可逆转地转向了方法论问题和斯拉夫语历史音系学问题。

此时的莫斯科大学语言学系,已完全被 F. 富尔图纳托夫(F. Fortunatov)的思想占据。富尔图纳托夫用特别形式化的强力方法,发展出一种基本属新语法学派的观点。1915年,A. 沙赫马托夫(A. Šaxmatov)按照这一传统出版了一部关于俄语和共同斯拉夫语史的全面重构的著作,特鲁别茨科依认为这部作品是证明沙赫马托夫方法论中全部错误的完美例证。他向莫斯科方言学委员会提交了一份分析,严厉批评沙赫马托夫的著作,引起了愤怒。由于这次冲突,他决定致力于将自己的观点详细地实质化,并打算写出自己的《斯拉夫语史前史》(*Prehistory of Slavic*)。该计划在此后若干年中成为某种萦绕着他的东西,他的大多数时间都曾一度围绕着与之相关的研究。

1917年的动荡中,特鲁别茨科依亲王被迫逃离莫斯科。逃

---

① 即古代波斯《阿维斯陀经》中所使用的语言,是袄教的宗教语言。属印欧语系伊朗语族,现存文献主要形成于公元3世纪至4世纪,使用阿维斯陀字母拼写。——译者注

经高加索(十月革命后曾短暂存在过一个独立的共和国)①期间,他曾在罗斯托夫找到临时避难所,但很快再次被疏散。这一过程中,他的笔记和手稿几乎全部遗失,其中包括《斯拉夫语史前史》部分章节的初稿。1920年至1922年期间,他获得了保加利亚索非亚大学斯拉夫语文学和比较语言学教职,但是,随着那里的政治形势再度变得对他不利,他被迫再度搬迁。他希望能够在新独立的捷克共和国得到职位,因而"暂时"居住在维也纳,他在维也纳得到了斯拉夫语文学教授职位。事实上,他在该职位上度过了余生。

与此同时,雅柯布森也离开了俄国,于1920年开始在布拉格从事研究。此期间,他曾在索非亚与特鲁别茨科依有过联系。两人之间的大量通信即从这一时期开始。通信一直持续到特鲁别茨科依去世,信件内容(1975年被雅柯布森出版)为这一时期"音系学"概念的发展以及为写信人对自己、他人的研究所持的态度提供了极为宝贵的深入资料。

这期间,特鲁别茨科依主要关注跟他的《史前史》相关的斯拉夫语历史问题,与雅柯布森的早期通信以这类问题为主导。雅柯布森本人则主要专注于诗学和韵律学问题,正如其首部主要著作《论捷克语诗歌》(*On Czech Verse*)(出版于1922年)所示;不过,作为其沿着莫斯科小组的讨论中已经显示出的线索的自然发展,他对语言中语音结构的更加一般的概念兴趣日增。

---

① 即外高加索民主联邦共和国(1918.2—1918.5),1918年5月分裂为格鲁吉亚、亚美尼亚、阿塞拜疆三国,1922年三国加入苏联。——译者注

四 布拉格学派音系学:从莫斯科小组到特鲁别茨科依的《原理》

他尝试让特鲁别茨科依对音位模式理论研究的发展发生兴趣,起初,这一尝试除了礼貌回应之外收效甚微;但是 1926 年,雅柯布森找到了开启特鲁别茨科依注意力的钥匙。

在那封勾画了以历史变化为目的的音系研究的重要意义的长信中,他表示,该领域真正具有解释性和预见性的理论应当思索的,不是语音盲目发生、偶然发生的变化,而是音系系统中发生的功能性变化。因而,对由这类系统的结构推动的语音变化进行的阐释,取代了雅柯布森在新语法学派的思想和索绪尔的思想中看到的不足;但是显然,首先需要清楚这类结构什么样子,需要清楚控制其结构的法则什么样子。

特鲁别茨科依立刻被说服,认为长期以来困扰他的历史语言学方法论问题,其答案就在这一方向中。从此,他的研究发生了剧烈转向。虽然他仍在讲授并研究历史斯拉夫语问题,但是他的首要兴趣变成了研究共时音系系统中的规律性。他很快看到,依照这一新观点,他先前的《史前史》计划应完全重新考虑;的确,面对这一新目标,《史前史》迅速淡出视线。相反,他把注意力聚焦于研究他能找到充分描写的尽可能多的语言的音系系统,从而用这种归纳式方法揭示出控制音系模式的基本规律性。

由于布拉格语言学小组的建立,特鲁别茨科依和雅柯布森之间的合作得到了进一步加强,并获得了组织途径。捷克教授 V. 马泰休斯(V. Mathesius)早已仰慕莫斯科语言学小组的氛围和研究,于 1925 年萌发想法,要跟他的学生 B. 特伦卡(B. Trnka)、雅柯布森、卡尔采夫斯基(他当时也在布拉格)一起,在布拉格也建立一个类似的团体。次年 10 月,布拉格语言学小组

(Prazsky linguistický kroužek)召开第一次会议,小组迅速吸引了许多捷克(等国的)语言学家参与讨论,还吸引了来自邻近的维也纳的特鲁别茨科依。跟其在莫斯科的前身一样,布拉格小组除了语言学家之外还包括一些文学和哲学的人物:如胡塞尔(Husserl)①、卡尔纳普(Carnap)②以及数位到会发表演说的小说家和诗人。不过,小组的主要活动(至少从其对外界的影响来看)是发展一种"结构主义"语言观,尤其是在音系学方面。

这一进展按照当时艺术运动、文学运动的方式,在国际会议宣言中早早地呈现了出来。必须承认,虽然此前已有索绪尔、博杜安及其追随者的研究,但是语言学研究的特点并未有过实质性改变。主导这个领域的,一方面是原子论式的新语法学派历史研究,另一方面是语音学细节观测式研究。语言的关联成分系统研究(而不是或多或少处于不连续状态的独立成分的收集)对语言学调查研究的方法论基础几乎没有影响。与之类似,对某一语言的语音系统所进行的具有语言学意义的描写,应当解释不同形式相互区别的方式,而不是对与具体词语发音相关的声学事件、发音事件进行极其细微的描述,这一概念尚未有效地把语音学研究从纠缠于大量细节中解放出来。随着观测的技术手段日益精密,语音研究实际上陷入了泥潭。

因此,布拉格学派音系学家感到自己在引领某种十字军运

---

① 爱德蒙·胡塞尔(Edmund Husserl,1859—1938),德国哲学家、数学家,现象学创始人。——译者注

② 鲁道夫·卡尔纳普(Rudolf Carnap,1891—1970),德国哲学家,倡导逻辑实证主义。1935年移居美国。——译者注

四 布拉格学派音系学:从莫斯科小组到特鲁别茨科依的《原理》

动,讨伐阵地牢固的本质错误观念。他们采取了一种咄咄逼人的、时而引发冲撞的方式,力求让自己的观点能够被人接受。正如类似环境中经常发生的那样,"音系学运动"所造就的新鲜感和活跃活动使很多学者(尤其是青年学者)无法抗拒。特鲁别茨科依本人,正如他在写给雅柯布森的信中所说,看到这个领域以摩尼教①的方式分裂为"与我们一道"的人及不与我们一道的人。随着每一次国际聚会的举行,前一种人的数量在显著膨胀。

布拉格小组的工作立刻聚焦于即将于1928年在海牙召开的第一次国际语言学家大会的筹备上。为了这次会议,组织者系统阐述了关于本领域本质和方法的一系列基本问题,而参与者也应邀为讲述上述问题而筹备议题。为了回答"完整、实用展现任意一种语言的语法的最合适方法有哪些?"(Quelles sont les méthodes les mieux appropriées à un exposé complet et pratique de la grammaire d'une langue quelconque?)这一问题,雅柯布森(1928)准备了一套议题,刻画并论证了音系学的基本目标。这些议题(特鲁别茨科依和卡尔采夫斯基也在上面签了名)旨在说明新语法学派历史语言学中以及语音学中可觉察到的失败之处,倡导了语言学研究方向上的根本转变。这些议题虽然明显具有争议性,但事实上却在会上得到了许多与会者的热情赞许,鼓励了其构想者进行进一步努力(设想这有必要)。

据雅柯布森的提议,音系学的任务包括(a)从具体语言的

---

① 摩尼教(Manichaeism),古代宗教,公元3世纪产生于波斯,教义中强调光明与黑暗的二元对立与冲突。——译者注

"声学动力图像"的重要差异范围的角度,辨认出特定音系系统的特征;(b)对普遍存在的此类差异进行详细分类,尤其要辨别出"相关关系"(correlation),即用来表示多组成分特征的重复出现的差异(如 p 和 b 相区分、使 t 和 d 相区分的嗓音);(c)系统阐述具体音系系统内部管辖这类相关关系之间的联系的普遍法则;(d)从音系系统(而非单个语音)的角度解释所经历的历史变化,尤其要把这类变化解释成以目的论方式受到系统因素的控制;最后(e)以声学基础而非发音基础建立语音学研究,因为恰恰是音的产生①,是语言学意义上的语音事件;也恰恰是音的产生,使语音事件具有社会特征。在这份提议中,有些东西无疑会冒犯每个接受了本领域当时的流行论断的人。

虽然雅柯布森的提议在各个主要方面均不同于其他语言学家的常规做法,但是他敦促聚焦于区别性语音差异系统,从而将其他语音事实排除出去,他还倡导一种由系统决定的目的论式语言变化概念,这些都是千真万确的。后一点是否曾真正流行过并不清楚:虽然历史研究很快即将开始按照音系系统所经历的变化来重筑,但是系统在大致以目的论方式推动变化中的作用,理论家(如马蒂内[Martinet])对其的强调要多于主流的实践历史语言学家(这并不是要否认马蒂内本人也做过历史性质的具体研究工作)。

另一方面,在描写研究领域,"音系"视角的胜利实际上很彻

---

① 此处的"音的产生"(the production of sound)是指发音的声学图像(l'image acoustique)而非运动图像(l'image motrice)。参见 Jakobson(1928)。——译者注

四 布拉格学派音系学：从莫斯科小组到特鲁别茨科依的《原理》

底。其核心见解大体上与索绪尔并无两样：为了研究某一特定语言的语音系统，有必要聚焦于该语言内部的语音差异是否可对不同形式起区分作用。这个年代，该领域已做好准备，要承认与之相反的观点具有缺陷。此时雅柯布森用明确而有说服力的方式提出了这一基本问题，这一事实使之得到了接受。虽然这并不是一夜之间发生的，但是纯语音学研究和历史语言学研究的主导地位不久就让位给了以语音成分的区别功能为焦点的分析。

有必要承认，布拉格学派语言学家试图开展这种研究的方式（即，通过建立起仅由语音实体的区别性特征构成的成分系统）并不是其所追求的唯一方式。可回顾第二章中关于不同音位表达式概念的探讨，以及实践索绪尔方案中各基本方面的不同方式。不过，许多语言学家接受了这个概念：毫不例外地研究区别性成分（即严格意义上的"音位"），是摒弃语言研究中幼稚的语音法的必要伴随产物——原因之一或许就是，对音系学的基本洞悉之所以能呈现在他们面前，恰恰就是因为这种具体的成分。

海牙大会之后，布拉格小组立刻开始筹备将于1929年在布拉格召开的国际斯拉夫语大会。会上，一套"论文"再次以布拉格小组的名义系统阐释出来，在大会上传阅并讨论。这些论文对雅柯布森在海牙提出的线索进行了扩展和细化，并再度引起争议和皈依。其实，（据Jakobson 1965）由小组的论文引发的争议似乎十分激烈，以至于几次全体会议（他们在会议上的观点最重要）的论文集皆神秘"失踪"，而本次大会的《会刊》

(*Transactions*)从未出版过。

  20世纪30年代,音系学以及布拉格学派的音系学研究方法的发展和国际影响力均令人吃惊,虽然学者们个人的因素要超过整个组织的因素。学术岗位并不多,且大萧条之肇始绝未改善这一状况。1931年,雅柯布森只被授予常规的学术职位(布日诺大学教授)而已,紧接着,经济危机和学术政治对立使他一直到1933年才获得了官方提名。即便如此,他也一直到后一年才得到了批准(因此,他此前并不领取工资)。特鲁别茨科依在维也纳有稳定的职位,但他的授课内容大多为斯拉夫语,而非普通语言学或音系学本身。

  然而,雅柯布森和特鲁别茨科依跟本领域的大多数重要人物均有联系,此外跟相当数量的次要人物也有联系。前者如萨丕尔(Sapir)、梅耶、房德里耶斯(Vendryes)等,他们均或多或少对两人的思想有所接受,两人的思想也因而为更多人所知。在布拉格本地,语言学小组开始出版一系列《布拉格语言学小组文集》(*Travaux du cercle linguistique de Prague*),其中的部分作品是为1929年的斯拉夫语大会所准备的,该系列文集成为探讨布拉格音系学的主论坛。紧随前些年历届大会上取得的成功之后,布拉格学派语言学家们又于1930年组织了国际音系学会议(International Phonology Meeting),数个国家的学者参加了这个会议。1932年,在负责对语言学家的国际大会进行组织的团体——国际语言学家常设委员会(International Permanent Committee of Linguists,CIPL)名下,国际音系学学会(International

四 布拉格学派音系学:从莫斯科小组到特鲁别茨科依的《原理》

Phonological Association)^①建立。该学会向许多国家的会员分发了特鲁别茨科依的《音系描写指南》(*Anleitung zu phonologischen Beschreibungen*)一书。

对学术的执著关注,对组织事务和"公关"事务的执著关注,再加上由热心支持者所构成的核心,确保了布拉格学派的思想在20世纪30年代语言学发展中的中心地位。不过,由于阻碍交流并阻碍许多语言学家个人事业的经济困难和政治危机,这一进展十分复杂。

特鲁别茨科依开始为音系学的核心概念编写全面的纲要,其中融入了对许多种语言的分析以及潜藏在音系理论下的理论原则。他日益受到心脏疾病的影响,十分期望看到这一工程完工。1938年(原因之一或许是由于一名极不受欢迎的盖世太保警察袭击了他的居所,毁坏并没收了他的许多文稿),他经历了最后一次病痛,于6月25日辞世。就在辞世前夕,他努力完成了他的导论第一卷(也是最重要的一卷)的初稿。1939年,该导论以《音系学原理》(*Grundzüge der Phonologie*)为书名,在布拉格《文集》系列中出版。这部著作通常被视为布拉格学派音系学观最全面的单体展示。我们下面转向的,恰恰就是该书中所呈现的体系。

---

① 注意不要把该学会和国际语音学会(International Phonetic Association)弄混淆。——译者注

2 音系分析的单位

虽然截至 20 世纪 20 年代,大多数语言学家已明白,细节性语音观测之外的某种东西对分析具体语言的语音系统很有必要,但是,这个东西到底是什么,却没有取得普遍一致。尤其,语音学和形成中的"音系学"这一学科之间的关系,在继续产生争议。这些争议包括:以(某一语言特有的)区别性方式发挥功能的特征,其语音特质(及特质的可辨别性)角色问题;语音图像的恰当区别性功能和纯指别性功能的相对角色问题;语音分析和音系分析须相互参照的程度问题。

特鲁别茨科依在《音系学原理》中的探讨,明显参照了索绪尔和博杜安·德·库尔德内先前的著作,从语言行为(Sprechakt)和语言结构(Sprachgebilde)开始谈起。语言行为就是具体的说话行为。而后者则是实际中的具体说话行为下潜藏的系统,是由社会决定的价值的复杂体;正是这一系统,使得这些行为在说话者那里和在听话者那里都代表意义。显然,语言行为和语言结构之间的区别,其实质与索绪尔的语言和言语之间的区别相同。

以语言结构的这两个方面之间的本质差别为基础(一方面是其物质实现形式,另一方面是其下潜藏的区别值系统),特鲁别茨科依得出结论:从语音系统研究来看,两个不同学科必须保持分开。语音学,是研究语音的具体生理学、声学及听觉方面的科学,跟音系学有着截然不同的研究对象,采用截然不同的研究

四 布拉格学派音系学:从莫斯科小组到特鲁别茨科依的《原理》

方法。而音系学,则是研究语言系统内部语音的功能性区别角色的科学。当然,这两个学科并非完全相分离,因为二者都要参照对方的研究结果。语音学家会更加关注具有语言学功能的那些区别的物质基础,而音系学家则要由语音学数据出发,展示某些音之间的功能性对立以何种何种方式来实现。不过,除了这种友好的"握手"之外,音系学作为研究语音的功能性运用的科学,仍然在目标和过程上与语音学十分不同。

语音学家为了实现本学科的理想,必须奋力排除对语音区别性功能本质的所有参照。实际上,即使是常规的言语切分,对语音学来说也无法先验式获取,因为这要依靠音段的区别性功能;而以纯语音学基础来进行后验式重构,则出奇困难。这些亟待解决的问题导致了一种必要的原子论式具体音类研究,这些音类在相互孤立中引入,只是展示出些构成结构或声学结构上的相似之处而已。另一方面,音系学家也必须拿出同样的力气,把注意力限制在对立成分的可严格区分意义的特征之内,伴随的非区别性特征一旦显示出具有非区别性的特点,就要放弃其相关性,不再对其进行观测。

这一区分带来的实践结果就是,音系系统的不变成分和语音形式中发现的实际差异之间,二者关系的系统性方面往往会跌入这两个凳子中间,在描写中无座位可坐。这一意义上的音系学只具有不变量表达式研究的空间,对音系单位所显示的实现形式中的系统性差异起控制作用的规则,在音系描写中至多只有个尴尬的位置(而在语音学中则完全没有位置)。结果,描写这类系统性差异的唯一途径就是将其纳入音系表达式元素概念中。下文中我们会在超音位概念以及形态音位概念中看到这一点。

在解释音系结构的基本成分时,特鲁别茨科依从对立(opposition)或对比(contrast)的功能概念开始。两个语音序列,若一个取代另一个时(可能是在某个大序列的内部)会引发不同意义,那么这两个语音序列之间就存在音系对立。这既可以指不同词语,也可以指在所研究的语言中根本就不代表词语的某个序列。此处的"对比"显然指的是"表层的对比":除了由直接语音手段提供的词语之间的差异之外,别无其他差异可谈。鉴于后面要讲到的更加抽象的音系观,我们或许应该把现在这种,看成是关于可跟语言学相关的差异度的一种实证性论断,不过,如果真这么看,至少至少也是时空错乱。布拉格学派的语言学家,还有他们的大多数同代人(除了萨丕尔等几个个别例子之外),都认为这一点是不言自明的:若要研究词语之间相互区别的方式,则唯一的可行起点就是其差异的外在语音表现。

给出两个构成对比关系的词语,我们或许可以从二者差异的角度辨认出其语音材料。这样的语音段称为"音系单位"。例如,phonological(音系学的)一词和 phrenological(颅相学的)一词之间的对比,使我们能够从两词之中分离出由-o-和-re-所代表的材料,将其作为音系单位。若其他词对共享该单位中的亚单位,则这样的事实就可让我们能够将其分解成更小的亚单位。所以,Fred(弗莱德,人名)和 fraud(诈骗)之间的对比为我们提供了分解-re-的基础。直到这类分析进行到了所得单位无法进行进一步分解时,所得到的单位才代表该语言中的音位。

四 布拉格学派音系学：从莫斯科小组到特鲁别茨科依的《原理》

如我们将在下一章中所见，雅柯布森后来提出，这一过程中的一个严重失误，就是把语音材料的分解局限于线性串联单位序列。在他看来，索绪尔的符号概念认为符号在本质上是线性的，具有错误局限性。若要揭示音系结构的终极单位，这一点就必须得到突破，其途径就是承认音位同样可以分解为同时出现的组件。这种进一步分析在特鲁别茨科依的音位概念中未被涉及，这种单位携带的同时性区别特征所发挥的作用，在他的概念中跟雅柯布森有所不同。

特鲁别茨科依以功能性对比为基础，首先展现了将语音材料分析为连续的更小单位的过程，把这样的单位定义为"音位"。但是，很快就显而易见，这样的分析只发挥了相当有限的作用：这只是在重构话语中的语音切分（不要忘记，在特鲁别茨科依看来，这并不是仅仅靠语音学因素就能获得的），仍然会造成"完整"语音单位，或称"语言学语音"（linguistic sounds）。这些单位由种类庞杂的特征组成，既有区别性的，也有非区别性的。若要得到语言的终极对比单位，音系分析就必须深入下去，把功能性麦子从语音性谷壳中分离出来。也就是说，必须做的事情是要为切分所获得的每一对"语言学语音"确定二者是否相互对比。若二者的确相互对比，则要确定是什么样的语音特征为这一对比提供了基础。最终，音位可由此被定义为"语音图像所拥有的与音系相关的特点的集合"。

可以看出，由此给出的音系结构基本单位的定义，依赖（理论上）能够适用于某一具体语言中的语音数据的分析过程来得出音位——而不是依靠某种预先设想出来的实体，如博杜安的

"语音之心理对等物",后者完全需要加以辨别(identified),而不是作为分析(analysis)之最终产品而得出。其原因之一,是由于30年代《原理》写作时已成知识分子氛围特征的操作主义(operationalism)科学大气候之产物,也是特鲁别茨科依对语言结构的社会本质而非个人本质的强调之产物。如果不是任何特别个人的一部分,而是作为一套社会标准和常规而存在于言语共同体的成员之中,那么就可以说,其本质属性既不可能是物理语音的,也不可能是心理的。

特鲁别茨科依在其音系学主题的早期著作中,其实使用了建立在心理学基础上的音位概念,尤其受到博杜安·德·库尔德内在此问题上的思想的影响。的确,特瓦德尔(1935)就曾依据特鲁别茨科依早年论证元音系统的著作(Trubetzkoy,1929)中的立场,把他和音位的"心智或心理现实"概念的其他支持者划为一组。然而,截至《原理》时期,他已摒弃了这一概念。原因之一在于,他认可了语言系统靠的是社会现实而非个人基础。另一个原因在于(或许这个其实是主要原因),心理解释似乎无法充当基础,来对语音图像中具有严格区别意义的特征作分析性分离。

如其所述,我们若要考虑某一预期发音的"心理图像",就没有理由相信该"心理图像"只包括其具有区别意义的特征。的确,"只要发音在说话人控制并规约的范围内,声学—运动表达式就与每个语音变量相对应。双方中都不存在什么理由,让有的表达式'有意识'、有的表达式'无意识'。发音过程的意识程度只取决于实践。通过特别训练,人们能够意识到语音的非音

四 布拉格学派音系学:从莫斯科小组到特鲁别茨科依的《原理》

系特征……因此,音位既不能解释成'语音表达式',也不能解释成'有意识的语音表达式',来跟语言学语音或语音变量相对立"(Trubetzkoy,1939[1949]:42)。

这一论断中的操作术语可以说是"表达式"(representation)。显然,只要我们把语言的音系描写局限于为话语选择一套表达式,由预期发音的心理图像概念明确承担的全套声学——运动式指令就无法把具有区别意义的特征和不具区别意义的特征区分开来。我们对语音细节的实际意识程度好似轶事,这也使这类意识更无法让人满意。由此似乎可以说,合适的表达式,必须具有极为不同的本质;而音系结构的心理概念,则必须加以摒弃。此处,特鲁别茨科依依靠的是这一观点的最强式:音系学理论限于表达式理论。很明显,这一论断使音位成为一种表达式的单位,这样的表达式全部包含且仅包含某一具体音段的具有区别意义的特征。

上一章中,我们已经探寻了一种可能性:在音系学理论中,不仅强调音系学理论对话语表达式的重要意义,而且强调对描写表达式之间关系的规则的重要意义。从这一观点来看可以认为,话语的音系表达式中包括语音细节,无论是以第二章中阐释索绪尔立场那样的"完全赋值表层变量"形式,还是以第三章博杜安所提的(以及萨丕尔所提得更清晰的,参见下文第九章)"赋值基本变量"形式。在这样的理论内部,翻新一下音位的心理概念还是可行的——至少从特鲁别茨科依的论断来看如此。但是,从特鲁别茨科依对音系学理论的内容所做的明确限制来看,他的结论是,音位的恰当定义必须把这类单位的内容限制在具有音系学区别意义的特征之内。

虽然音位由此成为语音的音系相关特征的集合,但是这根本没有对布拉格学派音系结构理论的内容做出穷尽性概括。的确,此观点最显著的特点并不在于将非区别性的特征排除出去(这跟其他大部分立场一样,为当时布拉格学派语言学家们所共有),而是在于音位被视为嵌在由结构严整的对立组成的系统之内。音位系统并不仅仅是用来串联构成词语的语音建筑材料账目,而是一个整体,这个整体中的每个成分,都跟与之对立的其他成分形成至关重要的具体而独特的关系。

这样的音位系统研究,本质上依赖于对潜藏在音位间对立之下的特征进行阐释。至少对特鲁别茨科依来说,这类特征是语音学特征,并且进一步说,由于他摒弃了该系统的心理学特性,因此这类特征还必须是言语信号中可观测而得的特征。这一立场得到了强力贯彻,直至其结论:例如,如果音位是实际存在于言语信号中的某种东西,那么,倘若一组语音共享某个独特的语音特征亚类(subset of phonetic properties),而这些特征又不会共同出现于不属该音位的其他任何音,则这组语音就只能被视为同一音位的变体。作为从理论上来说可以在具体话语的物理声学实现形式中辨认出来的某种东西,这种从外部构筑的非心理性音位,与布拉格学派所倡导的以形式和社会为基础的语言、语言学概念直接相一致。

或许更像是这样:倘若音位是可真正通过言语信号分析而得的某种东西,那么这种音系学理论的物质方面必然可化简为可为语言学对比充当基础的语音维度之清单。的确,《原理》中

四 布拉格学派音系学:从莫斯科小组到特鲁别茨科依的《原理》

相当一部分都在研究这类特征,并举出了具体语言中这类特征发挥对比作用的例子,从而展示将这类特征纳入音系学普遍理论之中的合理性。不过,别受这一点的误导很重要,因为,为具有音系潜质的参数开列的穷尽性目录,其自身未必是追求的目标,更重要的是将其用来比较不同语言的音系系统,用来对从具体语言中获取的对立集合进行组织和分类,并且最终用来表述制约这类系统之结构的普遍法则及其在推动、引导历史变化中的角色。

因此,布拉格学派音系结构理论的最终目标,不仅仅是因详细列举从自然语言中实证观察而得的一切对立而具有描写性,虽然这一目标确实作为一种附属目标而包括在其中。相反,这一最终目标是解释性的,旨在阐明实证性观测数据所遵从的普遍法则。例如,通过把音高(声调)对立、腭化辅音与非腭化辅音之间的对立跟单一的"声调性"维度联系起来,雅柯布森和特鲁别茨科依(参见 Jakobson 1929)得出结论:没有哪种语言能够同时独立展现出这两种对立。当这一观测结果被提升到制约音系系统的"法则"高度时,我们就可以预测,一种语言若发展出了腭化对立,就必然会失去一切独立的声调(音高)对立。此处的这一具体论断其实并不成立,因为的确存在腭化对立和声调对立同时独立的语言(例如,斯各特[Scott,1956]所研究的汉语四川方言);但是,在音系解释性理论领域中,这并不改变其揭示布拉格音系学研究目的的作用。

3 音系系统的结构

虽然根据特鲁别茨科依的观点,音位系统基于实现系统成分之语音物理特征,但是对某一具体系统的分析并不会退化为简单的语音描写任务。总的来说,不可能从孤立的某一音段的语音特征出发(即使给出如《原理》中所建议的潜在区别性参数通用清单也依然如此),决定该音段应当如何进行音位特征描述。这是因为,起音系作用的不仅仅是语音特征,更重要的还有该特征在所研究的这种语言中跟其他哪些音段相对立。

例如,在英语中,我们可以找出语音学上十分平行的唇、齿、软腭位置上的塞音。但是,其音位内容却并非同样平行。例如,思考一下/t/,我们会看到,这个音段具有音系上的清音性(因为它跟/d/相对立)、非鼻音性(因为跟/n/相对立)、齿音性(因为跟/p/和/k/相对立)以及塞音性(因为跟/s/和/θ/相对立)。与之相对比,/k/具有清音性(因为跟/g/对立)、非鼻音性(因为跟/ŋ/相对立)、软腭性(因为跟/p/和/t/相对立);但是,因为英语中没有软腭连续性音/x/,所以/k/从音系角度来看并不是个塞音。当然,它也不是擦音:对这一特征,它只是没有赋任何值(虽然语音学角度与它类似的/p/和/t/都赋了塞音的值)。

的确,即使知道与某一音位相对立的各音段的范围,也并不会使其音系分析不言自明。这是因为,任何具体的对立都可能同时提供若干潜在维度,而对比则可以跟随其中任何一个维度构建起来。但是,一切非区别性的特征必须被消除掉,这一要求

四 布拉格学派音系学：从莫斯科小组到特鲁别茨科依的《原理》

意味着并非上述所有特征都能够同时出现在某一具体音位中（设想这些特征协同变化）。例如，思考一下元音系统，我们常常会（在某一语言的非低元音中）发现，一边是/u/和/o/的对比，另一边是/i/和/e/的对比。二者在圆唇性和后位性上都有差异，而我们则必须在每一种具体情形中确定，哪个特征才是跟音系相关的特征。

这类问题的答案，可在具体语言特有的因素跟制约音系系统的普遍法则之间的相互作用中找到。例如在俄语中，我们思考音位/i/时，会发现这个音位在语音层面上可能是前元音[i]，也可能是中后元音[ɨ]，这取决于其辅音环境。与之类似，从语音学角度来看，/u/在某些辅音的后面，不像在另一些辅音后面时那么靠后。因为前位性在/i/的各个实现形式中并非永远存在，在/u/的各个实现形式中并非永远不存在，所以可由此得出，这两个音位必须转而依靠圆唇性来构成相互对立。

特鲁别茨科依把这类情况跟日语中的情况作了比较。日语同样是一种有元音/i/、/e/、/u/、/o/、/a/的语言。日语中，元音/a/、/o/、/u/前存在腭化辅音和非腭化（齿）辅音之间的对比；但是在/i/和/e/前，只有腭化音段出现。根据这一规律性，特鲁别茨科依认为/i/、/e/跟/u/、/o/必须因后位性而非圆唇性而构成对立。这一结论因这一事实而得到进一步强化：/a/（此处与/u/和/o/归为一类）具有后位性，而不具有圆唇性。反方向的平行论断可基于北奥斯恰克语中下列事实：在这种语言中，元音/u/、/o/、/ɔ/只出现在首音节中，而元音/a/、/ɛ/、/e/、/i/则出现在非首音节中。由于/a/（从语音学角度看，既具后位性也具非圆唇性)和其他非圆唇元音归为一组而不是和其他后元音归为一组,特鲁别茨科依得出结论,该语言中的/i/-/u/对立基于圆唇性而非后位性。

在别的语言中,其他事实也消除了类似问题。例如,在许多有/i/、/e/和/u/、/o/的语言中,我们都能找到不止一个低元音。在塞尔维亚-克罗地亚语的某些黑山(Montenegrin)方言中,我们发现了非圆唇后元音/a/和非圆唇前元音/æ/,此时,我们可以把该对比认定为后位性对比(无论在非低元音中还是在低元音中皆如此)。另一方面,我们若能找到非圆唇后元音/a/和圆唇后元音/ɔ/,则必须按照对后元音对比的唯一可行描述,将/i/和/u/之间的对比类推成圆唇性对比。

这类论断含蓄地诉诸一种原则,这种原则对普遍理论中音系维度组的选择具有绝对的基础作用,即这样一个理念:由这类音系维度组定义的特征应促成对"自然类"(natural class)的定义,而自然类的关联性则通过该自然类中成员和非成员之间显示出的某种共同行为显现出来。特鲁别茨科依从未把这个原则作为明确的基础表达出来,以用于在分析中把某个可行特征从其他特征中挑选出来。但是,他在做决定时,以及在使用具体例子来支持上文中看过的那类选择时,会经常含蓄地诉诸这一原则。

我们已经注意到,《原理》相当一部分是在展示一套假定具有穷尽性的语音维度,按照这套语音维度可在任何自然语言中建立音系对比。这一展示旨在充当以发展实质性音系学理论为更高目标的描写框架:具体来说,就是发展出制约音位系统结构

四 布拉格学派音系学:从莫斯科小组到特鲁别茨科依的《原理》

的具有普遍效力的法则。

描写这样的系统,第一步是建立语言中形成对比关系的一套音位,特鲁别茨科依提出了一套明晰的步骤来完成这一任务。其中有的步骤,如检测具体某一段语音材料应算作一个单独音位还是两个音位组成的序列(比如选择破擦音还是选择塞音加擦音组成的序列),有些权宜之计的味道,最终无法让人满意,后来的文献已经论证了这一点。但是必须承认,这些文献所提出的问题属于本领域的陈词滥调性经典问题,也没有其他谁把这些问题解决得让人普遍满意。

无论如何,此处的原则都存在困难。在特鲁别茨科依对音系结构的论述中,这是个严格的外部概念,建立在社会现实性的基础上,通过一系列固定步骤实现。事实上并不存在这种"外部的"证据来证明这些具体的分析成立与否,也很难用前面描述的那种构建对立的方法,有理有据地提出某一具体步骤或者对语言内部证据的运用产生了不正确的结果——除非是建立在解决方案"必须是"什么之类的某种审美方式或前系统直觉(pre-systematic intuition)的基础上。外部证据存在并对具体解决方案加以印证的程度,是音系学的另一个标准问题。当然,这也绝不是特鲁别茨科依的思想中独有的问题。但是,这个问题却确实存在,或许是以恶化了的形式存在的,因为他把音系系统跟语言的其他一切可独立证实的方面分离开了。

确立了这套对比中的音位之后,分析者接着要问,音位中的对立,其本质是什么。正是这些对立的完整性,使语言的音系系统产生。因为任何两个音位(并且不是只有一组或两组特征不同的那种音位)都必须相互对立,所以这些对立中有许多都是同时建立在若干个音系相关对立的基础上。当然,如果一对对的音位全都以本质上具有普遍性的方式相区别,那么由此产生的系统就不会跟一张简单的清单有什么实质区别。不过有趣的是,有的对立只是基于一个特征或是基于少量几个相互关联的特征,而有时一个特征即可充当多对相互对立的音位内部的(唯一)区别。正是这种对立,给予音系系统有趣的内部结构;也正是对这类结构的分析,使雅柯布森在其第一届国际大会的提案中强调,要寻找让其他交替现象分解为其组成部分的"相关关系"。

为了阐释这类结构,特鲁别茨科依提出,对立可以按照数个同时性维度来分类。例如,对立可以分为孤立(isolated)对立和对应性(proportional)对立(也叫重现性对立),前者指完全相同的特征组合在该语言中不能用来区分其他任何音位对。成对来看,具体语言中的大多数音位都像先前说的那样,构成孤立对立。例如在英语中,/d/和/m/之间的对立就是孤立对立,因为二者相区别的特征组合(齿部浊塞音和唇部鼻音之间的对立)在该语言中不会重现为任何其他对立的基础。而格外受到注意的,却是对应性对立,如英语/p/和/b/之间的对立(这个浊音性差异重现为/t/和/d/、/s/和/z/等之间的最小差异)。

我们还可以区分出双边(bilateral)对立和多边(multilateral)对立。当同一语音特征依据同一维度可区分出两个以上音位时,产生的对立就是多边对立。特鲁别茨科依把发音部位处理成一个单一维度,因此,我们如果假定/p/、/t/、/k/

四 布拉格学派音系学:从莫斯科小组到特鲁别茨科依的《原理》

不因其他特征而不同,那么这三者之间就构成了多边对立。而当恰好两个音位在某一维度上构成最简区别时,就形成了双边对立,如英语中的浊音性(因为若设定其他特征均为常数,则除了"浊音"和"清音"之外不存在第三个值)。如我们将在下一章中所见,在对立是否真的可以多边这一问题上,雅柯布森不同于特鲁别茨科依。但是特鲁别茨科依的框架确实至少包括某些可充当多边对立基础的特征。

此外,还可以从"逻辑"特点的角度区分对立。两个音位若因一个中包含另一个所缺少的某一具体特征而形成差异,则特鲁别茨科依称之为有无(privative)对立。例如,有附加鼻腔共鸣的音位和无附加鼻腔共鸣的音位之间的对立就是有无对立。与之相比,两个音位若因包含不同特征(而不是包含一方有一方无的特征),则该对立为均等(equipollent)对立。例如,圆唇元音和非圆唇元音之间的差别是有无对立,而前元音和后元音之间的差别则是均等对立。这一分类法中的最后一种可能性是渐变(gradual)对立,这种对立中的两个音位都具有某一特征,但其程度不同。例如,中元音和后元音之间的对立大体上是建立在其相对开口度基础上的对立。

《原理》以及特鲁别茨科依和布拉格学派的其他著作中还有为对立进行的更深层的亚分类,不过,上述基本类别应该已经给出了所设想的分类类型的味道。注意到这一点很有意义:无论花费多大力气来进行这种定义和分类,所产生的类型研究在理论中都几乎没有作用。设想中的音系结构法则基本不会按类型来参照对立,但是却会拿具体对立的具体物质内容作为基础。

例如,在这类法则中有这样一种设想:倘若某语言区分一套"明"(bright)元音(即前元音、非圆唇元音或非圆唇前元音)和一套"暗"(dark)元音(即后元音、圆唇元音或圆唇后元音),则要么两个集合中元素数量相同,要么恰好存在一个两套之间的中立元音,且这个元音是系统当中开口度最大的元音。倘若该语言进一步区分介于"明"元音和"暗"元音之间的第三类元音(如非圆唇央元音或圆唇前元音),则这一集合中的元素不会多于"明"元音集合中的元素。这一原则其实并未利用对立的逻辑分类,而是仅利用了其实质内容。

这一点只有一个局部例外:布拉格音系学家们的早期著作中阐释了一类相关关系(correlation),在特鲁别茨科依的著作中被概括为对应性、双边、有无对立集合。在描写我们当今解释为形态音位的那些现象时,相关关系具有独特的作用,尤其是那些与中和概念相关的现象。我们将在后面某节中回到这些问题上。

4 超音段特征

特鲁别茨科依对自然语言中的音系对立研究以及他所提出用于普遍理论的参数集合,为此后研究如何限定这类普遍特征集合奠定了基础。多数时候,他所探讨的维度都是十分传统的维度,虽然某些定义中加入的声学术语在当时造成了陌生的结果。我们此处若要详细探讨他的提法,会离题太远。但是,从某一原因来看,我们又必须至少勾勒一下他的想法,因为这些想法

四 布拉格学派音系学：从莫斯科小组到特鲁别茨科依的《原理》

构成了某一领域中的革新，这个领域最近在生成音系学内部得到了重新发现。

《原理》中提出的那些音系特征，与传统的语音学音段特征相联系，这一单位在特鲁别茨科依音系结构观中的基础地位无须质疑。但是，他还把相当一部分注意力投向跟音段结构至多只有点松散联系的特征上。在布拉格学派理论中，这的确是个背离先前所论述的音系学之处。他们是现代意义上最早给予"韵律"特征领域正经关注的语言学家。这当然是布拉格学派的发起者们（尤其是雅柯布森）注意力的十分自然的产物，诗学结构问题曾是他们对语言的兴趣的最初灵感。

特鲁别茨科依的韵律特征理论基于这一深刻见解：有的特征不属于特定音段，而是天然属于整个音节。他勾勒出一种音节结构观，该观点围绕由一个或数个元音构成（在有的语言里也包括某些辅音成分）的必备音节核（nucleus）而构建。他继而提出，诸如区别性声调等特征，通常实现为构成音节核的（多个）音段发音的一部分，因此，将其处理为这类音段自身的特征是错误的。相反，他表示，这类特征是音节的特征，其特色就在于其在音节结构的特定部分得以实现。

除了承认音节是声调及重音特征的分配场所，特鲁别茨科依还进一步承认，音节内部某一音段所发挥的角色，自身即可构成一种区别性音系维度。此处所研究的，就是同一音段的"音节性"（syllabic）形式和"非音节性"（nonsyllabic）形式之间的差异。前者可构成音节核的组成部分，而后者则不可，但是除了其融入音节结构的特征之外，没有其他独立特征可对其加以区别（这一点先前也有别人提出过,包括索绪尔;参见第二章)。例如,/i/、/u/等高元音跟其对应的半元音/j/、/w/之间就是这种情况,此外还包括在有些语言中(如捷克语和塞尔维亚—克罗地亚语)发现的成节响辅音(syllabic resonant,与非成节性响辅音相对立)/r̩/、/l̩/等①。有时,甚至连阻塞音都可能具有音节性,如特鲁别茨科依所提的汉语北方话②。

在很多情形中,某一音段的音节性形式和非音节性形式具有完全可预测性,因此具有非音系性,例如,可完全由辅音环境决定。但是在另一些语言中,这一语音差异可具有独立对比性。如前面对音位对比的确认的探讨所示,他给出了一系列有步骤的原则,来决定明显具有音节性的辅音什么时候应当分析成具有"音节性相关关系",什么时候又应当看作由弱化元音和非成节辅音构成的序列。这类规则的具体内容本身没什么意思,但是却也和其他类似的以步骤为导向的概念一样,免不了有权宜之计式的本质;或许是解答了多少旧问题,又导致了多少新问题。重要的是承认在这些可能与音系相关联的特征中,有的特征无法以任何自然方式分配到音段本身当中,但却反映出同一

---

① 例如,捷克语 vlk(狼)、krk(脖子)等;克罗地亚语 vrt(花园)等,都是由/r̩/、/l̩/等成节辅音充当音节核。——译者注

② 指汉语北方话中的 zhi、chi、shi、ri、zi、ci、si 七个音节,这七个音节可视为辅音音节化的产物,用国际音标记作/tʂ/、/tʂʰ/、/ʂ/、/ʐ/、/tɕ/、/tɕʰ/、/ɕ/。但是,我国汉语语言学界及西方汉学界通常把这七个音节看作辅音与"舌尖元音"(apical vowel)相拼的音节,zh、ch、sh、r 后面的"舌尖元音"记作[ʅ],z、c、s 后面的"舌尖元音"记作[ɿ]。虽然这两个"舌尖元音"及其国际音标符号始终没有收入到国际音标表(IPA)中,但是在相关领域的文献中使用非常广泛。——译者注

四 布拉格学派音系学:从莫斯科小组到特鲁别茨科依的《原理》

音段内容可融入更大结构(音节)的独特方式。

这个概念在特鲁别茨科依对语言学中音长(quantity)的本质所做的阐述中具有十分重要的地位,他曾对这一问题投入了大量关注。首先他注意到,虽然很多语言的长短元音中都存在对比,但这种对比在不同的系统中可能会有十分不同的地位。他继而认为,虽然这类长度经常被视为(音段)特征,但是却存在一些情形,其中的长元音更应当被看成是由两个(甚至更多,至少理论上来说如此)称为莫拉(mora)的次级单位构成。

他引用了一些长元音需要做这种分解的情形。最明显的是,这种情形中,该语言的长元音可能源于两个形态单位的并置(juxtaposition),前一个形态单位以元音结尾,后一个则以元音开头;或者,也可能是由于元音间的辅音消失,造成了由相同元音组成的序列,等等。除了这些情形之外,有些由此产生的长元音,其复合性本质有目共睹,但是却仍可以用同样理由来对其进行分解。例如,如果某语言中包含可分析为单元音序列的双元音,且该语言中的长元音显示出跟那些双元音十分类似的行为(如往往会把重音吸引过去),那么就有理由将这样的长元音处理为由两个相同元素构成的"双元音"。

或许又可以认为,某些韵律对立局限于含有长元音或双元音的音节,这种情况下,也可将长元音处理成由两个(或更多)莫拉组成。例如在立陶宛语中,长音音节可带有上升重音(rising accent)或下降重音(falling accent)①(或者也可能不带重音),而

---

① 有人认为这是一种简单的声调(tone)。——译者注

短音音节则只有带重音和不带重音的对比。把上升重音和下降重音之间的差别处理成长音音节中的莫拉带有重音,可使对这一复杂重音系统的论述变得简单而自然。

但是,并不是所有长短元音构成对比的语言都能支持特鲁别茨科依所说的把长元音分析成莫拉;在别的情形中,我们必须把该对比视为针对某单一音段的简单的"声强"(intensity)对比。同一语音材料因而可在不同语言中得到不同分析,这取决于其是仅仅表示一个带有某一具体特征的音段(声强加大的音段)还是代表由两个既独特又在音段上相同的莫拉组成的单一音节核的融合。

对语音音长区别的第三种解释也提了出来,从音节结构的观点来看,这一解释甚至更有意思。他提出,在有的语言中,长短元音之间的差别并不依靠元音本身的特征,而是取决于该元音在音节中是"自由"(free)元音,还是因其后的辅音而成为"急煞"(checked)元音。似乎,这种"近距离接触式相关关系"(correlation of close contact,或称音节切割式相关关系[Silbenschnittkorrelation])中所涉及的东西只是个元音在开音节和闭音节中的差别问题,但是从他给出的例子来看,这又不是特鲁别茨科依之所想。

这类问题的核心是霍皮语(Hopi)中的情形,似乎显示出了元音长度的三个等级,而非两个等级(以沃尔夫[Whorf]的观测为基础)。举个由三个形式组成的最小对立组来展示一下这个对比:带有极短元音的[păs]"非常";带有中等长度元音的[pas]"田野";带有很长的元音的[pās]"安静"。这三个形式都是以一

四 布拉格学派音系学:从莫斯科小组到特鲁别茨科依的《原理》

个辅音为结尾的单音节词,因此从任何自然标准来衡量都是闭音节。显然,简单的开闭音节之间的差异并不是此处的问题所在。

特鲁别茨科依认为,有两种不同的对立在霍皮语中起作用。其一是建立在双莫拉和单莫拉的差异基础上的长短元音对比:最长的元音(即[pās]"安静"中的元音)与其他二者不同,因为它表示双莫拉长元音(bimoric long vowel),而其他二者则只含有一个莫拉。但是在这种情况下,我们又如何区分[pās]"非常"和[pas]"田野"呢?他认为,这取决于后续辅音是否干预元音的发音(也就是使元音成为急煞元音)——即辅音本身是否融入音节核的问题。为了描写音节的内部构成,我们可以用近来生成音系学的符号来对这一差异进行结构表达(虽然特鲁别茨科依本人并没有提出要对这一对比进行图形表达):

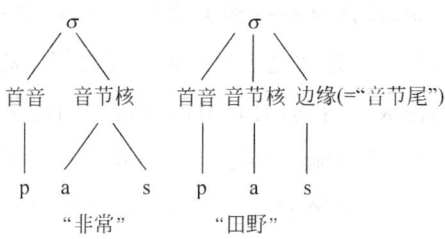

也可对该分析的其他表达方式进行设想(关于特鲁别茨科依和雅柯布森对语音音长问题的这一论断及其他论断用当今节律音系学的框架应如何解释所做的深入探讨,见 Anderson 1984),但是,核心方面在于把元音之后的辅音解释为全然不同地划入音节核内还是音节核外。在霍皮语中,这一点被认为直接解释了极短元音在开音节中不存在的原因,因为开音节中不

存在使元音变成急煞元音的辅音。而真正的长元音(双莫拉长元音)中缺少自由和急煞的对比,则表明一条十分自然的制约:能够出现在同一音节核中的,仅限两个单位:要么是两个元音莫拉(产生最大音长),要么是一个元音和一个辅音(产生最短音长)。

特鲁别茨科依认为,音节切割式相关关系是许多语言中音长对比的基础,其中包括英语和德语。不过从我们的目的来看,这一提法的最有意义之处不在于具体语言,而在于其中涉及的理论创新。同一音位单位序列此处被允许构成一个对比形式对中的相互区别着的两个元素,这一物质亦是按此方式构成高一层面的单位。

假如此后的研究继续追踪此提法所基于的得到了实质充实的音系结构概念,或许早就得到了重要成果;可是总的来说,下一代音系学家直到最近才把表达式概念视为仅由离散式同质音段的线性序列构成。当然,对音节的探讨在当时也不是完全没有,英国的韵律分析学派尤其探讨了音节及其内部结构固有的音系特征概念(见下文第七章)。但是,如果说直到近年来节律音系学出现之前,并没有音段结构和音节结构的彻底融合可用来充当音系结构的基础,似乎并无不公平之处。

在更正统的韵律特征视野内部,特鲁别茨科依提出了一种十分局限的声调差异理论。他首先澄清,特定音段的音高,其音系意义在于其相对值而非绝对值。这一观点如今对音系学家来说十分熟悉,似乎已是不言自明,但却对理解普遍意义上的音系差别之本质有重要意义;对于具体语言分析中音系学视角高于

四 布拉格学派音系学:从莫斯科小组到特鲁别茨科依的《原理》

纯语音学视角这一点,也提供了有力证明。

特鲁别茨科依写作的年代,即使是非常睿智的声调现象记录者(如 C. M. 都克[C. M. Doke]研究祖鲁语的著作)往往也会陷入基本无关紧要的细节之中,因为他们聚焦于可测量出的语音学事实,而不是音系学上更具意义的某一特定环境中以对比方式存在的声调可能性问题。特鲁别茨科依则通过聚焦于在特定位置上起作用的相对声调之区分,使声调分析变得清晰得多。在这一过程中,他展示了音系特征(如"高声调")和其语音学实现形式(在范围广泛的实际音高值中可随处出现)之间的根本区别。

特鲁别茨科依在其论述中区别了"平调"(tone register)对比(简单相对声调中的差别)和"移动调"(tone movement)对比(类似上升声调和下降声调之间的差别)。后者只在有长元音存在的语言中出现,可分析成莫拉之序列。由此,他最终将可获声调特征之清单化简为相对平调的组合,因为他可以把下降声调分析为一个序列,该序列中,长元音的第一个莫拉上的相对高的声调后面跟着第二个莫拉上相对低的声调;而上升声调则可以按照相反的序列来分析。通过(逻辑上)只承认平声调,他在简化可行声调系统域方面取得了巨大成功。

进一步的简化可从他的这一论断中得出:在任何一种具体语言中,都只需要承认三种声调:"正常的"平调,以及相对值高于它以及低于它的声调。对于似乎存在的更多声调,他认为那是假象。更多的调值,要么是非区别性语音修饰的产物,如尾音节中的低声调低于其他位置出现的低声调;要么是附件差异,如因嗓音音质(voice quality)①作用而造成的差别。与之类似,有些非稳定声调被认为要么是大体上平的声调的非区别性变体,要么是某个与音高有相互作用的其他维度的产物。

音系上的非平声调只能出现于双莫拉元音中,以及三个声调层足以描写所有语言,他的体系中的这两大事实性论断近年来都被指出是错误的(概述及参考文献见 Anderson 1978)。尤其已有人指出,有些语言中,有对比意义的曲折声调能够出现在音系上的短元音中。不过,把声调表达式概念发展为具有"自主音段"性(autosegmental)——即部分独立于音段结构之外——使我们能够坚持特鲁别茨科依论断中的实质,可提出,曲折声调永远可以分解为平调之序列,永远不必视为声调特征系统中的基本形式。

特鲁别茨科依的声调描写体系在精神上跟当今普遍接受的体系十分接近。如果按字面意思来理解他在探讨韵律特征之初的论断——声调之类的特征并非按一对一的方式与音段相联系,而是与类似音节的更大单位相联系——就格外显得正确。如果这一观点能够前后一致地研究出来,则设想中的曲折声调对音节核复杂性的依赖就不必看作是结构中其他方面的必要结果了(假如这一点正确,一定是条有趣的实证论断),而应看作是一种动机不明的规定。

从多个方面来看,特鲁别茨科依的立场都与关于声调的早期音系学描述有明显不同,如萨丕尔的研究,尤其还有 20 世纪

---

① 指个人的嗓音特征,因人而异。——译者注

四 布拉格学派音系学:从莫斯科小组到特鲁别茨科依的《原理》

40年代、50年代派克(Pike)在美国的研究。这些研究与他的研究不同,都承认了某些语言中具有对比意义的(不同于平声调的)曲折声调,还有大量的平声调。而后一点论断可由拥有四五种不可化简的平声调的语言的存在而证实(参考文献见Anderson 1978);而从关于曲折声调的那些更具结构意义的论断来看,特鲁别茨科依的立场似乎实在难以成立。

特鲁别茨科依在其韵律特征研究内部,提出了若干条具有潜在普遍性的管辖音系系统结构的法则,这些法则与布拉格学派将原则系统化,使之成为音系理论的最终目的的计划方向一致。这些法则有的可视为使其得以系统化的框架的逻辑产物:例如,运动声调只出现在长元音可分析为莫拉的语言中这一论断主要来自这一事实:此类对比的存在,提供了充分证据来要求将长元音分解为莫拉。但其他法则似乎真正是实证性论断,如:语言无法同时展现出自由分布的重音和自由分布的音长("自由"元音和"急煞"元音之间的对比除外,该对比不算作关联意义上的"音长")。

所提的这种自由重音和自由音长之间的不相容性(这追溯至雅柯布森在第一次国际语言学家大会上的提案)引发了很多的探讨,有的不同意这一提法,有的则表示这一提法由其他原则而产生。可以认为,当"自由重音"概念和"自由音长"概念在节律音系学框架中得以正确表达时,雅柯布森和特鲁别茨科依所做的这一归纳可以作为一条定理,它源自这两个概念的独立特征(见Anderson 1984)。至少,我们必须把这一归纳视为一个富有成果的猜想。

5 中和、超音位和标记性

我们现在回到《原理》中所展现的音系理论之形式(而非内容)实质上,尤其是回到音系理论对音位对立进行分类时所依的维度上。除了我们前面已经探讨过的这类参数之外,还有一种对特鲁别茨科依的观点极为重要:永久性(constant)对立和可中和(suspensible)对立之间的区别。如果某个音位对的两个元素之间的对立是永久性的,就意味着二者中的任何一方都可在任何环境中出现(与另一方构成对比);而另一方面,可中和对立就是所涉及的两个音位至少在某种环境中不再构成对比的那些对立。在这种情况中,二者间的对立就说成是中和(neutralized)了。例如在俄语和德语中,浊音/清音对中只有清音元素才可出现在词尾位置上,清音在该位置上不与相对应的浊音音段构成对立。于是我们说,清浊对立(从上文探讨过的分类来看,是一种相关关系)在上述语言的该位置发生了中和。

在对立发生中和的地方,我们可以继而提问,中和位置上出现的音位实体是什么?拿俄语或德语的词尾清阻塞音作为现实的例子,我们会注意到,这两种语言中清浊不发生中和的位置上,可辨别出音位/p/和/b/的对立、/t/和/d/的对立等;但是,词尾出现的语音性的[p]、[t]等又应如何解释?如果我们设定此处不涉及别的中和,则二者显然具备其他位置上出现的/p/、/t/等所具备的一切音系特征——除了一点之外:由于其不与浊音音段构成对立,因而无法包含清浊特征的任何值(从音位定义来

四 布拉格学派音系学：从莫斯科小组到特鲁别茨科依的《原理》

看如此，因为没有此类值可在此处构成区别性）。所以，这类成分必须恰好包含/p/和/b/共同的特征、/t/和/d/共同特征，等等，而缺少在其他位置上使成对元素相区分的特征。

这类成分与某位置上发生对立中和的音位对所共有的特征亚集合相同，被特鲁别茨科依称为超音位(archiphoneme)。超音位的存在是对立可在某些位置上可发生中和的可能性的直接结果，也是音位包含且只包含使之与系统内其他成分相区别的特征的定义的直接结果。对特鲁别茨科依来说，系统中的超音位构成了音位清单以外的系统附加成分：因此，德语或俄语的系统中除了单独的音位/p/和/b/之外，还包括超音位/P/(代表/p/和/b/共有的特征)。但是，因为超音位实质上跟独立构建的对立相关联（实际上也由这种对立所隐含），所以超音位通常并不在音系系统中展现为单独的单位。

由于超音位隐含于在其他维度上不具区别性的音段之间特定对立的中和之中，由于超音位本身也是音位实体，所以只有特定几组音位才可以有相对应的超音位。尤其是，所涉及的音段必须共有某个共同特征集合，该共同特征集合可将其跟系统中的一切其他元素区分开。所以，举例来说，超音位/P/代表德语词尾位置上/p/和/b/的中和是可能的，因为其内容（即/p/和/b/的共同特征）就是"口腔唇部塞音"，该特征将其与该语言中的其他一切音位分开。然而，即使/h/和软腭鼻音/ŋ/在任何位置上都不构成对立，也不可能有哪个超音位可代表它俩，因为二者拥有的唯一共同特征就是"辅音"，当然存在与该元素相区别的许多其他辅音。

特鲁别茨科依在其定义中认为,只有双边对立才能够被中和,才能够用超音位来表示。不过,他的这一论断建立在逻辑上不正确的依据上。他认为,如果德语中/b/可以出现在/l/前,/d/不能出现在/l/前,仍然不能说/b/和/d/之间的对立发生了中和,仍然不能在此位置上使用超音位。因为这样的超音位只能确定为"口腔浊塞音",系统中还存在另外一个口腔浊塞音(/g/),该超音位无法对其加以区别。由此可见,多边对立中涉及的正确音段子集无法用超音位表达而不损坏该单位和同一对立中其他单位的区别。

虽然这一论述的确显示出,并非所有表面上形成中和的多边对立例子都可以用超音位进行条理清晰的表达,但是只显示多边对立都不能形成这类中和当然是不够的:显然有必要确保某一情形中整个对立都得到了有效中和,而不仅仅只是其中的一个适当部分。思考一下某语言中的普遍情形:在元音之前的位置上,存在多个鼻辅音之间的对立(沿发音部位这一多边维度);但是阻塞音之前的鼻音,必须永远跟后面的辅音保持部位相同(homorganic)。在这样的语言中,我们当然希望说,超音位/N/(可简单解释为"鼻辅音")表达了此中和位置上的多边对立。从超音位的其他所有定义标准来看,这个成分都完全符合。

设想一下,一切音系对立皆可在具体环境下发生中和并由超音位来表达,那么,只要所产生的超音位保持与该位置上出现的其他所有对比性音位成分相区别,接下来的问题就成了这类成分的语音实现形式的问题。特鲁别茨科依注意到,超音位可以表达为与所涉及音位中的某一个的实现形式相同的音段(例

四 布拉格学派音系学:从莫斯科小组到特鲁别茨科依的《原理》

如,表达德语或俄语阻塞音超音位的词尾清塞音);或者,其语音实现形式也可能跟此位置上出现的任何音段都不同。例如,英语中/s/后面出现的不送气清塞音来充当中和了的塞音/P/、/T/、/K/的实现形式,就属于这种情况。当然,这里的决定因素之一是,超音位的实现形式必须包含对其起定义作用的特征,也就是说,必须包含它所代表的发生了中和的音位中的共同特征。

某一音段的音系身份或许只有跟特定环境相关时才能得以确定,这一理念并非布拉格学派音系学所独有。我们将在后面第七章中看到,该理念构成了弗思(Firth)"多系统论"分析的中心原则,也是弗思学派完全摒弃音位分析背后的中心原因。在美国音位理论(我们将在第十一章中探讨)的语境中,如特鲁别茨科依在《原理》中所提,特瓦德尔(Twaddell,1935)通过完全不同的路线得出了高度相似的理念。通过仅考虑单个音段的分布问题,特瓦德尔观察出,在某些位置上出现的区别性程度,跟在另一些位置上完全不同,因此,同一音段在不同环境条件下的区别性值可能会很不一样。特瓦德尔的术语体系跟特鲁别茨科依(或弗思)很不同,但谈论的问题其实是同一个。

这些观点之中有些差别很有意思。弗思和特瓦德尔都是通过仅考虑分布而得出的结论,而不考虑具体对立的逻辑特点;在弗思那里,其结果为极不相同的非音位式音系学研究方法,很难跟特鲁别茨科依的观点做类比。而另一方面,对特瓦德尔来说,可发生对立中和的音位组,其范围不存在限制;而我们前面看到过,在特鲁别茨科依的论述中,只有把使其跟其他一切音位相区别的共同核心保留下来的音段,其对立才能够被中和。在为特瓦德尔的观点所做的概述中,特鲁别茨科依似乎并不承认这个差别,他摒弃特瓦德尔的观点,只不过是因为与他自己的概念相比,通过这种方法得出想要的结论比较复杂。但是,在一些具体的例子中,不同分析会产生出来:例如,特瓦德尔的原则甚至承认单一音位对中相当于中和的那种现象,而对特鲁别茨科依来说,这种单一音位对只是多边对立中的组成部分。但是,由于特鲁别茨科依的理论和特瓦德尔的理论都未包含任何独立标准来估价此类情形的其他论断,所以很难把这类问题深入下去。

在决定超音位的语音实现形式的各种可能性中,我们可区分"外部"原因和"内部"原因。这其实就是由音段所在环境的语音学特点通过某种方式促成的实现形式(如,被邻近音段的值同化),跟与音段本身定义之外的任何因素都没有关系的实现形式之间的差别。

当没有环境特征决定中和位置上出现的变体时,我们可以对中和对立的有标记(marked)项和无标记(unmarked)项做出重要区别。这个概念主要是个逻辑性概念:可认为,对于任何双边对立来说,一个项因具有另一个项所不具有的某一特殊"标记"(mark)而区别于另一个项。因此,很多对立可概括为"逻辑性有无",即使并不基于语音性有无关系特征也依然如此。

对立项的标记性概念不应当跟《原理》中引入的另一概念混淆,即语音上的有无对立的"自然性标记"项概念。后者是指音位对中拥有为对立定义的语音特征的那个音位(如,有声/无声对中有声的那一方①)。从对立语音基础来确定哪个成员是"自然性有标记"音位,基本可行(如果有)。与之相比,对立中的

---

① "有声"即传统上所说的"浊","无声"即传统上所说的"清"。——译者注

四 布拉格学派音系学：从莫斯科小组到特鲁别茨科依的《原理》

"（逻辑性）有标记"项拥有"有标记"地位，是由于该语言音系系统内部的原因，而不受语音学标准的决定。

（逻辑）标记性概念并不局限于语音有无对立。任何对立发生中和之时，倘若出现的变体不受外部条件制约（也就是说，如果其语音特征不由中和环境中的某一元素的特征来决定），则在特鲁别茨科依看来均为该对中必须出现的逻辑性无标记项。例如，在德语或俄语中，词尾阻塞音的清化以词界元素（boundary element）为制约条件，而不是带有某语音特征的音段来决定，因而清音在此位置的出现无法被视为受外部推动。所以，清音必然构成了该对立中的逻辑性无标记项。因而，标记性概念在布拉格学派音系学中第一次出现，即和中和之本质直接绑定。这一概念将在雅柯布森的著作中以及在乔姆斯基和哈勒（Halle）的著作中（以不太一样的方式）得到深入探究，但是我们此处不再深入研究特鲁别茨科依对其的运用。

当然，外部原因可决定超音位及完全独立的音位所具有的可预见性非音系特征，其可行性或许带来了有趣的结果。这尤其使特鲁别茨科依能够在理论上回避了哈勒所做的（见下文第十二章）反对接受特别建立在对比性特征和非对比性特征的差异基础上的音位层这一论断。

这个如今大家已很熟悉的论断，以俄语中的清浊同化事实为基础。该系统中的清浊对比呈不对称分布。即，有的音段（如/t/和/d/）可进入清/浊对，而有的（如/ʒ/）没有清浊性相反的对应音段可构成对比。因此，哈勒称，如果这类精确建立在对比基础上的音位表达式被一切话语所需，那么俄语的清浊同化之普遍规则就无法构建起来。这是因为,以清浊性同化后面的阻塞音,就要对进入清浊对立的音段构成必要的形态音位效应;而对于未展现此类对比的音段,则构成低于音位的语音学式效应。因此,俄语语法中没有哪条描述能够做出一劳永逸的归纳,却有两条断开的、只是偶尔相联系的次级说明,存在于语法的不同部分中。

111　　现在,思考一下哈勒处理上述事实的方式在特鲁别茨科依的框架中应如何描写。我们假设,每个语素在该语言的词典中都有表达式,其音位(在以最大区别位置所展示出的差异为基础而构建起来的系统的内部)做最大化赋值。当以阻塞音为结尾的语素直接接续由此类音段开头的另一个语素时,前一个阻塞音的清浊声音被第二个同化(但是,如果以阻塞音结尾的语素后面接的是响音[sonorant],则不发生此调整)。用图式法,我们可以用下列表达式集合来对这几种可能性进行辨别:

词汇形式:{t+l} {t+b} {d+l} {d+b} {č+l} {č+b}
音位形式:/t+l/ /T+b/ /d+l/ /T+b/ /č+l/ /č+b/
语音形式:[t+l] [d+b] [d+l] [d+b] [č+l] [ǰ+b]

注意,这一分析中包含一个超音位/T/,表示位于后续阻塞音之前时/t/和/d/之间对比的中和。这个超音位不含清浊性特征值,因为该特征在这一中和位置上不具对比性。而类似/č/这样的音位,则不含任何这样的特征,因为它在清浊性上不与其他任何音段构成对比。

现在,思考一下此情形描写中所涉及的原则。第一,我们当然需要关于中和的描述:阻塞音中的清浊性相关关系在前阻塞

四 布拉格学派音系学:从莫斯科小组到特鲁别茨科依的《原理》

音位置上中止。注意,这一描述十分具有一般性,不需要区分两类阻塞音。这一描述只是说:该特征在某些位置上不是对比性特征,并造成某些音位(赋值为清浊性)在相关位置通过真正的特鲁别茨科依意义上的表达式由超音位取代。

第二,我们需要一条对这一效应的描述:阻塞音中的清浊性语音值,受到紧随其后的阻塞音的清浊性语音值的外部条件约束。当超音位(如/T/)及音位(如/č/)后接浊阻塞音时,该原则向其赋予非对比性的清浊性特征。这一描述再度具有高度一般性,不再分为两部分(一个负责显示出基本清浊差别的音段,另一个负责类似/č/的其他音段)。

由此而生的描写确实包含两条不同描述,但是有一点却不明确:该描写中包含对归纳的有害分解。哈勒认为这类归纳源自以对比为基础的音位层面。此处的两条描述逻辑角色十分不同(一条描写的是对某一对比的出现所做的限制,另一条描写的是发音的某种非区别性细节)。每一条都很具一般性,因此没有什么归纳没描述出来:二者最次就是被误认为是指同一环境,但这(如果还算是批评的话)显然不像哈勒针对与美国结构主义相关的十分不同的音位理论而进行的批评那么具有说服力,这一点我们将在第十二章中进行探讨。

而且,我们能够看到,无论是关于中和的描述之存在,还是某些音位实体语音实现形式的外部决定规律之存在,皆完全不取决于俄语阻塞音清浊分布的对称性。即使俄语中没有类似/č/那样的不成对音段,也仍然要求那两条描述。清浊性同化之事实由两条逻辑上并不相同的描述来赋值,并不是因为音位层面为对比性音段和非对比性音段进行了不同处理。因此,特鲁别茨科依的观点,至少相对来说可视为不涉及跟基于表层对比式音位观相联系的问题。

虽然特鲁别茨科依能够因而回避哈勒的论断(该观点约翰斯[Johns] 1969 也提到过),但是其实基本没有理由相信他当时会承认类似提法的效力。事实上,该论断依赖于这一观念:关于差异的统一规则应按单一的一般性方式来描述;不过特鲁别茨科依的音系学并未向有关这类规则的描述本身赋予任何真正角色。如前所述,他的音系学观限于话语的(音系)表达式理论。规则只是偶尔进入这样的理论,作为对此类表达式中出现的单独成分的定义的一部分。超音位这一手段,只是某些由规则控制的差异事实能够系统筑入此类音系不变量定义的一种方式而已。如前所述,对于涉及中和现象的超音位描写的可行情况之范围,存在某种有原则的限制;而特鲁别茨科依的理论可解释为代表这样一种提法:音段类型中的这种差异,其语言学意义仅限于此类情形本身而已。

6 形态音系学

不过事实上,特鲁别茨科依对不同音位实体间具有潜在重要性的更大范围的差异,也做了些未雨绸缪的工作。在两篇短文中(Trubetzkoy, 1929、1931)他描写了形态音系学(morphophonology,简称 morphonology)的轮廓,这个学科大体处理"对语言中音系手段的形态学运用的研究"。该领域据认

四 布拉格学派音系学:从莫斯科小组到特鲁别茨科依的《原理》

为具有三项主要任务:(a)研究语素的音系结构;(b)研究因一个语素与其他语素组合时所经历的组合性语音变化;(c)研究具有形态学功能的语音交替现象。在《原理》中其实并无对这些话题的提及(这些话题和其他一些话题计划在第二卷中涉及,但第二卷其实从未动笔),但是这些话题在特鲁别茨科依的很多描写性著作中发挥了作用,尤其是他对俄语形态音位学(morphophonemics)的描写(Trubetzkoy,1934)。

本领域的第一部分,对语素的音系结构的描写,与音系学的唯一区别在于其所涉及的真正的形态条件。若某一形态类(如词根、词干、词缀;或名词、动词等)受到特定的结构限制(如单音节性、闪米特词根的三辅音性、动词词根开头或结尾的特殊辅音限制等),若这些限制发生并非类似地作用于该语言的所有表层形式,则这些问题即成为形态音系学的组成部分。例如,某语言可能只允许单音节词根,而对词的完整形式长度并无限制:这种情况下,词根的单音节性是形态音系学问题。而另一方面,对可能的辅音丛、音节结构、词尾辅音等所做的限制,适用于语言整体,只是音系学本身的问题。形态音系学这一设想的分支学科,显然是音系系统之生成性描写(至少是早期的生成性描写)的核心组成部分——形态结构条件系统(system of morpheme-structure conditions)的直接祖先。

形态音系学的其余两个分支,皆与对不同音位之间的交替的处理有关。二者的不同在于,后者研究直接表明形态范畴间差异的交替(即克鲁舍夫斯基和博杜安所说的相关关系型交替,参见第三章),而前者(上文中标注为 b 的那部分)则研究不具直接符号功能,而是以某种方式由环境限定的交替。

  这没有包括那些完全由中和手段描述的"交替"以及相对应的超音位得到音位性实现的赋值方式。因此,俄语/riba/(鱼)和/riPka/(小鱼)的对比中,我们说/b/和/p/之间的对立在阻塞音之间被中和,产生了超音位/P/;而在清音/k/之前,这个/P/又相应地由受外部条件约束的值/p/来代表。如前所见,这类描述构筑了音系学本身的一部分。恰恰是因为在另一个阻塞音之前,/b/和/p/不构成对比,所以,这并不是独立音位之间的交替,因而不具形态音位性质。当然,与之类似,某一音位的各语音变体之间的"交替"也属于音系学。只有那些相互构成对比的各音位成分之间的交替(例如法语 fleur [花]和 floral [与花有关的]之间的元音交替①,受到重音和后续词缀性质的条件限制),才归入形态音系学,音系学和形态学之间的中间学科。

  形态音系学描写所采用的方法要通过一种新的结构实体——形态音位(morpheme)(该术语源自博杜安的学生 H. 乌瓦申[H. Ułaszyn]②的著作)。"每个交替都在语言学意识中

---

① 两词的读音:fleur /flœːR/, floral /flɔˈRal/。——译者注

② 亨利克·乌瓦申(Henryk Ułaszyn,1874—1956),波兰语言学家,生于乌克兰,曾在波兰克拉科夫大学师从博杜安·德·库尔德内并深受其影响,所著《扬·博杜安·德·库尔德内:为人为学的基本特点,1845—1929》(*Jan Baudouin de Courtenay: charakterystyka ogólna uczonego i człowieka*, 1845—1929)(1934)一书是研究博杜安的重要资料。他的论文"对(语言学领域)一些术语的评述"(Kilka uwag terminologicznych [z dziedziny językoznawczej],1927)和"语音、音位与形态音位"(Laut, Phonema, Morphonema,1931)中最早使用并论述了"形态音位"(morfonem / Morphonema)这一术语。——译者注

对应着一个形态音位,即被视为参与该交替的各音位的形态单位所构成的整体"(Trubetzkoy 1934:30)。这个单位显然不是那种潜藏在所研究的语音下的单一基本形式,而是一种"复杂概念",由关联形式中相应位置上发生交替的数个单独音位构成。特鲁别茨科依十分重视这个事实:每个交替着的音段,在特定形态音位中都同样共存。他甚至更进一步提出,由此产生的结果就是,从说话者这一方来看,他们对于涉及一个或数个交替现象的语素形式的语言学意识程度,比对不发生交替的语素模糊,不如对不发生交替的语素明确。

审视特鲁别茨科依的形态音位概念的重点在于,形态音位是在尝试完全从形式表达式中的新单位类别的角度,对形态音位差异进行描写,而不是要直接从制约不变量表达式实现方式的规则角度来做这种描写。每个交替都等同于由一系列交替加上每个交替发生的条件所组成的列表:就是这份列表,被视为格式塔,等同于相对应的单一形态音位。这类单位不应当和某些理论中的基本概念相混淆,在这样的理论中,形态音位表达式以基本音段类型的形式给出,而这些类型又经历了修正,从而得出表层音位形式。同理,特鲁别茨科依的形态音位也不仅仅是带有特殊标记的普通音位。

因此,在俄语中我们找到了/k/和/č/这组交替,如/ruka/(手)和/ručnoj/(手动的)的对立。我们或许可把这一事实描写为,形态音位/k/(一种"理想状态的"[k])在某些形式中被[č]取代了。或者,我们或许可以说,"手"这个语素以某种特殊的/k/音结尾:可能带有一个在俄语中不用于其他任何情况的特征,如

"喉音化"特征;或者也可能带有某个纯任意性的非音系附加符号,如[＋交替性](于是,/k*/ ＝ /k,＋交替性/ ≠ /k/)。所以,这个带有交替性的/k/(＝ /k*/)在某些环境中变成/č/,在另一些环境中则是/k/。上述每个观点中都涉及从语法规则的角度描写/k/和/č/之间的交替:即在特定条件下把/k/或/k*/变成/č/的规则(以及在其他条件下变成/k/的规则)。不过,无论二者中的哪一点,都是特鲁别茨科依的立场。此处的/k/-/č/交替下面隐藏的形态音位既不需要认定为理想状态中的/k/,也不需要认定带有特殊标记的/k/;相反,该形态音位是个复杂音段,本质上由交替项(/k/和/č/)列表加上各项出现的条件组成。

显然,这一形态音位表达式观有其独特的效果。例如,在这一框架下不可能描述交替中的相对先行性(即规则之顺序性)条件,因为每个交替都被视为独立于其他一切单位之外的全应单位(global unit)。另一方面,对显示出交替的音段(以相联系的任何一方为形式)和从不交替的相同音段之间的关系加以利用,则是可能的;因为可将其用来为其他交替中的变量提供条件制约。例如,可以区分出 eclectic(折中的)词尾发生交替的软腭塞音(参照 eclecticism [折中主义])和 bolshevik(布尔什维克)词尾不发生交替的软腭塞音(参照 bolshevikism [布尔什维克主义]);前者代表形态音位{/k/～/s/},后者则只是个/k/而已。于是,理论上可运用这一差异来对别的交替进行条件限制——比如,在交替前使元音前移、而在非交替的表层/k/前不使元音前移的规则。后一条可能性在把形态音位单位处理成与普通音

四 布拉格学派音系学:从莫斯科小组到特鲁别茨科依的《原理》

位单位同质的音系学理论中不存在(若无特别"全应单位"引入的话)。

诚然,特鲁别茨科依并未致力于探寻那些(或另外一些)被他看作形态音位式交替的独特序列:在他写作的时代,给予这类概念以系统的地位就已经是一种重大革新。的确,后人对特鲁别茨科依形态音位学方面思想的探讨,大多是在批评他认为存在这类东西需要特别解释的提法;而他关于形态音位形式之本质的具体建议,则没被任何人真正接受过。甚至连雅柯布森在诸如1948年的"俄语变位"(Russian Conjugation)等著作中,在使用形态音位表达式概念时,用的也是更贴近布龙菲尔德的概念(见下文第十章),而不是更贴近特鲁别茨科依的概念。

从本书的目的来看,特鲁别茨科依的形态音位观最重要的方面在于,它跟其他组成部分一道,成为特鲁别茨科依音系结构理论中的一部分。这一理论几乎完全是一种音系表达式之不变量成分理论,它对制约这类表达式的变量实现形式的规则给予最低的地位。因此,一切要融入描写之中的系统差异,皆必须符合特定成分之定义。特鲁别茨科依贯彻这一设想的方式,即是承认自然语言中一系列类型各异的差异(如次音位语音差异、由特定位置上特定对立的中和而引发的差异,还有更具一般性的各类交替现象,无论其本质是自动交替还是形态交替);但是,和他的基本立场相一致的是,上述所有交替都按音系表达式成分的适当定义来处理。

在他之后,很可能没有哪位语言学家像他那样,试图把自然语言语音模式中这么多方面囊括进表达式理论之内;而详细研

115 究他所提出的描写结构的成就和局限性，无疑有助于明白此类设想足以解决的概念范围。遗憾的是，此后那些年，人们的注意力主要聚焦于由表层对比所界定的音位形式范围内。一直到 20 世纪 50 年代末、60 年代初，特鲁别茨科依所关注过的问题的全景才在音系学理论的显著位置中重现，这些问题此时已带有明显的印记，由罗曼·雅柯布森传递给后来的语言学家们。

五 罗曼·雅柯布森和区别特征理论[116]

在捷克斯洛伐克的那些年,尤其是30年代,雅柯布森的音系学观基本是在跟特鲁别茨科依等布拉格学派成员的合作背景之内发展。即使雅柯布森在很多方面都明显是这种合作的领军精神,也仍旧很难把他个人的贡献和特鲁别茨科依的贡献区分清楚;这就像"喀山时代"博杜安和克鲁舍夫斯基之间的关系,这样的尝试似乎也无益。当然,两人在很多观点上(主要是细节)有分歧,如两人间的通信所证明。但是,只是在1938年特鲁别茨科依去世之后,雅柯布森本人的著作才开始明显向不同于两人早期合作的方向发展。

1939年3月,德国入侵捷克斯洛伐克后不久,雅柯布森成功逃至丹麦。仅仅几个月后,这里就已不再是真正的避难所,于是他逃往挪威;而挪威沦陷后,他又逃往瑞典,在瑞典居住至1941年,同年前往纽约。1942年至1946年期间,他活跃于流亡中的法国大学——高等学科自由学院(École Libre des Hautes Études)。他在那里和人类学家克洛德·列维-斯特劳斯(Claude Lévi-Strauss)联系紧密。列维-斯特劳斯被把源自语言学的"结构主义"方法(他从雅柯布森学得此方法)应用于更广泛的社会科学中的可能性深深吸引。战后,雅柯布森以哥伦比亚大学教授身份留居纽约至 1950 年。

雅柯布森当时在美国远未得到全盘接受。一方面,他发现了同在美国避难的欧洲反结构主义老对手们。不过,一定程度上由于他的人格魅力,他颇有能力来控制这类因素;他和他的新一代学生迅速成为纽约语言学小组(the Linguistic Circle of New York)(成立于 1934 年,仿照布拉格语言学小组建立)的中心,且成为小组新(1945)刊物《词》(*Word*)的中心。

而另一方面,他也遇到了美国语言学家的反对。这种反对似乎纯粹是基于可悲且时而毫不隐晦的排外思想,但是也有很多时候,是由于真正的科学观点冲突。与当时美国语言学学会和美国各大学中主流的"后布龙菲尔德"学派成员那一代人(我们将在下文第十一章中处理)的激进实证主义和操作主义思想气候相比,雅柯布森的立场似乎是狂野的理想主义。通过坚持语音事实中所谓"硬数据"(即能指)的重要性,以及无可观测性的"意义"(即语言符号中的所指)的重要性,雅柯布森似乎要倒退,回到被许多美国语言学家视为语言研究中不像正确"科学"而更像是玄学症复发的状态中。

即使是雅柯布森观点中最明显具有"科学性"(因为高度技术性)的方面——截至 40 年代末已取得重大发展的对声学研究数据的利用——也被广泛认为不正确。这是由于他的利用方式:雅柯布森提出了音系描写的普遍系统,该系统建立在可独立于具体语言之外而得以解释的特征上,因而威胁了不含前提的、本质上属不可知论的分析的地位,而这种分析在很多人看来是客观的语言描写的精髓。

五 罗曼·雅柯布森和区别特征理论

然而,雅柯布森和他的弟子们虽然并未一夜之间改变美国语言学的方向,但却持续获得重要性和影响力,在一定程度上表示"正式对抗"。50年代初,美国语言学家对欧洲学者的敌视有所收敛:1951年,霍凯特(Hockett)为马蒂内(Martinet)的著作写了一篇正面述评;1952年,叶尔姆斯列夫(Hjelmslev)在语言学研究所任教。而雅柯布森也于1956年当选美国语言学学会主席,某种程度上表示研究之基本导向的种子已背离日益贫瘠的纯程序式牵绊。不过,尤其是在斯拉夫学家当中,雅柯布森早已是那个时代真正的中心人物。1950年,他被任命为哈佛大学斯拉夫语言学与普通语言学教授,此后不久(由于其兴趣以及言语声学结构研究的需要)又成为麻省理工学院(MIT)教授(后来成为学院教授①)。他继续保持与这两所高校的关系(尽管依照哈佛大学70岁强制退休的规定,他被迫正式退休),直至1982年去世。

1 区别特征理论的起源

雅柯布森音系结构观的大多数核心方面,均可在特鲁别茨科依《原理》中展现出来的战前布拉格学派图景中辨认出来。但是,这些核心方面的细化导致了不同的个人立场。该立场基本上被生成音系学(至少在其早期著作中)整体拿了过来,理清其

---

① 学院教授(Institute Professor)是麻省理工学院(MIT)向学者授予的最高学术头衔。——译者注

基本元素及其动因十分重要。

如前一章所示,特鲁别茨科依的理论基本上是音位系统之理论:理想状态的音段式组件被简化至具有区别意义的最小单位,并因其与同一系统中的其他单位的对立而得以确认。虽然他在多处地方表示,音位应视为由特征组成(似乎在逻辑上暗示,特征才是语音结构的最小建筑材料,而非音位),但是其系统阐释却归功于雅柯布森;某种程度上说,该阐释并非特鲁别茨科依著作的实际要旨所固有。他似乎更倾向于把充当音位对立之基础的特征视为对音位系统构建维度的描述,而不是将其视为具有自主本体论地位的实际单位。

这个区别或许特别微妙:倘若特鲁别茨科依对音位单位的分析仅仅在于音位单位相互对立所沿着的区别性维度,则该观点和认为特征本身就是基本单位且顺次连接成同时共存的单位群组的观点之间的区别,似乎就仅具有哲学意义而非语言学意义了。然而,雅柯布森坚持认为,语言学分析中的最基本单位恰恰是特征而非音位,这就对该理论所研究的问题之范围产生了后果。

在雅柯布森看来,索绪尔对语言本质的若干基本论述有根本性错误。我们已注意过雅柯布森的这一观点:索绪尔强调语言共时方面和历时方面的绝对分离,具有误导性,因为这会排除目的论解释,目的论用系统经历的变化的特征来解释变化。不过,他还反对索绪尔所说的语言符号的两个最基本特征。

其中之一是这一论断:语言符号具有本质上的序列性特征。雅柯布森认为,这一点暗示,分析应止于音段大小的单位。在他

五　罗曼·雅柯布森和区别特征理论

看来,有必要把这一分析继续下去,直至得出自主的同时性组成成分:这只是个详细度的问题,正如在把词分析为语素之后,还需把语素分解为音位,程序并无本质上的不同;这个程序不应当由于坚持符号组件的线性排列而受到阻碍。

第二,雅柯布森认为,符号任意性学说应受到重要限制。符号确实具有任意性,因为特定所指和特定能指之间的联系因语言系统之惯例而建立,但是这并不暗示那些能够充当潜在能指的东西只受到相互区别之必要性的制约。尤其,语言具有本质上的口语性特征,能指因而有必要在语音结构的逻辑基本形式中找得到。进一步说,并不是任何语音差异都具有潜在的音系相关性:可给出一份写有区别特征小型集合的普遍性清单,这种区别特征在自然语言中发挥区别能指之功能。只要任何语言中的任何能指必须由这种单位构成,符号的任意性就受到了相当程度的限制。

当然,如果这一观点想要拥有说服力,就有必要为普遍区别特征的地位确立一组有理有据的候选者。这些特征必须定义广泛,足以将其运用到所观察的世界各种语言中用来区分形式的范围广阔的语音现象中;定义要精确到足以对什么是可能的音系系统、什么不是可能的音系系统做出具体论断,从而使该理论具有实证内容。雅柯布森关于音系学话题的许多著作恰好就是力求使所提出的这类普遍性特征清单得到细化。

特鲁别茨科依的《原理》基本可形容为第一次尝试提供这类特征之普遍性框架,这类特征可用于世界各语言的音系目的(与纯语音学描写框架相对)。此处所提出的参数之集合,包含数量相当庞大的特征,每个特征都被赋予一个独立于具体语言之外的基本定义。但是这些定义中有的具有发音上的特征,有的则建立在声学的基础上。在音段性特征的总体框架内,不同集合可针对元音和辅音而提出。所提出的对立之分类,使一些不同类型成为可能,比如其中既包括双边对立,也包括多边对立。

在上述所有这些方面,雅柯布森的观点均有逐步变化。雅柯布森曾记述,截至 1938 年,他和特鲁别茨科依已在是否应当承认真正的多边对立这一问题上有所分歧。在寻求可提供音系对立最大同一概念的框架时,他注意到,《原理》系统中的大多数特征其实都是双边的,他继而提出,为数不多的那些明显不具双边性的特征,其实可以分解为两个或两个以上双边对立(特鲁别茨科依似乎从未被这一提法说服)。1938 年,雅柯布森在对布拉格语言学小组的一次讲话中,后来又在根特召开的国际语音科学大会上,发展了自己的观点。

在这篇文章中,雅柯布森(1939)思考了多边对立中的最明显候选者:辅音的发音部位这一参数。先前所有描写框架都把唇、齿、硬腭、软腭辅音(以及其他位置上的辅音)处理为完全平行且按同一维度排列。而雅柯布森则提出,这一外表的统一性其实代表了(至少)两个不同特征。

其中之一,以唇音和软腭音为一方、以齿音和硬腭音为另一方进行区分,该特征既可用发音术语来解释,又可用声学术语来解释。钝音性(grave)辅音(唇音和软腭音)由相对较大的不分割口腔共鸣腔发出,所发的音在声谱中位于频率相对较低的突出区域内;而锐音性(acute)辅音(齿音和硬腭音)则由分割为两个小腔的口腔共鸣腔发出，所发出的音位于相对高频率的声谱突出区域内。与这一分类相交叉的区分方法是后部性(posterior)(后来称集聚性[compact])辅音(软腭音和硬腭音)与前部性(anterior)(后来称分散性[diffuse])辅音之间的差异。前者通过口腔相对靠后的收缩而形成,后者为通过口腔相对靠前的收缩而形成的唇音和齿音。用声学术语来说,雅柯布森(1939)只是通过相对明显的可感知性(perceptibility)来辨认集聚性辅音;而在后来的系统阐释中,这类音被描写为在声谱的中间区域中拥有能量聚集(与分散性辅音相对立,分散性辅音缺少这种聚集)。但是,无论其具体定义是什么,如果这些特征能够被接受,其结果便是一种多边对立或被完全消除的理论。

2 区别特征理论的发展

至少有三个主要观点,由这一分析衍生而出：区别特征的逻辑性质、区别特征定义的具体本质、区别特征运用于各类音的同质性。这三者皆展现了雅柯布森此后的研究中的重要主题。

首先当然是二项对立(binary opposition)在由此产生的理论中所扮演的排他性角色。雅柯布森始终认为,二项对立原则对语言具有绝对的根本性,并且其基础位于我们的心智过程之本质中。后来他提到,个人的神经元(nerve cell)似乎按一种严格的"开/关"基础来发挥功能,这表明该特征在语言结构中应得以反映(不过他并未探讨这一事实：实际完成发音姿态的肌肉,在其可能性之控制方面绝无二项性)。这一构想把辅音发音部位简化为一套二项对立,大体上在音系特征领域实现。四种基本发音部位区别之外的其他区别(如软腭音和小舌音之间的区别),被认为可按其他二项特征来处理。例如他说,大多数语言中的小舌塞音实际上是破擦音,因而跟软腭音相比具有相对的刺耳性(strident)——即噪音较大,或者说具有破擦音特点。所以,不需要承认单独的小舌辅音发音部位,因为已有独立维度可用来区分小舌音和其他音。

多边对立地位的另一个候选现象也必须提及,原因之一是其地位至今仍具争议性。高元音、中元音和低元音(高度区别似乎还可以分得更细些)之间的区别比辅音发音部位更难分解为二项特征。所提出的一种解决方法是利用更多特征(类似上文提到的辅音刺耳性特征的运用):例如,许多高度差异(如[i]和[ɪ]之间的差异)可明显简化为紧音性(tenseness)差别。但是,似乎依然存在仅由高度区分的三种不可化简的元音音质等级。为了对此加以描写,雅柯布森曾一度提出,此处仅涉及一个特征,但该特征取三个值:+、-、±(或记作 0,表示"不赋值")。但是,这显然不是什么值得关注的二项对立,雅柯布森框架中的多数表述依赖的是将集聚性/分散性这一参数分为两组特征:[±集聚性]和[±分散性],中元音可赋值为[-集聚性,-分散性]。

雅柯布森(1939)及以后的研究中的另一个重要方面,是其力图既从发音上又从声学上为每个特征提供定义。基于语言实质上是说话系统这一事实,雅柯布森推测,语言的基本术语必须

五 罗曼·雅柯布森和区别特征理论

在声学信号方面和说话者的发音行为方面(以及听话者的听觉感知方面)皆具有客观的外部基础。在实践中,由发音到声学的转换以及由声学到发音的转换皆非独一无二(因为多个发音配置[articulatory configuration]可使同一个音产生,而同一个发音配置亦可产生多个音);所以,除了这些之外,我们真正想要的是听觉上或感知上的定义,因为我们说话就是为了被听懂。

区别特征在三个层面(发音、声学、感知)的信号中皆可直接辨别出,坚持这一点即把可包括的特征之范围限制在拥有直接表层实现形式的特征之内。形式之间的抽象差异,无论在其他方面(如形态音位学方面)多么重要,皆不可算作有严格意义上的"音系"意义。我们将在第十一章中探寻这种把音系学限制在表层特征的做法背后隐藏的某些动机(这么做的当然不仅仅是雅柯布森的理论);对雅柯布森来说,这似乎直接源于言语交际中的语言基础,源于需要在言语交际过程各个层面提供对特征的同时性客观定义。

雅柯布森在特鲁别茨科依去世后的第一篇重要音系学论文中已经展现出的另一个重要方面,或许可被我们称作"一口"原则(the 'one mouth' principle):即要求同一工具同时既用于描写元音,又用于描写辅音,而非用两套不同特征分别描述这两类音。钝音性辅音和锐音性辅音之间的区别起初被展现为与钝音性元音和锐音性元音(钝音性元音即后元音,锐音性元音即前元音)之间的区别相平行;p、t、k 这三个辅音被描述为在感知方面呈三角排列,与 u、i、a 元音三角十分平行。这类平行显然是通过坚持声学视角、听觉视角而呈现的,而不仅仅是发音视角。不过,倘若这一设想得以实现,就有必要用极具一般性的术语来为区别特征的定义搭建框架,从而使其同时适用于元音和辅音(以及滑音和流音等介于两者之间的类别)全然不同的结构。

元音特征和辅音特征之间差异的消除,继而为雅柯布森体系中最引人注目的方面铺平了道路。作为具有一般性的方案,该体系尽可能使许多传统语音学维度相互融合,在所有可行之处均将其统一于同一个一般性定义下,使其无法相互独立运作。结果就是,大大减少了得以认可的特征之数量(从特鲁别茨科依体系中的大约40个缩减为大约12个),并且在世界各语言中更好地运用了这套最简维度——这潜在造就了更加充实的音系系统与音系结构之普遍理论。

雅柯布森系统中区别特征数量的某些简化,是由于依照相对特征构建定义,而非依照绝对特征。引入这一点,就是说每个特征都依照一组不依赖具体语言的一般性特征来定义——但是,因某一特定特征而异的音段可能仍然只靠某一语言特有的基础来确定。

例如,雅柯布森(1962b)引证了这一事实:保加利亚语在下列类别中各有两个元音:不圆唇前元音(/i/、/e/),圆唇后元音(/u/、/o/),不圆唇后元音(/ə/、/a/)。这三个类别可通过钝音性/锐音性特征(区别后元音和前元音)和降音性/非降音性(flat / nonflat)(区别圆唇元音和非圆唇元音)轻松区别开。然而在上述类别内部,用适当方式描述所涉及差异之特征的问题依旧存在。/i/和/u/是高元音,/e/、/ə/、/o/是中元音,/a/是低元音;因此,我们似乎要处理三个元音高度。但是雅柯布森认为,

五　罗曼·雅柯布森和区别特征理论

在每个类别中,我们其实只要处理相对较高(更具离散性)的元音和相对较低(更具集聚性)的元音——由此,我们就可以用同一特征来区别每个音对中的成员了,而不必考虑这一事实:[＋钝音性,－降音性]音对中的[＋离散性]成员(即/ə/)其实跟其他两组中的[－离散性]成员高度相同。

特征可阐释为因相对拥有(而非绝对拥有)某一特征而具有区别性的音段,这一事实对一般性方案产生了重大影响,该一般性方案旨在对具有潜在对比性的维度的最小集合作最大运用。这一事实还可以视为一种途径,对某些由规则控制的差异信息进行编码,使之用于定义音系表达式成分。这与特鲁别茨科依理论中超音位和形态音位所发挥的作用类似(见第四章)。显然,雅柯布森理论的表达式理论性质与特鲁别茨科依等同,除了在对上述表达式成分进行定义时之外,留给"规则"概念的明确空间寥寥无几。

此方案中区别特征定义的角色在雅柯布森所举的例子中十分明确。例如,他常常引用这个事实:在丹麦语中,首音位置可见[t]和[d]之间的对比,而元音之后则可见[d]和[ð]的对比。通过把这两个位置上的对立解释成相对紧的阻塞音和相对松的阻塞音之间的对立,我们可得到期待的结果:首音[t]等同于元音后的[d],首音[d]等同于元音后的[ð]。但是,用另一种方法来看同一分析却会观察到,通过把特征处理成相对定义,我们就能够为某些语音学上不同且在可定义条件下相互交替的音段([t]和[d]、[d]的[ð])集合提供一种统一的音系表达式。因而,音位成分/t/、/d/及其对立的定义合并成为某种实质上充当了一条元音后弱化(postvocalic lenition)规则的东西。这类分析受到制约限制:交替着的单位在语音学上必须足够相互近似,从而使相对特征定义之手段足够描写其关系;但是这仍然允许相当程度的差异,这类差异或许可通过规则来描写,而这类规则又把一个音段类型转变为直接依照永久性表达式成分来描写的另一个音段类型。

推翻语音学上各异的对比,使之成为单一的音系学维度,这一方案在雅柯布森(1939)中已很重要。例如该文章提出,不必为破擦音提供单独的发音部位,因为破擦音可以通过刺耳性(即噪音较大的发音)特征与同一基本发声/声学位置上的单纯塞音相区别。同一参数还可以用来构筑其他发音部位差别,如双唇音和唇齿音之间的差别、诸如英语齿龈音/s/和齿间音[θ]之间的差异等等;并且,因为大多数语言中的小舌音比相对应的软腭音更具破擦音特点,所以该差异也可归于刺耳性下。

在雅柯布森后来对区别特征体系的发展中,也有其他数个特征包含了语音学上不同的若干个维度。其中最激烈的或许是[±降音性]特征(见 Jakobson, Fant and Halle 1952),该特征包含的差异有(a)圆唇性、(b)卷舌化、(c)软腭化、(d)咽音化。其次,[±急煞性]特征包括挤喉性(ejection)、缩气性(implosion)和吸气性(click)。在每一情形中,都通过把数个对立归入某一单一特征而做出重要的实证论断,意即没有哪种语言会展现出由单一特征独立覆盖的两个或两个以上对比。例如,这当然并不意味语言中不能同时有圆唇辅音和卷舌辅音(因为二者皆因具有[+降音性]而与普通辅音对立)——而只是说二者不能在同样的条件下独立构成对比。所以，卷舌性对比可能出现于齿部塞音和擦音，而圆唇性则出现于软腭音中，这并不违背因[降音性]特征([Flat])的定义而做出的论断。

3 雅柯布森区别特征的充足性

雅柯布森的著作（如 Jakobson，Fant，and Halle 1952；Jakobson and Halle 1956)中，构成体系用的一般性特征数量不大，这份清单可视为对自然语言的可行音系系统之范围做出了极具实证性的论断。不出预料，由这些论断引发的对更广泛的语言的研究，为雅柯布森系统提出了一些问题。例如，澳大利亚的许多语言都在六个发音部位上有塞音和鼻音：唇、齿间、齿龈、齿龈后（卷舌）、硬腭、软腭。唇、硬腭和软腭位置未显现出问题，但是很明显，所有齿间、齿龈和齿龈后音段都必须处理为[锐音性，分散性]。[降音性]特征可用来把齿龈后位置和其他位置相区别，但齿间位置和齿龈位置仍然分不开。虽然[刺耳性]或可拿来在塞音的情形中实现目的，但这显然不适于描写齿间鼻音和齿龈鼻音之间的区别，而雅柯布森体系似乎并未提供更多充分选择。

很多语言都提出了逻辑上类似的问题。例如，奇佩维安语(Chipewyan)据记载在齿部/齿龈部存在两个破擦音的对比([t͡s]和[t͡θ])；因为刺耳性已经用来将破擦音跟相应的塞音相区分，所以无法再进行进一步区分。同样，有些语言（如格陵兰爱斯基摩语）与上文提到的澳大利亚语言的系统所提出的问题类似,展示出软腭鼻音和小舌鼻音之间的对比,该对比无法按照刺耳性进行合理描写。因此,与雅柯布森体系提供的四种基本发音部位相比,似乎必须承认更多发音部位;这意味着要再增加一些特征(因为二项对立框架要得到维持)。

此外还存在因[降音性]特征定义而表现出的某些归纳问题。该特征预测,没有哪种语言会拥有圆唇、卷舌、软腭化、咽音化集合中一个以上独立对比。但是在西北高加索语族的尤比克语(Ubykh)和阿布哈兹语(布兹皮方言[Bzyb])中,有记载显示卷舌和圆唇之间的独立对比存在于齿龈硬腭部的破擦音中。尤比克语还展示出普通小舌塞音、圆唇小舌塞音、咽化小舌塞音、圆唇咽化小舌塞音之间的独立对比。而阿布哈兹语布兹皮方言中则有五种不同类型的小舌擦音:普通、圆唇、"硬腭化"(涉及收紧[constriction]时间的增加)、咽音化、圆唇咽音化。在科维尔语(Colville)等萨利希语系(the Salishan family)语言中,圆唇对比区分不同的咽腔擦音亦有记载。在阿撒巴斯卡语系(the Athabaskan family)的齐尔科廷语(Chilcotin)中,软腭阻塞音似乎显示出圆唇和软腭化之间的独立对比(软腭化也出现在齿部阻塞音中,并因影响邻近元音而得到明确表现)。元音系统方面,东北高加索语族的察胡尔语(Tsakhur)的元音系统中包含两个有圆唇性对比的后高元音([ɨ]和[u])(同样具有圆唇性对比的还有[i]、[e]、[a]、[o]);这些元音中每个音还显示出咽音化对比。

从上述观测中我们可以得出结论,雅柯布森特征体系中涉及某些对比的互补性的许多详细论断并未得到证实。事实上,

五　罗曼·雅柯布森和区别特征理论

对于大多数两个或两个以上传统语音学维度统一为系统中的一个单一特征的情形，都有可能找出这些维度构成独立对比的语言。而另一方面，我们不应该因此而无视这类情况的极其边缘性的本质：这类有问题的对立只出现在具有极不寻常的结构的语言中，如西北高加索地区以及北美洲西北海岸的语言，这些语言因其纷繁的辅音而著称。而雅柯布森体系所预测的互补性作为对世界绝大多数语言的归纳，具有压倒多数的有效性。

关于雅柯布森体系在自然语言描写方面的全面充足性所提的另一种反对意见，源于麦考莱（McCawley, 1967a）。他指出，此体系内对任何语言的完整描写，皆不仅要求一套针对形式的音系表达式，而且还要求一套原则，这套原则(a)提供羡余性特征之值，并(b)从区别特征的特定发音实现形式和声学实现形式角度对区别特征进行解释。这就是说，假定某一音段可由如[＋降音性]之类的特征描述，则依然有必要说明该特征究竟指圆唇、咽音化、卷舌、还是软腭化。这套为言语的非区别性方面赋值的原则，倘若建立在类似雅柯布森体系的表达式上，则可能无法以令人满意的方式实现公式化。

为了解释这一问题，麦考莱引证了阿拉伯语中的事实。阿拉伯语有一套咽音化辅音（即"强势音"[emphatic]），带有有对比意义的[＋降音性]；该语言有三个元音，包含圆唇性对比，因此涉及[降音性]特征的另一种运用。所涉及的这些对比并不独立（圆唇性只在元音中具有对比性，咽化只在某些辅音中具有对比性），因此，前边各段探讨过的那类问题并不会出现；但是，由于阿拉伯语发音的某些非区别性事实，另一个难点出现了。

尤其是，邻近咽音化辅音的元音，自身即可预测为咽化音。要描写这一点，我们可能要说，当元音出现在[＋降音性]辅音后面或前面时，(可预测地)变得具有[＋降音性]。但是，此时我们若要解释[＋降音性]特征，就需要做下列说明：(a)在辅音中，[＋降音性]意即"咽音化"；(b)在后高元音中，[＋降音性]隐含"圆唇性"之义；(c)在邻近咽音化辅音的元音中，[＋降音性]隐含"咽音化"之义。诚然，问题就在于最后一条说明复制了[降音性]羡余式赋予邻近[降音性]辅音的元音这一原则。所涉及的具体规则的其他公式化形式也可被提出，但是似乎并不存在任何不涉及此类复制的描写。

只要我们认可同一组特征(包括[降音性])既可用来为形式的音系表达式对比性值进行赋值，又可用来为其发音的非区别性特征或羡余性特征进行赋值，上面的观点就会对雅柯布森特征体系的充足性造成压力。在多处地方，雅柯布森都坚持认为，羡余性特征的描写和区别性特征的描写都必须包含在充足的语言理论之中；但他却从未提出独立于区别性特征理论之外的真正的羡余性特征理论。或许有理由因而猜测，使用同一套特征既可描写区别性特征，又可描写羡余性特征。如麦考莱所指出，这恰恰就是哈勒在哈勒(1959)等生成主义早期著作中所采取的设想，直至乔姆斯基、哈勒(1968)对特征体系基础做出修改之前，确实十分普遍。但是，麦考莱的阿拉伯语论证显然表明，无论雅柯布森框架对描写音位形式的区别性特征价值如何，对这类形式和其实际发音之间的关系的充足处理都必须基于一套全然不同的特征，这套特征不涉及推翻既不相同又具互补性的语

五　罗曼·雅柯布森和区别特征理论

音学特征,不涉及将其融为单一的对比维度。

我们一旦确保这种一般性语音参数的(非最小化)集合在自然语言系统之描写中扮演了基础角色,就必须继而询问,为严格具有区别性的特征设想出独立的最小集合的动机何在?对雅柯布森来说,区别特征体系的这种特殊地位,由区别特征所刻画的表达式之独一无二地位驱动:只有某一形式的区别特征,才在这类表达式中注册;而一切可预见性特征和羡余性特征皆被强力清除。当然,倘若真的没有哪种语言能够独立地同时运用诸如圆唇和卷舌等特征,那么,把任何具体对比刻画为在一方面或另一方面具有音系性,会使这种可预见性未得表达;由此,互补性特征的合并使音位形式定义中不可缺少的一部分具有了严格的区别性和非羡余性。在雅柯布森看来,恰由这种非羡余性特点来定义的表达式层面之存在,直接源于索绪尔的真知灼见:某一形式的语言学重要性,在于其不同于其他诸形式的方式。非羡余性的音位表达式直接而明晰地刻画了这种不同,因而明显地表达了具体形式的语言学精髓。

语言之能指的基本属性中并无可预见性特征,这一点对雅柯布森来说似乎不言自明。雅柯布森、哈勒(1956)直接呼应了特鲁别茨科依对博杜安言语声之心理等同物的音位概念的否定,提出,这类心理学图景建立在一种推理谬误(fallacy)之上:"我们无权猜想,我们内心言语中或言语意图中的语音关联仅限于区别性特征,而排除了配置性特征和羡余性特征。"

延伸这种观测,从而认为话语应当得到某种排除了一切配置性特征和羡余性特征的独特音位形式。该论断基于如下设想:音系理论本质上是一种表达式理论;差异是否算作与"同一"语言学单位相对应,若要刻画其限制因素,唯一的途径是通过对恰好具有该特性的表达式层面加以定义。如前所述(第二章中),刻画这类差异及其限制因素,亦可通过规则之途径,这类规则与表达式相关联,但并不受此特性的具体定义,因而,为区别性特征(与更广义的语音特征相对立)建立单独体系的动力,跟随此类表达式层面的必要性一道消失。

我们或许仍可推进雅柯布森的最小语音特征集合,因为,关于其物质实质的这一具体提法即使可能需要细化和修正(如前面对其实证充足性的观测所示),这一情况也仍然居于主导:许多语音学维度在自然语言中基本处于互补分布。因此,即使极少一部分语言的确分别利用了圆唇性和咽音化,大部分语言也仍只是把其中的一者或另一者视为(显然也可能两者皆无)在某套具体环境下具有潜在对比性。如果能够沿着雅柯布森的路线构建起一套完全充足的特征,那么这或许就使我们能够表达出这种对自然语言的归纳总结。

不过,在对以此为基础而构建的特征加以认可之前,我们必须准确询问,对这套特征进行刻画的灼见究竟是什么?事实上,雅柯布森体系中进行归纳总结的可行性本质上基于这些特征自身的听觉基础。这表明,此处的问题真正所在,是一种十分直接的实效性事实,(如雅柯布森常常坚持认为的那样,)该事实根源于言语共同体中的语言基础。我们可把相关归纳大体公式化如下:两个语音学参数在其听觉关联方面越是相似,就越不可能充当辨别特定形式用的独立线索。这样一来,这种归纳似乎几近

五 罗曼·雅柯布森和区别特征理论

于老生常谈:越难区分两种特性中哪个是预期的,就越难将其独立用作话语预期形式之线索。例如,通过展示出维系在[降音性]特征名下的所有特性其声学结果皆高度相似,雅柯布森和与他共事的其他研究者得出了此类观测之基础:这些特性基本无法处理成感知辨别中的独立线索,因而也无法处理成语言结构中的独立线索。

不过当然,这一归纳只是相对的,不是绝对的:只要两种特性在其声学效果和听觉效果上不绝对相同,就依然存在以独立特性身份出现于某种语言中的可能性。这一点对于像西北高加索语族那样的语言来说尤其如此,这些语言对各种在听觉上居于边缘的差异进行了不寻常的运用。这种线索在此类语言中通常会因其他(羡余性)线索而得到加强,该事实恰好强化了这种情形的不寻常本质。

的确,该归纳所发挥的作用比那些仅能预测何种对比可在特定音位系统内部共现的归纳要广泛得多。我们如果不像雅柯布森的体系那样从(表层)区别特征的角度对其加以陈述,而是从用于辨别语言学形式的感知线索的角度出发,那么它就会对音系系统的演化产生其他明确影响。

例如,阻塞音中的清浊声音这一特性以及元音中的声调这一特性,都构成了十分独立的对比维度,这类特性在任何充足的音系描写框架中都必须进行单独处理,这没有太大问题。然而,二者皆有这样的特性:其感知中使用的声学线索之一即是声带震动的频率(从变化的相对值或方向来看)。正如人们所熟知的,浊阻塞音可造成元音中紧随其后的部分的音高较低,而(某些种类的)清阻塞音则可通过同样方式造成相对较高的音高。尽管曾有人试图把这两种效应归为相同特征,但却有极好的理由来设想,这二者具有很强的独立性(见 Anderson 1978):但是,控制阻塞音清浊所涉及的发音机制恰好把对声带震动频率的扰乱作为副效应。进一步说,存在某种证据可证明,这种扰乱即属于感知上可用来辨别阻塞音清浊的线索。基本频率在声调区分问题上的角色,则十分明显。

因此,我们必须应对两种独立的对比维度,二者恰好具有某种听觉上的相似性(因为二者局部共享同一感知线索)。当然,我们必须承认所研究的音系特性和让听话人辨别出这些特征的听觉线索之间的基本区别:否则的话,我们就无法描写以声调和清浊声音为代表的独立性。不过我们同样必须承认这类共享线索在特性之间构建起的听觉关系所带来的效应。只要二者因基于来自声学值 F_0 的证据而具有可辨别性(至少局部上如此),声调和清浊声音的独立性就可能得到折衷,其途径与雅柯布森基于(近似)统一听觉定义而把数种特性归并为同一特征的途径相同。

这样,我们可在这一事实中看到上文中的归纳行为:许多语言的演化中(尤其是汉藏语系的语言)清浊声音的差异被重新阐释为声调的差异①(或许反之亦然,但这一点更具争议性)。其

---

① 例如,中古藏语中存在/p/:/pʰ/:/b/、/t/:/tʰ/:/d/等对立,但在当代拉萨话中,浊塞音已消失,但历史上以浊塞音为声母的音节,其声调与以清辅音为声母的音节不同。——译者注

中涉及的机制显然如下：设定二者之间的听觉相似性，则二者可能被解释为相互关联而非相互独立；此时，与最初设想不同的某一特性或许可被看作独立可变成分。由清浊差异而引发的音高干扰可重新阐释为代表自主的声调对比，而音系结构的变化因此成为两个参数之间听觉关系的产物。此处我们可见同样的归纳，可解释雅柯布森体系（其方式过于绝对了）试图捕捉的那些互补性例子。雅柯布森关于听觉因素重要性的真知灼见十分正确，但是却跟其他领域联系更紧密，而非为音系描写所需的普遍性充足特征系统划定界限。

4 《儿童语言、失语症和音系普遍性》

虽然雅柯布森有关区别特征体系的思想发展经历了较长阶段，但其高潮或许是他1941年关于儿童语言、失语症和音系普遍性的那部专著。该著作写于挪威，此时他或多或少处于定居美国之前的那种不断搬迁的状态中。该著作试图把覆盖面很广的数个领域的事实整合到一起，我们如今对这些领域之间的关系已习以为常（这基本上是由于雅柯布森思想的结果），但在当时却由十分不同的学科处理。这一事业的目的当然是让这类据认为是语言学之外的材料指向共时音系系统分析，让我们基于更具一般性的基础来理解自然语言的"自然"之处，来理解其为何是目前看到的这种状况。毫无疑问，这是现代语言学内部第一次通过为语言学分析之数据本身和其他独立领域之间的关系创建逻辑联系和实证联系，来创建真正具有解释性的理论。

在雅柯布森写作的年代,他所论及的关于语言习得、失语症之语言瓦解、听觉感知之普遍性基础等领域的可得资料,从语言学视角来看基本上支离破碎。因此,他对语言的某些事实性断言在今天看来无法在实证上站得住脚;但是,如果这类资料的语言学相关度如今能够得到更好理解,如果可获取的数据在数量上和质量上都能有所提高,那么,这主要是因为雅柯布森在1941年可获取的资料中暗含的启示所带来的财富。即便此后40年的研究已修正了许多细节点,他的大胆综述的主要框架仍可继续得到证实,这是对他洞察力的充分肯定。

他首先从获得的最明显具有语言学性质的材料开始研究(不过这基本上是非语言学家的研究成果):儿童习得第一语言的过程。首先有必要论证,这类材料确实具有语言学特点:即,儿童早期话语与成人语言系统的差异的确是基于语言学原则,且具有跟语言学系统之理解相关的系统特点,而不是仅仅基于未完成发育中固有的物理学上、感知上或概念上的局限性。我们固然不能完全忽视此类局限性带来的影响(可以显示其的确存在),但是雅柯布森认为,已记录下来的儿童言语中的绝大多数偏常规(deviations)其实都可通过语言学系统之术语和范畴来理解和组织;并且,这些偏常规因而代表具有真实性、系统性的不同系统,而不仅仅是对成人系统的不完善运用。

雅柯布森还注意到,语言变化的数据支持儿童语言和成人语言之间的关联。我们对若干种语言的演化中发现的各种变化加以研究时,常常发现这些变化与儿童语言相对于成人模式而显示出的简化或变化联系密切。这当然显示出,语言变化中的

五　罗曼·雅柯布森和区别特征理论

许多变化,恰好可在儿童所做的改变中找到基础:儿童所做的革新有时会在成人系统中得以采纳并延续下去,并且,这为变化构筑了重要的原材料来源。儿童所造成的变化,其系统性、语言学性本质因这一事实而显现出来:许多时候,不能认为早期语言中改变了的语音类型完全不具显著性(因此可能是语言学之外的发展限制造成的)。在系统其他方面,这些语音类型似乎更像是对其他语音的修改;无论如何,许多发生了变化的音在儿童发展的早期各阶段中都可检测出来。

变化在儿童语言中拥有根源的提法并非始于雅柯布森:格拉蒙(Grammont,以及其他人)早已观察到了二者之间惊人的相似处。他将其作为自己的变化理论中的数据来源,对其投入了相当的关注。博杜安·德·库尔德内也对此问题作了些评述,这些评述可视为认可了儿童语言跟那种人类语音学过程之间的关联,如第三章所述,这类过程可充当人类语言系统中所有交替的基础。不过,雅柯布森对这类联系的运用比这些前人更具雄心。他不仅仅想把对儿童语言的观测作为语言变化理论的事实性来源:他更想构建起一种观点:成人语言系统之所以呈现在的样子,是因其实际上在按照某种特定的系统方式发展,这一方式能够以儿童语言的形式加以研究。

雅柯布森注意到,在真正有意义的语言开始之前,儿童要经历一个"牙牙学语"(babbling)阶段。在典型的牙牙学语阶段中,范围宽广的语音类型都被发了出来(其中包括吸气音、鼻元音、阻塞流音等相对罕见怪异的音)。但是在儿童的第一批真正词语中,这种显著的多样性多少有些突然地消失了,并被一份严重简化了的语音清单所取代。在雅柯布森看来,这对应着一个阶段向某一个节点的过渡。前面的阶段中,牙牙学语是纯粹的语音、纯粹的表达;而在后面的节点上,发音的运用是为了表达出具有区别性的功能。牙牙学语可视为服务于发音和听觉之手段的某种基本的"出现"目的,构建起该手段所能够构建的姿态范围及其声学效果,但是却并不利用所产生的语音来达到任何(非情绪性的)有意义表达。但是,语音一旦渐趋构成与语言符号之所指相联系的能指,以此方式得以运用的发音之范围就会发生本质性变化。一度,差不多一切语言中的一切音都能够在儿童的牙牙学语中找到,但早期词语中一般却只包括数量极少的几个音,如[p]、[m]、[a]。

多样性的这一剧烈缩减,使认为语言发展是个系统过程的早期努力面临困惑:如果儿童在六个月时被观测到发出了鼻元音,那为什么这样的音在两岁时却似乎不在其力所能及范围之内?对雅柯布森来说,答案很清楚:牙牙学语阶段之后,当语言逐渐被赋予区别性功能之时,需要得到发展的已不再是语音诸类别之发出,因为这早已得到了较好确立。相反,此时缺乏的是区别性对立之运用,这必须一点一滴地建立起来。

这一见解的证据来自数个源头。首先当然是这个事实:后牙牙学语期的语言习得并不包括具有高度多样性的语音的发音技能之习得,该技能已通过牙牙学语期本身内容的多样性显现出来。但是第二点,即使是在真正语言的发展期,儿童仍常常显示出证据,控制着许多比区别性运用更广泛的发音种类。儿童的有意义语言中消失了的音,却经常在纯表达性的用法中出现

五 罗曼·雅柯布森和区别特征理论

(如感叹、拟声、模仿等)。进一步说,当音段的某种"链状变化"发生时,在一类词语中消失的某个音,很可能会在其他类型的词语中出现,以替代别的音。

雅柯布森从这些数据中得到的基本观点就是,语音之区别性运用系统,其发展过程从质的方面来说高度独立于纯发音控制力的发展之外。进而,一旦问题以此方式得以澄清,且注意力聚焦于音值之真正语言学系统的出现,惊人的结论就产生了:语音区别的发展顺序,在各种语言中大体上一致,这一顺序独立于所习得的语言的属性之外。因此,所有儿童都以一个元音(大体上是[a])和一个辅音(通常是唇音[p])之间的最小对立为开始。辅音的区分则始于一个鼻音音段类型([m])和一个口腔音音段类型([p])之间的差别;此后则是钝音(唇音)和锐音(齿音)之间的发音部位之分裂。而在语音当中,第一次分裂发生在集聚性(低)音段和分散性(高)音段之间。至于发音方法,塞音早于擦音产生,而这二者皆早于破擦音。辅音/元音的差异早于流音或滑音的产生,而响音性流音则早于阻塞音性流音。有的差异,若需出现,则在较晚时期才出现:如鼻元音和口元音之间的差异;流音之间的对立;以及吸气音、挤喉音、缩气音及其他非肺部气流机制等。

这些音段性差异所习得的顺序,其统一性似乎很具一般性。当然,某语言中若没有某一特定对立,则习得该语言的儿童显然不会简单地将这一对立引入,因为那是发展链条中下一阶段的事情。上述归纳的预测作用,与最终习得的语言中所呈现的对立集合相联系:其顺序遵从严格的步骤(虽然有的步骤可能大体上相互独立,如管辖元音音长差异和辅音发音方式差异的那些步骤),(对于一切特定对立集合来说,)均按相同的方式在一切语言的发展中相关联。

发展顺序上的这一确定性的一个重要推论就是其对可行音系系统所做的预测。因为儿童必须在习得擦音之前习得塞音,且二者又皆早于破擦音,所以可做出预测:只有擦音没有塞音的系统、只有塞音和破擦音而没有擦音的系统,皆无法被习得,因为此类系统发展中关键的一步在上述两例中缺失了。如今,事实上存在有塞音而没有擦音的语言(如澳大利亚的很多语言),但却没有相反的情况;而虽然存在许多有塞音和擦音却没有破擦音的语言,但是却没有发现哪种语言中,破擦音只跟塞音和擦音中的一类呈现对比,而不是跟两类都呈现对比。

其实雅柯布森认为,习得数据中其他明显的音系发展法则,也以类似的方式在管辖可行音系系统结构的暗含性普遍特征中有所反映。如果音系对立 B 在发展中在对立 A 之后产生,那么(他认为)就不存在哪种语言只使用 B 而不使用 A。这一情形中的逻辑显而易见,但其重要性具有绝对的基础意义。倘若成立,则既为音系系统构建了一套具有高度限制性的制约因素,又为这些制约因素在语言习得过程中的内容构建了解释性基础。

对雅柯布森所提的对立之间的暗示关系纲要所做的进一步证实,由失语症研究的复杂数据提供。在这类例子中,人们至少粗略地(对失语症研究的阐释常常极其难以捉摸)发现了语言习得发展顺序的镜像。和牙牙学语的情形一样,这次仍有必要把对语音对立的语言学运用跟所涉及的语音的纯发音控制区别开。在失语症的例子中,有必要把涉及真正的运动性障碍的失常症(如构音障碍[dysarthria])跟涉及具体语言学缺陷的失常症区别开。后者跟牙牙学语以及儿童对语音的表达性运用一样,人们有时会发现,语言学系统中已明显失去的音,患者反而能够控制,比如用于表达性言语之中。患者或许明显具备发出某个特定音的能力,但却无法以语言学方式对其加以利用。

总的来说,我们若是聚焦于具有真实语言学本质的缺损,就会发现音系对立丧失的顺序是恒定的,且这类丧失按照暗示性层级进行,这种层级跟控制习得的层级直接相反。因此,元音的鼻音性差异、阻塞性流音和响音性流音之间的差异等,在最后习得之列,属世界语言中最不常见的差异,在失语症中亦属最先丧失之列。另一方面,诸如元音和辅音之间的差异、集聚性元音和分散性元音之间的差异,或是钝音性辅音和锐音性辅音之间的差异,则是最先习得的,在其分布上具有基本普遍性,在失语症中也最能抗拒丧失。因此,这些不同领域所展示出的密切关系是个详细而显著的发现。

雅柯布森所处理的数据,对其他研究语言的人来说也绝非完全不知晓,但是他所做的却是第一份重要而全面的综述。使他能够为这些领域及其关系带来秩序的革新基础,就是基于音系系统的对比概念。先前的研究者曾试图应对同一问题的某些方面,并曾对统一的习得中之发展或失语症中之丧失提出过假说,但是却一直被明确假说的大量明确反例所困惑。这显然是因为,他们是从语音的习得顺序或丧失顺序为角度为想法搭建框架,而不是从语言学上的功能对立角度来做到这一点。当然,如果那样,婴儿的牙牙学语和作为失语症相关事物的失行症(apraxia)的缺少,就无法解释了。

而更不成功的,是用一种"个体发育概括系统发育"的原则来尝试解释发展中的明显统一性;依据该原则,儿童语言应当显示出与"原始语言"的高度相似性。如雅柯布森所示,面对以下事实,这一观点失败得很惨:哪些语言是这类"原始语言"?即使在能够达成一致时,这些语言的音系音段类型范围也经常远远多于常见欧洲语言(被认定为发展之顶端)的音系音段类型。专注语音学数据,使语言习得或失语症的数据成为混乱一团;而音系对立概念则使之进入引人注目的焦点。

雅柯布森当然是从存在于言语信号中、并被赋予区别性功能的表层对比的角度来对发挥如此根本作用的音系对立进行构想的,但是很明显,这类事实并非那么具体。实际上,最关键的卓见在于,对语音特征的语言学运用(无论处于何种抽象层面上)顺从于某些独立于动力控制问题等物理手段之外的推论性关系。此后的研究,或许本可以拿出足够具体的证据,来表明恰恰是表层对比受到此类制约(比如,受此制约的不是抽象的形态音位对比,或是对非对比性特征的语言学运用),但是,无论是雅柯布森最初的实证基础,还是此后得到更多积累、描写得更完善的类似数据,似乎都未支持这一论断。

总的来说,雅柯布森把来自数个领域的范围巨大的数据聚拢到了一起,不仅使人们清楚地看到语言的上述方面皆属于一个连贯的统一体,而且还使人们清楚地看到,人类语言的诸多基础性结构规则,或许皆存在统一的机体基础。进一步说,这种统一性为语言本身所特有,不能归纳为人类生理系统、神经系统、感知系统等当中的其他非语言学层面(甚至可能与上述层面并无联系)。(关于音系学中该问题的更多一般性探讨,见 Anderson 1981。)

雅柯布森本人把此处运作的基本原则看得全然不同,只有观察到这一点才算公平。在他著作的后面部分,他试图表明,管辖语言的结构规则性和人类头脑组织的更广义特征(尤其是感知特征)之间存在联系。但是令人印象深刻的是,恰恰是这些部分以思辨性为显著特征,与那些关于习得、演变、失语症及音系普遍性的观测中的强烈实证动向形成鲜明对比。所设想的语言学发育和非语言学感知发育之间的联系无论多么具有启示性,都不能视为是由雅柯布森的研究构建起来的。

而另一方面,语言和跟语言有相互作用的其他能力之间存在重大差别,这一卓见在把关于语言能力的诸多视角进行意义重大的系统化的过程中发挥了绝对的根本作用。此后有研究把语言能力的独特性视为能使源自多个视角的数据实现融合的因素,虽然这类研究未必总是明确承认雅柯布森在得出这一卓见中的开拓作用,但是他的研究显然潜藏在该领域所进行的大多数研究的背后。

5 信息理论与雅柯布森的遗产

雅柯布森计划把一切音系对立化简为由统一的二项对立组成的最小集合,我们在探讨这一问题时,曾找出了采取这条道路的至少两个动因。首先,当然是这一事实:某些语音学参数在听觉效应上其实彼此十分相似;倘若说"我们说话是为了被理解",那么这类相似性就应当在自然语言的可行对比系统之范围中体现出来。而同一硬币的另一面则是,倘若某些参数在充当对比之基础时其实相互排斥,而其他情况相同(ceteris paribus),那么关于此互补性的解释就必须被提供出来。让特征以其听觉定义为基础,通过让对同一系统中可加以独立运用的特征所做的相关观测合乎音系理论的基本定义,似乎为提供这种解释带来了希望。

但是,雅柯布森关于区别特征之本质的思考历程的另一影响因素,来自信息理论(information theory)领域。不要忘记,即使是在他关于音系结构的最早期著作中,也可见到音位表达式(以及构成音位表达式的音位成分系统)被用来准确表述一个语言学形式和另一个语言学形式之间的区别所在:即对形式之间对比关系所做的逻辑性"提纯",这种提纯剔除了一切羡余特征和偶发特征。这一图景因语言学领域自身以外的思考而逐渐得到加强。

20世纪40年代和50年代,信息数学理论(the mathematical theory of communication)得到了发展,其基础大体上是对经有限渠道而进行的信息传递做优化时所涉及的电子工程学思考。该理论的主要目标之一就是为某一特定消息中包含的信息量提供数学表达式,同时也为该消息下潜藏的表述系统(或表述码)中相应的可预测性因素和羡余性因素提供数学表达式。十分明显,这一目标跟为语言学形式间的相互区别及其程度提供表达

五 罗曼·雅柯布森和区别特征理论

式的目标即使不完全相同,也可谓高度相似。对这类语言学对比所基于的音位系统进行分析,似乎恰好就是对信息理论之一般问题的具体例证化,使之运用到人类自然语言这一具体领域中。

雅柯布森抓住了信息理论和他的音系观之间的联系(正如 E. 科林·切利[E. Colin Cherry]等信息理论领域的研究者从另一方向所做的那样),在若干篇论文中(例如,Cherry, Jakobson, and Halle 1952;Jakobson 1961)表述了这一看法:经过归纳的信息数学理论,可以为音系系统的解释和分析提供强有力的科学基础。从雅柯布森对该理论的拥护来看,很难对该理论中那令人印象深刻的数学手段的巨大魅力视而不见。类似切利、雅柯布森和哈勒(1952)那样的论文中,延展了的运算在某一特定的语言学文本库里呈现为具体音段、特征及特征序列出现的准确或然性(过度或然性),人们阅读这类论文时,很难认为这些东西反映了所研究的关于语言本质的基本看法。当然,从这类材料中找出许多东西、把带有任意性的精密统计手段运用到以此方法而获取的数字中,都是可行的;但是这类活动的语言学意义,其证据却极不明朗。

无论如何,某一特定领域内消息传播的最优编码系统,就是对基本对比的最小集合加以最大利用的系统,这是信息理论的最基本概念。二项性决策在逻辑上和实证上都比三项性或更一般的 N 项性决策更易于操作。更进一步说,如果一切信息皆以前后一致的二项性方式来表述,那么,为某一特定消息的信息内容推导出统一的方法就十分简单:这就仅是为了将其跟同一系统中所有其他可行消息区分开而必须进行的二项性决策的数量问题了。以最小数量为基础的、具有严格二项性特征的码（理论上来说就是 $\log_2 N$，此处的 N 是必须加以区分的对比成分的数量）因此就是以此观点来看的表述信息的最优方式。

显然，这一结论，以及强调把某一特定消息中的区别性特征从羡余性特征中分离出去，跟雅柯布森独立得出的音位结构概念完美吻合；该结论可用来强化他的体系中的那些方面。20 世纪 50 年代和 60 年代期间，他对音系学的展示日益依赖于信息数学理论，并将其作为充当人类语言语音模式之普遍理论中的具有统一二项性的、无羡余特征的区别特征表达式的支柱。

但是，注意到下面这点很重要：信息理论成果在自然语言的直接运用中，回避了一个重要前提：即人类语言其实是以对信息渠道运用所做的优化为基础这一假设。这就是说，最大限度对某一特定渠道的交际能力加以利用虽然可以充当预期的工程目标，但是，人类语言的实证性事实是否因同样基础而得以建立，却不甚明了。不过当然，倘若这类基础不是消息传递中关于最优编码系统及其实施手段的特征之定理，那么，无论展示得多么强有力，可能都完全无法作为自然语言特征之描写而得以运用。

的确，近年来从语言在心智中存储、产生、理解的途径中获悉的知识，让我们几乎没有理由相信，优化并避免羡余的原则在其本质特征方面扮演雅柯布森所设想的那种基础角色。与之相反，实际语言运用中的每个细节似乎都以数量庞大的羡余性为特点——这种羡余性并不是在实施过程中被"添加"上去的，而

五　罗曼·雅柯布森和区别特征理论

是与结构中据认为更具基础性的"区别性"成分永久、本质性共存。因此，没有理由相信，语言的本质就是以某种方式先对信息表达式进行优化，再（作为由其支配的物理手段的几近偶发的特征）用某些可预测的伴随品进行美化。因而，向这一区别性核心的表达式赋予特别地位已基本无理由；与之相应，把这一信息数学理论的成果不加变化地移至语言研究中亦基本无理由。

　　语言结构中哪些方面可以通过其他方面来预测？语言学特征在其存在之处的分布可做何归纳？上述结论绝不是要对此类尝试的重要性加以否定。我们此处只是想指出，可预测性在语言中的存在，并不像信息理论研究之焦点暗示的那样，赋予我们一种权力，让我们一旦看到某一特定变量依赖于另一变量，就将该变量忽略掉。对语言本质的完整理解——以及对我们确实找到的可预测性之真实基础的完整理解——要求我们对其系统性之整体进行关注，而不仅仅是对独立可变参数的某种最小集合进行关注。

　　无论雅柯布森满怀热情地接受信息理论和音系学之间的关联的最初动机是什么，都为这一领域的实际研究带来了实践上的影响；最初的基础早已被遗忘，但此后这种影响却在一定程度上保持了下去。底层表达式（或者说音系表达式）只需为形式之区别特征赋值，而另需一套完全不同的表述（羡余规则）来提供羡余特征之值，这一观念直接源自下列看法：音系形式应当提供某一项目之信息内容的统一手段；区别性特征和羡余性特征之间的差异之描述，是音系表达式理论应当表述的中心问题。

早期生成音系学描写把相当一部分精力用于组织某一特定语言中所使用的区别特征,让其成为最大程度上对称的"决策树"(decision-tree)结构,并对羡余性的利用进行组织,其方式就是对在任何特定情形中赋值的特征之数量进行最小化(因而表达出形式之不可化简的信息内容)。虽然特征间相互关系的这类表达式很快就从描写中消失了(至少到 60 年代中期为止),但是在某种程度上,其背后隐藏的哲学思想,却以未明确陈述的方法论分析原则的形式继续存在。无论何时,只要能够得到描述某一特定形式之特征的两种或两种以上方法(例如,为重读音节中重音位置与元音长度之对比进行赋值),大多数音系学家就都会习以为常地认为,唯一正确的方法就是能够让该形式的其他信息也得到预测(并因而被处理为羡余性信息)的那种方法,从而排斥那种无法达到此效果的方法。

把雅柯布森对信息数学理论的兴趣同时视为关于"评价手段"(evaluation measure)的大多数研究的源头,似乎并不牵强。不要忘记,统一的二项对立在该理论内部的编码中扮演核心角色,因为这种二项对立使信息内容的一致性手段成为可能,而该手段又使内容和描写之间的比较成为可能。为同一消息集合设定两种不同的编码系统,被认定为最优(或几近最优)的系统就是对按此方式度量的选择项数目进行最小化的系统。在生成语法内部,解释性理论的这一基本问题早早就被提了出来:这样的理论必须提供出一种基础(或者说是一种评价程序[evaluation procedure]),来决定不同的描写中哪一套更能够表述出某一语言的描写充分的语法。这一要求将由一套为特征计数的衡量标

五　罗曼·雅柯布森和区别特征理论

准来满足，并由规则和表达式之表述系统来定义，而这种表述系统则基于由适度简洁的规约来补充的二项特征之统一集合；上述具体提法上升为一种论断：即自然语言的音系系统在信息—理论意义上构成了最优编码系统。

这并非在暗示，生成音系学从雅柯布森的思想中继承下来的那些音系分析层面未得到探讨；与之相反，羡余性的角色及其在语法中的恰当表达，还有针对语法的评价过程之基础，均构成了早期生成音系学文献中的主要探讨话题。然而，该辩论已基本把下面这个观点接受为基本公设：音系表达式的目的在于准确表达某一形式的不可预测方面，而实现这一点的途径在于把所有可预测的特征从此类表达式中消除出去。在某一标写系统中起重要作用的特征构成了语法的有效评价过程，这一假说的实证本质虽然诸位作者都已强调过，但对这一问题的讨论却毫无例外地集中于简约手段的选择以及其他标写方面。

但是，我们应该考虑这一事实：从雅柯布森的思想到当代大多数音系学家的思想，音系表达式这一观念的概念动因已经发生了某些重要变化。如我们在前面反复提到的，雅柯布森把音位表达式看作交际内容以及语言形式之区别性的本质表述。这一观点直接导致了无羡余的最小化表达式，其赋值越少越好。

不过长期以来，博杜安·德·库尔德内和克鲁舍夫斯基等语言学家十分不同的关注点已重现出来：从这一观点来看，音系表达式的角色在于为交替现象的描写提供基础。如果我们想要表述在更高层面的语言单位（语素、词语等）中形式既不相同又相联系的多个交替形式之间有何共同点，如果我们想要表述这些变体所处环境中的哪些特点决定了其外貌,这一目的最终就可能因某一羡余性细节赋值于音系形式中的表达式而得到更好的实现(虽然受到规则的限制,从而表述其可预测性)。其结果,很可能就是第二章中所勾勒的"充分赋值(基本或表层)变量"理论路线下的音系形式观。这并非接受交替现象对决定音系形式的重要性的必然结果;但是,一旦音段区别性本身不再充当此表达式的派生基础,该问题至少就是个开放性问题。

与之类似,一旦这种非最小化表达式之可行性得到足够重视,我们或许就要质疑用于解释恰当的语法评价标准的特征计数型策略的合理性。虽然许多人都曾提出过这类过程的理论化,并用其来构筑明确的语言学理论中的中心解释问题,但是自从生成音系学产生之初以来,几乎从未取得实质性进展。许多"限制因素"和"一般原则"当然都已在文献中提出,用来构建这种评价标准的重要组成部分。但是,从特征计数的自然概念来看,这些基本上已被证明为无法理论化。特征计数充当唯一强有力而明晰的衡量尺度,可满足对明确性的要求,倘若对此的偏见之基础根源于从信息理论领域拿来的最优编码之考虑,并且这类关注如今已被视为与自然语言不直接相关,那么,我们就莫不如重新审视评价过程得以表述的整个问题。

很明显,生成音系学的大部分概念资本均从雅柯布森的著作中继承(如在第十二章中深入探讨的那样)。区别特征的基本体系虽然在此后的著作中经历了很多修改,但是却牢固根植于雅柯布森的理论中。与之类似,音系调查的基本研究目标,包括解释性一般法则的理论化,以及历史变化、语言习得、语言病理

五　罗曼·雅柯布森和区别特征理论

学融入共时系统之理论中,皆在他的著作中得到了最有力的表述。然而,并非他的思想中的一切基础(当这类基础变得明晰时)都在生成音系学家当中得到了普遍接受;审视某些源于那类看法的观点,从而看看其融入我们当今的猜想框架的自然程度,是十分重要的。

六　路易斯·叶尔姆斯列夫的"语符"理论

许多美国语言学家都对自己的研究和欧洲同行的研究之间的区别有种颇似漫画式的理解。据通行的看法，在北美，语言学研究极其重视对来自真实语言的具体语言数据的描写和分析。理论性提法，倘若不是从这类实践性研究中归纳式得出，至少也要不时与范围尽可能宽广的事实性材料相遇。而另一方面，在欧洲，对语言的大多数研究更属于思辨哲学之领域，而非实证语言学之领域，语言学理论来自以先验为本质特征的思考，只是偶尔对范围不大的明显标准例证中的一个例子点一点头而已。如果说论证"基克普语①中部后缀的形态句法"的文章，充满陌生的形式和描写性难题，是美国语言学的典型，那么，欧洲的典型就很可能是一篇论证"符号之抽象性"的文章，其事实性基础仅仅局限于观察到 tree 在英语中表示树，而 arbre 在法语中大体具有相同意义。

不过，这幅图景中的严重失真（对双方显然皆有失公允）却暗藏着一点事实。欧洲的许多语言理论研究的确关注哲学性的

---

① 基克普语（Kickapoo），美洲印第安人语言，属阿尔贡金语系。——译者注

六 路易斯·叶尔姆斯列夫的"语符"理论

语言本质问题;而美国的许多研究,由于该领域在美洲的历史发展原因(见下文第八至十一章),确实聚焦于田野工作中的问题以及对类别众多的语言结构的描写。

倘若语言学史中存在一位重要人物,最能够代表美国人对欧洲人的那种期待,那么,此人必然是路易斯·叶尔姆斯列夫(Louis Hjelmslev)。他的著作(只有少量例外,且这些例外在1973年其《语言学文集》[*Essais linguistiques*]第2卷出版前,在丹麦以外基本无人知晓)几乎毫无例外地关注理论问题(此处的"理论"[Theory],首字母须大写):对符号本质的哲学探讨,关于陌生术语的正确运用问题的晦涩讨论,这些都是在不参照或几乎不参照实际语言材料的情况下进行的。认为叶尔姆斯列夫所写的东西对现代读者(尤其是北美读者)来说几近于无法理解,并非不公平。其原因之一在于他创造了大量新术语,再加上他常常对熟悉的词做高度个人化的使用。所有这类术语手段都十分明显,且在内部达到了一致。但是,他的行文特点既极为难懂又联系紧密,并且缺乏可便于理解的对具体的事实性材料的参照,这就使读者的任务变成了艰巨的任务——这条道路几乎全无明显回报。

但是,叶尔姆斯列夫却基本上得到了相当程度的尊敬,在任何对语言与语言学理论本质的基本观点之探讨中,引用(至少是顺带提及)他的名字和他的语符理论,长期以来已成为几近于必不可少的一部分。尤其是20世纪50年代,他的著作因其"高度逻辑性"、他对"明确公式化"的要求以及他发展索绪尔(或类似索绪尔)的某些观点至其最终结论的程度,而受到广泛赞誉(在欧洲和北美皆如此）——当然，有人可能会说，这是一种反证法（reductio ad absurdum）。

但是，虽然叶尔姆斯列夫的著作得到了广泛的引用，虽然这种引用参照往往得到正面评说，虽然他的著作已经被翻译成多种语言，但是却几乎没有证据能够表明，语言学家当前的实践（除了他的直系学生和同事，以及更广义的丹麦方言学家之外）受到了叶尔姆斯列夫具体思想的重大影响。的确，有据可查的许多赞誉都有空口应酬话之特点。人们不愿意在没有正面文献证据的情况下做出此论断，但是映入脑海的相似事物却是叶尔姆斯列夫的同胞 H. C. 安徒生的小说《皇帝的新装》中旁观者们的行为。或许，对叶尔姆斯列夫著作的正面参照是由于一种敬畏感；这种敬畏感由其著作结构毋庸置疑的精密性引发，再加上对他所想表达的意思缺乏理解（但却感觉他所想表达的意思一定十分重要），而不代表那种因对其思想深刻赞同而产生的尊敬。

叶尔姆斯列夫的语言结构观如今比以往更值得好好理解；这可能并不是因为他的思想及其理论化一经细节探讨就会得到赞同，而是因为他确实以当时无人做过的方式提出了一些重要的基础性问题。他对这些问题的探讨可以说受到了重要局限性的影响。原因之一，是这类局限性源自他从其他语言学家那里继承过来的对语言结构的看法。研究这一关系，可使我们明白，即使是相当独立的研究，也可通过某种方式受到其所在的思想之语境的打磨。同一硬币的另一面，是该语境在何种程度上使他的研究成果得到了别人的接受：同代人对叶尔姆斯列夫思想

六 路易斯·叶尔姆斯列夫的"语符"理论

的反应,再度值得思考。

除了这些明显带有历史性的思考之外,叶尔姆斯列夫的著作还应当单独得到音系学家的研究。虽然他的著作基本在强调些抽象的东西,但是他也的确做过一些语言描写。尽管他对丹麦语、法语音系以及波罗的语族重音系统所做的处理十分简略且不完整,但是却依然表明他对音系描写应当包括什么、此类描写和描写所基于的数据之间应保持何种联系等问题有颇具意义的想法;这些想法跟当时的许多其他著作都很不相同。

因此,下文的探讨将聚焦于叶尔姆斯列夫的观点和其他人的观点之间的关系,聚焦于在他的描写实践中发现的新特征。本章当然不是在跟周边各章构成严格的线性序列关系,而是试图展示"结构主义语言学"自身发展中的一种另类观点,该观点在相当程度上代表着一种独特的研究方法,跟特鲁别茨科依和雅柯布森所展示的方法不同,跟我们即将在后面各章中思考的那些方法也不同。

1 叶尔姆斯列夫的生平与职业生涯

叶尔姆斯列夫显然是丹麦结构主义语言学发展历程中最著名的人物,但是他绝非孤立存在于该国的语言学史当中。尤其是和其面积相比,丹麦产生了数量惊人的杰出语言学家:仅在过去,就可提及这些名字:拉斯姆斯·拉斯克(Rasmus Rask)、卡尔·维尔纳(Karl Verner)、霍尔格·裴得生(Holger Pedersen)、奥托·叶斯柏森(Otto Jespersen),这仅仅是引用几个在本领域通史中举足轻重的人物。近年来享有国际声誉的学者还包括维戈·布伦达尔(Viggo Brøndal)、保罗·迪德里克森(Paul Diderichsen)、泽伦·埃格罗德(Søren Egerod)、于尔根·利沙尔(Jørgen Rischel),尤其还有埃莉·费舍-于尔根森(Eli Fischer-Jørgensen)。跟其他个人相比,理解叶尔姆斯列夫的著作更重要的一点或许就是这个普遍性事实:对普通语言学有兴趣的"批判性学者群体"在这个国家存在已久。因而,叶尔姆斯列夫拥有不间断的同行储备和学生储备。在他发展自己极其独特的观点的过程中,和他们存在思想的交流以及相互鼓励。下文中对其生平的勾勒,主要依据费舍-于尔根森(1965、1975)。

路易斯·叶尔姆斯列夫于1899年出生于哥本哈根,其父是一位数学家,是当时丹麦学术管理界的一位显赫人物,曾于1928—1929年担任哥本哈根大学校长。表面看来,把叶尔姆斯列夫所偏好的高度抽象的"代数性"理论归因于他父亲的影响颇具吸引力;但是,不仅叶尔姆斯列夫本人否认这种影响,而且他所做的那类研究跟他父亲所做的研究中的细节似乎十分相悖(他父亲的研究恰恰致力于为几何学提供一种不那么抽象的基础,使几何学更直接地建立在经验基础上,而不是纯理论构建的基础上)。此外,叶尔姆斯列夫本人对数学术语的运用方式,也跟该领域中的通用意义有很大不同,这也显示来自他父亲的影响只是一般性学术氛围形式的影响,而非任何具体的数学训练。

1917年,叶尔姆斯列夫进入哥本哈根大学,师从许多杰出人物,尤其是霍尔格·裴得生,学习罗曼语言以及(后来的)比较语文学。由于裴得生的影响,他开始对立陶宛语发生兴趣,并于

六　路易斯·叶尔姆斯列夫的"语符"理论

1921 年在立陶宛从事研究，并由此于 1923 年以研究立陶宛语语音学的论文而获得硕士学位。他在布拉格（似乎有些不情愿）度过了获得文学学士学位之后的那一年，在那里发展了他对传统印欧语研究的知识。他很愉快地在巴黎度过了 1926 年和 1927 年，师从梅耶和房得里耶斯等人；这一时期形成的对法语事物的钟爱具有永久性，正如这一事实所示：在他整个一生中，撰写的大量著作只要不是用丹麦语写成的，就一定是用法语写成的。

1928 年，他出版了一部旨在雄心勃勃地为语言研究提供一般性理论基础的书（即《普通语法之原则》[*Principes de grammaire générale*]）。该书的目的在于发展抽象的形式化"系统"，"在此系统内部，具体的范畴视为可能性，每种可能性皆有一个准确的位置，该位置由其实现形式及其与其他范畴的组合来解释"（Fischer-Jørgensen, 1965：vi），从这个目的来看，该书和他后来的其他著作之间的延续性十分明显。这部作品具有不折不扣的理论性本质，以至裴得生不愿意将其接受为博士学位论文，并转而要求叶尔姆斯列夫拿出一份更直接地建立在事实性材料上的研究来。因此，他于 1932 年写出了《波罗的语族研究》（Etudes baltiques），一部研究波罗的语音系的十分传统的历史音系学著作，该作尤其研究了这些语言中管辖声调、重音、音长等超音段因素的诸原则。除了为其赢得博士学位之外，这部作品还充当了他后来的作品中解释重要研究问题所需的例证之来源。

同一时期，他还（应邀）编辑了拉斯姆斯·拉斯克的手稿和其他作品,出版了三卷拉斯克手稿评注本(1932、1933、1935)。最后一卷包含拉斯克的书信和深度评注,此后很久由他的学生玛莉·别鲁姆(Marie Bjerrum)出版。叶尔姆斯列夫显然受到拉斯克性格上和学术上的双重吸引:他认为,对这位学者的基本评价完全受到了误导。他于1950年写于巴黎(发表于1951年)的一篇论文中提出,拉斯克的研究,尤其是在他短暂生涯的最后阶段,主要目的不在于发展历史语言学(虽然提到他的名字时通常跟这一学科相联系),而是在于发展语言结构之普遍类型学,从这一意义来看,对语言进行基本非历史性的比较是可行的。

由此而生的将拉斯克视为结构主义语言学之先驱的图景中,存在着一定程度的时空错乱,但是,或许错乱的程度不像迪德里克森(1960)对叶尔姆斯列夫的分析所做的批判中说得那么严重。这一争议的中心问题在于,拉斯克对充当语言关系讨论基础的类型学比较和发生学比较之间的差异是否有清晰的概念?虽然他很可能并没有这样的概念,并且因而不应该因明确的共时语言结构理论而受到称颂,但是他的兴趣似乎明显在于语言是如何被相互比较的之类的问题,而不仅仅在于语言是如何演化的。不幸的是,拉斯克很符合人们关于19世纪历史比较语言学发展的常规智慧,而叶尔姆斯列夫的观点(在专家的小圈子之外)虽然是基于对全部可获材料的严肃而广泛的研究,但却并未真正融入本学科的正史。

叶尔姆斯列夫的音系学著作可以说能追溯到1931年,即国际语言学家大会在日内瓦召开的那一年。会上,布拉格学派的音系学家们积极地为自己研究语言结构的全新方法寻求皈依者

六 路易斯·叶尔姆斯列夫的"语符"理论

(见上文第四章),成果之一便是多个研究中心中"音系学委员会"的成立;叶尔姆斯列夫参与了哥本哈根语言学小组(同样建立于1931年,叶尔姆斯列夫是其活跃的创始会员)旗下的位于哥本哈根的此类委员会的创建。该委员会的最初目标是创制一份对丹麦语的音系描写,但叶尔姆斯列夫的研究更倾向于创建语音结构(以及普遍意义上的语言结构)之一般性理论,在他开始跟汉斯·于尔根·乌尔达尔(Hans Jørgen Uldall)合作之后尤其如此。

乌尔达尔生于1907年,曾在哥本哈根师从叶斯柏森研习英语,并于1927年在伦敦师从丹尼尔·琼斯。短暂执教于开普敦(他此时年仅22岁,在那里替代 D. M. 比奇[D. M. Beach])和伦敦后,他于1930年前往美国,在鲍阿斯那里从事美洲印第安人语言田野工作。在此期间,他特别研究了麦杜语[①];1933年,他在鲍阿斯指导下获得哥伦比亚大学文学硕士学位,并返回哥本哈根(哥本哈根并无真正职位在等候他,这个问题在他的大半职业生涯中一直困扰着他)。

叶尔姆斯列夫和乌尔达尔之间的合作,在其回来后不久即在"音系学委员会"的背景下开始,第一份实质性成果即是1935年向伦敦国际语音科学大会提交的题为"论音位学之原则"(On the Principles of Phonematics)的文章。该文中呈现的"音位学"(phonematics)图景虽然在精神上与布拉格学派的"音系学"十分

[①] 麦杜语(Maidu),麦杜族印第安人的语言,主要分布于加利福尼亚州东北部内华达山脉中部地区,目前已濒临消亡。——译者注

接近,但是在一些重要细节上差别十分明显。例如,叶尔姆斯列夫和乌尔达尔不仅摒弃了布拉格学派早期作品中以博杜安·德·库尔德内的影响为特点的心理学式音位定义(将音位解释为"言语声音的心理对应物"或是得以实现的言语下潜藏的"意图"),而且还摒弃了将音位指认为言语事件外部物理特征的一切纯语音学式定义。相反,他们要求音位要毫不例外地依照语言学模式内部的分布、交替等标准来进行定义,这一点早已在叶尔姆斯列夫早期的《普通语法之原则》中预示出。

叶尔姆斯列夫的观点和布拉格音系学家们的观点之间的差别十分明显;的确,这是叶尔姆斯列夫多次强调的一点。实际上,他所有研究语音结构的文章都包含对"音系学"的指责,这种指责至少充当侧面,有时还会成为主要论点,他认为"音系学"将分析建立在物质基础上——尤其是语音学特征的基础上——是严重的概念错误。叶尔姆斯列夫跟特鲁别茨科依、雅柯布森两人的交流中包含大量的相互批评,虽然双方的这种批评从未格外强烈或成为人身攻击的调子。不过,语符学和其他形式的结构主义之间的关系似乎从未亲近过。

1934年起,叶尔姆斯列夫在奥胡斯(Aarhus)①出任比较语言学副教授(reader)。乌尔达尔也随他而来,以便继续合作研究。1937年,叶尔姆斯列夫接替裴得生,继任哥本哈根大学普通语言学教授一职(虽然乌尔达尔仍然没有固定职位)。此时,

---

① 奥胡斯(Aarhus)位于丹麦中部,丹麦第二大城市。奥胡斯大学(Aarhus University)成立于1928年,是丹麦第二所大学。——译者注

六 路易斯·叶尔姆斯列夫的"语符"理论

二人已确定,其音位学观可以跟叶尔姆斯列夫先前的语法范畴研究(以其《原理》以及 1935 年出版的《格范畴》[*La catégorie des cas*]一书为代表)结合起来,成为一般性语言理论。两人都感觉这是第一种以语言本身为目的的语言研究方法,而不是跟心理学、生理学、声学语音学等其他非语言学学科相结合的研究方法。似乎需要一个特别的名称来强调它与先前的"语言学"之间的区别,于是,"语符学"(glossematics)这一领域就诞生了。

为了给予语符学实际内容,叶尔姆斯列夫和乌尔达尔希望提供一整套定义和概念,来构筑一种内部一致的强有力的原则框架,这一框架通过来自系统之外的最少量术语而建立起来。这一理论工具既可以为大多数一般性术语中视为"语言"的形式系统赋值,也可以为构成语言"分析"的那些因素赋值。

后一种概念在语符学中被描写为一套分析"步骤"——这个术语或许有些不幸,因为它暗示一种田野调查步骤,不懂某一语言的语言学家或可运用该步骤来得出对该语言的分析。但实际上,语符学中的"步骤"是对已经完成了的分析所采取的形式的具体化,而非得出该结论所通过的途径。比如,文本是由段落组成的,段落又是由句子组成的,而句子则由分句组成,等等,这绝不是在探讨如何在实践中把现实文本拆分开,语符学也并未真正暗示要达到这一目的。相反,语符学认为,语言学家学习语言、分析语言可使用任何被证明为方便的方法:只有在得出分析之后,才能够加以组织并符合语符学"步骤"。

叶尔姆斯列夫和乌尔达尔不断发展并充实其分析框架和定义体系,希望很快就能出版一部详细的《语符学纲要》(*Outline*

of Glossematics)。1936年,在哥本哈根国际语言学家大会上,他们分发了一本只有几页的小册子,称其为"将于秋季出版的"同名著作中的样章。但是,他们没说是哪年的秋季,此事成为哥本哈根语言学界的长期笑谈。这部耽搁了很久、却又常常被引述的著作为其他许多著作提供了概念支柱,不禁使语言学家们联想起后来的佳作《英语语音模式》(*Sound Pattern of English*)。

1939年,战争爆发时,乌尔达尔最终得到了一个较为稳定的位置——就职于希腊的英国文化协会(the British Council)。他的离开事实上切断了战争期间语符学的合作,但是两人继续分头进行他们仍认为是合作项目的研究。叶尔姆斯列夫完成了该理论的简要大纲,但却觉得不应该在乌尔达尔不在的情况下将其出版(这本书最终在1975年出版,即《语言理论概要》[*Résumé of a Theory of Language*])。他转而在1943年出版了对该理论及其概念基础的简要介绍,题为《论语言理论的基础》(*Omkring sprogteoriens grundlæggelse*)①(该书于1953年译成英语,同时做了少量修改,题为《语言理论导论》[*Prolegomena to a Theory of Language*])。

尽管至少叶尔姆斯列夫把这部"普及本"视为一种"通俗读物",但该书无疑是语言学有史以来最晦涩、最难读的著作之一。

---

① 丹麦语中"基础"一词的正确拼写是 grundlæggelse,由于部分印刷字体中字母 æ 和 œ 的斜体形式都是 œ,该书书名中的 grundlæggelse 常常被显示为 grundlœggelse 并被讹传。——译者注

不过，叶尔姆斯列夫的身边圈子以外的语言学家们恰恰主要是通过这本书来了解语符学的内容的。1952 年，他在美国语言学会主办的暑期语言学院授课，在那里有机会把他的思想展现给了北美的听众们。这一场合诚然使语符学在欧洲以外得到了较好了解，但是似乎却并未得到太多的皈依者。

此后那些年，叶尔姆斯列夫和乌尔达尔继续相互独立地从事研究，但是却无法再在一起。乌尔达尔曾短暂居于伦敦，并在阿根廷、爱丁堡担任过一系列职务，后来去了尼日利亚；他在哥本哈根度过了 1951—1952 年，但是此时他的观点和叶尔姆斯列夫的观点似乎已有显著不同。他们依然希望写出统一的《语符学纲要》；事实上，乌尔达尔于 1957 年出版了该书的第一卷，但是叶尔姆斯列夫却觉得无法按照乌尔达尔呈现的基础写出计划中的第二卷。乌尔达尔本人于 1957 年因心脏病辞世；而叶尔姆斯列夫 50 年代和 60 年代的时间越来越多地投入到大学的行政工作上，而没能用来对语符学做进一步发展。虽然他以某些特定话题写出了数篇文章，其中至少有一篇论及一般性视野（《语言的层次》[La stratification du langage]，1954），但是他再也未能出版任何超越《导论》的综合性理论描写。他于 1965 年去世。

2 叶尔姆斯列夫的"内在"语言学概念

继索绪尔之后，叶尔姆斯列夫也将语言视为符号系统：语言之精髓在于解释声音与意义之间的对应关系系统。因此，对语言的分析包含对两个平面（plane）及其相互联系的描写。索绪尔的所指领域——即符号之"意义"——叶尔姆斯列夫称之为内容平面(plane of content)，而能指领域则称为表达平面(plane of expression)。任何具体语言中，这两个平面中的每一个都有自己的结构：在表达平面上，词语(或者语素规模的单位，要降低对最小符号规模的单位的注意)通过音段序列实现；而在内容平面上，其意义则可视为更小的成分单位之组合。很重要的一点是，对符号的这两种分析并非完全对应，因为表达符号并非按一对一的方式与内容单位相联系。英语中 ram(公羊)一词，在表达平面上可视为/r/加/a/加/m/的序列；而在内容平面上，则是(male[公])加(sheep[羊])的组合；但是在两种分析之间，却并不存在任何细节性对应。

叶尔姆斯列夫认为，以前的语言学(以及当时的语言学)未能提供一种从严格的语言学自身结构(或称内在结构[immanent structure])出发而进行的内容分析或表达分析。尤其是，对内容的语言学分析指向了以人类心智结构或心理结构等一般性层面为基础的语言学意义范畴之解释；而对表达的分析则试图把语言学结构层面降格为对普通声学或生理语音学的研究。在他看来，其他语言学家在试图把语言范畴当作更具一般性的诸领域中的特例来研究，这些领域(尤其是心理学和语音学)中的每个领域都在构筑更具综合性的学科，而这些学科从理论上来说独立于语言的特有特征之外。

对叶尔姆斯列夫来说，这些动向在本质上都是错误的，因为它们遮掩或否定了语言特有的语言学性特征。对他来说，从语言本身的角度来研究语言的唯一途径，就是培育出一种语言结

六 路易斯·叶尔姆斯列夫的"语符"理论

构的概念,这个概念完全独立于语音实现形式的细节或具体意图性意义的细节。叶尔姆斯列夫的计划中的激进主义,在于其中似乎悖论性的提议:用完全独立于语音和意义之外的方法来研究语音和意义之间的关联体系。无需多言,他的批评者们不会不指出这一研究方法中的明显矛盾,甚至会对其加以夸大。

下文中我们将讨论这一计划的基础及其合理性。但是现在却有必要指出,叶尔姆斯列夫通过信奉这一点,成为第一位真正讨伐如下观念的现代语言学家:语言学中的"自然性"(naturalness)可通过把语言结构事实凝练成其他非语言学领域的事实而实现。这一问题在后来的结构主义探讨中常常被忽视,或是得到了错误陈述(如,叶尔姆斯列夫只被引述为提倡在不过问意义的情况下分析语言结构,而忽略了这一点:语音事实在他的体系中跟语义事实一样无关紧要)。

的确,在 20 世纪 30、40、50 年代强烈的实证主义科学研究氛围中,似乎很难正经采取一种从最一开始就对可操作、可证实的外部事实基础进行谴责的方法来研究语言。事实上,叶尔姆斯列夫实际反对的那种方案,也就是把语言学之目标视为把语言降格为非语言学原则的方案;把这样的方案等同于该领域一般意义上的实证主义研究方法,是错误的。但是,通过提倡语言学完全从语义学和语音学(后者更重要)中独立出来,叶尔姆斯列夫几乎没有为他的语符学观和那个时代的实证主义语言学留下什么实质性的交汇点——除了诉诸精确和明晰,这属于没有哪位语言学家会不赞同的"根源"问题。叶尔姆斯列夫以语言结构中的"自然性"为衬托,呼吁一种内在语言学,"自然性"作用背后的基本预设已不再被当今的大多数批评者所讨论。但是后来，在使实质性讨论更易于进行的条件下，这类问题在"后《英语语音模式》生成音系学"语境中又重新出现了（见下文第十三章，以及 Anderson 1981）。

叶尔姆斯列夫提倡让语言学从外部性思考中独立出来（至少从那些可能被认为在表达平面上发挥必不可少作用的语音学事实中独立出来），为此他断言，相同的语言学系统可以在极为不同的媒介中实现。具体说，某一具体语言的语言学系统既可以口头实现，即由语音学家通过研究语音来实现；又可以书面实现，即通过文字符号来实现。即使是在语音学实现形式的界限内，他也表示，用一个音段任意取代另一个音段（只要对比之数量保持不变，对比成分的分布模式、交替模式等保持不变）不会对系统产生影响。他表示，如果德语所有词里的[t]和[m]实现系统性互换，其结果依然跟标准德语的系统完全相同。

此外，相同的系统还可以在手语符号、旗语、莫尔斯代码等体系中得以实现：潜在无数种方式来表达实质上依然是同一语言学系统的那些东西。如果的确如此，那么系统自身就显然无法与语音学现实拥有内在联系（排除其他可行实现形式）。探讨语符学的评论家及其他人士回应道：(a)书面系统及其他系统在本质上显然具有次要性，寄生于口头语言之本质上，只是在口头语言出现很久之后再发展出的；(b)无论如何，这类系统通常不表现为跟口头语言"相同"的系统。

对于第一点反对意见，叶尔姆斯列夫答复道，书面系统等历史上次要特征无关紧要，因为重要的是以其他媒介实现该系统

六　路易斯·叶尔姆斯列夫的"语符"理论

的可能性,而不是这种可能性是否在某一特定时期得以实现的事实。至于文字所谓的衍生性特征,叶尔姆斯列夫十分简单地否定了书面形式作为表现(语音优先的)言语的途径而被发明出来的看法:他依然认为,文字代表一种对语言表达系统的独立分析。如果语音和文字都为构成符号之表达层面的相同成分体系充当实现形式,那么二者显示出紧密联系是十分自然的;但是,在所有已知的文字体系中,语音学和文字学的具体事实之间缺乏详细的同态性(isomorphism),加之我们显然并不了解文字发明者的具体动机和过程,这使得该观点至少是悬而未决。

上边提到的第二点反对意见的内容,举例来说,就是当人们研究用拉丁字母拼写的英语文字系统时,得到的是跟研究英语语音学时十分不同的系统。书面英语没有对比性重音(而且也根本没有任何重音);书面英语中又具有某些口头英语中没有的对比(如 two [二]、too [也]、to [至]之间的对比),反之亦然(如 read [rijd] [读,现在式]和 read [red] [读,过去式]之间的对比);所涉及字母的区别特征(只要这个概念可以借用到这个领域)与语音标准相比,为自然类别之地位造就了十分不同的候选者。可以再次提出,这一点无关紧要:叶尔姆斯列夫十分乐于作出让步,认为在实践中,表达形式的十分不同的系统(例如,与语音规范相对应的系统和与书面规范相对应的系统)或许可以跟内容形式的相同系统相匹配,充当"同一"语言的变体;但是问题在于这样一个事实:发展出一种书面系统,来为与某一特定口头语言中运作着的系统相同的表达系统充当镜像,原则上是可行的。的确,完善的音位转写系统(或许把音位描述成为图形式的特征复合体,有点像韩国语的谚文书写体系)可以用来使叶尔姆斯列夫的观点符合原则。

所以,文献中对叶尔姆斯列夫思想的探讨,其实不能说是有效驳倒了他的语言学结构独立于外部考虑之外的观点。成分的实现形式中即使发生了任意性替代,系统之特征也依然保持不变,这样的论断是否准确?对此进行质疑或许更加切中要害。毕竟,新语法学派的整个解释要点就是,语言的共时状态特征源自其偶发性细节的累积史。的确,如果这样的状态代表系统,那么该事实就必然通过某种途径从各具体特例之组合中产生出来,而那些特例也必然会对系统的内部平衡之发展和维护造成影响。虽然随着结构主义的兴起,这种完全历史性的语言观已基本消亡(至少在某些印欧语研究圈子之外如此),但是大多数语言学家却依然会赞同,语音变化和类推(二者都十分关键地基于符号外部形式细节,虽然这并非其唯一特点)的运作促成了语言系统的形成。如果果真如此,就不能认为符号外部形式中的任意性变化让语言系统保持基本不变。然而,对叶尔姆斯列夫的激进观点所提出的主要异议,却似乎并未基于这样的基础。

3 语符学分析的基本术语

为了让他所期望的系统及其表现形式之区分明确化,叶尔姆斯列夫提出了一套术语,这套术语至今未被完全理解。费舍-于尔根森(1966、1975)对这套术语及其发展史进行了探讨和阐明。首先,他提出要区分语言形式(form)和语言实质

六 路易斯·叶尔姆斯列夫的"语符"理论

(substance):"形式"是一系列抽象而关联的范畴,构成某一特定语言的表达系统和内容系统。而"实质"则由这些形式成分的具体表现形式构筑起来。因为系统本身独立于任何表现形式之外,并且只要潜藏于表现形式下的系统存在,所有这类表现形式就只具有语言学现实,所以,叶尔姆斯列夫坚持认为,"实质对形式有预设作用,但反之并不如此。"虽然从这些术语的逻辑性角度来看,该提法其实是同义语赘述,但是该提法却被视作他最具争议性的论断之一。这当然是因为,正是在这一论断中,语言结构摆脱语音学(及语义学)事实而获得独立得到了落实。

具体语言实质被视为具体意图(purport)中特定语言形式的表现形式。意图是一种用于语言学目的的"原材料",但是其本身却并不具有语言学特征,除非受到语言形式的塑造而成为语言实质。叶尔姆斯列夫利用网状图像(代表形式)来向表面(即意图)投影,由此将其分割成一个个细胞或一个个区域(实质之元素)。人类语音的完整可行性范围(被视为一种多维度的连续体)构成一类语言意图,可使处于实质(大体如结构主义术语中的英语"音位"系统)之中的语言形式之表现形式(如英语的语音模式)实现实质化。从事物本质来看,同一意图可因不同系统(例如,同样的语音可行性空间在不同语言中按照不同方式来组织)而形成不同实质,正如同一形式可"投射"到不同意图上,从而产生不同实质(正如有时语音表现形式和文字表现形式都可用来使同一语言的表达系统实质化)。

意图这个概念,在表达领域很理性、很清晰(从语符学意义上的"形式"概念和"实质"概念来看),但是在使语言的内容平面实质化当中,这一点却不那么明确,存在一系列潜在的不同"意图",虽然假定的语言独立于语义学之外暗示其确应存在。

对内容平面和表达平面中任何一方的分析,都包括在该平面内部找出一套符号构成成分,并找出对把这类成分组织进更大单位起管辖作用的诸原则。语符学对这一寻找过程的贯彻,就是"替代检测"(commutation test),依照这种替代检测,在某一特定平面上的两个语言实质成分(element of linguistics substance)中,如果用一个成分代替另一个成分会导致另一平面产生变化,那么这两个成分就表现为不同的语言形式成分(element of linguistic form)。从一个方向来看,这是十分标准的结构主义过程:当一个语音形式替代另一个语音形式致使意义发生变化时,音位对比即存在于这两个语音形式之间。

语符学的创新之一包括这一事实:同一步骤被认为也可应用于寻找最小内容成分:因此,用{male}+{sheep}来替换{female}+{sheep}导致表达上的变化(由 ewe[母羊]变为 ram[公羊]),并因而将{male}和{female}构建成英语中不同的内容形式成分。必须补充一点,这种通过基本相同的步骤来分析内容形式和表达形式的方案始终是一种纯理论性方案,至今没做出对具体语言的语符学内容形式的实质性延展描写。总的来说,两个平面(表达平面和内容平面)的完全对称是语符学理论的主要宗旨;但是由于不存在对内容形式的真正研究,该理论依然是一种几乎无实证内容的原则。

我们能够注意到,"替代检测"听着像是特别具有实践性的步骤;的确,"替代检测"在其实质上类似北美田野语言学的学生

六　路易斯·叶尔姆斯列夫的"语符"理论

们在研究陌生语言时被告知要做的那类事情。但是,从这一点来看,似乎应当对"实质对形式起预设作用,而反之并非如此"这一论断做出折衷:倘若形式得以阐释的唯一途径就是通过以此方式来处理实质之成分,那么其独立性似乎就相当有限了。但是,此处注意到这一点十分重要:叶尔姆斯列夫根本就没打算让替代检测来承担这一作用:如上文所示,他认为致力于田野描写的语言学家应当利用一切手段来帮助自己得出分析(如果"替代检测"证明有作用,那就包括"替代检测"的操作);但是他也感到,这一分析的有效性完全是事后回溯,无法在得出这一分析的步骤中找到。换句话说,这一分析能够完美来到已在梦中成型的分析家面前:"替代检测"的作用在于展示其充当形式系统时的正确性,这种形式系统潜藏于内容实质和表达实质之间的具体联系的背后。

在语符学看来,语言学的目标是发展出一种"代数"(或称记录符号系统),在其内部,一切可行的语言学系统皆可得以表达。这样的理论对一切语言中的表达形式系统和内容形式系统的抽象可行性范围进行赋值,且在具体实质方面独立于对这类系统的具体表达之外。由这类理论赋值的每种"语法",都只是相对确定的形式成分构成的网络:即可用来使适当"意图"成为"实质"的范畴之集合。

构成这类网络的成分自身完全由其在系统内部的独特性(其可替代性)及组合、分布、交替等的可行性来定义。因此,我们认定为音位/t/的英语表达形式元素,从定义上来说并不是齿部清塞音,而是某种与/p/、/d/、/n/等相区别的东西,是某种可出现在词首、词末、/s/后等位置的东西,是某种与/d/交替的东西(在齿音性过去式词尾中),等等。只要考虑的是系统,贴在这种表达形式之最小元素(以及与之对应的内容形式元素)上的标签就完全是任意的:这类元素的身份完全存在于跟其他元素的关系之中,而非存在于其自身的实证特征之中。这样的看法显然(也很明确地)是在尝试实现索绪尔的语言(langue)概念:语言是形式,不是实质。

如我们在前面所反复强调的,正是语言形式和其在实质中的表现形式之间的这种完全独立性,既充当了叶尔姆斯列夫语言观中的标志,也成为其语言观中最具争议性的方面。例如,从最大程度的字面意思来看,这一区别似乎预示着一种仅达到了半连贯的实际语言分析:我们如果忽略掉"实质",则应如何鉴定某一语音类型(如[k])的词首变体和词末变体? 的确,我们又应当如何鉴定词首位置上位于[i]前的[k]和位于[u]前的[k]? 如果我们要展开一致性的分析,且这种分析只按照一个元素在某种特定分布条件下与其他元素发生替代的可行性来对说明元素的特征,那么我们就会得出类似这样的分析:词首位置上,[i]的前面存在10种构成对比的单位,[u]的前面存在8种;词末位置存在6种。但是,认为一个位置上发现的单位和另一个位置上发现的单位相同,除了实质上(语音学上)的相似之处以外,我们又应该以什么为基础呢?

对叶尔姆斯列夫来说,这一问题的答案并不在于语法之可行形式的条件。总的来说,各种不同形式可运用于同一套具体语言事实。对语言系统所做的一切形式性解释,其理论正确性

六 路易斯·叶尔姆斯列夫的"语符"理论

皆由如下事实来确保:(a)该解释满足"替代测试"(这恰恰是因为,一个平面中的变化导致另一个平面也发生变化,前者可记作系统中不同元素之间的变化),(b)该解释满足命名怪异的"实证原则"(empirical principle),因为系统自身具有内部一致性和穷尽性(即能够解释全部事实),且越简洁越好(因为该解释提出了每个平面中的组成元素的最小数量问题)。下文中我们会再次谈到"实证原则"(尤其是其中包含的简洁性概念);目前,只要注意到该原则在一定程度上可证明某一特定语言学用法的形式性解释就足够了。

为某一特定用法提供语音学上可靠的形式性解释,其问题解决方法很大程度上在于语言学家调配潜在形式系统(从由该理论而得出的各种可能性中选择出来)的方式,从而使之与该用法相匹配。语言学家选择的,是那种对实质最为合适的形式可能性,因为这样的形式可能性可在形式范畴和实质范畴之间提供最好、最直接的匹配。因此,语言形式之本质中并不存在任何要求语言学家来选择"正确"系统的因素(只要他所选择的系统能够满足实证原则,并能够对替代进行解释即可)——但是,该理论中也同样不存在任何阻止他这么做的因素。对语言用法具体的形式性解释之正确性发挥管辖作用的原则,处于形式研究本身之外,因为如果实质要对形式起预设作用,且反之并非如此,那么这些原则就必须这样。

这一答案虽然逻辑上充分,但却似乎无法满足认为叶尔姆斯列夫把形式和实质分离得过于激进了的那些人。一方面,他坚持认为语言系统主要由具有语言学性质的原则管辖,而原则又不能被降格为生理学、物理学、普通心理学、逻辑学等法则的特例,这无疑是正确的。但另一方面,语言学形式范畴与实质范畴之间的对应关系显示得过于密切,以至于不允许语言学家把这种关系视为某种超出系统之外需要考虑的事情,甚至不允许把这种关系视为一种重大意外。渐渐地,分布、交替中的规律以及语言学成分中的类似特征,参照语音学上的自然类而运作,拥有了语音学解释(至少局部如此)等。

我们进一步看到,语言系统在语音学以外的媒介中进行表达时,显示出一种类似的对该媒介的依赖,并由该媒介所决定。关于这一点的惊人展示已在近年来关于手语(manual language, sign language)的研究中出现。叶尔姆斯列夫写作的年代,语言学家普遍考虑的唯一一种此类系统就是"指文字"(finger spelling)系统,手型符号(manual sign)在这类系统中以或多或少的直接方式来代表成熟书写系统中的字母——而书写系统本身又代表口头语言。但是,随着手语以其更普遍的形式受到越来越多的关注,人们已意识到,手语常常表现独特而自主的系统,结构上跟口头语言有重大不同(并且未必寄生于口头语言上)。贝卢吉和克里马(Bellugi and Klima, 1979)简要介绍了手语基本特点及其跟口头语言的区别。这类系统的组织原则、作用于语言规律中的元素的自然类,以及运作于元素之中的历史变化原则等等,均只能通过其手语手段特有特征角度来理解——这暗示,对语音学手段的类似理解,对描述口头语言必不可少。

颇具悖论性的是,论其本质,语言似乎受到其自身的一套组织原则的限制；而论其具体细节，则大多是跟语言学以外的因素相联系。这一矛盾丝毫未得到叶尔姆斯列夫的解决（甚至未得到承认），但是，他的研究优点在于对问题中的一个方面进行了大力强调，至少把问题提了出来。其他许多研究者均支持语言结构的自主性，但是却迄今也鲜有人愿意按绝对形式接受该提法。或许既提出了这一问题又做了具体回答的唯一的音系学观点，就是博杜安·德·库尔德内和克鲁舍夫斯基的音系学观（参见上文第三章）：在他们那里，语言学之外的因素充当了原材料进入语言系统的制约因素，而系统本身则受到自身特有的那套原则的制约。正如我们已注意到的，对于研究来说这更像是一种计划，而不像是一种得到具体表述的理论，但它确实解释了那个必须被视为叶尔姆斯列夫所提出的最核心的问题：语言结构中形式和实质之间的关系。

叶尔姆斯列夫的著作中还论述了普通语言学中的许多其他问题，但是限于篇幅，此处无法再做进一步探讨。基于上文关于语符学的概念基础和目的所做的整体论述，我们现在要探讨该理论中涉及语音结构的提法，并探讨其具体描写中的例子。

4　叶尔姆斯列夫的语音结构描写方法

本章中谈论过的问题的抽象本质，及其与具体语言数据的实际实证描写所保持的距离，皆是叶尔姆斯列夫著作最有名的特点。但是，他对此类理论问题的研究并不像人们有时所想象的那样，在与具体的事实性材料几乎完全隔离的状态下进行。

比如,他早年在印欧语研究领域所受的训练中,就包括对从事此类研究所必需的一系列语言的研究。他撰写博士论文时对波罗的语族(尤其是立陶宛语)的研究就包含直接的田野工作,并迫使他关注重音领域的一系列描写问题;他在后来的理论性著作中多次回到这些问题中。

此外,他还发展了对至少其他两种语言的描写分析:法语和丹麦语。他对法语的描写主要通过费舍-于尔根森整理的叶尔姆斯列夫1948至1949年度授课概要(Hjelmslev,1970)而为人所知。对丹麦语的分析则在叶尔姆斯列夫本人所写的一份提纲中展现出来(Hjelmslev,1951),同样是授课材料而不是已完成的论文。对丹麦语所做的分析虽然不完整、不连贯,但却很有意义、很有实质内容;这份资料依旧鲜为人知,因为它仅用丹麦语在一份相对不知名的出版物上发表过。不过最近,其英语译文已在叶尔姆斯列夫《语言学论文集》(*Essais linguistiques*)第2卷中出版。

对今天的读者格外有帮助的是这一事实:叶尔姆斯列夫对丹麦语的分析已由巴斯贝尔(Basbøll)在同一系列的两篇文章中呈现出来并做了扩充(Basbøll,1971、1972;另参见 Fischer-Jørgensen 1972)。巴斯贝尔的目的是要展示严格的语符学语音结构分析所具有的潜在描写范围,并且他明显保持在这一框架之内来阐述、改进并发展叶尔姆斯列夫的分析。在费舍-于尔根森(1972)看来,巴斯贝尔所提出的若干修改代表了叶尔姆斯列夫等人私下曾讨论过的观点,叶尔姆斯列夫对这些观点或多或少表示赞同。

六 路易斯·叶尔姆斯列夫的"语符"理论

我们在叶尔姆斯列夫的著作中看到的对丹麦语、法语、某种程度上也包括对立陶宛语的简要分析,对应归因于语符学理论的描写方法所提出的问题要多于所提供的答案。不过,对这类描写在上述材料的研究实践中(尤其是在对丹麦语的研究中)的概貌做适当的了解,是可行的。不幸的是,语符学标签下产生的其他几份描写并未能充当对叶尔姆斯列夫本人思想的可靠说明(见 Fischer-Jørgensen 1975)。在本章的范围内,我们无法论及叶尔姆斯列夫著作中显现出的所有问题。我们这里只想尝试对一些使他的思想不同于同代人的维度进行解释,尤其要展现他那些与本书中心问题相关的观点。

对叶尔姆斯列夫来说,对某一具体语言的表达系统的分析始于相互替代(或对比)的元素之集合。这些元素至少都可候选至表达系统之基础成分地位;不过如下文所述,倘若存在理由将某些成分表示为其他成分的组合或变体,那么这张清单何以得到简化。

在语言的两个平面中任何一个平面的内部,语言学形式的基本构件称为法位(taxeme)。这一单位是一切具体分析中可得到的最小单位:在表达平面上,法位大体呈音段(或音位)之"规模"。引入这一术语体系的目的在于(至少在理论上)强调语言学形式的语符学概念独立于"音系学"中的相应概念(主要是布拉格学派以及丹尼尔·琼斯的观点)之外,在涉及实质时尤为如此。其本质差别据认为存在于这一事实:法位是纯语言学形式的元素,与实质没有必然联系。法位当然可以通过语音学方式展现出来:这种情况中,使其得以展示的语音实质之单位被叶尔姆斯列夫称为声位(phonemateme)。如果我们把声位解释成得到"广义语音学"描述的音段,且这种描述使大多数(或全部)非区别性语音学细节被忽略,那么声位大体上就是类似于结构主义音位的单位。

法位可进一步化解为称作符位(glosseme)的基本因子的组合。视野之内,这类单位(在表达平面上)可比作区别特征;但其分析是纯粹形式性、普遍性的,且绝不依靠那些展现为法位的音段的实际语音内容。表达平面中的符位称为音符位(ceneme),内容平面中的符位称为义符位(plereme)。叶尔姆斯列夫有时把元素大体称为"音符位的"(cenematic)元素或"义符位的"(plerematic)元素(即分别用来表示表达单位和内容单位);还用"音符位学"和"义符位学"表示表达之研究和内容之研究。因为把法位分析为符位此处对我们所感兴趣的问题的系统意义不大,所以我们下文中忽略这些术语,把法位视为两个平面中的最小语言学单位。

表达形式中的法位,自身即受到其所进入的关系网络的定义。1935年以前(即前语符学时期)的研究中,叶尔姆斯列夫把对此进行描述的规则分为三类:(a)归类规则,用来说明元素的分布特征、音丛特征等;(b)交替规则,用来说明特定语法条件下一个元素对另一个元素的取代;(c)推导规则,用来说明音位条件(phonematic condition)下发生的取代。最后一种的定义不能从字面意思来理解,因为音位现实只是语言形式的可行展现中的一种(其他的如文字展现等,在上面各节中探讨过)。但是区别很明显:交替中包含与同一内容相对应的两个或两个以

六　路易斯·叶尔姆斯列夫的"语符"理论

上独特表达形式,二者之间的选择由仅表现于内容平面的条件决定;而推导中则包含表达平面本身所展现的一个形式或另一个形式的出现条件。

叶尔姆斯列夫恰好认为,这三类规则在对具体"声位"之间的关系进行管辖时,是相互排斥的。倘若这一说法正确,就可能意味交替着的两个音段(无论是因语法条件而交替还是因音系条件而交替)无法在音丛构成(cluster formation)中系统关联。为了解释这一点,他指出,德语音节尾位置上交替着的浊阻塞音和清阻塞音不会以音丛形式共同出现。没有人对这一论断做过详细研究;这一点如果正确,就确实会成为关于自然语言语音模式的显著事实。

语言学分析中的单位应通过其在规则网络中的角色来定义,这一观念在叶尔姆斯列夫后来更严格意义上的语符学著作中得到了阐明,虽然那些著作更偏重强调管辖分布的规则,而非交替规则。这一基本看法跟萨丕尔所提出的相同看法明显相关联(局部来源于此),下文第九章将探讨这一点。

这一问题上对叶尔姆斯列夫产生影响的另一因素可在其论证语言重构(linguistic reconstruction)的文章中追溯出,他认为法位在这类研究中的纯关系性特征已经展现得十分清楚。语言(或语系)未加测定的早期阶段的重构,其操作方式完全独立于对祖先语言发音的任何实际论断之外,至少在理论上如此。其结果就是建立起一种纯关系系统,系统中的项是相关联系统中的音系元素的对应物,但是其自身却并不是语音现实。在这种关系中,他激活了索绪尔在《论印欧语元音的原始系统》中所使用的"音位"概念:它是重构出的语言系统中的单位,由子语言(daughter language)中的一套独特的对应来检测。如前所示(第二章),从叶尔姆斯列夫的观点来看,索绪尔后来把"音位"这一术语用于"言语声"之意义,与这一点截然相反;但是事实上,在投入相当大精力来关注索绪尔的普通语言学著作之前很久,叶尔姆斯列夫早已读过《论印欧语元音的原始系统》,并对该书留下了深刻的印象。

表达性法位(expression taxeme)之间的区别虽然是纯形式性、纯关系性的,但是通常却仍与表层语音差异相对应。但是并非永远如此,因为仅有实质(此处指语音学)无法展示语言系统单位中最重要的那一点:其功能,或称作其在关系系统中的角色。例如,叶尔姆斯列夫在他对法语的描写中注意到,央音必须跟[œ]划清音系界线,这并不是因为二者在语音学方面有什么区别(至少在保守的"标准"法语中,二者并无语音学上的区别),而是因为央音在特定条件下可以呈潜伏态(被删掉)或任意态(选择性插入),而[œ]则是以特定的形式永久出现。恰恰是央音跟从特定规则的表现,使之成为法语表达形式系统中独特的元素。

我们思考叶尔姆斯列夫的(a)中和系统,或称合流元素(syncretism)系统;和(b)简化系统之角色时,语言中形式范畴和实质范畴之间的这类差异就最为清晰地显现了出来。法位清单中的上述系统,因把某些元素表达为其他元素的组合形式或变体形式而产生。我们下面来探讨语符学描写中的这两个方面。

中和被定义为某些特定条件下的"替代之中止"。某些(原本具有对比性的)元素在所研究的那些条件下未能形成对比关系,这一事实的结果就是形成一种重合(overlapping);出现于该位置上的元素称为合流元素。例如,德语中位于音节尾部的浊阻塞音和清阻塞音未能形成对比,因此像 Bund(束)和 bunt(五彩的)这样的词(从语音学来看二者都是[bunt])的词尾元素就是合流元素"t/d"。

显然,这一意义上的合流元素与布拉格学派意义上的超音位类似(参见上文第四章),但是这两个概念之间同样存在若干差别。首先,合流元素并不局限于这样的情形:未能构成对比的元素共享某些特征,从而排除该语言中的其他一切音系元素(超音位恰恰如此)。这样的条件对叶尔姆斯列夫的体系无意义,因为合流元素中涉及的是语言形式元素而非实质元素,而语音学特征属于实质层面。其次,合流元素并不局限于二项对立的中和,如上文第四章所示,超音位的这一条件在特鲁别茨科依那里规定得有些随意。

最后,或许也是最重要的一点,合流元素只设定于涉及现实交替(如德语的词尾清化)的情形,不设定于仅仅是某一特定环境中不出现某一对比的情形(如英语[s]后面的塞音,此位置上只出现不送气清音元素)。后者只能被处理为某些音系元素的缺陷分布的例子:清塞音出现于[s]之后,浊塞音则不会出现于此,这是英语塞音的事实。①虽然叶尔姆斯列夫坚持认为,来自

---

① 我国英语教学界常有人把 speak"说话"、stand"站立"、sky"天空"等词中位于/s/后面的/p、t、k/的发音误称为"浊化",事实上这三个辅音并未"浊化",不是浊辅音,而是不送气的清辅音。——译者注

交替的证据对合流元素的设定十分必要,但是他在实践中其实并未完全坚持这一点。因此,他在法语中设定了一个抽象的辅音"h"(目的是为了解释众所周知的"嘘音 h"[h-aspiré]类词语,这类词语从语音学来看是以元音开头,但是联诵时仿佛是以辅音开头)。这一音段统一合流为 Ø(也就是说,它从不会得到语音学实现),虽然事实是并无任何交替来支持这一合流元素。

另一方面,合流元素一旦在某一特定位置上的某些元素之间建立起来,相同的分析就可以延展至并不显现任何交替的其他形式。所以,德语中的 ab(从)可以说是以合流元素 p/b 结尾(而不仅是以 p 结尾),即便它并不交替亦如此,因为其他交替着的形式构建了这一位置上浊阻塞音和清阻塞音之间的合流元素。

这一处理导致了合流元素出现的两个条件之间的差异。在交替形式的情形中,相关联的词语为哪个元素是合流元素中的基本元素提供了证据(因此,Bunde[束,复数]可确保 d 潜藏于 Bund"bund/t"中的合流元素 d/t 之下);而不交替的形式(如 ab)中并无此类证据。后者中的合流元素可称为不可解的(irresoluble),与"bund/t"中的可解(resoluble)合流元素相对立。自然,某一特定合流元素是可解的还是不可解的,这一问题是某一具体形式的特点问题,而不是合流元素本身的问题,因为出现于各处的不可解合流元素,均缺少使之立刻建立起来所必需的实际交替型基础。

六 路易斯·叶尔姆斯列夫的"语符"理论

合流元素可划分为若干种类型,虽然这一差异主要是术语上的差异。当两个元素之间的对立消失,只出现其中一个时(例如在德语中音节末尾,浊阻塞音和清阻塞音均由清音来代表),该合流元素称为推导(implication)。当合流元素的表现形式与两个元素都不相同时(如英语中多个非重读元音皆中和为央音),称为聚合(fusion)。这个术语还可应用于自由变体中由被中和的元素中的任何一个来表示的合流元素。后边这种情况的例子可举丹麦语,丹麦语中音节末尾的 p 和 b 正常情况下不构成对比,但是此位置上的合流元素既可以发浊音,也可以发清音。合流元素中的特例是潜伏(latency):这是明确法位和 Ø 之间的合流。例如,法语中类似形容词 petit(小,阳性)的形式即是以"潜伏的"t 结尾的。其实,在叶尔姆斯列夫的分析中,法语中的所有结尾辅音都是潜伏的(除非后面接元音,如央音——而大多数情况下,央音自身在词尾位置上也是潜伏的)。也就是说,此位置上存在从辅音到 Ø 的推导。

合流元素构成语言音系统的一部分,全部合流元素皆显现出来的表达平面之表达式,具有系统地位。若所有可能的合流元素都得到了消除(包括潜伏元素的提供,该过程称为催化[encatalysis]),我们则得到了另一种具有系统地位的表达之表达式。这种所有可能的可解合流元素均得到了消除的标写,称为理想(ideal)标写;而仍有合流元素显现出来的标写,称为现实(actualized)标写。正是这种现实标写,在实质中得以直接展现,并充当声位;而理想标写则充当了符号的基本表达形式。用图示来表示,这类描写元素之间的关系如下:

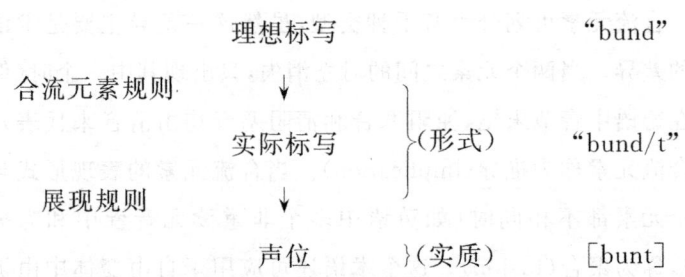

叶尔姆斯列夫为表达形式提供的理想标写诚然十分抽象。比如,该标写显然无法单独从表层形式中恢复,在结构主义音系学其他大多数流派中,这都是个极其重要的条件。在实践中,他的描写清楚表明,该标写跟其他流派称为形态音位的表达式十分类似,跟生成音系学的底层表达式也十分相像。但是,若干重大差别使叶尔姆斯列夫的语音结构图景跟生成音系学的语音结构图景相区别。其中之一,涉及在生成描写中无对应形式、但在语符学中却被赋予系统重要性的现实标写。而另一方面,生成描写或经典形态音位描写中的多项性(非系统性)中介表达式在叶尔姆斯列夫的图景中却无对应物,因为他的规则全部同时发挥作用,而不是按照顺序依次运用。

另一区别存在于这一事实中:没有哪种句法信息或其他语法信息,在理论上被允许存在于理想标写之中——如巴斯贝尔(1971、1972)所示,在不同词类系统展现不同音系行为的例子中,这导致了十分繁琐的分析。这一制约因素当然源自下面这个事实:此类信息关注的是内容,而理想的表达式却是语言表达之层面,而这两个平面在叶尔姆斯列夫看来截然不同。因此,以语法为条件的交替表现为两种具有系统性差别的表达之间的关

六 路易斯·叶尔姆斯列夫的"语符"理论

联,这两种表达与同一内容相对应;而以音系为条件的差异则表现为某一理想表达和其数个得以实现的对应物之间的关联。

5 简洁性在语符学描写中的地位

叶尔姆斯列夫的"音符位"表达式和语音表达式之间的距离,被下面这一事实进一步拉大了:他通过把某些元素视为其他元素的变体或组合,竭尽一切力量来对法位清单进行简化。出于这一目的,他大量运用了表达式的那些其他人可能认为具有任意性的方面。

这一点的重要作用由"音节"概念发挥(参见下一节)。由于叶尔姆斯列夫明确否认音节的任何语音学定义跟其辨认与界定相关,所以他基本上可在有用之处任意对其进行设定。例如,他注意到在德语中,在确定无疑的音节首位置上(比如词首)只有[z]出现,没有[s]出现;而在确定无疑的词末位置上,[s]出现,[z]不出现。在中间位置上,二者构成对比,如 reisen(旅行,[z])与 reissen(撕碎,[s])的对比;但是叶尔姆斯列夫此处提出,要把这一对比处理为音节界位置问题——即"rai.sən"和"rais.ən"。由此,这两个音段被简化为同一音段的位置变体。与之类似,德语中的少量表面看来具有对比性的"ich-音"[ç]问题(如 Kuhchen [小牛]与 Kuchen [蛋糕]之间的对比)被处理成了音节位置上的差异("ku.xən"与"kux.ən"的对比),消除了在软腭擦音和硬腭擦音间设定与直觉十分相反的音系差异的必要(见下文第十一章中美国结构主义理论表达此差异的尝试,后者依靠另外一种听不见的边界元素)。

与之类似,单独一个音段还可以表达为某一音丛的展现。丹麦语(以及其他语言)中,[ŋ]可以被表达为展现了"k"或"g"前的"n",而此情形中"g"本身常常呈潜伏态。因此,具有明显区别性的[ŋ]可被处理为音丛"ng"的唯一外在展示。在这一情形中,单一音段实际上并未展现音丛自身,但[n]和[ŋ]之间的差别是普通"n"和与潜伏态"g"构成音丛的"n"之间的差别。

形式上不太一样的,是叶尔姆斯列夫所提出的将丹麦语中的送气塞音[p]、[t]、[k]简化为"b"、"d"、"g"跟"h"组成的音丛。事实上,在词首位置上,丹麦语的p、t、k是送气音,因而把"p"分析为"bh"等可能具有语音学上的现实性;但是对此却存在两点异议。其一,语音学事实完全是实质问题,这类问题与形式和分析不相关。但是更重要的是,叶尔姆斯列夫在大多数时候写的其实是"hb"、"hd"、"hg"而不是"bh"等,无论如何,这么写都不存在语音学上的理由。

其实,这引发了一个经典问题,该问题对其他所有理论和对叶尔姆斯列夫的理论同等真实:在把表层多样性简化为少量基本元素这一点上,一种分析应当进行多深?从最极端的形式来看,这一化简或许可使每种语言都简化成具有一两种底层元素的系统,就像莫尔斯电码中的"点"和"划"。叶尔姆斯列夫明确否定了这样的化简,认为化简只应当在其具有非"任意性"的时候进行;但是,为"任意性"提供合适的概念来对分析构成制约,恰恰成了问题。从直觉来看,把[ŋ]简化为"ng"不像把[p]简化为"hb"那么任意,但是却很难让这一直觉准确化(在不考虑实质的情况下尤其如此)。不应认为叶尔姆斯列夫提供了明确的标准来规定所提的化简何时应允许、何时因"任意"而不被允许。

其实,人们或许会提出,叶尔姆斯列夫在区分合流元素和缺陷分布时所寻求的原则,在此处十分相关:规则须在交替现象(该术语的最广义意义)中找出,从而得到判断。例如,正如叶尔姆斯列夫所提出的,这一条件可使法语鼻元音表达为元音加鼻辅音的理想序列;而且,或许也使丹麦语[ŋ]表达为"ng"。但是,该条件却禁止把p、t、k表达为前面加了"h"的"b"、"d"、"g"(虽然叶尔姆斯列夫却曾试图在 lak [laɡ̊] 与 lakere [laɡ̊he'ːrə] 等外来词之间 的交替中举出证据)。更具戏剧性的是,该条件可避免一切把对呈互补分布(但却不交替)的两个音段表现为同一底层形式的分析;例如,叶尔姆斯列夫认为丹麦语音节中的词首音[t]和词末音[d]表现同一表达法位"t",而词首[d]和词末[ð]则表现的是"d";他从丹麦语元音系统中删除了[œ],认为其是[ø]的变体。

实际上,虽然要求交替来支持规则在合流元素的情形中具有明显意义,但是却不清楚这一条件何以能够参照表现之规则而得到连贯的理论化——可能的假性化简中,大部分有问题的情形皆属于这一领域。叶尔姆斯列夫确实支持通过引入创造力强的规则来论证简化某些展示之规则的合理性。例如在探讨立陶宛语中的音长时,他注意到,在长元音和短元音之间,存在着某些具有部分创造力的交替;之后他观察到,从语法条件来看,同一交替使元音[a]和[o]相联系,使元音[e]和[ė]相联系(上述两对的每一对中,前边一个音出现于展示短元音的范畴中,后一个音出现于展示长元音的范畴中)。关于这一规则的基础,他得出结论,[o]和[ė]应该分别被处理为[a]和[e]的对应长音。由于他的分析把长元音看作是短元音丛,这就使他从立陶宛语表达法位的清单中完全取消了[o]和[ė](将其分别处理为"âa"和"êe")。但是,类似的论点能否为所有情形提供答案远未明了,这类情形中,有的音段通过将其展现为其他音段而被从清单上删除。

对叶尔姆斯列夫来说,推动简化法位清单的首要条件,是上面提到的"实证原则"那部分;该部分要求描写越简洁越好。实际上,"简洁"此处的含义十分清晰明了:最简洁描写就是设置最少量元素的描写。基于此,语言学家对"任意性"进行了既重要又含混的排除,显然必须竭尽可能地进行简化。

有趣的是,使分析中设置的元素数量最小化概念,对叶尔姆斯列夫来说有全然不同的两重含义,其推论也十分不同。一方面,该概念当然指法位清单本身的最小化:正是通过这一途径,丹麦语从[p]到"hb"的化简得到了简洁原则的推动。但是除此之外,该原则还可用来推动合流元素的设置。

这是因为,某一分析把两个不同表达形式分配至同一个内容形式中(也就是说,认为交替在语法方面具有条件性或异干性①),那么比起把单一永久的表达形式赋予单一内容形式的分

---

① 所谓"异干"(suppletive),指同一词不同屈折形式中使用不同的词干,如go和went。过去式went由词干wen加过去时词尾-t构成,但是go和wen是形式上明显不同的两个词干。——译者注

六 路易斯·叶尔姆斯列夫的"语符"理论

析,前者可用来设置更多"元素"(此处是从符号表达的意义上来说)。所以,形态元素在一切可能之处都应当被给予单一的底层形式(这常常被视为生成音系学以及形态音位学的标志),这一原则在语符学分析中成为支柱性原则。当然,并非单一内容元素表达中的一切差异皆可这样来处理,正如叶尔姆斯列夫所承认的:英语 be、am、are 等无法通过表达平面的合流元素来描写。但是,相当一部分交替(常常带有很强的个体特质)确实是这样来处理的:叶尔姆斯列夫在他对法语的分析中提出了一条特别原则,可使"sə"、"fə"等序列在"z"的前面潜伏起来,从而解释了一小部分反常词,如 os([os]"骨头",复数形式为[o],理想标写为"osəz")和 bœuf([bœf]"牛",复数形式[bø],理想标写为"bœfəz")①。

　　叶尔姆斯列夫所提出的简化概念只适用于清单,无论是法位清单还是符号表达清单,完全不适用于规则以及分析中的其他系统关系之表述,认识到这一点极为重要。这一点乍一看似乎跟他的整体理论基础相矛盾:毕竟,分析单位(如法位)的存在,正是就其在规则和所处关系的系统中所得到的解释而言;因此,似乎可以认为,某一分析具有"简洁性",其首要方式在于拥有简洁的规则。但是很明显,规则的简洁性在叶尔姆斯列夫的思想中几乎未发挥系统角色。例如,[œ]从丹麦语的表达法位清单中被删除,跟把它预测为"ø"的变体所需要的规则之复杂性

---

① 骨头:单数 os [ɔs],复数 os [o];复数形式不是 *[osəz]。牛:单数 bœuf [bœf],复数 bœufs [bø];复数形式不是 *[bœfəz]。——译者注

相比，收效相当有限。但是这一思考从未跟分析联系起来，似乎跟此处所研究的简化之决策很不相关。

倘若分析中的诸元素的现实被认为只来源于使之相联系的规则，那么实证原则中这一方面的条件若要求其数量达到最简就显得十分缺乏依据；但是，我们必须承认，叶尔姆斯列夫研究这一问题很可能是从一个十分不同的有利角度。毕竟，先前的语言学(包括他所熟悉的结构主义此前的各种形式)已经从音位理论的角度探讨了语音结构，这类元素以这样或那样的方式表达语音模式中的最简对比成分。叶尔姆斯列夫提出，形式的这类最简元素应当按照纯内在的方式从其相互间的联系中演化而出，并从这一意义上强化了规则在为分析提供基础时所发挥的作用；不过他似乎并没让自己的思绪摆脱那种使联系之理由具体化的倾向。虽然从"音位"被赋予的本体论地位来看，他的理论明显跟别人的理论不同，但是从其实际的内容和应用来看，却依然基本上是单位之理论，而不是关系之理论。因此，关系之简洁性(而非清单之简洁性)应当在理论中发挥作用这一理念，他似乎并没有想到。

对于规则的简洁性在叶尔姆斯列夫的音系理论概念中无地位的论断，有两点局部例外可想象出来——其中一点比另一点更有意义。一方面，他前后一致地坚持认为，下列制约因素可运用于一切(或者说几乎一切)语言中的辅音丛：如果 $C_1C_2C_3$ 是个可行辅音丛，则 C_1C_2 和 C_2C_3 也必须是可行辅音丛。换句话说，所有由两个以上辅音构成的辅音丛都必然是由序列组成的，这类序列以小范围内的成对方式构成良好结构。实际上正是这一

六 路易斯·叶尔姆斯列夫的"语符"理论

制约,使得他在多种情形中把丹麦语的[p]表达为"hb"而非"bh":如果[pl]之类的辅音丛被表示为"bhl",就会违背该条件,因为"hl"在丹麦语中不可行。

这种制约跟简洁性问题之间的联系来源于这一事实:该联系可视为一种规定,要求使辅音构成辅音丛的规则"简洁",具体说来就是较长辅音丛的规则应当被化简为较短辅音丛的规则。但是,这是个规则之简洁性的问题,这一概念似乎并不合理。叶尔姆斯列夫十分明确地认为,对辅音丛的这类归纳具有语言结构独立原则之地位,根本不是什么由运用于分析之规则的简洁性要求而推导出来的定理。

另一个事实似乎更有意义。不要忘记,如前所述,语符学理论所提供的大量形式分析,基本上针对某一具体语言;在这类分析当中进行选择,是基于哪种分析对语言得以实现的实质最为恰当。这无法不解释为一种要求,让表现形式之规则达到最大程度的简化。当然,由于表现形式之规则根本不是语言形式自身的层面,所以很明显,实证原则(即管辖可行语言形式之范围的原则)中对简洁性的要求无法为此负责,但是该要求却成为一种考虑,可在语音结构之更加全面而详细的语符学理论中发挥作用。

因此,规则的简洁性可在语言形式及其表现形式间的关系中发挥作用,但是显然不会在潜藏于语言形式自身下的规则中发挥作用。由此出发,并且把全部语音学考虑(或称"实质")从形式分析中排除出去,该理论似乎就完全无法对语言结构之本质进行充分处理了。例如,人们可以坚持认为,除非把音节末位置上由/b/到/p/的变化、由/d/到/t/的变化等当作统一的事实层面来处理,否则对德语的分析就无法说是描写了该语言的语音模式(pattern);恰恰只有对规则简洁性的要求,再加上把所涉及的音段定义为实质性自然类,才能达到这一效果。

对于这一相反情况,叶尔姆斯列夫很可能会答复道,这把问题颠倒了。也就是说,在他看来,/b/、/d/、/g/等经历了音节末的清化,恰恰是这一事实构建了它们之间的联系,而非它们之间的语音学相似性。包含相同音段的不同语言可能向其赋予十分不同的音系特征(这一点萨丕尔论证得最为明确;参见下文第九章),因此,语音学特征本身不可用来诊断一类音段在音系学意义上是否"自然"。德语中影响所有浊阻塞音的暗示具有相同的结构,这一事实恰好就是在所涉及的音位之间构筑相似性的因素——并非浊音手段的实质特征。

当然,为了让这一概念更加明显,仍有必要发展出一种概念来说明某套暗示(或其他规则)何时相互联系并相似;但是显然,这类规则相似性概念在语符学概念中十分含蓄,可通过纯内在的途径得以构建——也就是说,可基于规则之形式而非规则或音段之实质内容。实际上,正是这一形式上基于规则叠合(collapsing)的原则,潜藏于简洁性概念之中,该概念是生成音系学早期研究之特征。这一理论其实提出,实质唯一一次闯入该问题,是通过语言形式的以语音学为基础的普遍标写系统(区别特征之集合)。这一理论中可想象出的失败之处,由其试图忽略规则(与表达式相对立)之实质而直接造成,这促使乔姆斯基和哈勒(1968)在最后一章中增加了"标记性"(markedness)这一概念。

上述问题使我们离语符学理论越来越远,至少从其在叶尔姆斯列夫著作和分析中的存在来看如此。但是,该理论十分直接地提出了相对其他各种结构主义而言不甚明确的一系列问题,以及只能在很久以后的研究中才能得到系统处理的问题,注意到这一点是很值得的。

6 语符音系学中的非音段结构

最后,我们希望简要提一下叶尔姆斯列夫理论中的另外一方面,这一方面使其跟同一时代的大多数理论相区别,并与今天的研究有相当大的联系。这就是他对单一音段视野内部无法得到局部化(localize)的音系结构和音系特征所投入的关注。当然,其他音系学理论也承认某些范围内的"超音段"特征的存在,而英国韵律分析学派的主要贡献(参见下文第七章)其实恰恰在于这一领域。但是,叶尔姆斯列夫在结构主义者当中的独特性,很大程度在于他在以音段为主的构架内部对音节结构问题和韵律现象问题进行了探讨。

叶尔姆斯列夫认为文本是按照层级结构组织起来的:文本可分为段落,每个段落又可分为句子,句子再被分为分句,分句则可分为短语,等等。音系研究格外感兴趣的是,短语(本身可代表完整的话语)可分为音节,而每个音节又可以分为音段。音节因而在组织话语中发挥重要角色:音节是短语之建筑材料;音节范围之内,音段的分布应得到具体论述。

对音节做出语音学定义似乎可行,但是(如前所述),这将与语言形式的分析不相关,即便是在能够得到以实质为基础的描述时亦如此。对语言形式分析来说,重要的是对音节的功能性定义,而叶尔姆斯列夫在其各个时期的著作中提出了若干种。他最终确定下来的定义,在其描写性著作中清晰出现:即,音节是带有且仅带有一个重音(accent)的层级性组织单位。

要想理解这一点,我们当然就须询问,"重音"要如何进行定义?这一答案存在于叶尔姆斯列夫对音系相关特征之本质的看法中。在进行分析时(即把文本分成越来越小的层级单位时),人们最终会得到无法再分的单位(基本上就是到把话语分为音段为止)。这类单位据认为构筑了成为文本的链(chain)。但是除了这些单位之外,其他相关特征也出现于该文本之中,且无法在这类单位中单独实现局部化。这种特征的例子如语调(发生于整个话语之上);还有像立陶宛语等语言中的音高重音(pitch accent),发生于一个或多个元音再加上其后的响音所组成的序列之上;等等。另一个例子是丹麦语中的"斯德特"(stød):虽然以准音段元素形式(即带有喉部行为的关联摄动的声门塞音)实现,但叶尔姆斯列夫将其解释为某些音节结构类型的信号。斯德特是更大层级单位内部的某些音段模式的特征,而不是音段自身的特征。

这种"描述链却不构成链"的元素被称为韵律音位(prosodeme);继而又可划分为两种:调制(modulation)把整个话语描述为其最小域(如描述疑问句的语调模式);重音(accent)则不进行这种描述(如普通重音、音高重音、斯德特

六 路易斯·叶尔姆斯列夫的"语符"理论

等)。正是从这一概念出发,叶尔姆斯列夫将音节定义为带有且仅带有一个重音的层级性单位。

这一理论与近年来关于"节律音系学"的提法有些类似,至少从纲要上来看如此。二者皆基本依赖话语被组织为层级性单位这一观念,且二者皆提出某些特征与一个层面上的单位相联系,另一些特征与另一个层面上的单位相联系。例如,把重音视为音节特征的观点,可与把重音视为单个元音的特征(就像高度、后位性、圆唇性等都是元音的特征那样)的观点相对立,后者如乔姆斯基、哈勒(1968)。与节律音系学不同的是,叶尔姆斯列夫似乎不把重音看作音节与音节之间的关系,而是看作赋予某一特定音节的特征(通常为"强重音"[strong stress]和弱重音[weak stress]之间的对立)。但是,由于弱重音预示强重音,且这一关系可出现于多个层面,所以倒不如说是叶尔姆斯列夫的重音本质观和节律音系学的重音本质观之间的明显区别是个纯粹的标写问题。

叶尔姆斯列夫的音节结构理论中很有趣的一方面是他用音节结构理论来定义元音和辅音的概念。元音被定义为自身能够构成音节的音段,或者与这类音段有相同分布的音段。辅音则是不属于这一类别且可在多个位置上显示出对元音的依赖的音段。给出的这些定义并不总像有人可能希望的那样准确而充分,但是此处所涉及的关于音节性的观点十分清楚。也就是说,音节包含一个必不可少的音节核(nucleus)和若干个可有可无的边缘性位置(取决于具体的语言)。占据音节核位置的音段依据事实本身为元音(如叶尔姆斯列夫所指出,这跟其发音特征无关:流音、鼻音甚至有些阻塞音,如果占据了音节中的恰当位置,都可以是"元音"),而音节内部对该音节核的依赖程度须进行具体说明的音段(即,是音节首的一部分,还是音节末尾边缘位置的一部分)依据事实本身则为辅音。

因此,充当层级性单位的音节,所拥有的特征(如重音)直接跟其相联系,而不是跟构成它的各音段相联系;音节还拥有解释传统元音、辅音概念所必需的内部结构。作为语言形式之层级性单位,音节当然必须首先从其展示的某些关系特征的角度来确定;而从这一角度来看,该单位的基础在于其在音段分布陈述中的角色。对叶尔姆斯列夫来说,这是个极其重要的事实:音节是一种域(domain),在这种域的内部,音段的分组特征得以定义,(除了指称话语等更大单位的边界的特殊限制之外,)这是具有此特点的唯一一种单位。

例如,他明确否认存在任何准确适用于语素大小的单位的分组限制,只要不与音节共同扩展即如此。据认为,这一不可行性源自表达平面和内容平面的区分:语素作为一种内容单位,在表达平面上不具有自主存在。因此,对表达单位所做的任何限制都必须从表达平面之特征的角度进行陈述,恰恰是在这一角度,音节拥有其现实。实际上,由于叶尔姆斯列夫似乎把符号之表达算作清单应得到最小化的单位,所以,这一结果的随之产生不甚明确;但是明确的是,叶尔姆斯列夫希望音节能够拥有这一中心地位,成为分布限制之所在。

叶尔姆斯列夫的音节理论及其所给出的特别定义,导致了一些十分怪异的结果。例如,严格说来,"音节"是带有且仅带有

六 路易斯·叶尔姆斯列夫的"语符"理论

一个重音的层级性单位;而重音的定义方式又只在其构成对比时才对其存在加以承认。所以,像法语这样的语言,其重音可预测①(没有其他明显的候选者竞争重音地位),也就没有重音,因而也就不存在音节。这样的结果是叶尔姆斯列夫思考方式之典型:他非常喜欢用一套强有力的定义之结果,推导出令人意外甚至是令人惊愕的结论。从这一情况来看,法语中与音节相对应的层级性单位(与分布之陈述相关)应称为伪音节(pseudo-syllable)。

另一个奇怪结论来自"辅音"的定义。只有其在音节内部的分布必须得到特别说明时,一个音段才符合该地位;因此,在某种拥有无例外(C)V音节的假想语言中,一切辅音的分布皆完全由其是否属于某一具体音节而决定,这样的语言中没有"辅音"。这就是说,辅音音段可作为其音节的某种韵律特征来处理。事实上,他认为印欧语的可重构出的最早阶段具有这一特征:该语言的所有音节都是开音节;该语言没有严格意义上的"辅音",却拥有大量"经过转变的韵律音位"。这一情形被认为是不稳定情形,导致了印欧语音系系统的剧烈重组。

虽然关于叶尔姆斯列夫的非音段结构音系学观还有更多东西要谈,但是我们的讨论到此结束。引述语符学中的这一方面,并不是要提出叶尔姆斯列夫在此有许多重要卓见险些丢失,而只是想指出他对此类结构所赋予的中心角色。结构主义音系学

---

① 法语的词重音全部位于最后一个音节,无例外。因此,法语词典通常只标注元音和辅音的发音,而不标注重音的位置。——译者注

的大多数其他形式,都只把注意力放在音段结构上,对其他现象(如重音)的尝试也只是按照音段特征来进行。对于这一问题以及其他很多问题,语符学理论在结构主义传统内部拥有独特的地位;比起同代的那些音系学理论,它在有些方面更接近于今天的音系学理论。

七 J.R.弗思与伦敦韵律分析学派

前面六章已经探讨了音系学理论在欧洲大陆上的发展；后面六章将追溯其在北美的演化。本章则力求概要描述英国的语言学家对语音结构所采取的研究方法；但是，这一章在全书中的位置绝不应被理解成英国的语言学家充当了这两大主流传统之间的桥梁或联系。如果这个位置的确代表着什么，则是代表本章所讨论的理论具有相当的独立性，既不同于欧陆模型，也不同于北美模型，这一独立性将用来强调本书两大组成部分之间的分界。

英国的语音结构研究（这一领域通常被称为"语音学"[phonetics]，无论是否还包含其他人称之为"音系学"的材料）值得用一整本书的篇幅来论述，这既是因其悠久的历史，也是因其所展现的理论创新。对现代的语言学家来说，这一历史中最具魅力的方面即是与伦敦大学东方学与非洲学学院的 J.R.弗思(J.R. Firth)及其学生们相联系的韵律分析理论(theory of prosodic analysis)；但是，这一思想的源头及其跟亨利·斯威特(Henry Sweet)、丹尼尔·琼斯(Daniel Jones)等伟大名字所代表的语音学传统之间的关系，当然同样值得探寻。但是至今鲜有对韵律分析及其背景的全面探讨，能超越罗宾斯(Robins,

1957a、1963)的简要勾勒及朗根顿(Langendoen,1968)的批评性概述(从早期生成音系学的视角)。

如果说有两个特征可用来描述英国的语言研究,那么这两个特征一是其孤立性(insularity),二是其对实用性(pragmatism)而非原则的强调。的确,其他地区的语言学家可能会厌恶别人用上述两点中的任何一点来评论自己的研究,而英国的学者在其完全土生土长的传统特征中、在其为了强调实用性因素和权宜性因素而牺牲广义的概念性结论和理论性结论时,却常常表现出别人看来莫名其妙的骄傲。

英国人当然不是关注语音的本质与关系的第一人,但是(正如弗思[1946]和阿博克隆比[Abercrombie,1948]所详细指出)这类研究在英国的语法学家、正音学家(orthoepist)等学者的研究中有极其悠久而重要的历史,可追溯到16世纪甚至更久远。这一传统基本定位为英语研究,很大程度上自成体系,而不是在对其他地区的同类学术研究的参照中发展。

这一焦点关注的是英语描写中的明显本地性问题,且又处于英国的科学研究、哲学研究的独立性基本氛围之中,某种程度上还因个人的态度而加倍:例如,斯威特就对德国语文学学术的方法和成果评价极差,并格外尽力要找到可独立发展的(适合英国的)其他途径来取代之。久而久之,产生了一种语言科学研究模式,其研究问题、研究方法、批评估价标准皆几乎完全源自英国资源——这导致了与其他地区所做的研究之间的联系更加缺乏。

直到1969年,罗宾斯仍能指出(在他对上文引述过的朗根顿的著作的书评中)这一事实:无论弗思还是他的哪位学生,均未尝试"对其理论进行充足的论述……原因之一必然是在弗思的年代,弗思语言学并没得到充分的挑战。"的确,"美国的语言学家们对英国的发展几乎没有兴趣",也许当时的国际学术交流基本程度比我们今天所习惯的程度要低很多——但是至少可同样清楚,英国的语言学家对寻求这样的交流极少显示出兴趣,或是完全没有兴趣。如果弗思在英国语言学中没有遇到有效的竞争对手,就不会有阐明自己观点的动力,这是因为去英国本土以外寻找与之相抗衡的理论的可行性并不属于应认真对待的任务。

英国语言学研究方法的实用性特点在豪斯霍德(Householder,1952a)对丹尼尔·琼斯《音位》一书的书评中概述得十分巧妙:"欧陆人问:'这正确吗?'美国人反问:'具有一致性吗?',而英国人则会说:'有用吗?'。"例如,琼斯的书的副标题许诺要为音位描述"其本质与用途"(Its Nature and Use);并且该书很快就表明,对琼斯来说,选择音位的哪种理论观点,首要考虑是哪种研究方法能够给语言教学等领域带来最直接的效益。的确,英国语音学研究的基础动力,从早期的正音学家一直到贝尔、斯威特、琼斯,皆为如何讲授外语语音的问题。我们对语言之本质的理论性理解,其效益在这一事业中绝对处于补充性(即便不是不被理睬的)地位。

回避抽象的理论性重点、强调实用性的类似情况可在弗思及其弟子们对"多系统"分析("poly-systemic" analyses)的投入中显现出来。如前所示,其内容就是这样的论断:哪种分析在某一具体的有限领域中运作得最好,哪种分析就应当被该领域采纳——即使这一分析与同一语言其他领域中的分析不相关,或者更糟糕的是跟同一语言其他领域中的分析不一致,亦如此。从这一观点来看,根本不存在什么理由,来为整个语言呈现统一而连贯的图景,只要某些具体的、不相联系的方法能够在有限领域产生更好结论就好。

这样只关心结论,不关心基本原则,后果就是欧洲大陆和北美的大多数学术成果,对英国的语言学家来说都显得很陌生——即使对那些认为有必要探索其他研究方法的人来说也是如此——而反过来也是一样。因此,在本书的语境下展示英国语言学的发展似乎有些牵强,因为我们所关注的方面,主要是些英国语言学主流人物基本上不感兴趣的问题。

然而,有几个领域,英国学者的研究为其他学派的研究提供了重要视角。其一,丹尼尔·琼斯的音位理论为我们提供了这一元素的新的概念基础,这一概念基础在第二章中所提的分类中没有覆盖到,但是后来却成为许多美国结构主义学者一致认可的观点。其二,英国的语言学始终比其他任何地区的语言学研究更全面地依靠详细、精确的语音学观测,这对理解语音学和音系学之间的关系十分重要。其三,在1935年至1957年期间,弗思的研究基本上是唯一一种质疑音位在音系分析中的中心地位的主流语言学流派。最后,弗思和其弟子们引入了"韵律"这个概念,在很多方面预示着生成音系学中的"自主音段"理论等新发展。这些图景之间的相似之处和不同之处当然值得更多的讨论,限于篇幅,以下只是很少的探讨。

七 J.R.弗思与伦敦韵律分析学派

1 亨利·斯威特、丹尼尔·琼斯和英国语音学传统

虽然我们可以把英国语音学研究的根源追溯得更为久远,但是当前所探讨的内容的便捷起点是亨利·斯威特的研究,他是英格兰最早强调言语事实和言语机制研究的科学地位的人之一。斯威特生于 1845 年,在学习了多种语言,并在海德堡大学学习了一定程度的德国语文学并从事了一段办公室工作之后,他进入牛津大学,时年 24 岁。在牛津大学期间,他开始了关于英语史(尤其是古英语)的一系列研究,该研究将为其赢得当时的一流英国学学者之誉。不幸的是,他在牛津的学生生涯以悲剧收场:他被授予四等学位,这是一种极差的学位,差到极少被授予的地步,通常只授予主试者无法确定究竟是疯子还是天才的学生。这自然排除了他在牛津大学任教的可能性,在斯威特的整个一生中,这一痛苦之源变得日益剧烈。

斯威特 1869 至 1885 年间写出的一系列专题研究、语法书、文本选以及学生用古英语、中古英语手册,诚然为他构筑了语文学家之水准(虽然这些著作在 1876 年、1885 年并未为他赢得他渴望的教授职位,1901 年他最后的尝试仍如此),但此处对我们更具吸引力的,却是他的语音学著作。这一兴趣最初很可能是受到了梅尔维尔·贝尔(Melville Bell,1867)的著作《可视言语》(*Visible Speech*)的激发,该书试图提供一种科学的系统,从发音所涉及的姿态之呈现出发,来记录言语事实。斯威特本人

的《语音学手册》(*Handbook of Phonetics*)1877年初版,成为几代人研究英语语音学的标准参考之作。

除了呈现发音语音学的事实(主要基于印象性观测)之外,斯威特的《手册》还因呈现了索绪尔"音位洞察"的早期版本而让现代音系学家颇感兴趣。斯威特明确区分了两种相互关联的语音转写形式:"严式标音"(Narrow Romic)和"宽式标音"(Broad Romic)。前者是严格的转写形式,旨在尽可能精确地呈现语音学家有能力描写的与被转写话语的发音相关的一切事实。严式标音转写的标写系统明显旨在拥有跨语言有效性,对一切人类语言的话语之呈现皆适宜。与之相对,宽式标音则是因具体语言而异的呈现:这类转写应当"仅表示出语言中与意义之区别实际相关的宽泛语音区别。"斯威特虽然并不使用音位一词,但却明确表示,某一具体语言的宽式标音转写系统应当仅为相互替换时会(潜在)导致词义区别的那些元素提供符号:即音位原则。

斯威特的宽式标音转写和严式标音转写用于不同目的:前者意在实用(因为这种表述如果得到充分定义,就可提供全部必要信息来以最简手段描写某一具体语言内部任何被转写的形式的发音),而"科学的"严式标音则旨在提供"普遍的语音精确分析",因此"对许多实用目的来说过于琐碎。"二者虽然目的迥异,但却显然相互关联:宽式标音与严式标音的不同之处恰恰在于,前者对不区别意义的那些语音特征省略不提。换句话说,从第二章所探讨的角度来看,宽式标音可视为标注了不完全赋值的变量;通过增加(非区别性)语音细节,(从理论上来说)可转化为完全赋值的严式标音形式。

七　J.R.弗思与伦敦韵律分析学派

斯威特因而（与 J. 温特勒、博杜安·德·库尔德内等一道）属于那些在索绪尔的《教程》出版之前很久就已明确探讨过音位分析的基本原则的人之列。事实上，我们审视语言研究史中的任何一种传统时，都会十分清楚地看到，转写系统若仅记录某一具体语言中可区分词与词之间意义的那类差异，就不仅可充当把语言初步简化为文字的依据，而且还可在语言的理论研究领域让人感到相当熟悉，这并非 20 世纪 30 年代、40 年代的许多音位理论研究者所称的革新。

但是，把斯威特阐释为现代意义上的音位理论家同样不正确，因为他的关注点完全在于设计出一种实用的转写系统。结构主义音位理论的真正革新之处，是这一概念：某一具体语言的音位集合（或者说是宽式标音表达式元素之集合）构成了具有重要内部组织结构的系统；这一点始于索绪尔和布拉格学派（后者尤其重要）。使 20 世纪音系学不同于以语音学为导向的先人们的，不是音位表达式概念本身，而是这样一种观念，认为音位表达式是由自身即需要加以研究分析的元素构成的。音系学中的"结构主义"不应等同于音位表达式的发现。

斯威特本人发表了对若干其他语言的语音学的描写，1885 年起，他开始把注意力转向普通语言学，而非他此前的英语研究。他基本依靠担任私人英语教师赚钱生活，是萧伯纳《皮格马利翁》(*Pygmalion*)中亨利·希金斯教授的原型。1902 年，他最后一次申请担任牛津大学教授失败后，被任命为语音学副教授(Reader)。为了让校方设立这一职位，他向校方游说道："音系学不仅是一切语文学不可缺少的基础，而且从最高层面到最低层面,没有哪个部分能够在完全脱离它的情况下进行研究,无论是词法、句法还是韵律,甚至还包括最基础问题——语言的起源。"他指出,比较语文学教授一职无法充分覆盖这一关键领域;他的这一很有局限性的立场最终得到了赞同。不过此时,他对学术成就已十分怨愤,以至他执教牛津的最后岁月里,源于迫害感的一系列尴尬事件与取得的实际成就不相上下。他于 1912 年去世。

虽然从职业生涯来看,斯威特的正式学术事业使他本人感到失望,但是他对英国的语言研究产生的影响却是巨大的。1869 年至 1885 年期间,他的影响力是英国致力于语言研究的主要组织"语文学协会"(Philological Society)中的主导因素:1877 年、1878 年他是该协会的主席。正如赖恩(Wrenn,1946)所言,他"创立了现代语音科学,使之成为一切语言学研究之基础,而与此同时,他又成为他那个时代最好的实践语音学家。他提供了第一部语音学手册,并在语文学协会的《学报》(*Transactions*)中发表了对威尔士语、瑞典语等活语言的第一份精确而科学的记录,还对英语的发音和正字法做出了当时可及的最佳处理。"他还引入了音系表达式理念(不同于纯语音学表达式),并基本建立起英国日后的音系研究的基础。

斯威特的影响力因而使语音学在英国大学中作为一个独立学科建立起来,在与语言教学(既包括外语教学也包括面向外国人的英语教学)相联系时尤其如此。这一发展不仅局限于牛津大学;1903 年,一系列晚间课程在伦敦大学学院(University College, London)开讲,讲授的是语音学在法语中的运用,他还

七 J.R.弗思与伦敦韵律分析学派

在那里开设了特别参照英语和德语的其他普通语音学课程。1907年,伦敦大学学院新任命语音学领域讲师一名:丹尼尔·琼斯(Daniel Jones)。正是由于他的努力,"伦敦语音学学派"在此后的岁月中发展并繁荣起来。

琼斯1881年生于伦敦。中学时代,他就已经学习了数种语言,但他的剑桥大学学士学位却是数学。他父亲曾逼迫他学习法律,他也的确获得了法学硕士学位,但却始终未做过出庭律师。1900年,他在马尔堡(Marburg)师从威廉·梯利(William Tilly)学习德语语音学。1905年至1906年,又在巴黎师从保罗·巴西学习法语语音学。巴西对他实际上几乎是位父亲式人物:他娶了巴西的女儿,也正是通过巴西的影响力,他于1907年初应邀授课于伦敦大学学院。同年晚些时候,他被授予正式职位(此前不久,他完成了其法学学位,获准出庭)。此后那些年,他使自己的授课空间发展为实质性的语音学系。他还同巴西一道,成为国际语音学学会(International Phonetic Association)中的主力,并一道在其一生中的大部分时间担任《语音教师》(*Le Maître Phonétique*)编辑(后来单独担任该刊编辑)。他在伦敦的讲师职于1914年升格为副教授职,并于1921年升任教授。他继续在大学学院任教并担任系领导,直至1949年;退休后,他以名誉教授身份继续从事研究,直至1967年86岁高龄逝世。

巴西和斯威特无疑是琼斯早期生涯的主要影响,但是1911年,他开始与谢尔巴有联系,谢尔巴和他讨论了博杜安·德·库尔德内的音位概念(至少是他晚年在圣彼得堡那些年讲授的那些概念;参见上文第三章)。两年后,博杜安的另一位学生,来自华沙的提图斯·贝尼(Tytus Benni)①为琼斯提供了更多机会来探讨这些问题。"该理论的重大意义当时[对琼斯来说]已变得十分明显,在构建语音描写、为无文字语言设计文字,以及对普遍意义上的外语口语实践教学等方面尤为如此。因此,截至1915年左右,该理论开始在大学学院语音学系的授课中获得固定位置"(Jones,1957)。

这一评述中对音位表达式概念实践运用的强调,是十分典型的琼斯式态度,与斯威特一致(巴西也是如此,他曾敦促研究语言的学生"文本中只需注意有意义的差异"——以免"让语音文本无法解读")。琼斯超越了斯威特,把音位的清晰概念发展为语言理论中的基本组成成分(尤其参见其1950年的《音位》[The Phoneme]一书),但是,他进行理论选择的动力永远是实用性,而不是源自一般性的科学思考。

这一点在他对音位之定义基础的探讨中尤其明显。琼斯观察到,至少可区分出两种不同的音位概念。一方面,音位可被视为心理构念,是"头脑中构想的言语声音,在说话过程中得到'瞄准'"(Jones,[1957] 1973:190)。这一图景是第二章中指出的"完全赋值基本变量观"的一个版本,琼斯将其正确地归功于博杜安。另一方面,"从'物理'角度来看,一个音位就是某一具体

---

① 提图斯·贝尼(1877-1935),波兰语言学家。早年于莱比锡、弗赖堡等地学习语言学,1905年获弗赖堡大学博士学位。主要从事语音学、语言教学等研究。——译者注

七　J. R. 弗思与伦敦韵律分析学派

语言中所发语音（言语的音段元素）的一个族系，这些音用于实践目的时仿佛是同一个音一般"（同上，191页）。我们会在下文中再回来谈这一观点的详细内容，但是十分明显，这个概念与前面介绍的心理概念不同。

琼斯讨论对创建音位概念的两种途径加以选择时的不同寻常之处在于，在有些地方，他表示倾向于"心理学"观点，认为其在概念上优越；但在实践方面，他却坚持选择"物理学"定义。"我若必须在两者之间做出选择，最终就无法摆脱这个结论：音位的物理学观总体来说更适合于口头语言日常教学之需，更适合于那些号召为迄今无文字的语言创制书面语言的人或号召改良现存的不完善正字法的人（即使存在萨丕尔的实验，亦如此）。我觉得，物理观对学习语言的普通学生来说，比任何别的观点都更易于理解。"（同上，192 页）对于与正字法设计相关的思考的这类关注，让人想起肯尼思・派克（Kenneth Pike）在美国所做的研究。他 1947 年的著作《音位学》（*Phonemics*）的副标题叫作《把语言变为文字的技法》（*A Technique for Reducing Languages to Writing*）。

琼斯的音位物理学观其实无法与上文第二章所展示的任何图景相等同。若干年来（从 20 世纪 20 年代起），他不断对上文所提到的概念进行打磨，在 1950 年的书中得出音位概念是"某一具体语言中的诸语音之族系，在特征上相联系，使用时没有哪个成员可在跟其他成员在相同语音环境下存在于同一个词中"，他认为这个概念"能解释多准确就已解释多准确"（同上，195 页）。因此，从这一观点来看，音位本身并不是语音（无论全面赋值还是局部赋值,无论是物理的还是心理的),而更像是语音集合或语音族系的名称。这一观点是个物理观点,因为音位的个体成员们(或者用美国的叫法,叫作音位变体[allophone])是实质的、完全赋值的语音——而音位本身却是集合之名称,是更高层面上的抽象概念。

我们可能注意到了,此处提出的在同一音位中囊括不同语音,其基础并非这些音无法区别词义,而是由于它们从不出现在相同语音环境下这一事实:换言之,就是这些音呈互补分布(complimentary distribution)这一事实(琼斯明确接受了这个美国术语,但却从没用过)。这绝非偶然,而是琼斯以下想法的反映:"在音位的物理定义中,任何对意义的参照都不合时宜。我们有责任对音位是什么和音位能干什么加以区分。音位就是其定义之所阐,而音位能干的事情则是将词相互区别开"(同上,195页;着重号为原作者所加)。因此,把意义从定义中消除出去并不是在跟从拒绝把意义视为有效语言学范畴的大气候(像此后美国结构主义音位学家们那样——见下文第十一章),而是源自对概念清晰性的思考。

琼斯的著作涉及对种类多样的诸语言的研究:他曾为粤语、茨瓦纳语①、僧伽罗语、俄语等迥然不同的语言进行过整书篇幅的描写研究,也曾做过至今仍被视为权威的英语语音描写。但是,他的音系结构理论明显只局限于具体的(以实践为导向的)

---

① 茨瓦纳语(Sechuana),索托语(Sotho)的一种方言,通行于博茨瓦纳的茨瓦纳族人当中,属尼日尔-刚果语系班图语群。——译者注

音系表达式之本质观。形式间关系的规律性并未明显进入这一图景中,这一图景完全建立在充当语音结构基本单位的音段大小的音位的概念上。

琼斯的《音位》一书中的许多理论手段皆在于用来澄清语言学研究对象的基本特征。他相信,连贯的分析只能源自对(孤立的)词的音系特征的研究,这种词存在于统一的言语风格内部的诸位说话者的言语之中,并发展出一套术语(如自由变体[variphone]、跨方言音[diaphone]等)来支持这一概念。他同样强调把音位一词留给标准的音段单位,并提出调位(toneme)、时位(chroneme)、重位(stroneme)这些术语来分别指代具有区别性的声调单位、音长单位、重音单位(与美国的用法极为不同)。由此而生的理论,无论其对语言教学和正字法设计的实践益处有多大,依然只强调了语音结构研究中所涉及的极为有限的领域。

2 J.R.弗思的生平

无论斯威特、琼斯及其弟子们对语音研究的贡献多么值得瞩目,他们的思想中仍然鲜有符合严格意义上的音系学话题的内容值得本书做缜密的独立研究。倘若20世纪的英国语言学家确有明显独特的观点与其他一切音系学流派平起平坐,那么这基本是由于约翰·鲁珀特·弗思(John Rupert Firth)。

弗思生于1890年,曾在利兹大学学习历史。在利兹大学短暂讲授历史之后,他于一战前夕加入了印度教育服务机构。

1914—1918 年战争期间,他服役于阿富汗、非洲、印度;此后,从 1920 年到 1928 年,他在位于拉合尔(Lahore)的旁遮普大学(University of the Punjab)担任英语教授。他似乎很享受在那里的时光,如,此后一生中他都在使用印度各语言中的材料,但却不存在弗思那段时间的任何出版物的记录。

弗思 1928 年一回到英国,就被任命为伦敦大学学院语音学系丹尼尔·琼斯领导下的资深讲师。尽管他直至 1938 年一直是琼斯手下的语音学系员工,但却也日益忙于在其他地方担任的兼任职务。他在伦敦政治经济学院(London School of Economics and Political Science)担任语言社会学助理;30 年代早期,他在那里与人类学家布罗尼斯沃夫·马林诺夫斯基(Bronisław Malinowski)一道参与了一系列研究班,马林诺夫斯基对他的基本语言观产生了重大影响。他还在牛津的印度研究所担任印度语言语音学特别讲师。

伦敦大学的东方研究学院(后更名为东方研究与非洲研究学院,这一更名基本是因为该学院的埃达·沃德[Ida Ward]等语言学家关于非洲语言所完成的重大研究)长期以来涉足语言研究,弗思于 30 年代末被任命为该院讲师。他在印度研究古吉拉特语(Gujarati)和泰卢固语(Telugu)一年之后,于 1938 年成为东方研究与非洲研究学院语音学与语言学系全职的语言学与印度语音学资深讲师。从弗思 30 年代中期所发表的作品来判断,他已对丹尼尔·琼斯所持的音系结构观有一定程度的不满,他很可能已觉得去其他系部没什么不好。

1940 年,弗思被任命为副教授;1941 年,他继任语言学与语音学系主任。二战期间,弗思的系员工由 2 人迅速增加到 14 人,这基本是因为该系所承担的东方语言教学(尤其是日语)责任的结果。这一发展与丹尼尔·琼斯的大学学院语音学系的发展形成鲜明对比,"1939 年以后,……员工和研究成果都不可避免地在急剧减少"(Jones,1948)。虽然"1943 年秋天以有限规模重开一些课程已成为可能"(同上),但是琼斯的系的重要性面对弗思在东方研究与非洲研究学院的系已明显黯然失色。比较英国的战时语言教学工作对语言学产生的这一影响和美国军队语言项目对刺激和巩固"新布龙菲尔德派"语言学家的地位所发挥的功效,很有意义(见下文第十一章)。

1944 年,英国首个普通语言学教授职位在东方研究与非洲研究学院设立,弗思被任命担任该职位。这一职位成为他在英国语言学和语音学界影响力显著扩大的基础,直至 1956 年他退休。至少在音系学和语义学这两个领域,他的思想已发展为独特而崭新的理论,成为这一时期(及此后)英国的语言学家们之间探讨的中心话题。在音系学领域,他 1948 年的论文"语音与韵律"(Sounds and Prosodies)指出了与以音位为中心基础的语音结构理论(如丹尼尔·琼斯的理论)严重冲突的观点的典型特征(即便并未使之法典化)。许多评论家把韵律分析的发展追溯到这篇文章;但是很明显,这篇文章中表达的观点和他 30 年代中后期的著作中的观点之间存在实质的连贯性。

弗思显然并不是没有注意到英国以外的语言学研究。他提及了"与布拉格学派等欧洲语言学同行交流看法的数次机会"(Firth,1935a);30 年代特鲁别茨科依访问伦敦时,弗思曾与他会面(特鲁别茨科依在当时写给雅柯布森的一封信中,把弗思描述为他在伦敦见到的唯一一位可以从他和雅柯布森对语言学的定义角度称为语言学家的人)。弗思虽然对叶尔姆斯列夫的研究基本无兴趣,但是却时常提起他的著作(似乎是拒绝承认其重要意义),并显然对其十分了解。他还曾于1948年在密歇根大学语言学研究所授课,常常会提及足够多的美国著作,以显示他对美国语言学的主要论题很熟悉。

他投入相当大精力研究语言学史,他 1946 年的文章"英格兰语音学学派"(The English School of Phonetics)提供证据证明了印欧语比较语文学在德国兴起之前很久英格兰语音学家所取得的实质性成就。在1949年的一篇文章中,他探讨了英国语言学和美国语言学之间的关系——但是却投入了大量笔墨来关注 18 世纪本杰明·富兰克林、诺亚·韦伯斯特、林德利·墨累(Lindley Murray)对语言的论述。弗思明显把斯威特视为自己在早期传统中的主要动力(他当然跟斯威特至少有一个共同点:对德国学术的刻薄态度),虽然二者之间很难找到实质性的可比之点。弗思虽然既了解本领域的历史,又熟悉英国以外的同代语言学研究成果,但是他自己的理论观点却依然基本上自成一派(sui generis)。

弗思的普通语言学(尤其是音系学)著作几乎具有德尔斐式①特征。即使是那些人们或许最期待对其理论立场做系统展

---

① 指含混模糊、充满歧义。语出希腊神话中施芬克斯在德尔斐岔路口向路人提出的晦涩问题。——译者注

七 J.R. 弗思与伦敦韵律分析学派

示的文章（如 Firth，1948a、1957b），也充满了模糊而隐晦的说辞，基本要点完全不清楚。他的弟子们当然意识到了他的著作的这一特征；的确，他们常常对弗思的清晰性的缺乏当作一种怪异的荣耀。

弗思的影响力基本无法归功于他所出版的著作。但是，虽然这类著作无法近似于呈现一种统一的语言学理论（甚至无法为其某一局部提供这种理论，如音系学），但是很明显，他至少鼓励了他的弟子们形成一种独特的立场。虽然认为这代表着一种封闭而确定的理论是错误的，但是人们有理由询问，又有哪种重要而关键的理论观点曾经达到过如此完备的地步？诚然，《语言学分析研究》(*Studies in Linguistic Analysis*，1956) 和帕默 (Palmer，1970) 等书中所展示的文章所表现出的实质性一致意见，跟 20 世纪语言学其他理论框架内部可比的作品集中可找到的观点数量相当。弗思和他的合作者们明显赞同某一音系学分析思路中的目标、方法和原则；确定这一图景究竟是如何产生的是个很有意思的问题。关于弗思对其合作者们的影响力的实际特征和方式，我们几乎没有证据。他的出版物绝非清晰之典范，但是他本人当时似乎是个富有人格魅力的人。有理由这样推测：20 世纪 50 年代在东方研究与非洲研究学院形成于他身边的韵律分析理论，是在实践分析性问题的研究背景下得出的，而不是在理论话题的系统性授课中得出的。的确，通过研究有代表性的例子来得出韵律分析的某一概念，要远远简单于通过明确具有理论性的文献来得出这一概念。

无论如何，弗思从未写出他对此领域（或其他领域）的理论的权威展示。虽然他似乎已盘算着写出一部题为《语言学原则》的书,但却没有证据表明他真的对这一计划做了任何实际工作。晚年,他的健康状况很差,从 1956 年退休到 1960 年去世,他基本没写什么。因此,下文对他的思想的展示,只是部分基于他自己对这些思想的表述:为了形成他的音系学理论的连贯图景,有必要通过他弟子们的描写性著作来推断出此理论之特征。由于这部分文献中有许多都或多或少与证明韵律分析合理这一问题(尤其与音位理论相对)有直接联系,因此这一过程似乎十分正当。

3 弗思的语言观和语言学观

弗思对语言的独特看法或许可以追溯到他 30 年代初在伦敦经济学院[①]参与马林诺夫斯基的研究班时(据 Langendoen 1968)。马林诺夫斯基当时关注于对描述语言学意义进行发展,将其描述为源于话语所发生的语境。语言事件所处的"情景语境"(context of situation)这一概念既可按狭义来研究(充当紧贴话语之前、伴随话语之中、紧跟话语之后的事件),也可按广义来研究(囊括话语的整个文化语境)。马林诺夫斯基本人的立场则由他 20 世纪 20 年代的早期著作中的狭义阐释,演化为弗思与他接触时的广义阐释;而弗思所接受的似乎正是"情景语境"

---

① 即上文的"伦敦政治经济学院"。该校通常简称为"伦敦经济学院"(LSE)。——译者注

的这一日渐模糊、日渐非操作性的概念。

弗思把意义问题视为语言学研究的中心问题——这一立场似乎让有些评论者吃惊（例如，见霍根 1958 年为弗思的论文集所写的书评）。事实上，他的意义概念是这个术语的正常角度的概念，跟布龙菲尔德等美国语言学家所持的概念没有太大区别：话语之意义等同于话语在特定语境中所发挥的功能，或者等同于"语音对人的行为所造成的变化。"这一理念其实与布龙菲尔德的行为主义相同（见下文第十章）。其主要区别在于，布龙菲尔德认为，在当时的科学条件下，意义研究起来极为困难；而弗思却认为这样的研究是该领域的定义之核心。如果语言是带有意义的活动，则语言分析就不能回避意义之分析。

为了把意义定义为"语境中的功能"，弗思有效地扩展了意义一词的用途，使之不仅包含语义学意义（或词汇意义），而且还包括语法意义、音系意义，甚至还包括语音学意义（如其所说："美国人的意义中的一部分，是听着像美国人"）。尤其是对于 30 年代、40 年代、50 年代忙于把意义从语言学中驱逐出去的美国语言学家来说，这一举措非但没有澄清弗思的思想，反而主要招来了攻击。但是，意义一词的这一用途若仅仅视为"语境中的功能"，至多是怪异，或许与其他学派所说的语言学家的正确活动之概念十分一致。

因此，据这一定义，某一形态学元素的"语法意义"仅仅是特定语境下该元素与其他形态范畴之间的关系，或者换句话说，就是它在不同形态学范畴组成的网络中所占据的位置。与之类似，某一特定语音材料片段（如某一语音学音段）的"音系意义"

由其不同于可位于该位置上的其他可行材料的语境功能构成。把这一关系称为音段的音系意义,从术语来看很不正常,但是这一关系本身跟其他人在音位元素间设定的区别性之基本关系并无性质上的太大不同。

但是,和大多数其他理论更重要的一点不同在于意义(包括音系意义、语法意义、词汇意义等)与具体语境的相关化(relativization)。由于不同的可能程度会在不同语境中产生,因此可得出,某一具体元素的意义可能会随语境的改变而改变。对这一点的最具体的解释可在音系学中看到。设想某一具体语言中在词首位置呈现出语音学意义上的 2 个鼻辅音([m]和[n]),词末 3 个([m]、[n]、[ŋ])、词中阻塞音前 4 个([m]、[n]、[ɲ]、[ŋ])且须与出现在其后面的具体阻塞音同部位(homorganic)。这样一来,任何具体音段(以[n]为例)的音系意义就都会在三种语境下不同:在词首,[n]不同于[m];在词末,[n]不同于[m]和[ŋ];而在词中间的任何语境中,[n]不需跟其他任何鼻辅音相区别,因为每个特定阻塞音前只可出现一种鼻辅音。因为[n]在三种语境下的功能各不相同,所以可得出,该语音材料可依据语境采用三种互不相同的音系意义中的任何一种。

从对跟语境相关的意义的这一阐释中,弗思得出结论:必须为不同位置建立不同系统,而不是只有一个统一的音系元素系统(或语法元素系统、词汇元素系统等)在一切位置上(虽然可能受其分布的限制)起例示作用即可。从这一意义上来说,分析必须具有多系统性这一论断是弗思语言学问题研究方法的基本

七 J.R.弗思与伦敦韵律分析学派

特征。

但是,弗思扩展了多系统性的论断,使之超越了语境对分布的限制。例如,他指出,语言学家首先应该为语言在封闭思考范围内的十分有限的局部提供分析,"描写语言学聚焦于我所说的限定语言(restricted language)时,效果最好。限定语言充当由经历和行为构成的有边界的范围,可被视为拥有自己的语法和词典"(Firth,1956)。具体的限定语言如市场上进行买卖交易的语言、由中文译出的某位诗人的语言、父母讲给年幼孩子听的语言等。关键在于,对上述系统中的任何一种进行分析,皆可按弗思的看法来开展,不必考虑其他分析,不必考虑"同一种"语言不同有限部分的多种分析之间的一致性。

即使是在上述意义上的特定"有限语言"内部,对语法不同部分的分析也可能会相互之间完全独立。因此,为动词形式构建的音系系统不必跟为名词和形容词构建的音系系统相同(甚至都不需要相一致)。语言的每个层面都应当按照其本身的特点来分析,而不需要按照对语言整体皆有效的单一系统来分析。这一多系统式研究思路明确否认了梅耶所提的语言是"一切皆发生的系统"的论断。对弗思来说,语言若视为整体,则是并不显著凑在一起的数量庞大的异质性系统之组合。

大多数语言学家认为语言的多系统思路的寓意有些混乱,甚至有人认为是反科学的:语言这一事物当然存在,也包括弗思要单独分析的全部各不相同的部分,找出潜藏于语言下的系统也必然是语言学家的任务。但是,对弗思来说,谈论语言下潜藏的元素的单一系统是没有意义的,该系统某种意义上来说确为语言学家应探索的任务。结构和元素绝非在语言中独立于语言学家的分析而存在，只是语言学家从语言使用现象中做出的纯粹抽象而已，其目的在于提供一种概念结构来理解语言的使用，而不是呈现出某种具有独立本体地位的结构。并不存在语言学家找出（或未能找出）结构和元素的"正确"集合的问题：只存在某一概念结构与另一概念结构相比，对展现某一特定领域的语言事实具有更多卓见还是较少卓见、是更恰当还是不那么恰当的问题。

这一态度不仅仅局限于语言研究，而是反映在科学之普遍哲学之中。这一唯名论思路，把科学理论之理想化视为科学家对分析性范畴所使用的名称，而不是视为所研究的现象的独立存在层面，该思路前后一致地反对贯穿哲学史的更具现实性的诸观点。大多数实证科学家，包括语言学家在内，倾向于持强烈的现实主义态度来考虑其理论中的基本元素。这一思路上的区别被豪斯霍德（1952b）描述为（或者说是讽刺为）"神之真理型"语言学（现实主义语言学）和"马戏戏法型"语言学（唯名论语言学）之间的区别：的确，据说弗思曾指出，他才是这些说法的发明者，豪斯霍德从他那里偷走了这些说法。弗思的多系统分析，完全缺乏同一语言中不同局部之间的联系，这无疑是语言学中从唯名论线索中引入最终结论的最极端例子。

虽然对弗思来说，语言学家对语言的描写不是发现某种先行给出的独立存在于分析之外的结构，但是这种描写当然也不是完全与外部现实无关。相反，该分析必须与可观测的事实保持直接联系、保持一种两面联系。一方面，所分析的各范畴必须

七 J.R.弗思与伦敦韵律分析学派

在数据中拥有具现(exponent):即,必须存在具体话语的可辨别层面,以清晰明了的方式为分析之条件提供例证。这并不是对分析者的强力约束(实质上,这只意味着分析必须是对某种具体东西的分析);但是,弗思所提的另一条要求却在某种意义上更有意思些。

不仅受分析制约的数据必须为分析之条件提供具现,而且分析本身也必须是与语言"保持联系"的分析。这就意味着,只要有更多数据起初未被纳入分析,将这类额外材料也囊括进最初分析之内就必然可行。换句话说,分析倘若必须与数据相适合,就必然具有可预测性,因为该分析还对可比言语材料潜在的不受限范围充分发挥了作用,而这类言语材料理论上可观测到。

实践上,对语言学家来说,这类可预测能力当然至少是个期待目标(desideratum),但是其他地区的(尤其是美国,见第十一章)以过程为导向的理论化活动却是沿着下边这条线索:分析之目的,就是要尽可能完整地描写某一特定语言素材内部的元素分布。当然,"对于在乎语言学结论的人来说,对具体语言素材的分析只有跟以类似方式取自同一方言的其他足够充足的语言素材相同时,才会变得有意思"(Harris,1951a),但是,从该观点来看,具体的分析可以因其分析具体语言素材的充分性而生效,这一事实仍然存在。弗思要求充分的分析必须延续与语言的联系,这一要求明确地承认了语言学研究对象的不受限本质——20世纪50年代末、60年代初,随着生成语言学的兴起,这一点成为一个重要问题。

4 系统与结构,语音与韵律

我们现在从弗思的普通语言学观转向他对音系学本身的独特贡献的具体情况,即韵律分析理论。以该理论名义进行的分析直到 40 年代末才真正在弗思和他的弟子们的著作中出现——尤其见于弗思(1948a)、汉德森(Henderson,1948、1949)、斯各特(Scott,1948)。不过回溯时我们会发现,其发展始于 30 年代中期。

毫不意外,弗思在早年的文章中(Firth,1934a、1934b、1935a)采用了与丹尼尔·琼斯式音位理论十分接近的音系结构观。他把"音位"一词的来源追溯到克鲁舍夫斯基(这并非整个故事——见上文第三章),并以泰米尔语中的一个包含依语境而变的"交替音素"[k]、[g]、[c]、[ç]、[x]、[ɣ]的音位为例,来说明自己对音位这一术语的理解。正如上文中琼斯所述,此处的图景是音位充当变体集合的图景(琼斯在自己的多部著作中曾举过同一例子,并向弗思致谢)。

但是,在早期著作中(如 1935a、1936、1937)弗思的观点就已经开始发生变化。这些文章中,他不仅强调音位的区别性功能,而且强调使该功能与特定语境发生关系。正是在这些文章中,他最明确地提出,当两个具体位置上(如音节首和音节末)的对比程度不相同时,这两个位置上出现的功能性元素无法得到确认,即使语音学层面上相同亦如此。音节首仅与[m]构成对比的[n],(对弗思来说)不同于音节末既跟[m]又跟[ŋ]构成对比的[n]。对琼斯来说,上述几种[n]都是同一音位的成员,而有的音位(如[m]和[ŋ])在若干位置上因其出现而受到制约。弗思的分析,其多系统特征(即在某一结构中对比不相同的位置上建立独立的、不相联系的各系统的需求)受到了大力推动,可被视为上述文章中的主要观点。这一基本观点和特瓦德尔同一年所提的观点基本相同(见下文第十一章),虽然弗思在其所有出版物中基本没有引用特瓦德尔。

弗思为音系元素的功能区分出了两个基本层面。某一元素的小功能(minor function)在于其跟其他可行音系元素的简单区别,而元素还可能具有大功能(major function):为某一形态范畴做标记。他注意到,英语中许多元音对立都具有大功能:因此,在 breed(繁育,现在时)和 bred(繁育,过去时)的对比中,[i]和[e]之间的对立不仅可用来表明这两个词之间的区别(即此差异之小功能),而且还可用来表明现在时和过去时之间的区别(即大功能)。大功能概念与克鲁舍夫斯基的"第三类交替"及博杜安的"关联交替"(correlation)背后隐藏的概念十分相似:即跟某一形态特征有直接联系的交替。弗思的观点的重要性不太在于发现某些音系差别可用来充当形态差异的最小信号,而是更在于这一事实:从早年起,他就觉得非语音学因素(如语法结构)与音系分析有核心性联系。

在"湖南某方言中的汉语单音节词结构"(The Structure of the Chinese Monosyllable in a Hunanese Dialect, 1937)之类的文章中,我们发现弗思晚期著作中的另一个特点出现了。此处他提出,他所研究的这种语言(汉语的一种方言)中某些音节的特点与任何单个音段都无法正确联系起来,而是应该视为未"固定位置":也就是说,应视为音节之特征,而非音段之特征。当然,类似的论断曾被三教九流的语言学家们从声调、重音等超音段特征(美国意义上的超音段特征)的角度提出来过;但弗思的创新点在于,他要对通常应视为具有严格音段性的特征进行此类分析。例如,他辨别出一种 y 音化(yotization)特征,以紧随音节首辅音之后或单个核心元音的区别性变体之后的后流音 y[①](offglide-y)为代表。

例如,其他(具有严格音位性的)分析或许会把腭化处理为辅音的具有区别性的特征,并把元音的性质描述为依靠这一特征;或者也可以把元音的性质视为具有区别性,而把腭化视为以这些元音中的部分元音为条件。弗思认为,基本事实是两套特征之间的共现关系,这最好是处理成整个音节的特征而非某一位置上的局部音系特征(排斥其他位置)。类似的分析还可运用于圆唇软腭化(labiovelarization)特征,该特征同样既可实现为词首辅音的变化,也可实现为元音的区别性变体之集合。

某些音系特征未按照更大单位内的具体音段而做唯一性"放置",这一概念就是在弗思音系学中发挥核心作用的韵律概念的开端。这一概念标志着 20 世纪语言学内部对下列观念的第一次实质挑战:将话语分割为语音音段为进一步分析提供了必不可少的基础,该分析继而可专门将语音材料的具体特征赋

---

① 所谓后流音(off-glide),就是指二合元音尾部的流音,如/ej/当中的/j/、/aw/当中的/w/等。——译者注

予具体音段。

的确,弗思明显对总体的音段合理性有很大的保留。在战后的两篇研究语音分析技法的文章中(1948b、1950),他探讨了协同发音(coarticulation)现象(即与几个不同音段相关的语音特征的相互交错,因此时间上没有哪一点可视为单独代表某一单个音段的特征),并指出,音段分析既忽视了发音的细微细节,又绘出了一幅错误图画:言语可分割成不连贯的时间单位。他似乎还对某些语言学技术手段的可行性留下了深刻印象,这些技术手段似乎能揭示出比单一音段更长的言语片段的特征。例如,腭位测量术(palatography)为整个话语(至少是一个音节)必要地展示了单一性图景:他似乎表示,腭位图中展现的特征如果相关而有趣,则表示不同于音段分析的某种东西,这是因为其固有的"无法放置"之特征。弗思学生的许多文章也求助于腭位图的证据(此外还有示波术[kymography],这还没算上其他的工具性语音学技术手段)。

韵律分析发展中的核心性文章通常认为是"语音与韵律"(Sounds and Prosodies,1948a),虽然现代读者若是没有罗宾斯(1957a、1963)、莱昂斯(Lyons,1962)、帕默(1970)等后来所提供的评注的帮助,可能很难看出这篇文章何以被视为建立了一种连贯性的研究计划。该文首先观察到,我们可以在话语中辨认出语音特征所分布的不同域。有的存在于非常长的片段中:例如,语调刻画着整个句子的特征(或者至少是语调型短语的特征);重音模式往往刻画整个词语的特征;声调元素则基本分布在整个音节上。这些特征都是音系学家们经常用括号标注为

"超音段"的特征,而弗思则表示,我们如果认真对待了这一可行性,就会在更经典的音段域中发现相同的现象,如他以前在对汉语湖南话所做的分析中提出的 y 音化、圆唇软腭化等特征。

承认特征和其所在结构域之间的关系,我们就能够对语言结构中的两种关系进行区分(这一区分跟索绪尔、叶尔姆斯列夫等人所做的区分相平行)。一方面,有的特征用于组织或界定言语内部的片段。同一话语的不同组成部分之间的组合(syntagmatic)关系(在弗思的用法中)用来描述语言结构,如把音段组织为音节、把音节组织为词语、语调短语等更大单位。另一方面,有的特征用来充当结构中某一位置上可选择的(不同时出现的)可能性,以聚合(paradigmatic)方式用于一个语言形式与另一个语言形式之间的对比。结构中某一位置上可得的聚合可能性之清单,就是该位置上运作着的系统。在其内部发挥功能的结构和系统之间的差别,是弗思音系学的中心概念。

为了解释语言的音系结构,若干不同层面应加以区别。最重要的一点,我们可区分出三种音系分析形式成分。第一种,其基本音节结构可按 CV 元素(即元音元素、辅音元素)的抽象模式来赋值,而不必考虑这类元素的具体语音学特点。在他对开罗阿拉伯语口语的描写中,他记录到,这种描述必须对音节的数量、开闭特征、长度、序列顺序进行赋值。这些信息皆可表达为 C 和 V 的序列组合。

第二种,我们可辨认出对此类结构的具体层面发挥描述或界定功能的特征;具有这一功能的特征称为韵律(prosody)。具体特征可被处理为韵律,因为其表现形式延展至结构内部的若

七 J.R.弗思与伦敦韵律分析学派

干位置,如前面讨论过的 y 音化和圆唇软腭音化。但是,即使某一特征只在结构内某一单一位置上得以实现,若其出现体现出该位置的典型特征,则该特征仍可处理为韵律。例如,某种语言中音节首位置上既有送气辅音又有普通辅音,但其他位置上只出现普通辅音,则可以恰当建立起一种送气韵律(prosody of aspiration),这种送气韵律只实现为音节首辅音的送气(如果缺失,则暗示不送气);而不是在音节首系统中既设定送气辅音,又设定普通辅音。这种其位置绑定在结构中某一具体点上的特征,用来对结构起分界作用,且并不仅仅是在描述其中的聚合元素。

最后一种,结构得到抽象赋值、和其相关的韵律得到确认之后,具体位置上可辨认出的残余聚合特征可组合成为系统。这类结构的元素(每个元素都对应一个单一结构位置,因此在其域内大体上为音段大小)构成了结构中具体位置上的语音音位单位(phonematic unit)。这类语音音位单位可被称为语音(sound),共存于某一结构中,并带有该结构特有的若干韵律。

这简要勾勒了韵律分析的本质:韵律是对结构元素中的话语语音数据的比例分配,把具体的结构单位(短语、词、音节或音节局部)联系了起来,可形成与这类单位相联系的系统,以及在单个结构点上形成系统的语音音位单位。要想对语言事实之韵律式分析的味道有所体验,显然需远远超越这一简单勾画,而应展示大量实质性分析,但是这却超出了本章的范围。但是,在将其跟其他音系学观进行比较之前,关于这一理论的本质,有几点我们应说明。

上面我们仅仅基于语音学材料(以及将在其中发现的规律

性)对韵律分析之本质做了演绎;但是必须强调,弗思及其弟子们根本没有提出把音位分析从语法分析中分离出去。事实上,实际韵律描写展示出大量语法条件。原因之一是由于分析的多系统本质:例如对动词的音系学处理可能完全不同于对名词的音系学处理,因此,对分析中任何一个部分的陈述皆以所研究的范畴为间接条件。

"大功能"也带来了音系差异与语法差异直接联系的可能性(如转音[Ablaut]和变元音[Umlaut]现象)。对某一分析中的具体元素的陈述同样也可利用语法信息,需要多少就利用多少:例如,在罗宾斯(1957b)对巽他语(Sundanese)鼻音性的描写中,鼻音化韵律被特别解释成可从其域中排除位于复数中缀后面的元音。这一元素从音系学角度无法跟不含复数标记的序列相区分,音系学陈述因此必须直接提及特定语素之特征。

因为韵律分析只被要求"符合"语音数据,并从其所基于的原始库以外的可预测性数据的角度可跟语言"巩固联系",所以没有理由期待其仅仅从语音数据中就可获取。也就是说,分析者当然可以平行进行多个层面的分析,在必要之处将其联系起来,只要有用,即可把一个领域的研究局部运用到另一个领域中。因此,语法分析和音系分析基本上是相互依赖的:检测语法的充分性,不是看它是否仅靠数据就可毫无歧义地获取(像同一时期的大多数美国语言学家那样——见第十一章),而是要看整部语法一旦形成时(可能通过强有力的步骤的运用,也可能通过天赐灵感)是否满足这条要求:其内容中包含语音数据部分,并巩固与语言的联系。

七 J.R.弗思与伦敦韵律分析学派

例如,语音学上相同的材料极可能具有不止一种音系学分析:帕默(1970)引用的一个例子是 banned(被禁止)和 band(乐队)之间的不等,虽然二者语音学特征相同。像这样以直白的方式否定音系学表达式和语音学表达式必须能够相互转化的要求,是弗思和叶尔姆斯列夫共有的观点(见上文第六章),虽然弗思对叶尔姆斯列夫的看法是,后者的著作是纯"语言哲学"。

很明显,弗思的术语中被描写为韵律的那类组合性依存(syntagmatic dependency),就是生成性描写后来从规则的角度去捕捉的那种规则性。例如,y音化韵律可通过一条(或一组)在音节中修改元音音质的规律来表现,这类音节中的首辅音得到根本性腭化。朗根顿(1968)通览了若干种韵律分析,并从规则而非韵律的角度对其核心特征进行了阐释。而罗宾斯(1969)在对这一重新分析所进行的批评中,似乎混淆了两个不同的问题:规则是否提供了比(静态)韵律更恰当的描写形式?描写是否仅应被局限于对语言中的区别特征进行赋值?确实,朗根顿的探讨似乎摒弃了韵律论述中激起区别性属性中的那些非区别性、次音位性伴随成分;但这是关于早期生成研究中(见下文第十二章)的具体(尤其是雅柯布森)预设的事实,而不是通过规则而进行的组合规则性描写中的固有局限。

通过试图把语言的全部组合规则性囊括进静态表达式元素(即韵律)之清单,弗思式分析对自然语言中的那些规律性所具有的本质做出了含蓄论断。尤其,因为韵律和其语音实现形式之间的关系是统一的具现关系,所以这样的某一韵律和另一韵律之间以生成描写所表现的有序运用(ordered application)方式来展现显著的互动关系,是不可能的。

"规则 A 先于规则 B"这一陈述中必不可少的内容是,由规则 A 的运作所提供的信息是正确运用规则 B 的必要信息(而另一方面,通过运用规则 A 而可被破坏的信息,对规则 B 来说不可得)。如果全部规则皆由韵律来表示,且韵律又被解释为统一结构平面及其语音例示之间的关系,那么就不存在有序性概念之比拟。因此,任何倾向于支持有序运用的语言学重要性的论断,都更有理由成为反对这一具体韵律概念的论断(不过,却并不反对更广义的音系元素概念,后者的域无法证明与单一音段位置相同)。

无论如何,弗思的韵律分析很明显完全是表达式理论;弗思的数篇文章的确回避了"同化"、"异化"、"非邻接行为"(action at a distance)等与规则相关的概念,并将这一事实作为其分析的特点。规则性被吸纳进了完全以表达式元素(结构,以及在结构内诸多点上进行系统构建的韵律元素和语音音位元素)定义形式而进行的分析。此处的表达式与由音位理论支持的表达式十分不同,但是,这类表达式的目标,在于把音系规则性阐释为具体形式之表达式元素,而不是诸形式之间由规则管辖的关系。

5 韵律研究法和音系学其他研究法之间的关系

为了对此类分析和其他大多数语音结构分析方法之间的本质区别有所了解,有兴趣的只需查阅《语言学分析研究》以及帕

七 J.R.弗思与伦敦韵律分析学派

默的《韵律分析》(*Prosodic Analysis*,1970)等论著。但是,从本书的史学目的来看,探讨韵律分析和其他某些理论之间的相似性与区别性十分重要。下面我们把弗思的研究方面和下列理论做比较:(a)经典结构主义音位理论;(b)海里斯(Harris)音位分析中的长成分(long component)理论;(c)当前发展中的自主音段音系学、节律音系学、主干音系学(skeletal phonology)理论。

比较音位分析和韵律分析十分简单,因为弗思(及其弟子们)十分明确地把韵律理论视为音位学的更接近于充分的取代品。弗思至少曾在口头上表示,音位理论在正字法和转写系统的设计方面发挥过作用:任何读过韵律描写的人都会毫不费力地发现,这一理论无论在科学性方面多么有效,都不大可能用来充当实践性书写系统的基础。由于他的唯名论科学哲学(以及多系统分析原则),并不存在特别原因来质疑他在此问题上的严正性,尽管他已确定无疑地抛弃了音位分析除了此类实践性目标外还有其他科学意义的观点。

除了在所设定的表达式的本质这方面的明显差异之外,还存在若干其他要点,使韵律分析和音位分析相区别。例如,虽然有人会被吸引着去寻找前者的语音音位单位和后者的音位之间的相同点,但是这却是错误的。二者基本上都是音段大小的单位,这一点没错,且二者皆构成了聚合性对比系统;但是相似性至此为止。在音位分析中,话语中所有具有区别性的特征皆在诸音位当中按比例分配;而韵律分析中的语音音位单位对某一形式中的区别性相关特征或音系相关特征,既不做穷尽性运用,也不局限于此。韵律同样可代表具有区别性的特征:例如,如果送气塞音只可能出现在音节首位置上,则可能推进送气性之音节韵律的设定,这一情形中音节首送气塞音和普通塞音之间的区别就是韵律对比问题,而不是语音音位单位的差别。

韵律分析和音位分析之间的另一个重要区别在上文中提过:即非区别性特征的地位问题。大多数音位分析学派(还至少包括早期生成音系学)的立场都是,无法用来使形式相互区别的任何特征,皆应当从音系描写中排除出去。这样的特征充其量只能被收入音系单位的音位变体性实现形式的定义中,但是当然无法在音系结构的精华部分之定义中占据一席之地。与之相反,韵律分析对非区别性特征的关注程度,等同于对区别性特征的关注程度。韵律得以解释,是基于某一具体结构中相互联系的全部系统性、组合性规律特点。例如,在斯普利格(Sprigg,1955)对藏语声调的分析中,两个声调韵律中的任何一个的具现,均包括(a)元音音高特征;(b)元音长度特征;(c)声母的送气性等特征;(d)元音的音色特征。这些特征中只有一个特征需要被视作区别性特征,但在韵律定义中却被全部收入。

分析之多系统本质,充当了韵律研究方法和音位研究方法之间的又一区别,该本质包含为语言的特定组成部分而构建的对比系统之关联性。总的来说,音位分析的目标就是为某一具体语言构建音位系统:有的研究者为词汇中的有限组成部分(典型的情况是借词,对于描述某一语言的核心词汇或本族词汇的规则性来说,这类借词本该是个麻烦)提出了所谓的"共存音位系统"(coexistent phonemic system),至少特瓦德尔(1935)承认了为不同结构位置建立不同对比系统的可能性,但是这类位置既具边缘性、又具争议性,音位主义者没有认可过名词和动词的不同系统,也没有认可韵律分析者所做的其他大多数语法条件之运用。

这一问题或许可以陈述如下:音位分析者力求对尽可能多的语言的(以语言学为基础的)单一系统做出归纳;而弗思的处理方式,则试图把分析中每一部分的焦点尽可能狭窄地限制为揭示语音结构中存在的全部组合性规则模式——其中有些还可能被局限在语言的特定局部之内,如由语法决定的语境之内。不存在分析中的全部局部都可与单一整体系统相联系之必要。

音位分析中与韵律分析有明显相似之处的发展,是海里斯(1944b、1951a)提出的通过提取某些长成分来延展这类分析。本质上说,这是一种处理音位清单中某些单位的分布限制的方法。例如,人们可能会发现,有的语言中,尽管清浊基本上呈独立对比,但阻塞音辅音丛却必须自始至终永远具有相同的清浊值:因此,/st/和/zd/可能,而/sd/和/zt/则不可能。此例中,可以说清浊性是个延展覆盖整个辅音丛的特征,而不局限于某个单一音段。基于此,清浊性这一长成分可被提取出来,并被处理为音位系统中的元素。此刻,阻塞音将只包括单一的齿擦音/S/和单一的齿塞音/T/,而[z]和[d]则被处理为结合了清浊性音位长成分的/S/和/T/。

这一分析与韵律之提取有明显的相似性,但是也存在区别。其中之一源于音位分析对具有区别性的特征的关注:海里斯的分析中只有对比性特征才能被提取为长成分,而非区别性特征却跟区别性特征一样可用于韵律研究,只要其展示出组合性分

191

布规律模式即可。进一步说,某一特征如果被提取为某一位置上的长成分(如上例中的清浊性),则可在全部位置上做这一处理:因此,某一语言中的所有浊阻塞音都可处理为未赋值阻塞音和清浊性成分的组合。而与此不同,韵律分析可以在某一位置上把某一具体特征提取为韵律,但是却要将其处理为其他位置上的语音音位单位定义中的一部分。例如,结尾的鼻辅音可处理为鼻化这一音节韵律的一部分,但却充当音节首位置上的语音音位单位,如弗思(1937)对汉语湖南话的分析所示。

罗宾斯在为朗根顿论弗思语言学的著作所写的书评中,提出了长成分分析和韵律之间的又一区别:"并无具体结构被指定给长成分之域,相反,对韵律之抽象来说,作为组件而赋予其的特征应当描述或界定一个确切的结构,这一点至关重要。"或许理论上来说这一点正确,但在实践中,罗宾斯的论断很值得怀疑。

例如,我们若是研究一下艾伦(Allen,1951)对梵语中卷舌音现象(retroflextion)的处理,就的确可能会说,他所指认的 R 韵律(R-prosody)是词的特征;但是其实际的域却只是某一具体辅音或辅音丛的,或者说是从 r(无论成节的还是不成节的)或 s (卷舌 s)的那一点开始、经过尽可能多的后续音段直至遇到除 n 之外的一个齿音或硬腭音为止的一个片段。由这一韵律界定的实际域,并不在任何有价值的层面跟独立推动的结构单位有共存性。与之类似,土耳其语中的元音和谐(vowel harmony)可以(通常情况下)从任意一个结构位置延伸到词内部的任何其他位置。这一韵律并不尊重语素边界(例如,-*Iyor*-[进行]这一成分的第一个元音与下一个元音相和谐,但第二个元音却可发起新一轮圆唇后元音的和谐);也不必描述整个词语,其域边界也不一定与词边界重合。

　　无论在精神上还是在操作上,韵律分析都和音位分析十分不同(无论是否把长成分增加进去均如此)。但是,韵律分析跟近年来的许多生成研究却相当接近。对促成了自主音段音系学、节律音系学、主干音系学理论的广义音系表达式概念加以强调,产生了与韵律处理惊人相似的各种分析。读读帕默(1970)对弗思的阿拉伯语结构分析的评论很有意义,该分析把下列问题提取为单独的形式层面:(a)音节结构特征之集合,概括为 C 和 V 的序列;(b)辅音的序列;(c)元音的序列;(d)突显成分(the prominent)的位置、本质和长度;(e)音节清晰或模糊的音色。帕默称之为"一篇十分惊人的文章,而今天似乎已不再合理,"但是所提的分析跟麦卡锡(McCarthy,1981)关于经典阿拉伯语的那篇影响力巨大的文章中的提法实际上相同,除了 e 之外;麦卡锡没有探讨过 e 这一点。

　　与之类似,韵律处理被认为特别恰当的一个经典领域,是对元音和谐(或辅音和谐)系统的描写;此处,相同的系统在论断中描述出来,以求从音段核之中提取出某些特征,作为"自主音段"。的确,元音和谐系统中的相同特征在这两种情形中均已被用作论据。因此,斯普利格(1961)指出,藏语中的元音和谐处理为韵律要好于按照音段同化规则来处理,原因之一在于同化的方向在一些情形中是从右到左,而在另一些情形中是从左到右。这恰好跟克莱门茨(Clements,1976)所做的论断相平行,克莱门茨认为元音和谐应当从自主音段角度来描写,因为(在大多数情形中)元音和谐实际上都是一种无顺序过程。

表达式中的自主音段与韵律极其近似,而节律表达式和主干表达式则与弗思的"结构"十分接近,弗思的语音音位单位系统和韵律系统即在这种"结构"中运行。例如,自主音段与某一具体音段的词汇联系之概念,即紧密对应弗思的韵律可具有"焦点"这一观念。然而,同样存在一些有趣的差异。例如,韵律可扩展至数个结构位置之上,自主音段亦可如此;但是,并不存在哪种情形中,同一系统中有一个以上韵律能够与同一结构位置相联系,就像对曲折声调(这种声调包含两个或两个以上独立的声调式自主音段,附加在同一元音上)的自主音段分析那样。

另一方面,与自主音段理论相比,韵律理论还在某些方面允许更加丰富的可能性。例如,韵律可包括语音学特征的任意性组合,只要这些特征以组合性方式相互系统联系即可:因此,(在音节内不同位置上得以实现的)送气性、声调、音长、声音音质在斯普利格对藏语的分析中皆为同一声调式韵律的组成部分。与之不同,自主音段仅仅是个具体的特征而已,它跟主干结构中结构性位置的联系不是一对一的关系,所以必须是单个的、语音学上具有连贯性的特征(尽管数个不同自主音段可因其与音段结构的联系而得以联合)。

另一点不同在于,韵律代表一般性的组合依存,无论其本质是什么;而自主音段则代表范围大于(或小于)单个音段的某一具体特征。例如,艾伦(1951)通过送气韵律描写了梵语中与格拉斯曼定律①相关的现象,该韵律代表异化关系,因此不能在自主音段表达式内部以类似方式得以编码。

除了上述细节点之外,两种理论之间还有一个重大区别。如前所见,韵律分析试图对静态表达式理论内部的规则之效果做穷尽性编码。与之不同,自主音段和节律等形式主义理论只是表达式理论,只不过理论内部显示其也包含重要规则而已。这些规则可从不同途径控制自主音段结构和节律结构,对自主音段联系之范围进行延伸或提取,把一种节律结构变为另一种节律结构(例如,在音节重组[resyllabification]过程中),等等。这一差异的结果之一就是,"韵律"过程中的可行相互联系之范围,在该理论中比在韵律分析中要丰富得多,连简单的规则有序都不需类比。这一得以丰富的理论中,表达式不仅不局限于音段表达式,而且受到规则管辖之控制,其别的后果目前只是处于探索中而已。不过,对这些形式主义理论的全面理解,无疑要从描写性的可行性研究中受益,这种可行性被弗思的韵律分析这一相当局限的、完全为表达式性质的理论所承认。

---

① 格拉斯曼定律是印欧语系语言中的语音异化规则,主要见于梵语和希腊语:当同一词中出现两个送气辅音时,前一个辅音变为其对应的不送气音,如希腊语 *thrikh-os > trikhos(毛发)的变化(例子引自 Lyle Campbell, *Historical Linguistics: An Introduction*. 2nd ed., 北京:世界图书出版公司[2008:31])。——译者注

八　弗兰茨·鲍阿斯与美国语言学之开端

本章中,我们回到我们所思考的时代的开端,来考虑一下由另一视角来看的语言学理论的发展:即其在美国的源头。尤其是 19 世纪末左右,北美的语言研究很大程度上独立于欧洲的发展之外而进行。情况如此,原因之一在于当时学术交流所面临的自然局限性,而另一点则是因为这类研究的动力在"旧"大陆和"新"大陆有所不同。当然,这并不是绝对的,但是欧洲语言学家和美洲语言学家的区别依然很大,大到足以使发展的两条线索成为彼此独立的研究,直至第二次世界大战之后。

19 世纪末的美国语言学研究在两种全然不同的传统内部展开。其中一种由主要大学尤其是东海岸的那些大学中的常规学术研究决定,大体上沿袭当时欧洲流行的历史方法和语文学方法。毫无疑问,这一类型的美国语言学最著名的代表人物是辉特尼。

1　威廉·德怀特·辉特尼

辉特尼(William Dwight Whitney)于 1827 年出生于马萨诸塞州北汉普顿,并在那里长大;他于 1945 年毕业于威廉姆斯大学(Williams College),获自然科学学位。其兄①是一位地质学家,这一事实使他在此后几年数次参加地质学测绘考察。地质学当时的学术兴趣点显然为他留下了深刻印象,19世纪,该学科的基础正在经历重大变化,尤其涉及即时观测和其历史阐释之间的关系之本质。正是在地质学中,这一概念最清晰地表达了出来:只要保证恰当而有力的历史发展理论,那么对所观测到的状态的真正解释,就可建立在历史之基础上。

这一理论的关键,是历史变化中的均变论(uniformitarianism)思想,这一观点认为,以前运行着的原因和当今可观测到的原因并无原则区别。也就是说,均变论拒绝把例外事件或"灾变"事件(研究地球史的早期著述中的常规论题)视为自然特征现状的源头。很明显,19世纪地质学的解释性成就对同一时期语言历史研究产生了重大影响。(关于自然史中的均变论和语言学中的均变论之间的关系的探讨,见 Christy 1983。)辉特尼早年对这一问题的接触当然与对他语言学观的理解相关。

1849年,辉特尼的哥哥从欧洲为他带回一本葆朴的梵语语法,这即刻成为使他着迷的源头。他于同年在耶鲁学习了梵语,继而前往柏林继续学习。他对吠陀文本投入了格外多的关注,并为其中的《阿闼波吠陀》(*Atharva Veda*)②后来的确定版做了

---

① 约赛亚·德怀特·辉特尼(Josiah Dwight Whitney,1819-1896),美国著名地质学家,美国大陆48州最高峰辉特尼峰(Mount Whiney)、美国最早确认的冰河辉特尼冰河(Whitney Glacier)皆用其姓氏命名。——译者注

② 即"四吠陀"中的最后一部,我国古代称之为《禳灾明论》。——译者注

编辑起草。1854年他回到耶鲁,但是梵语教授工资太低,使他同时还讲授法语和德语以维持家庭生活。至1870年,他已十分显赫,耶鲁愁于如何阻止他调往哈佛,哈佛已为他备好了教授职位。

辉特尼一生活跃于关注语言的学术团体(如美国东方学会、美国语文学学会、现代语言学会等)。他发表了许多印度学、印欧语的论文以及关于法语和德语的以教学为目的的著作。毫无疑问,1879年的《梵语语法》(*Sanskrit Grammar*)是他最知名的著作,无论对今天的梵语研究者还是普通语言学家,语言描写研究的这一模式依然有重要意义,该书是了解辉特尼语言结构观之细节的主要信息来源(见McCawley 1967b)。当时,该书受到了好评,为他在印欧语研究中成为主要人物建立了信用状。

除了描写语言学和历史语言学的著作之外,辉特尼还出版了两部普通语言学专著:1867年的《语言与对语言的研究》(*Language and the Study of Language*)和1875年的《语言的生命与成长》(*The Life and Growth of Language*)。这两部著作都为欧洲学者所知:博杜安·德·库尔德内、德·索绪尔、富尔图纳托夫等学者都认为辉特尼的普通语言学著作精湛而有趣,并将其布置给学生们来读。辉特尼1894年去世时,人们组织了一部纪念他的国际专题文集,当时语言学界几乎每位知名人物都投了稿。甚至连索绪尔都写下了详细的文字对辉特尼加以赞扬,虽然他并未完成这篇文章。当时,辉特尼极有可能是得到世界语言学界尊重的、知名的美国学者。

然而,倘若我们越过这些传记型细节,问问辉特尼对语言学

八 弗兰茨·鲍阿斯与美国语言学之开端

发展的影响,就很难找出太多东西,无论是从其原创的关于语言本质的革新性论断来看,还是从他对该领域的重大影响来看,皆如此。他的名气并不在于革命性思想,甚至连新思想都不算,而是在于一种平衡与常识,利用这种平衡和常识,他对抗 19 世纪许多其他语言学思想中常常很神秘过分的说法。他尤其反对葆朴、施莱歇尔等人按照过于简单化的生物学方式把语言处理为某种可成长、进化、衰退的"自然有机体"的观点;他还投入特别精力反对马克斯·缪勒(Max Müller)的机械论观点。针对上述看法,他强调语言的社会性质,主要反对当时盛行的关于语言之"有机"本质的玄学猜想。

所以,辉特尼对本领域的主要贡献或许在于清除了产生相反效果的、带有明显生物学或机械论色彩的语言观氛围,在于为其他人追寻真正的语言学思想线索铺平了道路。他本人的著作完全处于时代框架之内,并未明显预示某种不久后主导本领域的结构主义。例如,语言的"结构"研究方法的基本基础,从其在 20 世纪的发展来看,在于重视共时研究和历史研究之区分,在于摒弃只有在所观察到的现状之历史中才能做出解释这一看法。根本没有证据表明辉特尼乐于做出这样的举措;的确,他的地质学研究背景无疑让他比大多数人更预先倾向于历史型解释观。

即使是那些最高度赞扬他的人,也不是由于严格的原创性而赞扬他:例如,索绪尔指出:"我所尊敬的美国的辉特尼,对同样的问题[指语言研究的原则]从没说过一个不正确的字;但是跟其他所有人一样,他并未觉得语言需要系统。"(引自 Godel

1957:51)从 19 世纪末美国的语言学实践来看,必须承认辉特尼带来了当时欧洲成果的权威展现,带来了十分常识性的语言本质观,更加革新的理论理解在这之中是可行的(虽然尚未达到)。这些绝不是不重要的贡献;但是,这些贡献对后来的语言学家的成就,其重要性在于预备性而非实质性。

2 早期美洲印第安人语言研究

除了由辉特尼代表的来自欧洲的历史比较语言学以外,北美还存在一种极为不同的语言研究方法,基本上繁荣于大学之外。由于并非完全学术性的原因,美洲土著民族语言早在欧洲人最初来到北美时就已引起人们极大兴趣。探险家和传教士常常得到各种政府资金和私人资金的鼓励和支持,积累了关于这些语言的大量信息,这一点至少可以追溯到 16 世纪。这类资料虽然质量不一,但却至今保持其吸引力——至少因其历史意义和档案意义而保持其吸引力;但是也有些时候,是因其代表较高描写水平,如罗杰·威廉姆斯(Roger Williams)的《美洲语言指南》(A Key into the Language of America),该书是对阿尔贡金语系的纳拉甘塞特语的描写,初版于 1643 年问世,有数个现代版本。

这种工作很多是由传教士主持的,他们带着具体而实用的目的学习原住民语言:传教"开化"、传播欧洲宗教。类似的动机一直持续到 20 世纪直至今天,在诸如美国圣经协会(American Bible Society)、暑期语言学研究所(Summer Institute of

Linguistics)等组织的工作中显现出来,这些组织独特的传教事务使这些在世界上原本几乎无人知晓的语言得到了大量的基础性描写研究。

对新大陆语言的研究还受到了对人类本质与多样性的普通启蒙运动式兴趣的推动,这是由于北美(以及南美)原住各民族在多数方面都不同于一般的欧洲人这一明显的民族志事实决定的。早在探索美洲之初,人们就已经认识到,语言研究是民族志的重要组成部分:语言最低也可为跟所研究民族进行交流这一实用目的充当工具,并且对很多调查研究者来说,语言自身就是个研究对象。

18世纪,许多美洲印第安语言研究都在美洲哲学学会(American Philosophical Society)的彼得·杜邦索(Peter Duponceau)和纽约历史学会(New York Historical Society)的阿尔伯特·加兰坦(Albert Gallantin)的督导下展开(前者的前主席托马斯·杰弗逊也曾鼓励收集北美语言的数据)。二人都对从尽可能多的语言中收集数据很感兴趣,主要是用于创建分类之目的。19世纪,加兰坦在此领域的工作由与美国地质学研究会(U. S. Geological Survey)有联系的 J. W. 鲍威尔(J. W. Powell)进一步发展并延伸。1879年,民俗学局(Bureau of Ethnology,后改称为美国民俗学局〔Bureau of American Ethnology〕)在史密斯学院(Smithonian Institution)内建立,在鲍威尔的领导下,该局成为美国此类研究的中心。

19世纪,美国民俗学局的多数研究在于运用鲍威尔创建的标准单,从土著语言中收集词汇表,这造就了几乎完全以词汇为本质的分类。这类研究或多或少的高潮是鲍威尔于 1891 年出版的《墨西哥以北的印第安语言语系》(*Indian Linguistic Families North of Mexico*)。这部著作虽然很翔实,但却几乎未产生任何结构本质或语法本质的信息。该局的调查研究人员所收集的这类语法材料与堆砌词汇表的任务不相关,因而基本没有发表。

确曾发表出来的语法论述(常常出自传教士)基本上以拉丁语语法或其他传统语法为模具浇铸:这类描写在没有明显名词屈折变化的语言中指认出了主格、宾格、与格、属格等,在奇布瓦语中指认出了虚拟式,在苏语中指认出了夺格绝对结构,等等,基本未能或完全未能关注上述语言跟欧洲语言之间的重大差别。询问一种语言(如拉丁语)的范畴如何在另一种语言中表达当然有潜在的意义;但是,我们所探讨的这类著作的幼稚性源自一种设想:某种特定的模范语言的语法范畴拥有逻辑上的优先性,这种优先性使比较变成对所研究语言的穷尽性处理。

3 弗兰茨·鲍阿斯

美洲印第安语言研究中发生重大变化,是由于弗兰茨·鲍阿斯(Franz Boas)的影响。对于为此类研究赋予多些系统性、少些轶闻性的科学基础,他的功劳极大。从他的研究中产生了普通语言学研究中的十分具有美国特色的新方法。他被部分学生称为"弗兰茨爸爸",一般被视为北美语言真正科学研究之父。这无疑是一幅精确的图景,但是实际上,他对该领域发展的影响

八 弗兰茨・鲍阿斯与美国语言学之开端

力远比人们通常设想的要复杂得多。

鲍阿斯1858年出生于德国,并在那里学习了自然科学。学生时代,他主要对物理学和地理学兴趣浓厚,所受训练也是上述领域的训练,而非语言学或人类学。不过,与他的地理学研究有关系,他开始对气候影响语言的可能性问题产生兴趣;1883年,他参与杰瑟普科考探险[①],对爱斯基摩人进行首次田野研究时,这一论题正是他所研究的内容之一。此后数年,通过参与德、英等国科学团体资助的数次考察,他逐渐熟悉了北美西北海岸的若干其他民族。

鲍阿斯由于完全未在语言学领域学习过,所以起初无法独自进行该领域的研究。参加首度考察时他由另一位研究者H. J. 林克(H. J. Rink)辅佐,林克是丹麦人,曾在爱斯基摩人当中生活多年,实际上负责对所收集的爱斯基摩语语料的几乎全部的语言学分析工作。但是,在10年的西北海岸工作中,鲍阿斯由于兴趣点逐渐明确聚焦于一般性民族志问题,因而学会了记录并分析所收集的文化材料必需的技法。虽然他明显对欧洲语文学传统和他所从事的美洲语言研究都基本了解(通过阅读而非正式学习而获取),但同样明显的是,这之中隐含着的他的方法和语言观,基本因其从事田野研究之结果(或所需)而独立领悟出来。虽然他的最初工作是遵循收集词汇表的传统并以此为

---

① 杰瑟普北太平洋科学考察(Jesup North Pacific Expedition, 1897-1902)旨在对白令海峡两侧的原住民族之间的人类学关系进行研究,由美国自然史博物馆馆长莫利斯・杰瑟普(Morris Jesup)赞助,由鲍阿斯起草计划并带队执行。——译者注

基础研究发生学关系,但是截至1890年左右,他已对所研究语言的语法结构等更深层问题产生了兴趣。

随着鲍阿斯在北美西北海岸做了越来越多的民族志研究,他与美国各博物馆以及鲍威尔领导下的美国民族学局之间的正式联系逐渐形成。他曾在芝加哥的菲尔德博物馆(Field Museum)任职,直至1894年美国民族学局改组使他失去该职位。一年半之后,他被安排负责美国民俗局编辑工作,但他却接受了哥伦比亚大学的邀请而任教。他于1896年在纽约定居,在纽约居住(执教于哥伦比亚)直至1942年去世。

虽然鲍阿斯并不为美国民族学局工作,但是随着他作为田野工作者的能力逐渐得到认可,他在局里的影响力也在显著提高。在哥伦比亚大学,他主要致力于训练学生从事田野工作,短短几年内,他的弟子们就已成为民族学局资助下的语言学项目田野研究人员中的重要代表。随着《美洲印第安语言手册》(设计目的是取代鲍威尔的旧手册)项目的发展及其于1903年最终获批,鲍阿斯确定无疑地担当起了北美原住民语言研究中的领军角色。

鲍阿斯一定程度上发挥了具有严格学术本质的影响,因为他的语言观传递给了他在哥伦比亚大学的学生们,继而又逐渐主导了美洲印第安语言学田野研究。不过,通过他与民族学局等机构的联系,他又逐渐控制了美国为语言学研究提供体制上支持的主要部门。对于那些他认为属于前一时期的较为原始的语言研究方法,他几乎完全不加尊重或容忍。以此方式控制研究资助,从而确保未来的研究之类型,在他看来是一种责任。

鲍阿斯尤其完全排斥教会语言学家的成果，因此，在他的影响力存在时，这类研究不仅得不到政府机构支持，而且基本被他所控制的各种渠道拒绝出版。只有他自己的学生和关系近密的合作者的作品才会得到他的信任，因此，在阻止他人研究他的某位学生已经占据的语言这一点上，他十分专横。鲍阿斯若是把某一语言"分配"给了他的某位学生，其他任何人其实就不可能再在无限长时间内获得研究这种语言的任何资助（有时就连深入该原住民团体都不能）——即使该学生实际上并未在预期的研究中取得任何成果时也不例外。

某种程度上来说，上述段落中对鲍阿斯关于美洲印第安语言的排外、独霸态度的论断（以及他以此方式所行使的权力）无疑是一种过简概括。无论如何，倘若重大研究应当得到资助，那么他人研究中展示出的深度的缺乏，加之可用来资助语言学研究的资源有限，诚然使很多明显苛刻的决策成为必要。做出这类选择的需要，加之与他们相关的权力责任范围（此前此后达到空前）集中在某一个人的手中，不可避免地导致许多人被有效地排斥在外，这些人的主要过错只是不属于作品得到鲍阿斯赞许的那个圈子。

因此，我们似乎不仅要注意到鲍阿斯对美国语言学的贡献之（大量）积极方面，这一点我们将在下文中详细探讨；而且还要看到他为美洲印第安语言研究留下的遗产中的黑暗一面：即美国学学者当中极端程度的"领地化现象"（territoriality），这一现象一直持续至今。当然存在许多可贵的例外，但是相当一部分研究这类语言的语言学家都希望新来的人去研究别人的语言、别人的语系,而不要研究自己的语言和语系,并感觉某一语言一旦由获得学术权力机构批准的某位研究者研究了,其他人再研究同一语言学领地就不合适——这与所研究的语言的复杂程度无关,与该研究被广大公众实际获悉的程度无关。

对鲍阿斯来说,这一明显的保护主义只不过是唯一的途径,来确保合理的学术标准能够取代美国语言学当时的描写传统中的不足之处以及复杂性的缺乏。他关心的是,北美语言应以足够深度得到描写,从而能够对其结构得出有意义的结论,还能够对具有民族志价值的文本材料做出充分解释。

的确,上述人类学思考(与纯语言学思考相对)在鲍阿斯的头脑中基本居于最高位置,他强调对翔实文本进行精确记录(常常要面对此类材料的出版成本造成的阻力),认为这是语言学田野工作者的核心活动。若要理解他的观点中的某些特征,很重要的一点就是牢记他的语言观的这一民族志基础。

鲍阿斯最初把语言学研究作为调查文化的必要工具,语言则是文化中特别具有启迪作用的方面。语言为他提供了一扇"思维之窗",其特别价值就是它所代表的知识的基本无意识的本质。由于这一无意识本质,语言不受制于使文化的其他表述形式扭曲变形的回溯式理性化(ex post facto rationalization);因此,与对其他机制的直接研究相比,对某一民族语言之结构的理解可提供更纯的方法用于研究其文化。收集和研究原住民语言的文本,因而既是穿透其社会本质的唯一途径,又是靠近那些生活在由某一具体文化建立的框架内的人们的思维的特别有效的方法。对语言历史的研究为文化史提供了线索,从这一意义上说,历史语言学也发挥了类似的角色。

鲍阿斯在其最早的田野研究中很快发现,他起初的气候影响语言的概念设想完全错误(在《手册》的导言中,他特地批驳了一切此类联系)。他的兴趣转向关注发生学式语言学以及为诸语言确立此类关系之基础。1888年以及这之后,他提出特林吉特语、海达语、或许还包括阿撒巴斯卡语均相互联系——这一联系并非基于通常所做的具体词汇比较,而是基于设想中的结构相似性(关于使鲍阿斯以及后来的萨丕尔得出这一结论的证据的评述,见 Levine 1979)。

然而,基于其西北海岸经验,鲍阿斯逐渐相信,在某一区域内,借用、共同特征的独立发展,以及结构特征的一般性相互同化皆十分普遍,以至"从当前的知识状况来看",对大多数北美语言进行显著的历史分类是不可能的(或者至少可以说没有太大意义)。因此,他开始日益怀疑语言之间的发生学关系论断,把注意力从历史描写转向了共时描写。作为对历史比较之明显不足所做的局部取代,以此论述为基础的类型学研究或许可为语言之比较提供有效方法。的确,有人已提出(Voegelin,1952;Stocking,1974),《美洲印第安语言手册》中对各种语言的展示所显示出的统一性,很大程度上不是由于连贯而统一的语言理论,而是由于渴望提供一种通用的阐述形式,来促进这种类型学比较。

4　语言学理论与鲍阿斯的《手册》

《美洲印第安语言手册》标志着美国语言学研究中的转折点。这部作品最初被设想为一系列简单勾勒,来更具深度地展现美洲印第安语言的结构,从而取代鲍威尔早先的调查结果;但是这部作品逐渐拥有了比这更广泛的意义。即使不看《手册》中勾勒的实际内容,首度组织这样一项描写这类语言的浩大工程时所做的取舍也具有深远影响。一方面,对作者的挑选具有为这一发展中的领域建立"语言学政治"角度的相对统一性之效;另一方面,《手册》之描写中相对统一的形式和表述风格充当了语法组织之典范,在为后来的研究者确定研究论题方面具有高度影响力。

然而,更为核心的却是《手册》对美国语言学家的观点之形成所做的明显且实质性的贡献。鲍阿斯的导言以简明而高度可读的形式,极具说服力地倡导着一种强调每种具体语言的充分性和内部一致性的语言研究之普遍方法,该方法不需追随另一种语言的语法系统或概念系统。鲍阿斯的看法是,每种语言都应当从其自身的角度加以研究,而不应仅仅透过其他某种系统(据认为是"理想的、合乎逻辑的"系统)之视角来审视;如今,这一点似乎十分明显,几乎无法将其视为重大革新的可能性源头。但是,只要读上几份18世纪、19世纪时对北美语言(或其他"稀有"语言)的描写,就足以让自己相信鲍阿斯的看法所代表的重大变革。

鲍阿斯坚持从每种语言的个体特征出发进行研究,这将成为(如 Teeter 1964 所述)后来美国结构主义"各种语言能够以无限的、不可预测的方式相互区别"(Joos 1957:96)这一标志性立场之基础。但是实际上,《手册》导言中所表达的思想和后来的作品中对其的阐释之间存在细微但却很重要的差别。鲍阿斯的确曾强调过,语言并不都是可在某一模范语言里的近似纯形式中寻得的同一基本体系的变体;但是,认为语言间的比较无法揭示其结构之一切,并不是说它们不具可比性。

新语言的研究不能带着关于其结构的某一套先入之见,这一要求并未暗示不存在涵盖多种语言结构的普遍性框架,也不暗示语言之间的差异任意大。相反,鲍阿斯的观点是,当时并不存在普遍充分的概念框架,更为重要的是,没有哪种具体语言本身即可为理解其他所有语言提供充分的框架。鲍阿斯的观点其实是在预设(某种程度上来看也是在提出)语言普遍性之底层系统,这类普遍性可决定人类语言可能结构之范围,其本身即是普通语言学研究之正确对象。

例如,关于语音结构,他探讨了人类发音器官的发音能力之域。他的结论是,"可以按此方式发出的音数量无限"(1911:15),其后果就是,一种语言所使用的语音之集合,不足以概括另一种语言中的语音之集合。不过,"每种方言都有具有自身特点的语音系统,该系统中每个音虽然都可能因偶发因素或周边音影响而发生轻微变化,但是却基本恒定……与人类言语之语音学相关的最重要事实之一,就是每种语言都有确定而有限的语音群,且任何具体方言中所使用的语音之数量从来不会过大"

(1911:16)。

这一论断的要点是,虽然自然语言可获得的语音类型数量可能无限,但是充当语音系统的可行类型却绝非无限。相反,可行语音之清单可事先赋值,充当人类发音能力之功能,而每种语言都会从事先给出的可行语音特定类别中做出自己具体、独特、有限的选择。从这一描述中可得出语言之完好而普遍的语音理论;但是,这样的理论不能跟任何特定语言或语群的具体语音清单相等同。

关于"固定语音群中显现出的概念群"(1911:24)之域,也有类似的论断。这里再次存在以此方式表达出的可行概念之清单;这一清单与可行语音之清单类似,不局限于某一确定数量,但这并不意味着不能存在可行概念域之理论。不存在构筑这类理论的明显而直接的基础,这正如人的发音能力之事实无法构筑语音结构理论一样;但是,这几乎未对这一论断构成前奏:以语言学方式表达出的概念是从某一普遍可得的集合中取出的。

当然,和语音系统的例子一样,每种语言都会从这一集合中做出自己的选择,一种语言所做的选择独立于另一种语言所做的选择。这种选择的有限性被认为是源于语音系统表达域之有限性,充当定理,其进一步结果是,"因为语言可表达的个人经历之完整域呈无限变化,而其整体视野又必须由数量有限的语音群来表达,所以很明显,对经历的扩展式分类必然潜藏于一切发音言语中"(1911:24)。虽说我们若是把自己限制在其他语言的有效范畴内,就永远无法理解当前语言所呈现的语法分类;但是,这完全没有暗示不可能存在对语言中可系统表达的概念域所做的一般性理解。

任何具体语言中的语法范畴系统,都不仅仅是语言能够以确定方式表达的思想之清单,而且还是该语言中必须表达的概念之域。由于这种系统因不同语言而不同,所以系统之间的重大差异可更多依赖于必需性因素,而非可能性因素。例如在英语中,名词短语有必要表现出其所指事物的数(单数或复数);动词则有必要带有表示时态的标记。而与之相比,夸夸拉语(Kwakwala,即夸扣特尔语[Kwakiutl])的名词短语并不包含区分单数和复数、区分是否特指的必要标记;夸夸拉语动词也不必指明时态。另一方面,夸夸拉语的名词短语必须指明说话者与所指事物之间的指示语关系(deictic relation),夸夸拉语的动词必须指明所指动作是亲眼所见、通过传言获悉、还是在梦中发生。

这一点并不是说,一种语言的范畴不能表达于另一种语言中:说夸夸拉语的人有完美的方式来表达单复数、时态等,这些范畴对理解所描述的情景必不可少,正如说英语的人能够指明物品与说话人的位置参照关系、能够说明所描述的某件事发生于梦中一样。某一具体语法系统的根本性影响力,不在于表述力的限制,而在于范畴之域的差异;在所研究的语言的一切话语中,说话人被要求参照这类范畴来进行表述(无论是否愿意)。

因此,某一具体语言从可行语音系统域中自行选择来进行特征描述,同样也从可能(或必须)表现为语法范畴的可行概念域中加以自行选择。进一步说,"在世界各语言中,用来表达项目关系的过程,其数量是有限的……可用来表达确定语音群的唯一方法,是其带有确定秩序的构成状况:可能加入了组件成分之间的相互性语音影响,也可能加入了语音群自身的内部调整"(1911:27)。因此,系统性运用可获取的形态手段之域,受制于十分严格的实质性限制——事实上,这一限制远比对语音系统和语义/语法系统的限制狭窄得多。

因此,这幅图景根本未暗示要摒弃语言结构普遍性概念,尽管鲍阿斯的后继者们在力图让自己和他们眼中的语言研究传统方法之泛滥之间保持距离时,常常对鲍阿斯的观点做那样的阐释(至少辞令上如此)。毫无疑问,这之中部分存在简单的沙文主义之成分:即建立起"美国"语言学独特的身份认同之尝试。对最基本的常识性原则进行激进而引人瞩目的夸张,建立起自己的方法,利用此方法,后来的研究者力求强调美国语言学的特殊而独立的特征。但是从本质来看,鲍阿斯的洞察力(虽然具有基础性)并不像宣传的那样剧烈,基本上由这一观点构成:充分的语言普遍性理论不能仅仅建立在某一种或某一组"模范"语言的事实上。

5 鲍阿斯的音系学观

我们力求理解鲍阿斯本人的语音结构图景时,有必要依赖间接证据来补充他对这一主题的有限的明确处理。《美洲印第安语言手册》导言中以及对具体语言的单篇描写性研究中对语音学(广义意义,包括从发音细节到相对抽象的形态音位交替的一切)的探讨并未真正关注发展出一种关于这类结构的一般性理论；这些研究力图建立的，是充分而一致的实践。由于鲍阿斯的核心兴趣在于民族志学而非语言学本身，所以形态和句法(与意义领域有形式关联)自然占据了他注意力的大部。

但是，着力尽可能完整重构鲍阿斯的观点是值得的。原因之一，这一工作自身当然就很有意义：任何像鲍阿斯那样对不寻常语言有丰富经验的人，其对语言结构的看法都不会不值得关注。除了这一历史性目的之外，了解鲍阿斯对自然语言中语音系统之组织的想法也格外重要。其明显原因，是因为他的看法传递给了他的弟子们(无论是明确传递还是含蓄传递)，因此构成了他们的研究之基础。不太直接的一点是，我们能够注意到，他的语音结构概念是在实践性田野工作以及多少具有非正式性的阅读的背景下建立起来的，而非刻意的理论构建问题。上述因素引出一个结论：我们归因于他的音系学"理论"，其实代表一种对语言组织方式的前语言学(pre-linguistic)默契。因此，无论从历史来看还是从逻辑来看，鲍阿斯的立场都代表了此后美国音系学理论化过程的起点。

鲍阿斯如果主要兴趣在于为民族志目的而研究语言的概念组织，就仍会觉得此类研究必不可少的基础必须是对文本(及个人语言形式)的语音记录。因此，准确表达出语言学家收集来的材料是第一步，对分析某一语言的结构具有最基本的重要性。如果没有以充足准确性记录文本材料的方法，语言学(或民族志)田野工作者就无法确认任何可从分析中得出的结论。对语音准确性的这一关注对鲍阿斯的工程绝对必不可少，并在确定表达语言材料之方法时高于其他一切考虑。对这一点的理解，是研究鲍阿斯思想若干方面的关键。

例如，很明显，两个音是否在某一具体语言内部呈现对比，这个问题在他确定二者是否应当用不同符号来记录时并不发挥（或几乎不发挥）作用。从两个音在语音学方面有区别这一点来看，有必要在二者出现的文本之忠实再现中表现出这一差异；因此，该差异应当在其出现之处得以记录，无论该分析是否似乎显现出可预测性。这一阐释得到了鲍阿斯以描写为目的而对语音系统进行记录、呈现的实践活动证据的高度支持。他的各种语法中罗列出的音段之清单，包含大量非对比性元素，这些非对比性元素在文本以及例证形式中得到了十分一致的区分。

这一实践的好例子可由鲍阿斯对夸夸拉语元音系统的处理来说明。他对这种语言投入的精力大于其他任何语言。在嗣后出版的语法书中(Boas,1947)，他规则地区分了约 17 个不同元音。这一区分在该语法书里引用的形式中得到了记录，在他对该语言近 50 年的研究期间所发表的大量文本材料中也得到了记录。但是，在这些元音中，至多只有 7 个(似乎更像是 6 个)元音真正呈相互对比。这一差别绝不表示鲍阿斯没能注意到该语言中的分布规律模式：如斯沃迪什(Swadesh,1948)在书评中所指出，元音系统的"音位化"在他的描写中十分清楚，他平白地呈现了元音当中存在的可预测性；不过，他直接用不同的符号写出了所有的可预测性变体。

因此，两个音之间的差异是否可预测(或者换个角度来看，是否具有对比性)的问题并不是个鲍阿斯漠不关心的问题：描写倘若要提供精确而全面的分析，就必须阐明描述所研究语言特征的规律模式，包括语音音段分布的可预测性。这类规则模式构成描写性分析的一部分，这一事实对鲍阿斯来说仍然无法暗示出这个结论：这类规则模式决定具有语言学重要性的表达式之本质。把关联规则陈述为语法的组成部分已足够；倘若语言学家由此出发把某些以可预测方式分布的音段简化为统一表达式，则没有什么重要的东西可以拿来补偿由此产生的直观性的损失及转写之语音精确性的损失。因此，鲍阿斯的实践与上文第二章中描述的音系结构之"完全赋值表层变量"观十分接近（只要将其当作理论来阐释无不妥）。

20 世纪 20 年代、30 年代，"音位"表达式概念开始得到表达——并被欢迎为对人类语言之本质的重要洞察。鲍阿斯本人当然不会从这一时期美国语言学舞台中消失；出版《手册》以及与《手册》相关的几部语法之后，他在两次世界大战之间那些年本领域的发展中扮演了显赫而强力的角色。没有理由怀疑他是否完全熟悉"音位"观点，但他至少仍不接受（如果算不上明确敌视）用音位转写取代语音转写，此时音位理论已逐渐突显重要性，成为语言"科学"研究方法之基石。

如他这一时期的最后一位学生所言（见 Schultz 1977），他愿意承认音位学的潜在意义；毕竟，一切音位观的基本卓见只是这一提法：语言学描写必须表达出一个事实：有的语音学差异能够对应语言符号之差异，有的则不能。不过，他并不鼓励他的弟子们运用音位表达法，称"音位书写和语音书写之间的差别只是个实践问题。我觉得不对音位阐释做预见性判断的语音书写更

207 可取。音位阐释通过规则给出，这些规则可能从语音书写中得到证实，却无法从音位书写中得到证实。由纯机械性条件控制的语音变化越是复杂，对音位书写进行解读就越是困难"(1939年8月3日信件，引自 Schultz 1977:56)。

的确，鲍阿斯甚至在那些与母语者的直觉明显相符的情形中，也会拒绝或多或少具有音位性的表达。这一点的一个令人惊讶的例子，通过他对夸夸拉语文本材料的处理显现出来。该语言的母语者乔治·亨特(George Hunt)从鲍阿斯那里学会了如何书写其母语；鲍阿斯未亲临现场那些年，就聘用亨特为其收集文本。事实上，鲍阿斯出版的大量夸夸拉语文本，是亨特直接写下的；之后鲍阿斯通览文本，在送交出版社之前做某些编辑校订。这种变化之中存在着一些或多或少具体系统性的方法，鲍阿斯依此方法对"[亨特]书写中的缺陷"进行修正(如 Boas 1930:xi 页及之后所探讨)，从而通过恢复亨特所删除的非对比性差异来使书写在语音学方面更加精确。

鲍阿斯引入的重要变化之一是对/ə/的各变体的处理。他明确指出，这个/ə/在硬腭音后面写成元音<î>，在唇化辅音后面写成元音<ŭ>，在喉音和小舌音后面写成元音<ă>。亨特(通常)把所有这些音写成同一个音：<ᴇ>(= [ə])。他还把出现于非唇化辅音后的语音学性[u]写成<wᴇ>——表明这个音是[ə]的语境性条件变体这一事实。但是，鲍阿斯通览了亨特的全部材料，并通过恢复语音学变体来对这一阐释做了"订正"。在《夸扣特尔印第安人宗教》(The Religion of the Kwakiutl Indians, 1930:xiv-xviii)中，他展示了一份样本文本，分别用亨特的方式和他自己校订过的方式写出。亨特在相应辅音后面写的每一处<E>,都已被替换为<î>、<ŭ>或<ă>;<wE>则被重写为<ŭ>。显然,在此处,语音学上的如实性不仅主导语言学家的分析,而且甚至还推翻了母语者决定正确方式来表达话语之语音结构时的直觉。

为了在记录陌生语言时达到必要的语音准确程度,鲍阿斯坚持认为,调查研究者首先必须排除那些来自自己母语及类似语言的有关语言学语音的先入之见。从人类发音器官的语音能力范围来看,可发出(或可感知)的各种实际语音的数量是无限的。如前所述,鲍阿斯把每种语言设想为从这些音中做出本语言的个性化挑选,所做的挑选原则上完全独立于其他任何语言所做的挑选之外,并且不需要与其他语言所使用的语音重合。因此,举例来说,调查者在特林吉特语中遇到的陌生语音必须凭借其自身特点而得以对待,不应该被视为英语、法语、德语等的类似音的有缺陷的发音尝试。

这一点似乎十分明显,甚至不需格外阐述,但是实际上,鲍阿斯却是在跟他那个时代的文献中现实存在、甚至十分盛行的印象做抗争。传教士以及早期田野工作者早已注意到,研究陌生语言时常常会遇到极难进行一致记录的音类。例如,波尼语(Pawnee)中发现一个音类,有时听着像[d],有时像[n],还有时像[l]或[r]。基于这类经历,有人提出,"原始语言"的特征之一在于这一现象:这些语言据认为包含一种所谓的交替音(alternating sounds),其实质是,这些音在发音方面没有得到良好诠释,还常常在性质上混淆或动摇不定。

在一篇早期文章中(他为数不多的明确讨论音系学问题的文章之一),鲍阿斯(1889)指责了这一观念,指出这完全是幻象。他敦促到,所谓的"交替音"与人们熟悉的语言中找到的交替音在发音恒定程度上并无本质性区别,只是不同于调查者所熟悉的交替音而已。为了试图从自己母语语音的角度对这些音加以感知,这些音和他母语中的任何音都不完全相同这一事实就变成了一种模糊而动摇的感知印象;但是,这是感知印象之事实,而不是语音本身之事实。建立在某一特定语言语音(或许因和其他语言的接触而有所补充)基础上的感知系统,若要对应其预先安排好的清单以外的音,必然会难以胜任;但是,这一事实源于学习某一具体语言时的感知效应,而非源于例如德语语音和波尼语语音之间特征上的本质不同。

鲍阿斯由两类事实提出这一结论。一方面,同一语言的语音可能会被母语背景不同的调查者按不同方式记录下来。他表示,在有些案例中,甚至可以通过审视语言学家转写陌生语言音类的方式,来判断他的母语。另一方面,美洲印第安语言的母语者在接触英语、德语、法语等从他们的母语角度来看属陌生语言的语音时,会经历完全相同的现象。例如,对于说特林吉特语的人来说,英语中的某些音(或音组)也显示为"交替音",因为这些音在特林吉特语中不存在,导致了对这些音的摇摆而不一致的感知(至少起初如此——但是此处重要的恰恰是第一印象,因为"交替音"学说所基于的那类田野研究,基本上是以收集词汇表为目的的十分初浅的接触所带来的问题)。这两条论据的线索合流为同一结论:"交替音"现象是感知之事实,不是某些("原始")语言的特征。

6　鲍阿斯描写中的表达式和规则

鲍阿斯对"交替音"问题的立场暗示,具体语言对语音学音段进行分类的方式是,任何音若是无法与某一特定单位构成对比,某种程度上就是被处理为与这一单位等同。至少,这是个接近此现象的途径:倘若波尼语中的某个陌生的音在英语中不存在,那么这个音显然不与英语中的[n]、[d]、[r]、[l]等音构成对比,因此可以无区别地被划入上述类别中的任何一类。我们至少可以把这一点阐释为后来的"音位"理论的先驱之一,后者同样把不构成相互对比的音划入同一类别。

但是实际上,情况恰好相反。鲍阿斯的立场代表一种一致的观点:最如实的语音学内容,才是唯一具有语言学重要性的语音表达法。在他看来,交替现象或感知之摇摆皆是基于这个事实:所研究的具体语音在观测者的语言中完全不存在,因此跟那种语言中的确存在的任何音都不同——这个不同是指严格语音学意义上的不同。若要强行对它进行归类,则观测者只能从他唯一熟悉的其他系统的角度来做:即按照自己母语的系统来做。因此,在所研究的音和该系统的任何元素之间均不存在语音学上的相同点,由此而生的归类不仅摇摆不定,而且前后不一致。这与该音和观测者的语言中的音不构成对比无关,而仅仅跟该音不在观测者的语言中的音当中出现有关。这一看法中的"交替音"现象唯一惊人的一点就是,从世界各语言的语音差异之实际多样性来看,该现象的产生并不普遍。而这一现象如果并不普遍,那么就只能是因为人类的语言感知有能力(至少在极端情况下[in extremis]如此)对语音相似性之原材料加以利用(这完全独立于对比概念之外)。

因此,鲍阿斯对话语语音结构中具有语言学重要性的表达式的概念是严格而具体的语音学概念。这绝不是为分布和交替的规则模式之叙述拉开序幕,但却的确要求此类规则模式成为"语音学规则"系统之内容,该系统构成语法之组成部分,而其自身并不决定具体的形式表达式模式。只要涉及此类语法的结构,鲍阿斯的基本叙述和实际描写实践就会十分一致地设定出三种不同(虽然并非不关联)组成部分之区分:(a)该语言中出现的语音(无论是否具有对比性)之清单;(b)对其组合可能性的描写(包括对辅音丛、首辅音或尾辅音、单个元音音素和辅音音素的共现等的限制);以及(c)语言元素出现于和其他语言元素的组合之中时对其形式进行修改的"悦耳法则"(euphonic law)系统。

这一框架中,出现的音段所构成的清单除了囊括所有语音变体这一事实之外,所扮演的角色几乎没什么可称道——虽然在实践中,许多语音细节其实都在这类单子中被忽略掉了。至于"组合之可能性",基本上由为不同位置上(首部、元音之间、尾部)出现的辅音和辅音丛之域描述细节的公式或清单来赋值,并描述元音序列、首元音或尾元音等的可能性。这当然就是美国结构主义理论中后来逐渐被称为"语音配列"(phonotactics)的领域;但是,由于鲍阿斯式语法中此类叙述的术语是语音音段

(而不是"音位"),所以还包括一定数量的关于特定位置上特定语音变体之出现的信息,这类信息后来都编入了音位之定义中。

最值得深入研究的,或许是"悦耳法则"这一点。悦耳法则就是"某一序列中的一个音,对它前面或后面的其他某音自动进行要求所依照的法则"(Boas 1911:79)。此处的"自动"(automatic)不应跟后来的研究者们所说的"自动交替"(automatic alternation)之义混淆。鲍阿斯想说的只是"在规则赋值之条件下",而不一定是"在由语音配列推动的条件之要求下"或类似情况。的确,在多处地方,都有"语音性"悦耳法则(用来消除被禁止的序列,或是用来执行可行语音组合之条件)和不具语音性的悦耳法则之分。当然,后者恰好就是被后来的各种理论处理为"非自动"的那些过程:即以语法因素、形态因素或纯词汇因素为条件的规则。

《美洲印第安语言手册》中大部分语法所展示的悦耳法则似乎都在假设一种实质性的理论,来解释自然语言中以语音学方式得到推动的可行过程。悦耳法则在一系列标题下得到探讨:辅音变化与元音变化之对比;逆作用相互变化与顺作用相互变化之对比;缩约、尾音脱落、增音、元音和谐等。当然,这些范畴中大多数都是传统语音学和历史语言学的范畴;但是,更多了解这种分类在鲍阿斯及其合作者们的语音系统观中所扮演的角色,很有意义。

最强的一种理论似乎由这类陈述所暗示:"元音和谐。元音和谐之趋势在赛尤斯拉语(Siuslaw)中很不一致,以致人们几乎想否定该过程的存在。我能找到的两个例子都令人极不满意,且无法让任何解释清晰的规则得到公式化"(Frachtenberg, 1922:452)。我们可以把这一点解释为一种阐明:普遍性语音理论(至少在理论上)为得到实质性解释的语音学过程提供了一份清单,这类语音学过程可能构成具体悦耳法则之基础;此外还阐明:调查者之职责就是证实上述每种过程以何方式、于何处在所研究的语言中获得例证。

《手册》及相关的语法中无疑存在此类思考中的至少一个组成成分,但是将其整理为一种理论性论断诚然不那么容易。对出现的过程进行分类的动力,似乎更像是在把某种说明性结构强加在所呈现事物之上的简单渴求,又像是使各语法之间能够相互比较的一种愿望。但是,就不同语法利用全然不同的分类框架而言,甚至连这一目标也无法说能成功实现。

在非语音性的悦耳法则当中,有的法则似乎是"语法过程",因为这类法则直接用来表达意义。例如,在西姆仙语纳斯方言([Nass] Tsimshian)中,有些形式显示出"对词干音节的长度和重音的修改",用以区分单复数(例如,halai't"仪式舞",复数为hā'lait;hanā'q"女人",复数为hā'naq)。这类变化显然不是语音学变化,但是却同样不以所表达意义成分之外的任何其他明显元素为条件。这类法则与克鲁舍夫斯基和博杜安·德·库尔德内的理论中的关联(correlation)类很具可比性(见上文第三章)。

不过,并非所有非语音性悦耳法则都属于这种。此类法则的许多例子只是以形态学为条件的交替而已:即,所研究的音所在的环境中,以具体某类语素中的某一成员之出现为条件而产生的变化,不考虑该变化不发生时造成的该音段序列的语音可允许性。这类例子可由夸夸拉语提供:该语言中,加在某一形式上的每个后缀都可归类为中性(neutral)、硬性(hardening)、软性(weakening)。中性后缀对所附着的词干不产生效果(当然,除了以语音学为条件的必要效果之外)。而另一方面,硬性后缀和软性后缀则导致所附着的词干的末尾辅音发生某些系统性变化:粗略来说,硬性后缀导致声门化,软性后缀导致浊音化。为这几类后缀给出语音学定义是不可能的,所涉及的变化也无法跟语音学要求相联系。这些后缀对词干的硬化、软化或不发生作用,仅仅是每个后缀语素的任意性特征而已。

  鲍阿斯似乎在多处推断过,悦耳法则作用于音段之自然类(即由某些独立推动的单一性语音参数定义的类),并将其替代为其他自然类的成员。例如,在刚刚引用过的夸夸拉语硬化过程和软化过程的例子中,我们不仅能发现普通塞音被声门化塞音或浊塞音直接取代,而且还能发现"若干预料之外的语音关联。"其中最不寻常的或许是这个事实:硬腭擦音＜x·＞在硬性前缀前被[n]替代,在软性前缀前被(声门化的)['n]替代。鲍阿斯得出结论,"x·到n的变化表明,这个n可能更属于腭前部系列,而非齿龈系列"(Boas 1911:430),这一论断在语音学事实中没有依据,但是却必须参照表达某一音段"属于某一系列"之义的其他概念。悦耳法则对自然类的这一依赖,当然与上面提出的某类可行过程由语音学理论按照独立于语言之外的方式来赋值的观点完全一致;但是,在鲍阿斯的著作中,关于这一立场却几乎不存在超越上述论断的进一步支持。

由悦耳法则赋值的形式之间的关系,在有些情形中是累加性的,我们如今通过为规则排序来代表这一方式,一条规则可作用于另一条规则之输出(output)。我们再次参照夸夸拉语中的例子,可注意到"软性"后缀对终端-s 的效果就是将其变为 y 或 dz(这一选择由词根做出词汇式决定)。这种 y 若是出现于两个辅音之间,则会通过一条独立推动的规则元音化为＜ē＞([i:])。因此,词干 x·îs"消失"(从形态音位学来看其实是 x·s,元音在必要之处由规则插入)后面接软性后缀-'nakŭla 时,通过 s 变成 y 以及辅音之间的 y 继而元音化,产生 xē'nakŭla"逐渐消失"。另一方面,如果 s 软化为 y 产生了序列 ay,则该序列由另一条规则变为 ä:例如,qas"走"加上同一后缀后产生 qä'nakŭla。这两个例子中,一条规则(y 的元音化,或 ay 溶合为 ä)必须被视为对另一条规则(此处即某些后缀前 s 被软化为 y)的结果发生了作用。这类变化的组合性本质在鲍阿斯的描写中揭示得十分清楚。

通常,鲍阿斯的语法中发现的"有序性"例子均具有刚才阐释的那种特征:一条规则建立起另一条规则运作所需的条件(用今天的术语来说,就是"馈给顺序"[feeding order])。但是在有些情形中,我们却发现鲍阿斯明确规定,这类规则之相互作用不存在。例如,他在对达科他语(Dakota)的描写中提出,该语言的重音位置基本位于第二个音节。不过,"当无重音的首元音或以元音结尾的音节与下一个元音发生缩约时,无论后者是否有重音,首音节均承载重音。这是因为这个事实:倘若音节不缩约,则第二个元音就会因其位置而将重音拿过去"(Boas &

Deloria,1939:21)。这类描写暗示,该重音规则在缩约规则"之前"就已发挥作用;而可能更重要的是,前者不会在后者之后才会发挥作用。当然,只有在关于悦耳法则之相互作用的基本设想是这类法则在满足条件的一切位置上都发挥作用时,才有必要提及这一事实——除非明确禁止这么做。

7 鲍阿斯音系实践中的抽象性

因此,"悦耳法则"似乎构成一类推导规则,依照某种顺序作用于底层表达式,并将其分阶段转化为具体语音形式。这一印象诚然因"变成"、"转换为"、"替代为"等言辞的相对自由的使用而得到了加强;并通过基本形式(base form)的明确展示,构筑为所出现的表层形式的源头。如本书导言中所简要探讨过的,正是以此为基础,波斯塔尔(1964)断言,鲍阿斯其实有形态音位表达式(或称为"系统性音位"表达式)观念,以及将其转化为("系统性")语音表达式的推导规则,这基本是沿着与生成音系学相同的线索。

但是,前面我们已经提出过,鲍阿斯并未向语音学表达式以外的任何表达式赋予真正的地位:这一点是如何与他对底层形式以及规则间相互作用的复杂系统的追求相调和的呢?认为"基本形式"和"悦耳法则"的角色只是计算表层形式外形用的系统而已,似乎最为准确。只有表层形式本身,才具有重要意义;但是在某些情形中,对表层之可能形式进行赋值,或是对某些有意义的元素组合所出现的表层形式进行赋值,皆要求一种利用该语言中其他形式以及"悦耳法则"而进行的推论式计算。从这一观点来看,"x 在环境 C 中变成 y"应当被解释为"基于其他形式,在你期待找到 x 的地方,由于条件 C 存在,所以实际找到的是形式 y"。

当然,这只是最传统的语法的术语体系而已。某种意义上来看,这一术语体系的以过程为导向的动态本质几乎不可避免:很难在至少不使用取代过程之隐喻的情况下说出"在条件 C 下,x 不存在,而 y 来取代它"。但是,19 世纪历史语言学所施加的影响,在构筑这类话语时绝不可忽略;这一影响为鲍阿斯可能熟悉的希腊语、拉丁语、德语等语言充当了背景(在这个问题上,还包括他后来的多数学这些语言的弟子)。

在普通语言学者用共时和历时的独立性之断言来回应索绪尔之后很久,此类传统语法仍坚持(至少是含蓄地坚持)这一观念:对语言共时状态的解释,存在于共时状态所产生的一系列历史变化中。历史因素之角色在鲍阿斯对"词源形式"(etymological form)的运用中十分明显,当代音系学家称之为"基本"形式或"底层"形式。事实上,该言辞可阐释为对这一论断的支持:对鲍阿斯来说,这种表达式其实根本未和共时语言系统中的任何部分相对应;并且,这种表达式(以及依据这种表达式而进行的计算)可能拥有的任何现实,均具有严格的历史本质。

我们若是看看鲍阿斯在其描写实践中引用的"词源形式"(或基本形式),就会发现这些形式通常是所研究的语言元素在其中孤立出现的形式。例如,"在波尼语中,ta'tuk "t'我为你

八　弗兰茨·鲍阿斯与美国语言学之开端

削'和 riks'箭'组合成 tatu'riksk ᵘt'我削你的箭'……ta-t-ruᵉn 这几个元素组合成 ta'huᵉn'我做'(因为词中的 tr 变成 h);而 ta-t-riks-ruᵉn 这几个元素则变成 tahikstuᵉn'我做一支箭'(因为 r 在 s 之后要变成 t)。与此同时,riks 作为独立词出现"(Boas 1911:31-32)。在这样的描写中,设置为基本形式的元素通常通过引证一个不发生变化的形式来做明显判断,最好是孤立状态中的形式。

但是有时,孤立形式本身也受到某种修改;而在这类情形中,鲍阿斯把这个(出现的表层)交替形式作为基本形式,与其他交替形式相比,这个形式具有最大预测价值。例如在达科他语中,绝大多数具有 CVC 型词干的动词皆以后缀-a 结尾。但是这个后缀在动词复合、重叠,或用于附属形式时则不出现。因此,这些形式展示出孤立的词干。但是,当后缀-a 不出现时,词干的结尾辅音要发生某些变化。这些变化中,t 和(塞擦音)c 变成"微弱的、近似清辅音的 l。"这类交替的例子还包括ṡi'ca"坏",变成ṡil;ṡka'ta"玩"变成ṡkal。由此,"t-词干"和"c-词干"的结尾辅音在其孤立形式中都变成了 l。但是鲍阿斯提出,"因为不存在以 t 结尾的词干短化形式和以 c 结尾的词干短化形式之间的区别,二者都采取 l 的形式,所以以 a 结尾的形式似乎应该被视为更基本的形式。"(Boas & Deloria,1939:12)

因此,鲍阿斯的"悦耳法则"表达的是各(表层)形式外形之间的联系,而不是这类形式从某一更抽象表达式中所做的共时推导。这个区别或许是个微妙的区别,但却是千真万确的。关键在于,任何特定形式只有唯一一个重要表达式(即表层的语音学表达式)。要想预测有意义元素的具体组合的出现形式,就很可能要考虑数个其他形式(以及与之相关的悦耳法则);但是,所涉及的规则模式之表达,是通过使一个形式与另一形式之间相互联系的规则之网络,而非通过一种与形式自身不同的表达式,后者在性质上更加抽象、更具"形态音位性",而非更具语音性。

上文我们已经指出,鲍阿斯同样也未坚持认为形式具有重要的形态音位表达式层面,因为悦耳法则表达的主要是各(表层)形式间关系中的规则模式,而非同一个形式的不同表达式之间的规则模式。从这一联系中我们可进一步注意到,悦耳法则的使用方式并不是通过提炼一切可能的可预测性来把表达式元素缩至最简。

这一点的例子可由对夸夸拉语中元音的处理来说明:《手册》中对该语言的勾勒,以及他嗣后出版的该语言的语法书中,他均注意到,写作<ä>的元音和写作<â>的元音"显然都是次音位。几乎每一情形皆显示,ä 由 ea 或 ya 推导出,â 由 aw 或 wa 推导出"(Boas,1947:207)。明确规则之详细系统被展示出来(同上,212 页及以后),用以描写这类元音之间的交替(还包括 ä 明显由两个 a 组成的序列推导而来的情形);通过这类规则,该语言中每个元音 ä 和元音 â 的例子都可以从原本所出现的不失任何信息的元素的角度来表示。不过,这类元音从 ae、ay、aw 等来源中的推导,仅在明确的交替情形中才发挥作用。只有当同一元素在有的形式中呈现为 a 或 e,在另一些元素中呈现为 ä 时,才会引发 ä 和 ae 等之间的联系。语素内部的情形或其非交替性的情形,则只用 ä(或 â)来不加评论地表示。鲍阿斯在多处情形中恪守这一做法,因为悦耳法则在他的语法中的角色是表达既相区别又有关联的诸形式之间的系统联系,而不是提取出各形式本身下潜藏的不可简化的区别性内容。

因此,总的来说,用后来那些设置了重要的音位表达式层和形态音位表达式层的理论来阐释鲍阿斯的音系学观的种种尝试,似乎并不合理。认为鲍阿斯著作中的一切表达式皆类似(结构主义)音位表达式的看法,直接因其明确而坚决地拒绝对表层语音学形式做音位式再阐释而受到争议。有人已指出"鲍阿斯式语法已'项目化'(itemize),但'总的来看却并不构筑结构'(do not structure)"(由 Stocking 1974:478 转引自 Hymes 1961)。这一点正确无误,因为对鲍阿斯来说,语言学分析中的首要考虑,是记录之精确性和完整性;从各元素是否相互区别对立角度("结构主义"音位分析之精粹)来重新阐释按语音学方式记录下来的材料,充其量只会被视为没有必要,而且还会潜在造成信息之丢失。

而另一方面,鲍阿斯的描写(以及那些因其直接影响而形成的描写)通过构建形式用的规则系统(既包括"语音配列",也包括"悦耳法则"),彻底明确地展示出语言中不同形式之域所受到的限制。从尽可能广泛、尽可能准确地记录各类形式这一点来看,认为这类描写已实现"项目化"当然没错。但是,若要下结论说其对所研究的语言不"构筑结构",就只能是因我们接受了这个观念:阐明语言结构的唯一途径,是从其形式之交替表达式来进行,这恰恰使区别性对立变得明确。

故而,我们可得出结论,鲍阿斯的音系学十分明确地属于上文第二章中所勾勒的"完全赋值表层变量"观之内。也就是说,话语唯一重要的表达式是表层-语音学形式(surface-phonetic form)——但是,一部完整的语法除了这类表达式之外,还包括描写各种类型的可预测性的规则之系统,这类描写既可(a)从可行话语的外形范围角度进行,也可(b)从既相区别又有关联的话语之间产生的外形之系统联系的角度进行。

因此,鲍阿斯的音系学观和索绪尔的音系学观十分相似。当然,鲍阿斯向形式区别性之事实赋予的理论重要性要远远低于索绪尔,但是,依据他的看法而构建的语法之规则,强有力地表达了那些"同一"语言学成分内部可行的形式差异,这跟那些必须和不同元素间的对立相对应的差异相反。索绪尔的兴趣大体上是理论性的,因此有必要对其观点的多数实践结果进行推论(如第一章和第二章所探讨的),而在鲍阿斯那里,这一情况恰好颠倒过来。但是,倘若我们此处给出的阐释是正确的,那么20世纪欧美语言学先驱们所持的音系结构观念的实际内容则具有惊人的相似性。

九　爱德华·萨丕尔

如前一章所述，鲍阿斯继续在美国语言学的发展中发挥主导作用，直至1942年他去世前夕。他的影响力通过在数个资助机构和出版部门担任领导职务而发挥出来，此外更普遍的则是通过批准和鼓励其他学者的研究（或是阻碍其他学者的此类研究得到支持）。例如，罗曼·雅柯布森到达美国之后能够在相对较短的时间内建立起自己的地位，原因之一正是鲍阿斯的"庇护"。

但是，从实质性角度来看，《美洲印第安语言手册》第一卷出版后的那些年，鲍阿斯对美国语言学理论发展的影响极其间接。虽然他的基本信条依旧是定义语言学研究的导向以及构筑语言科学之美国式研究方法发展的基础，但是他本人却并未在语言学理论之形成中扮演主导角色。这根本不是因为他敌视理论（人们有时这么认为），而更是因为他本人的兴趣主要在其他领域：在更广义的民族志领域，而不仅仅在语言学；而语言学内部，其兴趣则在于北美原住民语言的描写。因此，由鲍阿斯的基本观点发展出更具体、更清晰的语言结构理论，基本成为其弟子们肩负的任务。鲍阿斯的弟子中，这一层面上最为重要的是萨丕尔；作为语言理论家，截至20世纪20年代中期，他实质上已遮住了鲍阿斯的光辉。

1 萨丕尔生平

爱德华·萨丕尔(Edward Sapir)于1884年出生于德国劳恩堡(Lauenburg)①。5岁时父母移民美国,他在纽约上学。他于1904年获哥伦比亚大学文学学士学位,继而又在此获得日耳曼学硕士学位。在哥伦比亚期间,他结识了鲍阿斯,并跟其学习;刚刚获得硕士学位之后的那些年,在鲍阿斯的指导下,他在华盛顿州和俄勒冈州做田野工作,分别研究奇努克语(Chinook)维什拉姆方言(Wishram)和塔克尔玛语(Takelma)。1907至1908年间,他在加利福尼亚大学(伯克利)担任人类学研究工作者(research associate)②,研究雅纳语(Yana)。此后两年,他在位于费城的宾夕法尼亚大学任职,起初担任研究人员(fellow),后担任教师。此期间,(在宾夕法尼亚大学博物馆的支持下)他招收了一名南派尤特族(Southern Paiute)学生③随他一起在费城工作,并对尤特族(Ute)做了田野研究。和其他许

---

① 位于但泽地区,二战后划归波兰。今波兰称之为伦堡(Lębork)。——译者注

② 研究工作者(research associate)职位类似博士后研究人员,由已获硕士学位或博士学位的人员担任,与研究助理(research assistant)不同,后者通常由本科毕业生或在读硕士生担任。——译者注

③ 即后来《南派尤特语》一书的语料提供人托尼·提罗哈什(Tony Tillohash)。——译者注

九 爱德华·萨丕尔

多人一样,晚年他似乎把伯克利和费城的研究生时光描述得十分理想,而极为痛恨所居职位上那些扰乱他研究工作的行政等职责。

1909 年,他在哥伦比亚大学把他对塔克尔玛语的描写作为博士论文提交给鲍阿斯,被授予博士学位。1910 年,他在渥太华受聘主持加拿大国家博物馆(今人类博物馆[Museum of Man]①的前身)地质测绘部内新成立的人类学部门的工作,他将在那里"构建对加拿大原住民族的分布、语言、文化等的彻底而科学的调查,并收集保存其档案记录"(Murray 1981:64 引自 1910 年萨丕尔写给其新上司矿业部副部长的一封信)。

虽然他起初对这一机遇很热心(这实际上使他成为鲍阿斯在加拿大的对等人物),但他很快变得心灰意冷,并抱怨其渥太华生活的平淡与隔绝感。其实那些年他做了对大量语言的田野研究(包括努特卡语[Nootka],还包括萨尔西语[Sarcee],后者是他研究的第一种阿萨巴斯卡语系语言,该语系断断续续地占据了他一生中的大部分时光),并出版了数个领域的大量著作。他的塔克尔玛语语法(基本上就是他 1909 年的博士论文)于 1922 年收入《美洲印第安语手册》第二卷中出版。若是考虑到此项研究基于仅一个半月的田野工作,那么其详细程度和洞察力实在是难以置信。1917 年左右,他写出了对南派尤特语的描写(直到 1930 年才出版);1921 年,他出版了大众提纲性读物

---

① 现更名为"加拿大文明博物馆"(Canadian Museum of Civilization)。——译者注

《语言论》(Language)。这三部作品实际上是萨丕尔一生中所写的仅有的整书长度作品。但是,这三部作品,加上语言学以及更广义的文化主题的大量短篇文章,以及一些非语言学类作品,使他在加拿大那些年的出版物清单令人肃然起敬。

在渥太华期间,萨丕尔的第一任妻子受到一系列精神疾病和身体疾病的折磨,最终离世。雪上加霜的是他继续进行加拿大原住民族人类学研究的努力因第一次世界大战而带来的财政等方面的紧急状况而基本停滞。上述沮丧之事,加之他头脑里学生时代的自由自在和因担任行政官员而肩负的大量相对无回报的职责之间的反差,使他的孤独感、异化感日益增加。

这段时间,萨丕尔开始投入相当一部分时间用于艺术表达——诗歌和音乐,以及数量巨大的(文学)评论。从1917年一直到30年代初,他是《日晷》(The Dial)(当时美国最重要的文学期刊之一)的主要投稿人,还是《自由人》(The Freeman)、《诗歌》(Poetry)、《新共和国》(The New Republic)、《国家》(The Nation)等远离专业语言学和民族志学的刊物的评论者和作者。然而,此时主导他的非学术类作品的许多共同关注点,同样显示出与他的人类学著作的关联。他开始对精神病学问题和性格之本质问题日益显示出兴趣,尤其是性格与文化之间的关系。

虽然他的语言学研究一直是此类问题探索之基础,但是与专门发展语言学之研究方法相比,他基本上对扩展语言研究和其他领域之间的关系兴趣更大。随着语言学领域后来变得日益有自我意识、日益专业化(别忘了20世纪20年代美国的任何大学里其实都还没有独立的语言学学科),这使他的著作与其他大

九 爱德华·萨丕尔

多数语言学家所强调的语言学研究对象的独特性以及适合于语言学的研究方法相当格格不入。

1925年,萨丕尔应邀就职于芝加哥大学,他很高兴地接受了这一邀请。在芝加哥大学,他教了数量庞大的学生(除了侯易[Hoijer]等少数例外之外,许多人后来都跟随他去了耶鲁);短时间内,他成为美国人类学的主要人物。他又继续做了几种语言的田野研究(包括纳瓦霍语[Navajo]和胡帕语[Hupa]),并有机会做了许多在渥太华时怨叹未能做的事情。他继续写了一段时间的诗歌(还参加芝加哥大学诗歌俱乐部的活动);但是最终,其他研究带来的压力使他除了专业义务之外几乎未剩下什么时间。

他逐渐对芝加哥大学要求他做的大量行政工作感到失望,于是在1931年接受了极具诱惑力的耶鲁大学提供的斯特林教席(Sterling Professorship)。在耶鲁,他再度吸引了许多学生(其中包括大多数后来与他的名字联系在一起的学生,如斯坦利·纽曼[Stanley Newman]、莫里斯·斯沃迪什[Morris Swadesh]、玛莉·哈斯[Mary Haas]、本杰明·沃尔夫[Benjamin Whorf]等等),不过与在芝加哥大学那些年不同的是,他此时几乎没有初级阶段的学生。他仍旧没能完全摆脱行政职务,而且还遭遇了一定程度的排犹情绪①(如,他显然被耶鲁教员俱乐部拒之门外)。1937至1938年期间,这类愤怒因心脏病一再发作而加剧,他于1939年因心脏病辞世。

---

① 萨丕尔出身犹太人家庭,其母语为依地语。——译者注

萨丕尔的鲍阿斯学生之背景对他日后的思想影响巨大。他的早期作品（如塔克尔玛语语法）虽然也显示出高度原创性和独立性，但显然在该传统之内。事实上，与人们有时认识到的不同，萨丕尔明显的特色立场更应追溯到鲍阿斯这一根源上：他对语言知识之心理学基础的强调，以及语言研究可用来分析潜藏于说话者世界观之下的无意识范畴的程度——这些基本目标直接来源于鲍阿斯的"心灵窗户"（a window on the soul）式语言观。萨丕尔对语言及语言结构的综合性理论观之发展所做的原创性贡献绝不应该被弱化，但是却同样应承认，无论是泛泛来看还是从其许多细节来看，由此产生的系统化都与鲍阿斯所勾勒（某种意义上也在实践着）的立场高度一致。

把语言作为深层内部心智现象的研究方法必然与20世纪30年代、40年代成长起来的行为主义、实证主义、机械主义研究气候形成对比（通常也的确形成了这种对比）。后一类语言学研究方法兴起过程中的核心人物是列奥纳德·布龙菲尔德（Leonard Bloomfield），他的著作将作为下一章的主题。通常，对美国语言学史的呈现会把萨丕尔的思想与20世纪20年代和30年代初联系起来，而把布龙菲尔德处理为萨丕尔之后。然而，正如海姆斯和富特（Hymes and Fought, 1981）所强调，实际的年谱要复杂得多。

事实上，萨丕尔和布龙菲尔德基本上是同代人；倘若说在布龙菲尔德成名之前的20年代，萨丕尔明显是人类学领域的显赫人物，那么，30年代则是他们俩都很活跃、都很有影响力的时期。诚然，在音系学的发展中，萨丕尔在美国语言学家和欧洲语

九 爱德华·萨丕尔

言学家之间的联系方面更为显赫;30 年代初,他和特鲁别茨科依频繁通信(虽然这些信件已在他去世前被毁,如今已无法研究),后来还在多个场合对他做了正面评价。1932 年国际音系学协会在布拉格学派语言学家们的影响下成立时,正是萨丕尔,被选为其理事会唯一的美国成员。他继续充当欧洲音系学家和美国音系学家之间的主要桥梁,直至去世。

萨丕尔和布龙菲尔德当然相互认识并有相当程度的交往(两人在芝加哥大学是同事,1927 年至 1931 年间还因争夺学生而竞争),虽然两人似乎并不是什么忠实的朋友。萨丕尔自己的研究风格更多基于灵感和直觉,寻求其基础可能(或无法)通过之后的系统调查研究来加以确认的戏剧性洞察。而从布龙菲尔德对得出理论性论断应使用的途径来看,他更重视方法论;他虽然仰慕萨丕尔精湛的研究路子,但却称他为"巫医"(medicine man)(至少在语言之外的问题上这么称他)(Hockett, 1970: 540)。而另一方面,萨丕尔则"仰慕布龙菲尔德耐心选用数据、对疏漏进行存档和校勘直至语言之模式浮现出来的能力,但却贬损说布龙菲尔德在心理学方面过于肤浅"(同上,539-540)。这种风格上的反差不可能促成顺利的合作;也不可能像人们想象的那样,他俩的关系因 1931 年萨丕尔在芝加哥的多数学生跟着萨丕尔转往耶鲁而得到改善。总的来说,如果 30 年代初有人要打赌,猜这两个人谁更可能在这场不可避免的竞争中胜出,他一定会赌萨丕尔会继续攀升。

虽然萨丕尔整个 30 年代、40 年代、50 年代的确继续通过其著作以及其一届又一届的学生(还有学生的学生)施加影响,但他日益边缘化,甚至被视为与这一领域主流发展相悖的怪异理论。因而,由于诸多十分浅层(但却十分重要)的原因,萨丕尔的光辉逐渐被布龙菲尔德所遮盖。

这之中当然包括这个事实:萨丕尔1939年早逝,因而无法在二战期间及二战之后发挥其不可否认的诱人影响力。此外,战后,他的弟子们和最亲近的合作者们有的去世(沃尔夫),有的失业(并受到政治迫害,如斯沃迪什),还有的受聘于西海岸的大学,其在那里的学术政治影响力几乎可以忽略不计(哈斯、侯易、纽曼)。除了这些因素之外还存在一个事实:布龙菲尔德写了一部重要的教科书(Bloomfield,1933),实际上对此后几代语言学学生都产生了培养性影响,而萨丕尔却未写过这样的书。还有一个事实:萨丕尔在(暑期)语言学研究所(培养和训练那些把自己视为职业语言学家的新一代学者们的主流研究机构之一)只教过一轮课,而布龙菲尔德则教过数轮。

最后一点,不要忽略这个事实:布龙菲尔德对实证主义、机械主义之科学哲学的追求,完全符合当时学术研究界的"意识形态"气候。倘若语言学家把自己的主要任务视为构建起一门独特的语言学学科,它不仅仅充当日耳曼学、罗曼学、闪米特学、比较语文学、人类学等学科的组成部分,那么达到此目标的途径似乎就是要强调语言学的地位是一门科学。就这一点来看,布龙菲尔德的研究方法似乎比萨丕尔的心智主义及闪烁不定的直觉要合适得多。打扮出"科学"的浮华外表的研究所散发出的魅力当然至今也没有绝迹;人们可以争论这类考虑在某些情形下对学术判断进行歪曲的程度,但是,这类考虑对30年代后期以后

"萨丕尔学派"在美国语言学中衰落至边缘位置发挥了作用,这一点是毫无疑问的。

2 萨丕尔的语言本质观

萨丕尔与那种 30 年代期间,尤其是二战爆发后兴起并逐渐控制了美国的语言研究领域的方法最根本的不同,恰恰是基于他对语言学研究目标的观念。与那些后来的发展相比,萨丕尔相信丰富而高度结构化的内部心智现象领域的重要性,其实尤其包括构成语言本质精髓的内容之全部。第十章和第十一章中,我们将追溯许多语言学家眼里的语言逐渐被视为可从外部展示的角度进行穷尽性研究的这一发展历程,这类外部展示包括语音和可观测的行为模式,"意义"可归结为可观测的行为模式(至少原则上计划如此)。与之相反,对萨丕尔来说,语言的上述物质层面是现实之外围性(几乎是偶发性的)伴随状态,应在思维中找寻,对其进行的研究为人类认知行为的本质和结构提供了极具价值的信息。

这一差别造成的后果在我们所感兴趣的音系学研究领域中十分明显。对于当时几乎所有的理论家们来说,当然也包括萨丕尔,音系结构中扮演核心角色的是一种类似音段的基本元素:音位。但是,严格从外部展示之角度来研究语言的语言学家却把这一概念建立在对言语之物理声音的研究上:通过提取可使言语声音相互区别的声学特征或听觉特征,或是通过分析若干种物理音段类型的分布。萨丕尔的概念十分不同,因为音位的物理手段是最不具吸引力的特征之一。的确,音位依靠言语声音而实现;但是其实质却是思维中的某种东西,其最重要特征与物理事件之可度量层面无关(或者甚至可以说相互矛盾)。在某段被广为引用的文字中,语音结构之核心现实被比喻为"语音成分之理想流……从纯客观角度被不充分地当作实际话语嘈杂声之意图而听到"(Sapir,1921:56)。

语言主要是心理活动而非物理活动的论断绝不是在暗示,这一活动的结构已由人脑中受生物学式控制的内在组织预先决定。相反,萨丕尔在《语言论》的前几章中强调了他的看法:"言语是我们从一个社会群体传递到另一个社会群体时无变化限制的人类活动,因为它是该群体的纯历史性遗产,是长期持续的社会用途的产物",他还特别把言语与走路相对比,走路"是机体活动,是一种本能性的功能(当然,走路本身并不是本能)",而言语"是一种非本能性、获得性、'文化性'的功能"(同上,4)。语言跟文化的其他构件一样,是某种我们在找寻时或多或少学习着的东西,因为它就在那里,而不是因为我们以某种方式天生注定要获取一个具有某一具体本质的系统。

萨丕尔对语言之文化基础(而非生物学基础)的强调可十分直接地追溯到鲍阿斯的思想中。在20世纪的美国人类学中,这种对社会环境而非生物学背景的强调,充当了文化机制的源头,除了语言研究之外,还影响了其他诸多研究领域;鲍阿斯也常常作为宏观的人类学研究中捍卫此立场的首要人物而得到引述。例如,他的学生玛格丽特·米德(Margaret Mead)通常被认为曾在她1928年发表的那份极其重要的萨摩亚社会研究中敦促了一种基本为鲍阿斯式的观点,该观点为诸多人类态度(如挑衅、嫉妒、青春期躁动等)论证了文化基础而非生物学基础。

在20年代和30年代(以及以后)的社会语境和政治语境下,强调环境而非遗传是人类认知功能和态度的决定因素,基本被视为对社会科学的重要贡献,有益于支持关于人们所期待的社会变革的"自由"立场。事实上,近年来对米德著作的争议,即是围绕这一论断:她错误呈现(或至少是错误理解)了萨摩亚社会中的事实,目的是为了以牺牲遗传因素的重要性为代价,夸大此类社会因素的重要性——她似乎是从鲍阿斯那里习得了这一倾向。

鲍阿斯对多样性(与某种以生物学方式遗传的同一性相反)的强调发挥了基础性作用,迫使人们承认,与欧洲语言(或文化)十分不同的语言(或文化)必须按其自身固有的角度来研究,而不是将其视为某统一理想系统的原始的或不完善的近似物。显然,这一立场对许多问题具有普遍文化启示或政治启示,这些问题超出了某一具体科学(语言学或人类学)应如何组织这类狭窄问题。为了推进语言基本属性之非生物学观,萨丕尔当时在以似乎是逻辑上唯一可行的方式支持着同样的观点;因为人类语言在结构方面倘若真由内在的、以生物学方式继承的因素决定,那么就应该倾向于某一统一的进化过程和统一的最终状态(至少在遗传学意义上统一的人类采样方面如此)。但是,所观察到的人类语言及其历史演变的多样性,似乎极其直接地与这一观点相悖。从这类"机体"决定论的状况来看,19世纪提出的语言类型及其进化作为对语言学现实的描述显得无望而不足:萨丕尔认为这一结果绝非偶发,而是对语言本质之潜在概念认识不足带来的直接后果。

因此,若干因素致使萨丕尔强调语言结构的与生物学基础相反的社会基础:他从鲍阿斯那里受到的教育,20年代、30年代日益形成的与同一时期自由派政治观点相联系的学术性人类学观念之气候,还有做出这类论断来解释人类语言显而易见的多样性,以及解释人类语言为什么未能走相同的进化路线等问题的明显必要性。但是,若把语言结构严格地视为文化环境的偶发式结果,不存在任何必然性,那么这一看法在逻辑上会给语言学家带来重大问题。在上面引述过的那段文字中,语言被认为是"变化无界限的人类活动";但是这却暗示着绝对不存在(非意外性的)语言结构普遍性——这一结论与下面的明显事实相悖:即使各语言在诸多方面相互差异极大,我们依然对知晓某一社会中什么样的活动和系统才叫作"语言"完全不会感到困难,而事实上,找出语言间相互类似的诸多途径同样也不困难。

萨丕尔当然非常清楚下列事实:语言其实并非以绝对任意的方式而相互不同,且至少存在某些归纳总结在不同语言间皆有效。通过构建起可在理论上运用于任何语言的显性类型学框架,来辨认出某些具体的维度,而语言实际上则可因这些维度而相互区别(还可由此推导出某些特征,语言可从这些特征的角度进行比较);辨认这类维度,占据了他相当一部分精力。为了保持连贯性,一切综合性类型皆可行的观点必须建立在这一设想上:人类语言存在某些普遍性;而从逻辑上来讲,萨丕尔一旦断言这些普遍性并不具备生物学基础,就要么有责任为其提出其

九 爱德华·萨丕尔

他某种基础,要么有责任否定其存在。

否认存在任何重要的语言普遍性,是美国结构主义者常常采取的路线(见裘斯对语言间可能存在的任意性差异的著名论述,引用于上一章),但萨丕尔并未如此:"放弃建设性思维,而认定每种语言皆有其独特历史,并因而皆有其独特结构,这未免想得过于简单,这样的观点只表达了一半事实"(Sapir, 1921: 121)。实际上我们观察到,尽管有些语言相互间无关联(至少在与我们所研究的特征之发展相关的时间范围内如此),但却在结构上显现出相似性。他提出,这种相似性的源头可能在于这个事实:"某一语言发生变化,不仅具有渐进性,而且具有一致性,该语言无意识地从一种类型移动到另一种类型,而与之可比的变化趋势在地球上的遥远区域同样也可观察到"(同上);不过,无论其源头是什么,语言学家构建起一种让语言间的相似性和差异性均能充分表现的框架,十分重要。他在《语言论》中试图做的,正是这一点。

首先,他观察到,先前的分类框架在囊括人类语言之实际多样性方面皆十分有限。这一点有多个原因:这些框架包含的范畴通常太少(如"孤立语"、"黏着语"、"屈折语"的对立);这类框架的建立仅仅基于语言结构的单一层面(通常是构词法的形式性机制);这类框架所基于的采样语言种类太少;(最重要的一点是)引导这类框架的目标是得出以某一具体类型为顶点的统一进化历程——该具体类型通常是调查研究者的语言,或者也可能是古典希腊语或拉丁语——并把这一具体类型作为文明表现形式之进化的终极阶段之展示。

萨丕尔自己的框架,当然比同一时期所提出的任何其他框架都更加复杂。此处若要详细探索这一框架,会让我们偏题太远,但是我们却能够注意到,萨丕尔的框架基于三种十分不同的维度。其中之一,(也是他的框架中最革新的一方面)是某一具体语言中表达的概念之类型。他设想,每种语言都必须表达一系列基本(且具体)的概念,这些概念跟对简单词汇项(尤其是名词和动词)的指称相对应。此外,每种语言都必须表达相当一部分纯关系性概念(pure relational concept),这类概念"用来让主题中的各具体元素相互联系,并为该主题赋予确定的句法形式。"把这类范畴设定为必要范畴,对于语言在理论上具有任意性的相互区别这一极端看法来说已经是一次重大背离。

这些最低要求在一些情形中与词汇性词根基本对应,在另一些情形中与句法屈折范畴基本对应;除此之外,语言还可能允许对指称性构件(referential construct)和关系性构件(relational construct)做两类阐释。其中一种可能性是,语言可表达派生概念(derivational concept),词根条目(radical item)的意义可依此概念得以修改,从而构成新的词汇条目(例如,利用基本具体动词来构成带有"常做此动词动作的人"意义的施动者操作词);另一种可能性则是,语言可允许某些具体关系范畴(concrete relational category)。后者是诸如人称一致、"自然"性别(与纯任意性性别相对)一致等范畴:即在屈折变化和句法结构组织中发挥作用、但却同样具有某种语义基础或指称基础的范畴。他得出语言的四类基本范畴,取决于上述两点可能性在某一具体语言中是实现了前一点、后一点、两点都实现了、还

九　爱德华·萨丕尔

是两点都未实现。可以看出,萨丕尔把句法和词汇之间的区分设想为屈折形态学和派生形态学之区分的基础;该观点为这一传统对立提供了唯一令人满意的基础,这一点被安德森(1982a)用生成术语探讨过。

萨丕尔的第二个语言学对比维度是传统的形式手段维度,通过该维度,某一具体语言中得以表达的这类概念可实现为:孤立性(isolating)(每个概念用单独一个词来表达)、黏着性(agglutinating)(不同概念通过非重合的不同词语组件来表达)、聚合性(fusional)(可找到有的不同概念粘合为单一的或重合的词汇组件)、象征性(symbolic)(有些概念不通过别的词汇组件来表达,而是通过一个词和另一个词之间的结构关系来表达,如类似 sing/sang/sung/song 中的转音)。利用这一分类对不同类别的概念做补充,萨丕尔就能够对某一类型的概念(如派生概念)以某一手段(如通过象征性)来进行表达的语言加以描述,也可对另一类型的概念(如纯关系概念)以另一手段(如通过黏着词缀)来进行表达的语言加以描述。最后,萨丕尔还考虑到了沿第三个维度对语言进行分类,即"综合程度"(degree of synthesis)维度,或称单个词语的典型概念复杂度(typical conceptual complexity)维度——这是个从分析性(analytic)到综合性(synthetic)再到作为极端的多式综合性(polysynthetic)的基本呈连续性的等级表。

萨丕尔的总体分类构架比传统的 19 世纪框架复杂得多,因而也精细得多。人们可能依旧质疑其构架是否提供了可描述世界各种语言之间的重要差异性与相似性的足够维度,但这个问题不是我们此处的目标。相反,吸引我们的是萨丕尔眼中类型学在语言理论中的角色。这一点恰恰是因为提供了若干具有潜在独立性的维度,而非此前多数理论所提出的单一性单方向尺度,所以才能够为基础性的共时、描写目的服务。

同样十分清楚的是,当今的类型学研究之基本目的,并不想由萨丕尔的构架来支撑。当前的类型学研究(至少从其最佳意义上来说)寻求在现象当中构建起必要联系:例如,格林伯格(Greenburg)著名的 SOV 型语言、SVO 型语言、VSO 型语言之分类,目的不仅仅是要从句子主要成分的角度为世界各种语言的可及自由度进行赋值,而且还要展示出关联顺序与其他特征之间的联系,如名词与修饰性形容词之间的关联顺序、前置词和后置词的选用等等。萨丕尔的方案恰恰因为未提供一系列相互独立的范畴之外的任何东西,所以缺少这一逻辑结构;并且事实上,几乎没有证据证明萨丕尔在从其系统所提供的类型学参数中寻找蕴含关系(implicational relationship)。

另一方面,萨丕尔的确认为,在他的语言学结构范畴和文化、心智生活之基础层面之间,存在着深奥的联系有待最终发现。他与本杰明·沃尔夫一道,大体上让如下论断在人类学探讨中居于突显地位:我们语言的结构,决定了我们看待世界、构建世界的方式中的许多方面。换言之,由语言施加的范畴化,引导并构建我们的思维,使我们看到现象间的某些关联,并忽略掉另一些关联——说相左语言的人,看到的是相左的关联。这当然是鲍阿斯关于范畴差异之重要性的思想的自然发展,各语言认为其具有强制性、可选性、未表达性。不过萨丕尔和沃尔夫对

九 爱德华·萨丕尔

该立场的心理学启示追寻得比鲍阿斯更加深入。萨丕尔虽然并未声称能够展示出他的类型学范畴和因语言而异的认知差异之间的实际关联,但却觉得阐明这一关联是类型学应该能够发挥的角色。

我们还应当提一下萨丕尔对类型学方案的其他两种运用,二者皆属历史语言学领域。其一,是他著名的语言学"沿流"(drift)理论。这个概念旨在表述这一事实:即使在某一语言分裂为数个各不相同的独立言语群体之后,该语言的各个子嗣语言的进化依然很可能继续沿袭十分相似的路线。这会导致一种状态:某一语系中的若干成员在相互独立的情况下(或者至少是在彼此间无必要接触的情况下)做出同样的革新——这当然使历史语言学家在确定子语言的哪些特征应是来自其共同祖先时的任务变得更加困难。解读萨丕尔的语言学沿流概念的最直接方式,常常被表现得有些神秘,这一方式只是一种论断:变化由结构因素推动,而这种结构因素在相互联系的某组语言的祖先中呈现出来,或许始终会在分裂之后继续影响这些语言下一步的演化。理想状况下,类型学应当提供范畴,从这些范畴的角度来看,可指认出此类结构因素,并澄清其对变化的影响。

此外,类型学在萨丕尔自己的具体历史著作中也发挥了作用。他对此类问题做过详细研究,其中包括对印欧语(尤其是吐火罗语)和闪米特语的历史研究,但是尤其研究了对美洲印第安语言的分类。其实,他最重要的理论论断之一,就是把北美洲、中美洲语言按发生学分类为六大语群的那份影响深远的建议。这一分类基于大量十分疏远的语言学关联,其中有许多都无法证实,或者甚至无法得到标准比较证据的显著支持;人们自然要问萨丕尔的论断依据的是什么?

非常明显,萨丕尔设置的大多数并无共同词汇表支持的发生学关联,是基于设想中的结构之相似性——这就是类型学构架应当能够显现出的那类平行关系。此类结构相似性的证据性角色在萨丕尔的以文化为基础的基本语言观中尤其强烈,但是大体上具有任意性:如果文化传承以外的因素在决定语言结构时的角色相对来说比较小,那么就应推导出,文化相似性是发生学联系的可推定的强烈证据,因为从共同祖先演化而来这么久,此类因素的留存其实是对其存在的唯一(非意外性)解释。此处,类型学的角色就是为这类相似性的指认提供足够灵敏的工具;一旦得到指认,对发生学统一性的这种以第一印象为依据的(prima facie)情形最终就必然会得到标准比较证据的支持,但是类型学应当告诉历史语言学家应从哪里看起。

如果说我们投入了许多篇幅来思考萨丕尔的类型学观,这并不是因为他的这些具体想法可吸引现代读者。相反,理解萨丕尔的语言理论观中语言结构之类型学特征基本观点的核心角色,似乎十分重要。理解这一角色可相应地使萨丕尔将语言解释为心理学现象的意义变得更加清晰。作为人类心智和认知生活的一个方面,而非仅仅是一种外部人际信号系统,语言在决定我们审视世界、组织世界的方式中发挥了深层作用;但是,其结构相应地也由文化通过外部的、偶发的方式来决定,这种方式几乎不容许或完全不容许天生的因素或其他生物学因素发生作用。因此,对萨丕尔来说,语言学的根本问题不是构建"语法理论",而是阐明居于一方面的语言和居于另一方面的文化和性格之间的关系。

3 萨丕尔的音系结构观

在探讨语言中语音的角色时,萨丕尔首先清楚地比较了发挥语言学作用的发音姿态和以非语言学方式有效运用着的相同姿态。二者虽在所有相关方面都达到了物理上的相同,但却在与其他类似姿态的协调方面差别显著,组合方面和聚合方面皆如此——也就是说,无论是从其在人类行为序列中的位置来看,还是从其跟别的姿态的关系中的位置来看,皆如此。二者还在所研究姿态的精确行为方面存在差异;但是最重要的一点,二者在所研究姿态下隐藏着的意图(intention)方面存在差异。非语言姿态具有直接功能性意义,而同样姿态若是以语言学方式运用,则可充当"符号构建中的环节。"物理学行为和其语言学应用之间的这种区别,很让人想起索绪尔;值得注意的是,萨丕尔在其理论著作中从未提过索绪尔。

因此,可由此得出,言语中所使用的语音,其本质属性在于其下潜藏的意图性之特别特征;即在于说话人发音时头脑中拥有的事实,而不在于发音本身的物理细节。萨丕尔在言语声音和人们使用的其他工具之间做了比拟:木棒之所以是木棒,不是因为它特有的物理形状,而是因为它被投入某一具体用途。海德格尔(Heidegger)等现象学哲学家也提出过类似的论断,指出锤子等工具逻辑上领先的现实,是其"准备就绪"(即对完成有意识使用者的特定意图的合适性),而其"手中形态"(即其作为物理物体的规格、重量等特征)则只是我们从它作为锤子的基本存在中向后退,并把它视为一个纯物体时,它所呈现出的次要方面。

因此,言语声音的根本属性应在其被置于说话人意图中的用途里寻求。这一现实是心智之现实,而非物理之现实。而正是这一"心智主义"(mentalism),通常被视为刻画了萨丕尔观点的特征。然而,认为语音结构的基本单位(音位)具有心理学基础,只讲述了这个故事的一部分。即使说话人的音位意图所用来得以实现的物理特征在语言学家看来具有逻辑次要性,这也并不意味着这些物理特征是非现实的、无关的,或是完全任意的。"木棒对我们来说并没有定义为用木头做的、有这样那样的形状、有这样那样的规格"(Sapir, 1933[1949]: 46),因为"木棒性"的精髓在于我们对它的使用,而不在于上述特征。但是即使如此,我们也仍然无法选择任何任意形状的物体(如一座公寓楼、一池塘水)并断定它是"木棒"。与之类似,我们无法把任何任意性语音事件(例如咂舌声)视为可发挥英语音位/d/的角色。无论是木棒还是音位,我们只有将其视为赋予了某一具体意图值的某种物理物体(或事件),才能够得到其完整概念。

聚焦于音位的心智现实,且完全排斥其物理特征,使有些萨丕尔阐释者提出,萨丕尔摒弃或忽略了音位的语音学特征。这一提法跟他的实践十分矛盾。在其描写性著作中,他不仅用标准的发音术语描写了音位,给出了按照传统语音学维度分类的音位表,而且还常常依靠语音学特征来扮演音系过程运作中的

九 爱德华·萨丕尔

解释性角色。例如,在他那篇"声门化延续音"(Sapir,1938)文章中,他记录到,纳瓦霍语中的音位/ẙ/(声门化的[y])只存在于与非声门化/y/的交替中,作为"d-修改"规则之结果而产生。如他所观察,人们期待纳瓦霍语中经历了"d-修改"作用的/y/的反映形式(reflex)是/ɀ/;而事实上大多数情形中也的确如此。但是,/m/和/n/的规则"d-修改"形式是(声门化的)/m̊/和/n̊/;所以他提出,(原本不存在的)声门化/ẙ/通过与这些音段的类比而产生。这之中涉及的"类比"只能基于这一概念:(至少对响音来说,)"d-修改"涉及带有声门化语音学特征和不带有声门化语音学特征的音段之间的交替。

还应回顾一下,他认为对于说话者/听话者来说,语言的音位现实是"语音学元素的理想流"(着重号是笔者所加)。因此,由构筑可能与物理事件仅间接对应的心智现实这一角度来看,(但不是由不具备语音学特征这一角度来看,)萨丕尔的音位是"理想"音位。某一音段的音位特征,就是说话者/听话者在其思维中赋予该音段的那些特征,但是其结果却依然是某种被视为理想语音的东西,而不是完全的抽象化。

对这一阐释起了加强作用的,是麦考莱(McCawley,1967c)对萨丕尔音位分析所做的重要限制。这些分析十分一致地把某一语言中存在的语音学音段以表格形式呈现出来,其中一些元素放在括号中。这些带括号的元素就是被视为不是音位而是其他音位音段变体的那些音段。由于这种理解音位的方式,(如麦考莱所述,)对萨丕尔来说,音位集合永远是所出现的语音类型集合的子集。因此,他不允许分析中某些音位因为组合了一系列任何表层音段中都绝不一同出现的语音学特征而具有语音学抽象性——这类分析在生成音系学早期曾结合多种语言提出过,成为所谓"抽象性"之争的部分基础。

我们将在下文中提出,萨丕尔对能以音位形式出现的音段所做的制约仅是更大范围中的制约的一个组成部分,后者作用于可偏离描述语音学形式之特征的那些规则模式。此处吸引我们之处如下:萨丕尔把音位成分展示为语言的音段清单中不带括号的子集,这显示出音位不可能抽象为"语音学上不存在的东西";但是这同样显示出,从音位与语音学上完整的音段(即完全赋值音段)同质这一角度来看,音位十分具体。因此,音位具有语音学特征,哪怕(a)仅靠这些特征无法构成音位之首要现实,因为正是音位在语言系统中的"使用"首先决定了其语言学实质;(b)与某一具体语音学音段对应的音位,其特征可能无法受到直接的物理学度量的决定(其原因我们将在下文中探索)。

麦考莱(1967c)还注意到,萨丕尔似乎已经把音位想象成不是特征之集合,而是单独个体:如他所言,逻辑上类似专有名词,而不是普通名词。观察到这一点很有意思:(假使萨丕尔当初就这个问题发表过见解,)这个观点本来可以让萨丕尔回应布龙菲尔德对语音学表达式的反对。这一问题将在下一章中得到更详细的处理:如果把这类表达式中的音段视为由音段中观测到并记录下来的语音学特征来做特征刻画,那么任何(人类可及的)语音学转写都必然是不完整的,因为存在这样的可能性:这之中没有明确记录下来的额外特征,理论上也可进行区分。但是,如果像萨丕尔明显做的那样把语音学音段视为单一整体,那么对

九 爱德华·萨丕尔

这一必然不完整性的指控所做的可行回应就是:只要举出某一个体,就足以提供一种独特身份。即使其全部特征尚不知晓也依然如此。对布龙菲尔德的观点的深入探讨,见下一章。

即使萨丕尔未把音位想象为由一组语言学特征来定义,也仍然存在音位的语言学身份可分解为若干单独因素的另一意义。音位的基本特征之一,就是其构成了少量确定的可比元素的一部分,这些元素共同构筑起一个系统。的确,音位被描述为"某一语言特有的得到严格定义的语音模式或语音构型中具有功能性区分性的单位"(Sapir,1933[1949]:46)。因此,单个音位是"语言语音系统的内部构型"(Sapir,1925[1949]:41-42)中得到定位的语音,(音位性)语音在这类结构中的地位不是由其客观语音学特征赋予的,而是由"源于从一切具体语音学关系(如平行、对比、组合、无法组合,等等)到一切其他语音的对语音学联系的基本感受"赋予的(同上,42)。

此处"平行"(parallelism)很可能是基于语音所共有的语音学特征,但这只是故事的一部分。语音若是有共同的分布层面,也会在某一语言的模式中相互靠近。例如,英语的音位/p,t,k/属于一组,不仅因为它们构筑了该语言中的清塞音,而且因为(a)可出现在词首、词中、词末;(b)可在任何位置上出现在 s 之后;(c)可在词首、词中出现于 r 之前;(d)可在词首或词中位于 s 之后、r 之前;(e)三者每个都有对应的浊音。语言模式中的语音邻近性还可因其所进入的交替而展现出来:因此,英语中/f/和/v/、/s/和/z/、/θ/和/ð/存在联系,因为它们构成交替(wife

[妻子,单数]/wives[妻子,复数],house[房子]/house[容纳]①,bath[洗澡,名词]/bathe[洗澡,动词]②,等等),而/p,t,k/之所以归入一组,却不是因为跟/b,d,g/之间存在这样的关系(尽管在德语中,这两组音之间确实存在这样的关系)。

因此,语言音位模式之完整系统不仅仅由语音学因素赋予(虽然这类因素并非不相关因素),而且还由种类繁多的分布特征、形态特征和其他非语音学特征赋予,语音因这些特征而相似或不同。由此可继而得出,从语音学角度来看属于同一音位清单的音位,可被组织进入若干个不同系统;萨丕尔在其论证音位结构的文章中把这一结论说得十分明确。例如,他注意到,基本相同的一对音位(/θ/和/ð/)在英语中和西班牙语中都能找到,但是二者间的结构关联在英语中(二者因交替而相关联)比在西班牙语中(二者间无交替,相反,/θ/与软腭音/k/交替)要接近得多。这一点的逆命题,即"语言的语音系统中"相同的"内部构型"可建立在语音学上不同的音段清单上,也被提了出来,并由此构建起了非语音学因素在确定音系系统特征时的核心角色。

不清楚萨丕尔是否真的基于他所提出的在决定音系结构时具有根本作用的那类特征,得出了某一语言的完整音系。但是,他的确在其描写著作中大量提及语音之间以此基础构建起的类

---

① house(房子)读音为/haʊs/;house(容纳)读音为/haʊz/。——译者注
② bath(洗澡,名词)读音为/bæθ/;bathe(洗澡,动词)读音为/beɪð/。——译者注

九 爱德华·萨丕尔

同性。这一观点的重要性在于,虽然该观点主要是研究某类表达式中所出现元素的属性的理论,但是元素本身及其之间的相互关系皆是从语言规则之角度进行定义的:一方面,规则管辖分布;另一方面,规则描述交替。

从上文第二章的角度来看,由此产生的理论属于我们可刻画为"完全赋值基本变量观"的音位表达式理论,从这一意义上来看,类似博杜安·德·库尔德内早年的观点以及特鲁别茨科依早期作品中的观点。此后的研究,尤其是那些受到布龙菲尔德影响的研究,在许多要点上背离了这一观点:如,放弃萨丕尔的心理学研究方法,而改用外部研究方法;把音位元素之内容简化至为其区别性功能赋值所需的最简特征;或是对音位形式和语音形式之间联系的抽象性进行剧烈简化。在上述一切方面,美国音系学皆在遵循一条介于博杜安早年观点和后来特鲁别茨科依和雅柯布森著作中的观点之间的发展路径。

萨丕尔的音位结构观和后来的美国结构主义者的音位结构观之间的另一点区别,与以上各点均有关系。被视为与构建音位系统有关的非语音性规则模式(在语法中用规则阐述),很快被局限于语音学音段自身的表层分布问题之内。萨丕尔的立场对于构建音位元素属性的规则之研究发挥了关键作用,在这种规则之研究中,所涉及的规则之类别极具综合性。对表层分布之规则模式的专一聚焦,逐渐导致一种只向表达式本身赋予理论地位的理论。

232

4 萨丕尔的音系学描写实践

萨丕尔在音系学方面的大多数理论著作(如 Sapir 1921、1925、1933)皆致力于构建"音位"概念,以及具有语言学重要性的语音结构表达式和充当物理现实的语音学话语表达式之间的区别。这一点即使对于萨丕尔 1921 年的那本书也依然如此。音位一词在该书中并未得到如此应用,但是却存在与后来的著作之间观点上的明显连续性。关于萨丕尔的音系结构概念的许多有价值的证据,还可从他描写具体语言事实时的考虑中得出(最全面的,存在于 Sapir [1922,1930] 等完整语法书中)。除了该问题可能固有的重要性之外,对这类问题进行深入探索也很值得,因为萨丕尔在世时,曾被高度评价为具有洞察力的描写主义者;他的弟子们等人寻求把"萨丕尔传统"延续下去,依靠的正是他的研究模式(对此问题的探讨,见 Harris 1944a,1945,1951b,以及 Hymes & Fought 1981)。

萨丕尔的实践跟后来大多数美国结构主义者的实践很突出的一点差别,在于语音形式和音位形式间联系的抽象性程度。这一点在"论音位的心理现实"(La réalité psychologique du phonème,1933)等理论性文章中得到了明确的论述和例证,实际上也可由他的任何一部描写性著作来阐释。从萨丕尔所允许的偏差程度出发来探讨这一抽象性很方便,该原则后来被用于定义"音位学的实践要求(即,在某一环境中给定音位,我们即可知道它所代表的语音;在某一环境下给定语音,我们即可知道它

九 爱德华·萨丕尔

所代表的音位)"(Harris,1945:239)。

十分清楚(也常常被评论),在萨丕尔所允许的许多描写中,某一形式的音位表达式无法仅由其语音学形式决定。他的"心理现实"文章(1933)中大多数这样的例子都旨在准确表达这个观点,这一点在他的描写性著作中也普遍存在。例如,在他对塔克尔玛语的描写(Sapir,1922)所引用的一个例子里,四种不同的音位形式(词干 sāᵃg 后面不接任何东西、接声门塞音、接 t'、接 k')皆准确合流为同一个语音学表达式(sāk')。

产生这种可能性,是因为音位元素之构建,并非是对语音学形式的录音,而是一种与物理性言语事件相对应的内在心理现实,这之中的对应以规则(可能是非常复杂的规则)之系统作为媒介。从其效果来看,这些规则中有的或许在用一个单一的语音学形式来描写多音位形式之中和——其途径就是详细描述出在特定条件下两个不同音位拥有相同变量,或是从特定条件下的语音学表达式中删除某些音位元素,也可能是在所研究的环境中直接把一个音位替换为另一个音位。萨丕尔并不在乎陈述某种一个表达式在不借助任何其他信息的情况下从另一个表达式中恢复出来的过程:对他来说,音位现实和语音现实之间的联系可能由人类认知能力中的任何层面或全部层面来作为媒介,而类似中和这样的现象无论如何也不会被视为带来了任何原则上的麻烦。

可能存在着与同一语音学表达式相对应的非唯一的音位形式,后来的语言学家与萨丕尔明显区分开,就是在于这一点。他所设想的这种音位-语音联系,后来从音位学中明确分离了出去,被描述为"形态音位学"。萨丕尔至少在其晚年似乎接受了这一术语;事实上,美国语言学中的形态音位理论的重要来源就是 1933 年至 1936 年间萨丕尔和斯沃迪什、纽曼、沃杰林(等学生)共同完成的研究。萨丕尔在"声门化延续音"(1938)等晚期作品中使用过形态音位这一术语,而他的学生们则把大量精力投于与音位描写(至少从这一术语对于其他人来说的那层意思来看)相对立的形态音位描写。但是,萨丕尔对于这一问题并无任何系统理论论述,这使我们有些疑惑,形态音位学和音位学的区别在他的思想中到底处于什么地位?

仅从语音学信息中把萨丕尔所说的音位形式恢复出来较为困难,与这一困难相比,人们谈论得不多的是这一事实:他似乎也没有沿另一方向来要求唯一性转换能力(unique translatability)。也就是说,在有些例子中,一种以上的变量被赋予同一音位,而不必从音系因素的角度来决定哪个变量将在具体形式中出现。

例如,在对南派尤特语的描写中,他对齿龈部、硬腭部的擦音和塞擦音的分布进行了长篇探讨(s 和 c = [š];ts 和 tc = [č])(Sapir,1930:47-48)。他发现,齿龈音段和硬腭音段的分布大体上呈互补状(由周边元音音质决定);基于此,c 被描写为 s 的变体,tc 被描写为 ts 的变体。让 tc 和 ts 进行分布的规则很明确:ts 出现在 i 前,tc 出现在其他位置。而 c 和 s 的分布要复杂一些,取决于它前面和后面的元音的相互作用。但是,还存在极少量情况,二者中的一个出现于另一个应出现的环境中,包括一些几近最小对比的情况:如,ɔcɒp•-iwɸcǝce-"打呼噜"和 qɔc•ɔvi-

"火种"的对立,或是 ta-na'c·ixa"屋顶裂缝"和 pi-na's·ixa"两腿之间"的对立。这类表层对比有的或许是因为不止一个擦音或塞擦音出现在词之中时的一套同化规则的运作(同上,54页及以后),有的则可能源于由形态学管辖的"类比"。不过,还存在一类例子,这类例子中齿龈发音和硬腭发音的对比分布无法预测。

此处正如其他各处一样,对萨丕尔来说重要的是,在绝对多数情形中,这两个语音学上相似的类型并不构成对比,二者之间常常依据元音环境而相互交换:在南派尤特语语法书附的词典中,他把 c 描写成 s 的"纯"变体,因此 c 不是个"基本音",即使二者的互补性不那么绝对也依然如此。这是对上文从海里斯那里引来的那条原则的违背:该原则认为,后来的音位学家更关注的是方法论上的力度,而不是为所探讨的语言表达直觉,他们当然不会表示赞同。但是,我们若要做近距离探寻,则经常在自然语言中发现的很可能正是这一情况。

例如,考虑一下下面的情形:在丹麦语中,(短)元音 a 依据后面所接的辅音,显示出音色上的显著差异,从位于 r 前的极其靠后的后元音,到齿音前的极其靠前的前元音。但是,位于软腭音和唇音前面时,各方言之间却存在一定差别:在有些方言中,这两类音前的 a 是像齿音前一样的前元音;而在另一些方言(尤其是保守的方言)中,这类位置上的 a 则只有中度后位性。总的来说,每种方言中都存在此类语音学变体的可预测性分布,尽管所涉及的原则相互之间略有不同。

现在,想象一下自幼就暴露在两种不同方言中的丹麦语使用者；例如，假设有个孩子部分时间由与他父母说不同方言的保姆养育。即使他父母的方言作为整体被习得，仍会有部分词语中保留了保姆的发音。因此，此人的词库中可能包含唇音或软腭音前的相对靠前的前元音 a 和较为靠后的 a 之间的明显对立：如 bamse"玩具熊"带有前元音[a]，hamstre"积累"带有更靠后的[a]，这反映出前者来自一种方言，后者来自另一种略有不同的方言。

遇到这种情形时，通常的做法是忽略其对共时音系学的重要性，称其含有两个（甚至更多）的共存系统，每个系统只对词汇中的一个不同部分有效。即使我们承认此类论述某种程度上可解决关于这位假想中的丹麦语使用者的描写问题，却仍未解决问题之全部：此人的孩子极可能要从他那里学会该语言，会保留他的词汇中的这个微妙的元音差别；而在孩子们的言语中，已不再存在非同质性来源问题或有差别的共存系统的问题。尽管对此类情形的描写在文献中比较罕见，但一定数量的逸闻性证据及不系统的个人观察已表明，这类情形很可能在真实的言语共同体中频频出现。

当然，刻画这一状况的方法之一，是认为对于该问题中的说话者来说，（原先的）方言混合的结果是产生了两个短 a 音位之间的新对比。但是，这却显示出，该差异是个本身就能够对词进行区分的差异：也就是说，类似 bamse 的形式若是用 hamstre 中的后元音来发音，就构成了丹麦语中潜在的新词。但是，如若不然，则可以采取类似萨丕尔描写南派尤特语中齿龈音和硬腭音的方法来解决这个问题：把两个 a 处理成与同一个音位实体相

九 爱德华·萨丕尔

对应,但是却允许该实体在词和词之间按照略有不同的方式来实现,充当不完全受规则管辖的个体条目之词汇特征。于是,用后元音 a 来发音的 bamse 不会成为丹麦语的新词,而是成为"玩具熊"一词的另一种发音(有可能是错误的发音)。

这种对某一音系范畴实现过程内部的词汇性个人风格差异的许可,可从诸多方面得到描述。在萨丕尔的例子中,某一形式的单个词条既包括音系表达式,也包括其主要出现的表层变体之列表(如下文将述)。因此,带有 s 或 c 的所有形式,在他的南派尤特语词典中都一齐列为 s,而那些显示出语音学性 c 的形式(基本上由可完全预测的原因造成)则按此方式来表达该问题中的音系单位。在这类框架中,此处所探讨的状态通过允许不同亚条目跟相同音位形式相联系的方式而得以描写。或者,有人若要在表达式中区分用数字赋值的特征之"详细值"和施加在其上面的偶值范畴阐释(如 Anderson 1974 所勾勒),就只需让跟某一具体范畴对应的词汇表达式在该范畴之域内部略微变化即可。

此处并不是说,在描写南派尤特语齿龈音和硬腭音时,萨丕尔显现出的对准确变体分布的这类轻微的漠不关心反映出某种深层的洞察力,这种洞察力被后来的音系学家们的敌对态度所埋没。没有理由相信,萨丕尔想要系统运用刚才提到的那种描写可行性。但是,重要之处在于承认,此后那些年让音位理论变得尽可能强有力的那些明确尝试中,包括这一提法:形式间的一切语音学差异,皆对应三种可能性之一:(a)两个音位之间的对比性差异;(b)同一音位的两个变量(即"音位变体")之间完全可预测的差异;(c)同一音位的各变量之间不具音系角色的自由变体。

实际上,萨丕尔的实践中还暗含着第四种可能性:这也是一种同一音位各变量之间的差异,因此不与两个潜在的区别性音系单位之间的对比相对应,但是也不是"自由变体",因为这种差异在具体词条中以个人风格方式分布。对于这一描写可担负何种音系功能、可适用于何种环境,上文中我们只是暗示了这一问题的答案;但是,这一描写或许需要深入研究——只有萨丕尔之后的音位学家的方法论设想都得到重新研究时,这一点才可行。

5 萨丕尔音系学中的规则及其相互作用

上面我们已经略微注意到,萨丕尔把音位表达式设想为通过规则之系统跟语音学形式相关联。在他的描写中(应当记得,这些描写中大多数其实是在其职业生涯早期写成的),他通常把音位表达式元素称为"有机"(organic)元素;某一具体元素与某一纯语音学音段存在差异,正是从该元素是否是有机元素角度来看——而不是从其为(可行)发音音段充当相对完整的赋值之本质来看。

某一形式的有机元素有时被称为"形态"元素——这并不是说这类元素单个地充当语素之实现形式,而是说在所研究的形式中,这类元素呈现于某一语素的音系表达式中(而不是通过规则而引入)。从这一事实以及其他事实很容易看出,"有机"音段与"非有机"音段之间的差别,就是某一音段的具体象征(token)

九　爱德华·萨丕尔

的地位功能,而非整个音段类型(type)的地位功能:同一音段类型可能有时是有机的,有时是非有机的。但是,有些音段类型可能是变体(而不是音位);这时,所研究的音段的语音学身份就一定要由规则引入。

萨丕尔的描述中所论述的规则可能以多种方式而相互区别,虽然这些分类在萨丕尔看来是否具有系统性地位仍无定论。但是,他在其类型学中或多或少依赖着的差异,是自身即可用来标记某些语法范畴的语音学过程(如类似日耳曼语中的元音转音之类的"象征性"过程)和那些要么仅充当某一范畴的附属标记、要么仅由音系因素来决定的语音学过程之间的差异。

尤其重要的一种差异,是呈现分布之规则模式的规则和描述词汇形式(理想形式或音位形式)之实际交替的规则之间的差异。萨丕尔大致遵循鲍阿斯的提纲,尽可能多地给出某一语言中可维持整个表层形式清单的基本分布规则模式——即对可行的辅音丛、元音序列、同一词语内部毗邻性重音或其他多重重音、具体元音和辅音的共现、重音元素、音节类型等等的限制。这些内容得到形式化,成为对语言中表层形式域的归纳;而对使语言学形式发生改变的规则的进一步论述,只要可行,即由这类限制和归纳来推动(或者至少与之相关)。

我们还可以将描写特征(或变体)分布的规则区分为其出现可完全预测的规则和把所出现的音段类型独立地联系起来的规则。例如在南派尤特语中,萨丕尔把重音、元音的清化变体等处理为可预测性特征,而其他音段类型则是潜在音位。由此,因为变体在各处皆可预测,所以其出现完全是在给出词汇(或音位)

表达式时抽象得出。而与之相反,由规则带来的其他元素,在语言中依然拥有独立的音位地位:在南派尤特语中,鼻辅音可以具有音位性,也可以由规则带来(在"鼻化"词干之后);长元音和短元音虽然具有音位性差异,但是在多个位置上却存在延长短元音或缩短长元音的规则;tc(ts 的变体)是不同于 t 的独立音位,但却也是 t 位于 i 后腭化的结果,等等。

不过,某一语素内部音位元素的出现由影响语素序列的某一规则来预测时,要按音位形式来书写:因此,语素内部位于 i 后面的 tc 永远写成 tc,而从不写成 t。这一实践的结果,是我们很可能会发现关于明显同一规则模式的两种不同的论述:在南派尤特语中,塞音位于元音之间时只以擦音化形式出现这一描述,和在以元音结尾的词干后面影响元音前的单个塞音的擦音化规则极不相同。从 t/tc 交替来看,除了在 i 后面把 t 替换为 tc 的腭化规则之外,还需要一句陈述:语素内部只有 tc 出现在 i 的后面(t 不能出现)。但是,二者之间的关系大体明确:管辖交替的规则明显会受到维系整体规则模式之需求(i 后出现的是 tc 而不是 t)的推动,而这样的规则在独立元素并置中原本会被违背。

"有机"(或音位)形式和语音学结构之间的关系可能十分复杂,而构建此关系的规则并不需要相互独立。萨丕尔的归纳十分统一地构建出一个表达式取代另一个表达式的过程(后来,霍凯特[Hockett,1954]将其命名为"项目与过程"描写),这不同于成为后来大多数美国音位理论之标准模式的对分布之规则模式的静态陈述(即"项目与排列")。萨丕尔明显旨在用这类替代过程来代表语言共时语法的一部分,而不仅仅是其历史之事实:在对塔克尔玛语、南派尤特语的描写中,以及"声门化延续音"里对瓦卡什语(Wakashan)的论述中,他都明显把语言中的"活"过程和那些只具有"语源"价值的变化做了对比。

把一个表达式取代为另一个表达式的规则之机制,自然有助于对规则间的相互关系进行具体表述。当一条规则预设另一条规则所提供的信息以便正确运作之时,我们通常即可把这条规则置于所有由它来为其运作进行预设的其他各规则之后;萨丕尔通过同样途径,至少把有序性用作一种隐喻(还可作为一种共时描写手段,而不是完全作为一种历史描述)。

肯斯托维茨(Kenstowicz,1975)从这一角度探寻了萨丕尔等人的设想,并按照萨丕尔的运用方式构建起若干有序关系特征。例如,他注意到有序性的作用基本限于对"馈给"情形(即,一条规则可产出新的例子,让另一条规则来加以运用)的描写中。无论何时,只要一条规则创造出让另一条规则能够发挥作用的情形,萨丕尔就断定,自然状态即可让随后的变化发生。有时,他确实明确观察到情况如此——例如,"在 u-元音的前面或后面,原来的 γ 有时会弱化为滑音 γ 或是完全消失,这一现象在 ï-元音后面发生得更频繁。由此可产生元音缩约"(Sapir,1930:52;着重号为笔者所加)。不过更多时候,他会对这类情形不作评论。

在"阻断"(bleeding)顺序(这种情形中,由于某一规则由于下一条规则的介入,无法对原本应发挥作用的形式发挥作用)或"反馈给"(counterfeeding)顺序(可行的馈给关系未达到)中,某一规则未能发挥作用,被十分明显地描述出来。在南派尤特语中存在一条基本规则,依据这条规则,"词首的 w 通过派生或复合而出现在元音之后时,规则地变为鼻化的'ŋw-'";我们还被告知,"但是当 w 通过重叠而出现在元音之间时,这一规则不发生作用"(Sapir,1930:49)。可行的另一种描写叙述可简单地把使 w 鼻化的规则排列在派生过程及复合过程之后、重叠过程之前;不过,萨丕尔只是在描写(得以实现的)馈给关系时才对有序性加以运用,而不是像后来的许多理论家那样以更普遍的方式对其加以运用。

萨丕尔著作中另一种格外重要的描写手段是许多情形中使用的取代顺序(supplanting order),这一顺序直接依赖有机元素和非有机元素之间的差异。在描写南派尤特语的重音系统时,他陈述了建立在不同莫拉上的重音普遍原则,(他明确承认)这一原则中存在诸多例外。不过,这些例外皆是由于对元音进行缩短、延长、双元音化、融合,以及在某些例子中插入滑音性元音的规则之运作造成的。整体归纳是,"一切非有机的增益或缺损,对词语的莫拉结构均无效应"(Sapir,1930:38)。使之公式化,可通过把重音规则排列在其他一切过程之前;不过很明显,该问题中的这一关系的非馈给本质,对于萨丕尔从有机元素和非有机元素的差别角度对其进行陈述来说,十分可取。

值得注意的是,对于重音分配于不同有机莫拉这一归纳,其实存在一类例外:萨丕尔注意到,"但是,由长元音+短元音缩约而成的长元音算作普通长元音……与之类似,单元音加双元音产生由两个莫拉组成的双元音……换言之,未发现由三个莫拉构成的音节"(同上)。这暗示着,(在完全基于有序性的描写中,)重音规则运用于元音融合之后,缩短、延长等其他规则之前。由于归纳并不是包含馈给关系的归纳,所以萨丕尔再度选择了从所涉及的表达式之本质的角度来对其进行描写,而不是从规则之相互作用的角度来对其进行描写。

6 规则和表达式之间的关系

我们最终转向萨丕尔著作中的一个特点,这个特点造成了(至少是间接造成了)近年的文献中的大量评述;他对综合性描写中单个语言学元素之词汇结构的看法。虽然他从未用理论术语对这一问题进行过专门讨论,但是却可发现相关信息散布在他的作品中。最重要的一点是,我们有他南派尤特语词典(即 Sapir 1930 的第 3 部分)中的例子可循。

词典之表达当然必须详细说明关于"形态学"本质的元素的全部信息——即,其机体之音系外形以及使其跟该语言中其他元素相区别的一切个性化附加特征。不过,南派尤特语词典中的词条形式很有意思。每个词条皆展现为(a)其机体(音系)近似形式;以及(b)其所出现的代表词语之表层形式。后者当然可经过规则而由前者预测出来。我们可以观察到,从某一音位音段角度来看与机体形式不同(或相互不同)的任何交替形式,基本上都给了出来;而从变体角度来看有差异的交替形式(即可完全预测的音段类型、出现的语音学音段表中带括号的元素)则不必表现得很明确。因而,举例来说,重音以及元音或响音的清化在萨丕尔看来在南派尤特语中永远可预测,所以重音未作标注,且所有元音和响音在词条中都显示为浊音(尽管这些特征在用来为词条充当例证的表层独立词语形式中当然带有标记)。

某一词条中,音位形式和(更接近的)语音形式存在,都可使萨丕尔能够描写例外的词条:因此,如果某一词条未能经历某一过程,那么他可能就不会列出因这一规则而产生的变体,并暗示该规则的运作因这一词条而受到阻碍。我们可以观察出,既给出语音形式又给出音位形式的这种实践,同样会使萨丕尔能够从词汇角度描写某一单个音位的个性化语音学实现形式,正如上文中探讨过的南派尤特语 s 的问题。

除了某一项目的基本形式和变体形式之外,词汇条目还可能包含关于该项目对其他项目的影响的信息。其形式是任意性标记(即无法解释为任何音系音段的标记),这种任意性标记在语法中引发某些以形态学为条件的规则。这之中最著名的例子是从某一词干属于"擦音化"、"双音化"、"鼻音化"三者中的哪一者出发,对南派尤特语的词干(以及大多数词缀)所进行的标记。"此处的决定性因素是前面的词干的性质或后缀的性质,从对南派尤特语的描写性分析来看,这类性质必须被视为其内部形式的一部分,具有内在的擦音化、双音化,或鼻音化力量"(Sapir,1930:63)。词汇条目中包含这类任意性形态学特征,表明含蓄承认对交替所做的纯音系学描述并非总是可行:也就是说,这类情形中,不可能把对擦音化等特征的描述化简为由音系推动的形式的其他层面。

九 爱德华·萨丕尔

萨丕尔的这一结论遭到许多学者的质疑,至少在上面这个具体情形中如此。哈姆斯(Harms,1966)、麦考莱(1967c)、乔姆斯基和哈勒(1968:344页及以后)(以及无确定数字的学生作业和学期论文)已经为萨丕尔的三类南派尤特语词干和后缀之差异提供了音系特征描述。例如,通常可观察到,语素擦音化的结果恰恰就是所研究的词条仅以元音结尾时可预测出的结果(因为元音之间的单个辅音永远以擦音化形式出现),而"双音化"和"鼻音化"语素则以其他音结尾。通常认为,鼻音化元素在音系学上以鼻辅音结尾,而双音化元素则以清音性元音(哈姆斯)或不赋值的阻塞音(乔姆斯基和哈勒)结尾。基于这一特征刻画,可得出一套纯音系规则,来派生出后续元素的三种变体,消除了"擦音化"等形态学操作词。

没有理由设想萨丕尔只是未注意到这一解决方案的可行性:他对语言的描写洞察力显然足以让他看到这一分析法,而此方法的许多成分其实已在他的描写中明确出现(例如,将擦音化论述为正常情形,见 Sapir,1930:63-64)。倘若他选择通过元素的形态特征而非音系特征来描写这一情形,那么很可能是某种系统性推理存在于这一决定的背后。事实上,表明萨丕尔原则上无法获取后来的文献中的那些解决途径是不可能的。进一步说,可以表明他的描写从实证基础来看,其实比人们所提议的音系法更为精确。

我们立刻就会发现,上述可行性中有一种,无法向萨丕尔开放:哈姆斯指出要通过结尾的清音性元音来辨别双音性词干,使之区别于擦音化类别中的结尾浊音性元音。对萨丕尔来说,元音的清浊是个完全可预测的特征,清音性元音是变体(而不是音位)。有机表达式因为只包含音位,所以无法包含清音性元音,于是哈姆斯的解决方案就被排除了。要注意到,认为双音类语素本身就为清音性元音构建了音位地位是徒劳的:情况依然是,清音性元音只出现于可预测的特定条件下的表层形式之中,无论此处的形态交替如何,这一归纳依然有效,所以清音性元音从理论上来说仍被排斥在有机表达式之外。

因此,我们把注意力局限于乔姆斯基和哈勒的论断:双音化元素以阻塞辅音为结尾(他俩认为这个音其实是 t,不过这一点跟我们目前的讨论无关),鼻音化元素以鼻辅音为结尾。从萨丕尔的观点来看,这一解决方案并非不可接受,这与哈姆斯的方案不同,因为阻塞音和鼻辅音当然是以音位形式出现;但是却存在另外一个问题。

这个问题就是,南派尤特语中的形式永远以元音结尾,把词干和后缀设置为以辅音(无论阻塞音还是鼻辅音)结尾违背了关于该语言的原本绝对有效的归纳。该归纳对于语音学形式来说并不直接正确,因为很明显,以辅音结尾的词由元音无声化规则以及此后的无声元音弱化规则或吸入前边擦音的规则造成,或是出现在以元音为开头的词的前面时结尾元音被删除。还有一点同样正确:词语可由声门塞音结尾,但萨丕尔却在音系描写中提出,有机的声门塞音其实是与音节整体相联系,而不是与音节内部的某一具体序列位置相联系。这个音可以在音节尾得到实现,但更常见的却是发现于元音发音内部某处——或者,甚至是在邻近音节中。不过,这类可预见性效应被抽象出去时,所做归

九 爱德华·萨丕尔

纳仍然是南派尤特语的词语以开音节结尾,而萨丕尔十分明确地把同一归纳阐释为运用于单个词汇元素。语素结尾的阻塞音和鼻辅音因此无法被设置于音系形式中而不违背该语言的神圣不可侵犯的模式。

我们所提出的萨丕尔基于此而含蓄解决的问题,只是在近年来才被明确提了出来。黑尔(Hale,1973)指出,在有些语言中,认为完全普遍的音系论述应当让位于受到形态学限制的音系模式的设想会导致不正确的结果,其原因与明显推动萨丕尔的那些原因十分接近。严格说来,对这些例子的探讨已属本书的历史目的之外。但是,因为这个问题是个与当前相关的问题,也因为该问题可展示出萨丕尔的解决方案得到证实其实是由于南派尤特语中的证据与黑尔提出的证据路线相同,所以,本章后面的附录将对这些观点做深入详述。

其实,此处所做的归纳似乎跟实际作用于萨丕尔的音系学分析的其他制约因素同属一个整体。麦考莱所提到的音位集合构成表层语音学音段集合的子集这一事实,明显属同类问题,因为所设置的音位若达不到这要求,就会违背关于表层形式的明确归纳。表层规则模式之同一方面的另一个例子,可在这一事实中找到:"某一语素的所有交替形式共有的任何特征,皆出现于该语素的萨丕尔式音系表达式"(McCawley,1967c:110)。当然,这并不意味音系表达式必须是所出现的表层交替形式之一,甚至不意味此类表达式的所有组件都要在某一表层交替形式中现身(例如南派尤特语中的绝对形式后缀[absolutive suffix]被赋予表达式 pi,可是事实上其首辅音永远以擦音化的 v、双音化的 p:,或鼻音化的 mp 出现)。但是,这却的确隐含,关于某一元素的表层形式的任何有效归纳,皆应在其底层表达式中有所反映。

因此,在萨丕尔的音系学中,源于表层表达式的归纳在制约底层(即"音位"、"音系"、"有机")表达式之集合时发挥了基础作用。二者间的关系即使在某些具体例子中可能十分复杂,也仍可通过关于分布和公认结构的一套规则模式达到全球意义上的不因语言而异的统一。

重要的是,我们应当记住,同一套规则模式在确定音系规则类别时发挥重要作用。通常认为这些规则在运作着,从而影响那些原本会违背归纳的形态学上复杂的表达式,使之服从于这类归纳。例如,某种只允许由两个辅音组成的辅音丛的语言可能会在 CC_C 的环境中插入一个增音性元音,从而避免出现由三个辅音构成的辅音丛。对这一音系规则的存在性的阐释基本继承于鲍阿斯;对萨丕尔来说,该阐释充当了真正的音系规则和(至少局部)形态学化规则之间的区别之基础。

萨丕尔最为人所知的实践,其特征是底层表达式和表层语音学之区分,以及他的语法中交替之规则(构建为替代过程)所发挥的作用。不过,要理解他的分析中的核心要点,很重要的一点是看到分析中的这两个组件都通过表层形式中可获取的规则模式而组织起来,并依此被他构建起来。音系表达式元素通过参照语言规则而得以确立:如前所示,音系元素中的自然类和具有语言学意义的关联,皆通过音系元素所参与的分布与交替的规则模式而给出。与之相反,语言的音系规则发挥作用,主要是为了维系某种从表层表达式之公认形式中可以确定的规则模式。历史上,罕有语言学家像萨丕尔那样,对自然语言内部单一结构中规则之考虑和表达式之考虑的相互关系达到了如此的统一。

7 附录:抽象性与萨丕尔对南派尤特语的分析

萨丕尔对南派尤特语的分析的核心特征之一,就是他提出,词干(及词缀)对其后面的词缀的擦音化、鼻音化、或双音化效应,可描述为单个元素的形态学特征,而不是从由音系推导的元素底层形式结果的角度来进行描述。如前所示,倘若萨丕尔想避免设置出有悖于该语言原本有效的归纳的底层形式——词语不以辅音结尾(因此词干亦如此),这样的分析就成为必需。一系列类似的情形曾被黑尔(1973)探讨过,其中包括由波利尼西亚语系若干种语言的音系充当的特别清晰的例子。黑尔的探讨基于毛利语,但下文中我们举萨摩亚语的例子,其中的事实完全平行。

萨摩亚语中不存在辅音丛,也不存在结尾辅音;也就是说,所有音节都是开音节。该语言中几乎没有屈折形态,但大多数动词都有所谓的"被动态"形式,许多动词还有复数形式或相互形式,或二者皆有。被动态形式几乎总是通过加后缀构成,这个后缀是原始波利尼西亚语 *-Cia 的反映,此处出现的具体辅音因动词不同而不同:因此,o'o "到达",被动态为 o'otia;而 oso 244

"跳",被动态是 osofia;ula"取笑",被动态是 ulagia;inu"喝",被动态是 inumia,等等。由于后缀中出现的辅音取决于所涉及的词根,所以词根词条必须包含某种指示,来说明后缀加上去时应采取哪个形式。

显然存在两个基本的选择可用来描写上述事实。我们可以遵循萨丕尔的南派尤特语中的例子,用抽象的形态学操作词来刻画每个词干;因此,o'o 的音系表达式仅是/o'o/而已,并补充说明它是"t-词干"(与"f-词干"的/oso/相对立,等等)。在这一情形中,后缀本身具有若干个由形态学决定的形式:有的动词用/-tia/,有的动词用/-fia/,等等。

另一种方法,我们或许可以把后缀辅音纳入词干表达式本身之中,给出/o'ot/、/osof/等底层表达式。这一情形中,可给出后缀的单一底层形式/-ia/;仅通过运用一条在不接后缀时删除结尾辅音的规则,即可推导出正确形式。基于此,/o'ot/可产出表层的[o'o],但/o'ot+ia/却会给出[o'otia],因为去尾原则(truncation rule)在此形式中不适用。这个第二解决方案中不含任意性形态特征,只有单一的完全自主的音系规则(即结尾辅音去尾规则)。从纯形式角度来看,这一方案显然比形态学描述简单;值得注意的是,布龙菲尔德在其对该例子的探讨中(Bloomfield,1933:219)未做进一步评论就将其接受,视其为显而易见。这也是常常用在语言学基础课程中的例子,因为得出对该差异的音系学描述十分简单。

然而,这一解决方案中却存在数个问题。从纯音系学角度来看,有些后缀变体并不只是-Cia 这一事实提出了一个小问题:-ina(如 salu"扫",被动态 saluina)、-a(如 ave"拿",被动态 avea)、-na('ai"吃",被动态'aina)等形式并非明显可由某一词干形式加/-ia/推导出。设想一下,我们忽略掉这些,只将其视为后缀的异干互补形式(suppletive form)[①],也依然存在更为严重的困难。例如,动词的使役形式由前缀 fa'a-构成,有时词根会发生重叠。有趣的是,其实所有此类使役形式都可接被动后缀/-ina/,不考虑非使役形式所使用的后缀:例如,pa'u"落下"有被动形式 pa'utia,该形式表明其词干末尾的辅音(从音系解决方案来看)应为/t/,但是,它的使役形式 fa'apa'u 有被动形式 fa'apa'uina。与之类似,manatu"记住"有被动形式 manatua,但其使役形式 fa'amanatu"让人想起"却有被动形式 fa'amanatuina。词干 oso"跳"若是从被动态 osofia 所显示出的信息来看,明显是以/-f/为结尾;但是那样看的话,使役形式 fa'aosooso 出现了两重问题:一是因为设想中的词尾/-f/未在重叠重复之前得以保留(即,使役形式不是*fa'aosofoso);二是因为其被动形式是 fa'aosoosoina(而不是 fa'aosoosofina)。

人们可能会提出,使役形态学涉及去掉结尾辅音,并因而把适合于词根的被动态词尾替换为其他词尾;但是这除了会严重削弱音系形式中所提的结尾辅音的解释力这一事实之外,也仍然未解决全部问题。除了被动态之外,萨摩亚语中还有另一种后缀(相互式),通常采用-C(a')i 形式,带有由词根决定的不同

[①] 异干互补形式,指同一词语在不同屈折形式中采取完全不同的词干,如 go-went、good-better 等。——译者注

辅音。类似 ita"生气"的相互式 fe-ita-ga'i 这样的形式，似乎支持尾辅音解决方案，因为该词干的被动形式是 ita-gia；二者显示出相同的个性化辅音，倘若该辅音是词干的一部分，则这一事实立刻得到了解释；不过如果那样的话，alofa"爱"等形式则会提出问题：其被动态是 alofa-gia，而相互式却是 fe-alofa-ni。这一情形中显然不存在能够解释所有变体的单一词干形式。

　　黑尔引述了类似的事实，以及关于历史变化中的规则化方向的若干归纳，指出，虽然音系解决方案很简单，但是对这一差异的描写充分的叙述其实是形态学叙述。他认为，对我们的目的来说最重要的一点是，在这一情形中（以及他所研究的其他不相关联的情形中），形态解决方案因为一个有原则的原因而受到偏爱：因为音系解决方案设置了底层形式（带有结尾辅音），而这一底层形式则违背了关于该语言的重要表层归纳（所有音节皆为开音节），所以底层表达式和表层表达式之公认形式之间的不对等性，完全排除了音系解决方案。上面我们曾提出，恰恰正是这一考虑，使（至少是原因之一）萨丕尔在南派尤特语中选择了形态学描述：音系（接近）表层的形式永远以元音结尾，因此不可能通过以阻塞音或鼻辅音结尾来设置出违背这一归纳的底层形式。

　　如果萨丕尔因此通过与黑尔类似的考虑对南派尤特语中的辅音交替采取了形态学分析，那么，这只能构成其解决方案中的理论内部的论据而已，而格外重要的是（如果我们对该理论的正确性感兴趣的话）要问问同一方向中是否产生了额外证据。其实，我们更缜密地研究南派尤特语（以及萨丕尔对该语言的描

九 爱德华·萨丕尔

写)的音系与形态时,就会对音系观产生一些重大问题,这些重大问题也支持形态学的解释。

在探讨为何采取形态学观点时,萨丕尔注意到,与擦音化词干、双音化词干、鼻音化词干的区别行为相关的音系外形中并不存在受到独立推动的差别。当然,这正是问题所在;对音系描述所做的论断恰好就是,此类差异存在,但是如果没有可呈现该差异的后缀跟随在词干后面,该差异就会被中和。基于比较数据,萨丕尔提出,同样不存在具有一致性的语源差异,这当然不会直接影响共时描写问题(不过,如果人们相信,音系交替就算不是永远反映历史变化,也是通常反映历史变化,那么就应强力推荐非音系性论述)。

但是,关于历史性思考,比这类合理性论证重要得多的,是音系论述必须面对的纯描写性问题。不要忘记,依据该观点,后缀皆通过单辅音来统一表现;而擦音化、双音化、鼻音化的变体,则是通过词干结尾的元音、阻塞音或鼻音对该音段的影响而产生的。由此可设想,与具体词干共同出现的后缀外形毫无例外地是词干的统一底层音系特征之功能。

但是,却存在一些后缀,无论所附着的词干特征如何,其形式皆不变。这些后缀有的一致被鼻化(如-ŋqi-"表示间接宾语");有的被双音化(如-q:u-"表示带有数范畴的宾语"),有的则一律擦音化(如-γa-"表示持续体")。从严格的形态学描述角度来看,只需要说,这些项目的词条仅有跟其有机形式相对应的单一语音学形式;这造成的结果就是阻止对不出现的变量做出以形态学为条件的选择。但是,从音系学描述角度来看,就必须引入附加规则:例如,在一律擦音化的后缀前删除所设置的底层词干结尾鼻辅音或阻塞音的规则。

有些其他后缀以三种可能形式中的两种出现,但却不以第三种形式出现。总的来说,是以擦音化形式或鼻音化形式出现,而不以双音化形式出现。这类后缀位于双音性词干后面时,以擦音化形式出现:例如,施动后缀-vi/-mpi 没有双音形式,因此在双音性词干 nɔːˉ"背在后背上"后面以擦音化形式出现(例如,nĩŋwĩ'nɔɸI"载人的")。萨丕尔将这类后缀的鼻音化变体追溯到一条独立的鼻音化音系规则,该规则运用于前一个音节中的鼻音后面(如,将来时间后缀-vania,在 iviŋumpania"将要喝"中呈现为-mpania)。这一过程不同于形态学上的鼻音化,后者并不需要鼻化元素中的鼻辅音:例如,词干 pa'a-"高"和后缀-vi"表示施事者"等,虽然其音系形式中并无鼻辅音,但却发生了鼻化。因此,萨丕尔把"两种外形"的后缀之鼻化视为新异,并把问题简化为经历了辅音交替之形态学变化的形式和未经历该变化的形式之间的差别。不过,这一叙述产生了一个问题:此类后缀甚至在那些不含有鼻辅音的鼻音化词干后面,也是以鼻化形式出现:paɣimpani"我将要走",产生于对 paɣi"走"进行鼻化,再加上将来时后缀-va/mpa-。

为了以纯音系描述视角对例外条目加以描写,必须设想,这些条目要么在阻塞音之后依然可经历擦音化,要么对前面的阻塞音(但不是鼻音)造成了例外性删除。与之相反,对萨丕尔的形态学描述的阐释之一,仅涉及从词汇条目中略掉双音化的交替形式:即,在适当之处,选择鼻化形式;而擦音化形式则被视为

"其他情况下"的情形。

这些例外后缀中有的只代表规则而交替着的后缀的诸变体之一的特别运用。例如，后缀-γi"来做"和-γwa'ai"去做"一律擦音化。但是，二者明显跟存在交替的后缀 γi/kːi/ŋki"一边做某事一边来"及 γwa'ai/kːwa'ai/ŋkwa'ai"一边做某事一边去"相关联。要想从音系学上描写这一点，我们就必须设想，与必要例外一道获取特别意义的后缀，其特点即在于贯彻擦音化，即使是在辅音结尾的词干后面亦如此；但是，我们若是采取萨丕尔的描述，就只需要说（他也的确就是这么说的），规则后缀存在着的各变体之一要求特别意义。

正如对后缀的描写为音系描写提出了问题，对词干的一致性描写似乎也因该观点而艰难。比如，同一个词干非常可能在某些情形中与一个后缀变体一道出现，而在另一些情形中与另一个后缀变体一道出现：例如，wa'a"雪松"通常显示出双音性，如 wa'apːï"雪松树"等例子；但有时则采用鼻音后缀，如 wa'ampi"雪松果"。要想描写这类例子，我们就必须设想，该词干有两个不同的音系外形，按照由形态学决定的基础分布。

沿着同一道路，存在一种有趣的半系统性倾向，让擦音化词干在跟其他独立词干复合时被视为双音：例如，aŋqa-"红色"通常发生擦音化，如 aŋqaγa"变红"所示。但是在 aŋqapːaγï"红鱼、鳟"或 aŋqa-qːani"红房子"这样的复合词中，却常常以双音出现。萨丕尔注意到，复合词中使用词干的双音音变体的倾向，可能是因为该形式和（位于首位置且因而不发生擦音化的）单一形式辅音之间的更大语言学相似性；对此的探讨，见达尔顿（Darden，

1984)。对于我们的目的来说,有趣的要点在于,萨丕尔把这一重构视为"朝向削弱辅音交替意识的第一步,朝向其发展为纯历史式存在的第一步"(Sapir,1930:70)。他设想的发展进程跟博杜安·德·库尔德内和克鲁舍夫斯基所设定的发展进程相似(见上文第三章),通过该进程,以前或曾具有音系性的过程如今已变成了形态学过程,且正在演变成纯词汇孑遗。我们若采用音系观点,就必须提出,异常行为并非存在于此类复合词的第二个元素中,(萨丕尔似乎理由充分地进行了这一定位,)而是存在于第一个元素的以阻塞音结尾的不规则变体的发展中——这种变体只出现于复合词之中。

上述证据皆未能结论性地展示出,南派尤特语后缀交替的音系论述不可行;不过(如黑尔从毛利语中找到的证据,以及上面看过的萨摩亚语中的类似事实),证据显示,音系论述不如萨丕尔所采用的形态分析恰当。由重叠(duplication)之事实推导出来的进一步证据使这一情形更加清晰。重叠通常是复制某一元素的首位置上的 CV;如,sivai"削"得到重叠,成为 sisivai"多次削"。被重叠的音节后面的词干辅音已不再位于词首,应发生变化;而其所经历的变化,跟后缀交替中发现的变化是相同的三种变化:擦音化、双音化,或鼻音化。由于词干的外形比假说中的词干结尾元音的身份特征更加不言自明,所以重叠之事实应当可提供清晰的证据,来证明音系结构是不是这类交替中的根本决定因素。

重叠导致鼻化的情形,似乎提供了某种支持音系描述的证据,因为这些情形大多是/CVNX/外形的词干(如 qani"房子,单

九 爱德华·萨丕尔

数",重叠为 qaŋqani"房子,复数")。如果我们允许重叠规则复制 CV(N),而不仅仅是 CV,并把鼻化处理为由鼻辅音加塞音的序列所致,那么这一结果就可直接得出。但是不幸的是,在有些例子中,鼻化重叠在词干中没有鼻辅音的情况下即出现(萨丕尔引用了 pɔmpɔtsats-"蜥蜴"一例),这表明重叠中的鼻化(虽然大体上可预测)被部分形态化。

双音式重叠的例子从音系学来解释要困难得多。发生双音的那类词干,在其重叠时似乎完全不可预测:因此,tavaʼcːupːī"干燥"重叠为带有双音形式的 tʌtaʼɸʌcupī:"全部干燥",但是 tavin'na"挺胸、炫耀"却重叠为带有擦音化形式的 taraʼvinʼnaai"持续挺起(他的)胸"。应当强调,第二个 C 是阻塞音(或双音)的 CVCX 形式和非擦音化的双音重叠之间不存在一致性关联。进一步说,双音可能会影响词干内部辅音,而非词干首位置的辅音:例如,ivi"喝"重叠为带有双音形式的 iʼipːi"反复喝",或是 tīvʷinːaɣai"带领"重叠为 tīʼtīpːīnaqːai"多次带走"。最后,在不同形态范畴中,同一词干可能带着不止一种重叠而出现。词干 qwïī-"拿"既可构成带有擦音化重叠的分布式(distributive)qwïɣwïī"多人拿(一件物品)",又可构成反复式(iterative)qwïqwïī"多次拿一件物品"。上述所有事实皆表明,形态因素和非音系结构决定了"双音"过程的可运用性。

因此,我们得出结论,各种证据显示,萨丕尔把南派尤特语中的擦音化、双音化、和鼻音化过程处理为以形态为条件而非以音系为条件是正确的。这一结果本身就很有意义,但是我们此处如此长篇地对其加以论述,并不仅仅是将其作为描写语言学之问题。相反,想要强调的要点是,倘若不是系统考虑使萨丕尔选择了形态学描述,那么音系学的解决方法(倘使正确)完全可被萨丕尔所用。我们认为,这些系统因素与黑尔近期探讨的系统因素相同:即渴望避免设置出的底层形式违背对语言中表层形式之结构所做的基本归纳。

十　列奥纳德·布龙菲尔德

语言学史上很少有人会极富戏剧性地突显出来,成为其时代和地区的化身;列奥纳德·布龙菲尔德就是这样的人,从20世纪30年代到50年代,他是北美与语言相关的理论思想的象征。这段时间内,美国语言学的多数进展,通常都可直接归因于他本人的研究或是他的弟子们、追随者们以他的观点之名号所进行的研究。如我们将在第十一章中所见,拥有自我意识的"后布龙菲尔德"时代中继续发展出的很多东西,与布龙菲尔德本人的观点未必特别接近;但是,许多人却感到语言之科学研究方法可以大体与解读布龙菲尔德的理论概念相一致。尤其是在其他地区的人看来,这一阶段的美国语言学基本上就是布龙菲尔德语言学。

当然,布龙菲尔德绝不是这一时期北美唯一的知名语言学家:前一章中我们已经评述过,他在30年代的活动大体与萨丕尔的活动重叠。在布龙菲尔德成名之前,萨丕尔才是主要人物。并且,布龙菲尔德从事研究的时候,鲍阿斯也依然健在。布龙菲尔德逐渐上升的部分原因,上文中已提及;核心原因很可能是他在语言学成长为自主的科学领域中的作用。虽然鲍阿斯和萨丕尔构建起的是成为北美语言研究之特征的独立立场,但是他们的著作大体上可视为人类学领域内部之传统。而另一方面,布龙菲尔德则更可与语言学这一独特专业领域的兴起相联系。

这一联系的因素之一,是他在发展这一新领域的独特机制中的卓越贡献。他是为成立美国语言学学会写下"号召"的人之一(与乔治·博林[George Bolling]和埃德加·斯图特文特[Edgar Sturtevant]一起),也是《语言》(Language)创刊号中卷首作"为何需要一个语言学学会"(Why a Linguistic Society)的作者。他热情参与学会的活动,并于1935年担任学会主席。他曾多次执教于语言学研究所,包括讲授充当这一年度盛会之关注焦点的导论课程。要理解其重要性,我们就必须记住,早年,在极少数大学开设了独立的语言学课程之前,该研究所承担的功能比后来大得多;而其导论课程,实际上成了许多人了解该领域之内容的唯一途径。

另一个相关因素,是布龙菲尔德的著作长期强调让语言学从其他领域中独立出来,以及由此产生的通过最简基本原则以强有力的方式发展语言学的自主论断的必要性。他认为这一点对于语言研究之科学地位来说必不可少;这类思想与当时哲学和科学的主旨之间的联系,使他成为这一新学科理论发言人位置上的自然候选人。早在1926年,发表"语言科学公设集"(Set of Postulates for the Science of Language)之时,布龙菲尔德就已经把"科学活力"问题明确标为自己的特定任务。

此后,他的《语言论》(Language)成为几代学生进入本领域的入门书,这一效应还因他在美国语言学学会(LSA)暑期语言学研究所的深受欢迎而又极具效果的教学而得到加强。虽然他鲜有自己的学生,但是二战期间他在组织陆军强化语言计划(Intensive Language Program)中的作用进一步强化了他对最活跃、最富挑战性的年轻一代学者的影响,这部分学者将在战后主导这一新兴领域。这些因素,再加上他的理论思想中货真价实的创新,均有助于解释在 20 世纪 30 年代、40 年代语言学在美国获得更明晰的专业特质之时,为什么该特质中的一大部分皆明显基于布龙菲尔德的研究。

1 布龙菲尔德的生平与事业

布龙菲尔德于 1887 年出生于芝加哥,他在芝加哥以及威斯康星州埃尔卡特湖(Elkhart Lake)长大。1903 年入哈佛,甫入学即获额外学分之奖励,从而在 1906 年就已获文学学士学位。之后,他去往威斯康星大学,在那里遇到爱德华·普洛柯什(Eduard Prokosch),这一相识显然促使他把日耳曼语和语言学作为职业。1908 年,他离开威斯康星前往芝加哥大学,于 1909 年在那里获得博士学位,论文为《日耳曼语第二音变中的语义符号学差异》(A Semasiological Differentiation in Germanic Secondary Ablaut)。

这部作品基本是在研究 249 个日耳曼语内部词族,每个词族都显示出一种(经过更新的)转音式元音差异模式,大体上用于语音-符号目的。这类集合之前有一篇导言,介绍此现象之本质,并评述了具体元音性质(vocalism)和其总语义域(gross semantic sphere)之间的关联。这部作品虽然明显论述的是一般性问题,但却也是具体话题之详细研究的绝佳例子,这类研究成为布龙菲尔德的日耳曼语研究的标志,并成为他后来的阿尔贡金语研究的标志。

252 他于 1909 年在辛辛那提大学开始了教学生涯,又于 1910 年前往伊利诺伊大学。那些年(其实他整个学术生涯大多数时候也是如此),他的主要教学任务是德语——常常是教最基础的课程。对布龙菲尔德来说,这份语言基础教学职务绝不只是份痛苦的谋生手段:整个一生中,他都在关注语言教育问题。他还投入巨大精力,严厉批评某些"教育家"的态度,他认为他们的方法可悲地缺乏对现代语言学的了解。在他不出名的著作中,就有 1923 年起出版的一部《德语入门教程》(First German Book),还有一部小学英语读本,后者的编排为初级读者把英语正字法的随意性混乱降到了最低。不过,这些著作严格意义上的语言学价值,比不上所显示出的他对语言教育问题的热忱。

1913 至 1914 年,他在德国莱比锡和哥廷根提高自己在印欧语、梵语、和相关研究方面的背景。由于在威斯康星大学、芝加哥大学时跟随普洛柯什等人进行过研究,他在这些领域的准备已经很具实质性。此外,他的伯父莫里斯·布龙菲尔德(Maurice Bloomfield)是一位杰出的梵学家(也是美国语言学学会的第二任主席)与此恐怕也不无关系。这一年期间,他师从莱斯琴、布鲁格曼等人学习,对于想在日耳曼研究这一学术职业生涯中前进的人来说,在德国进行的这类学习似乎是必由之路;不过,布龙菲尔德从事这一领域,却选择了一个不幸的时间。第一次世界大战爆发,急剧减弱了美国对德语的兴趣;虽然找不

十 列奥纳德·布龙菲尔德

到具体数据,但他当时很可能发现自己的学生数量已大大减少。由此导致的闲暇时光或许与这一事实有关:1915 至 1916 年,他与伊利诺伊大学的一位以他加禄语(Tagalog)①为母语的学生一起,进行了他的首次真正的田野研究——对他加禄语的研究。

1914 年,布龙菲尔德出版了他的首部重要著作《语言研究导论》(An Introduction to the Study of Language)。该书基于冯特(Wundt)的语言心理学基础观,得到了较好反响,为普通语言学当时的状况提供了组织绝佳、清晰明了的视野(尽管并不具有特别革命性)。关于这本书,注意到这一点很有意思:论述语言时,有些东西正在变成美国的特别特色。不止一位书评作者觉得布龙菲尔德所举的大量"珍奇"语言例子不具说服力(因为不熟悉),责备他沉湎于这种语言,而不依靠印欧语系中广为人知的语言。

1921 年,他得到一次升迁,由伊利诺伊大学助理教授升至俄亥俄州立大学正教授(未经证实的消息称,他申请伊利诺伊大学终身教职被拒)。他自然接受了这一邀请,并最终得到了讲授一些语言学课的机会,不过他的首要责任仍然是教德语。不过,他在俄亥俄州立大学那些年,比他的实际教学工作更重要的一方面,或许是他与心理学家阿尔弗雷德·P. 魏斯(Alfred P. Weiss)的交流。后者的行为主义观(连同那个年代更普遍的科学影响)很快逐渐完全取代了布龙菲尔德早年对冯特的

---

① 他加禄语,菲律宾的主要语言,属南岛语系。——译者注

接受。

　　1927年，布龙菲尔德应邀赴芝加哥大学。正是这一时期，他和萨丕尔成为同事（虽然在不同的系，虽然关系不太自然）。芝加哥大学大部分学习语言学的学生都师从萨丕尔；而布龙菲尔德和以往一样，虽然也教一些语言学课程，但主要责任仍在日耳曼语文学方面。在芝加哥大学期间，他逐渐成为著名的普通语言学家。他虽然仍继续研究日耳曼语，但早已（始于1920年）开始从事阿尔贡金语系语言的田野研究。有一年夏天，他的田野研究得到了萨丕尔和加拿大矿业部的资助（1925年，研究萨斯喀彻温省的甜草克里族[Sweet Grass Cree]）；或许很有趣的一点是，萨丕尔当时并不直接认识布龙菲尔德，他起初对这一任命很犹豫，担心布龙菲尔德主要是位语文学家，可能做不好田野研究。

　　他的阿尔贡金语研究将占据他学术余生中的相当一部分注意力，以相当深度覆盖该语系的许多语言。该研究还充当了日后的比较方法力量的聚合性展示之基础，以及对于无文字语言和证明期较长的语言的可运用性之基础：布龙菲尔德基于某一同源词集合，为原始阿尔贡金语重构出的一个辅音丛，后来因该语系中以前未被研究过的（或描写得很不充分的）其他方言中的独特反映形式被发现而得到了证实。这一结果证明新语法学派理论关于历史变化的基本论断成立，与赫梯语的发现对索绪尔设想的抽象响音系数（"喉音"）的证实几乎有相同价值。

　　尤其是在1933年的著作《语言论》出版后，布龙菲尔德成为了美国语言学中的真正主流人物。1940年，他出任耶鲁大学语言学斯特林教授(Sterling Professor of Linguistics at Yale)[①],他期待能在那里把全部精力都投入普通语言学;但不幸的是,他其实从未在耶鲁安顿下来。在他到达耶鲁时,妻子已体弱多病,成为他不幸福的基本环境的原因之一。第二次世界大战的爆发打乱了正常的学术生活。1942 至 1945 年,布龙菲尔德的大量精力投入到了陆军强化语言项目的实践问题中。接着,1946 年他遭遇了一次灾难性的中风,从此再也未能真正康复。虽然他活到了 1949 年,但他这一时期已基本无法从事进一步的学术研究;去世时,他尚有若干项目未完成(包括他那部重要的默诺默尼语[Menomini]语法、该语言的词典,以及一部东奥吉布瓦语[Eastern Ojibwa]语法)。此后这些材料被整理出版,大体上是通过查尔斯·霍凯特(Charles Hockett)的努力。

2 布龙菲尔德的语言观、语言学观、心理学观

布龙菲尔德对语言本质以及语言研究过程的看法,标志着美国语言学的一次重大转向,不过我们此处却无法研究由他的立场而引发的所有问题。这一领域已存在大量文献(如,见 Hockett,1970;Esper,1968;Teeter,1969;Stark,1972;Hymes & Fought,1981,以及这些作品中所引用的无数参考文献),概览这一领域会使我们严重偏题。另一方面,有一个核心问题与

---

① 斯特林教授是耶鲁大学的最高学术头衔,1864 年由校友约翰·威廉·斯特林(John William Sterling)捐资约 1000 万美元而设立。——译者注

构建布龙菲尔德的具体音系观直接相关,必须至少进行勾勒。这个问题就是他的心理学观问题,尤其是"意义"在语言结构中的地位问题。从这一点来看,我们须简要研究他的著作中明确涉及的某些科学哲学层面。

布龙菲尔德的首部普通语言学著作(他 1914 年的《导论》)以两套前提为起点:一是冯特的《大众心理学》(*Völkerpsychologie*)中关于心理学思考在理解语言之本质中所发挥的核心作用这一前提;二是他的新语法学派导师们关于语言演变的机械本质和有力解释这一运作的可能性这一前提。他对新语法学派理论的热情从未减弱过;事实上,他将其视为他后来发展的整体观点的优势之一,这使他能够对新语法学派的潜在设想进行合理阐释。

但是,短时间内,他以前对冯特心理学的解释价值的可能质疑,均被对关于人类思维本质的行为主义(又称"机械主义",他喜欢用后者)设想的热忱投入所取代。这一观点的变化在他 1926 年的"公设"中已十分清晰地出现了,该文中,他尝试以尽可能明确的方式,来阐释语言学研究中的基础性设想。他在俄亥俄大学时与魏斯的相识所带来的影响,在这一问题上十分明显,至少表面上如此:"公设"旨在以魏斯的那套心理学公设为模型,虽然二者其实并不十分相像(与魏斯的心理学公设相比,布龙菲尔德的公设其实更像波你尼语法①中试图建立的语言学之

---

① 波你尼(Pānini)是公元前 4 世纪印度语法学家,其著作《八篇书》(*Astādhyāyī*),用 3959 条公式化规则描述了梵语的音系、形态、句法、语义。——译者注

十 列奥纳德·布龙菲尔德

公理化)。无疑,更重要的是,参照心理学因素而定的术语,具有全心全意的行为主义导向(如,话语之意义被定义为其"相应刺激-反应特征")。

布龙菲尔德对语言演变所坚持的新语法学派式设想,以及他对心理学的观点之转向,二者背后隐藏着的中心因素,无疑是他对科学解释的热情,这种热情是时代的产物,其所基于的唯一命题,仅通过逻辑原则和数学原则而与可观测因素和影响相关联。整个一生中,他一次又一次地嘲讽所谓的科学性语言学文献中对"心智主义"解释的寻求。通过这一术语,他并不想否认人类心智生活之存在(这一点和后世的评论者们常常理解的不同),了解这一点很重要。确切点说,他想否定的是这样的观念:在语言学现象的形成中,具有决定性、因果性的角色由某种不可观测的神秘存在("心智")来发挥,这一存在的基本特征,是既不顺从于物理结构之正常法则,也不顺从于其他任何可揭示的系统。

当然,关于心智活动、认知活动之本质的观念是存在的,该观念使此类系统作为非神秘研究对象而得到重视,而不要求其矮化为其他物理机制活动之特例(这一点跟早期行为主义者不同)。不过,求助于语言中潜在的区别性心智结构,在布龙菲尔德看来不是在尝试阐述认知系统之特别本质,而是在试图逃避对语言事实做合理解释。就先前以浪漫式语言哲学、心智哲学为名的此类路线之泛滥而言,这一担忧绝非完全不实。但是对布龙菲尔德来说,取代关于人类灵魂之谜的反理性猜想的明显(且唯一)途径,就是在支撑生物电活动系统模式的神经系统及相关组织系统中,否定除心智之物质外壳以外的一切事物的科学存在。

因此,布龙菲尔德在《语言论》等后期著作中对心智的描述(尤其是对心智的语言学层面——意义的描述),旨在建立于可观测到的因素上(至少理论上如此)。他对意义的描写完全是从情景、语境以及说话者以具体方式对具体刺激进行反应的意向出发。他认为,倘若我们知晓某位说话者的历史之每一细节,从对出生时的神经系统、内部器官等的构成情况的完整描写,一直到他曾经经历过的全部刺激之全面历史,那么从理论上说,就能够知晓他会如何对每一次具体语言刺激做出反应——这类刺激某一具体情景下跟其反应的结合,即是布龙菲尔德视为语言形式意义概念中连贯着的一切。在布龙菲尔德看来,如果设想形式还对应于说话者内心的某种无法观测的"概念",就恰恰是反科学的神秘主义。

因此,布龙菲尔德并未(像他经常被描述的那样)否定语言形式具有意义这一观念。不过他的确相信,对意义的令人满意的描述,要包含关于外部世界及其法则的最微小细节式的百科知识——这一任务显然超出了语言学的视野范围,事实上构成了物理学、生理学等非语言科学的主题内容。

十分明显,如果我们详细研究关于意义的这一论断(若不考虑布龙菲尔德对理论构建的纯"机械主义"基础所做的先验式许诺),这一论断并未比他所攻击的"神秘主义"观点更站得住脚。他其实并未尝试对任何具体话语的意义做应有的描写(更重要的是,他也未尝试超越对具体场合具体话语的处理,来获取独立于具体情景语境之外的一般性句子意义);但是,却极有理由相信,他当时若是做了这样的尝试,就可能会觉得,坚持认为在足够微小的层面上存在可阐明句子意义的可观测因素,只是个信念(faith)问题。布龙菲尔德的观点解释心智时所依靠的内部神经事件以及先前刺激之物理后果,和其他人的"心智主义"图景是同样的信念问题。

选择"心智主义"还是"机械主义"作为理解意义的途径,其实是研究程序之选择,而非具体论断或理论之选择。两种观点皆设想,存在某种与语言学相关的东西(即语言形式的"意义"及其组成部分),必须得到阐释;而二者的区别则在于,二者所做的关于到何处去寻找这一构架的合适基础之设想。布龙菲尔德本人认为,只有机械主义方法才能够被证明为科学;但是很有意思的是,他反复强调这一选择严格来说与语言学并不相关。

这一点的原因在于,语言学关注于把语言作为让语音和意义配对的系统来研究,而他认为,即使是在未准确了解配了对的是什么样的语音、什么样的意义的情况下,这类联系之结构也可以得到研究。语音和意义在绝对基础的层面进入语言理论的构建之中:"语言学的基础性设想"首度出现于他 1926 年的文章中,继而在其他几处(包括《语言论》)得到了发展,这一基础性设想就是"在每个言语共同体中,某些话语皆因形式和意义而相像"(Bloomfield,1933:78)。然而,要想把分析意义所在的系统分析好,并不需要知道这些话语的意义是什么(也不需要知道其发音的语音学细节是什么)。

因此,颇具悖论的是,布龙菲尔德引入他的语言学意义观,只是为了将其细节从研究中驱逐出去：即声称语言学分析不看重意义，但是，意义的具体本质可以被化简为公设，成为语言本身以外的某种东西。因此（正如他在多个场合所提的那样），严格说来，心智主义意义理论和机械主义意义理论之间的差异问题，对语言结构特征之理论描述的发展来说是个外部性的问题。他用挑衅性（如果说这个词有些夸张）的图景，把他的"反心智主义"环境类比为"某个群体中，几乎人人都相信月亮是绿奶酪做的，有些学生想在不参照奶酪的情况下编制天体历书，他们被人用特殊称谓称呼着，如非奶酪主义者"（Bloomfield, 1944；重印于 Hockett, 1970:417）。

意义跟月亮一样，在相关领域中是个必不可少的理论术语；但是严格来说，二者的具体内容都未说起正交问题（orthogonal issue）。应当承认，布龙菲尔德感到不得不（他也有资格）把自己对意义是什么、意义应当（或不应当）如何加以研究的看法推进下去；但是值得注意的是，他的简化论描述中的具体细节对他关于语言结构中其他领域的论述作用不大（或是没有作用）。余下的只是这样的设想：话语（及其组成部分）具有意义；这些意义是什么？这些意义之间何时相似何时不同？语言学家将这类问题视为实际问题，了解颇多；即使语言学家无法对每一个体意义做出完整的科学描述，其实践知识仍使他们能够进行语言分析之工作，因为意义只能通过为语言形式设置的外部特征形式才可进入分析。

意义可否成功处理为位于语言学视野之外，这个问题跟试图以类似方式将语音学排除在外并使之成为外部学科的努力十

十 列奥纳德·布龙菲尔德

分平行。布龙菲尔德对此的尝试将在下文中探讨,届时将指出,虽然这个问题是个实体性问题,但是却存在充分的实证原因来把语言学的语音学之研究包含在语言科学内部(而不仅仅充当物理学或生理学的分支)。但是,在意义研究这个问题里,必须承认,我们当前对这一领域的实质性理解贫乏得很,以致远未能发展出相应的论断。幸运的是,在音系学研究中,这个问题可放下不去解决。

对布龙菲尔德来说,语言学独立于任何具体心理学论断之外,似乎不仅因一般性方法论原因而值得推崇,而且从实质性原因来看亦如此。因此,心理学从根本上说是个人思维结构之研究;而布龙菲尔德认为,很难相信这样的研究在对语言这样具有社会本质的现象进行构造阐释时,能够提供充分的基础。

更重要的是,所设定的语言学机制之独立性,为语言演变之解释性理论提供了基础。对布龙菲尔德来说,先前的语言研究的重大成就,就是19世纪及20世纪初的比较语言学家在语言的历史与发展方面所获得的大量成果。在他看来,这些成就与语音变化规则模式之设想不可分割。他在大量文章和书评中批评了某些学者,哪怕他们只是边缘性地承认偶发性或不完整性语音变化存在的可能性、承认象声词或专用意义等因素对语音变化的抑制,以及承认其他此类非语音学影响。他觉得,这种对语音变化之运作起限制作用的清晰例子,即使只有一个,也足以清空概念本身的解释性力量,因为这会留下可行空间,把任何可观测的变化都归因于偶发因素的运作,而完全不归因于清晰的规则模式。

258 　　这并不意味着布龙菲尔德只把盲目的语音变化视为语言发展之机制。在《语言论》中,他对类推(analogy)及各种类型的借用(borrowing)等的论述,是关于机制运作的文献中可得的最清晰论述之一。要点在于,其他机制中无论哪一种,都和语音变化本身不同,若是把这些明显不同的范畴搁置起来,就只剩下了"语音变化"这个完全明确的过程,该过程不属于"偶发"、"规则"类型的过程。被正确视为"语音变化"的变化,当然可能只发生于某些可做具体描述的语音环境;但是这仅仅表明在一般情况下,语音变化包括把某些语音序列替代为另一些语音序列。尤其是,这并不意味语音变化只影响词汇中由语音学之外的某种标准决定的部分。

　　论述了语音变化(指严格意义上的语音变化)本质上是个规则过程之后,布龙菲尔德在语言结构之自主性中找到了对该事实的解释。他对新语法学派经典原则("语音法则无例外")的重新阐释只是"音位会发生变化":也就是说,音位的发音手段或其结构相互依存性,均可能发生变化;但是这一情况发生时,会以同样方式影响发生了音位变化的每个语言形式。由于音位在具体语言形式中的只依靠问题中的音位之本质,并不依靠形式本身的意义、频率等,所以这类因素绝不可能影响到音位变化之运作。对语言结构独立于语言学以外因素的正确理解,促成了传统学说的去神秘化(demystification),促成了对真正具有解释性的原则的理解。

　　当然可以提出(也确实有人提出过),布龙菲尔德对心智结构、认知结构之本质的看法过于简单化,无法构筑真正充分的语言理论之基础。我们此处绝对不想坚持相反观点。但是,他反复强调,语言学独立于他的心理学设想或任何具体心理学设想之外;这一坚持应当按字面意思来加以理解。他激进的决定论式行为主义,对他音系学、形态学等语言结构核心领域理论的影响,当然远远小于他的观点后来对其弟子们、后继者们的影响。

在实践中,布龙菲尔德在发展其语言学结构之图景时诉诸"意义"等概念,这与他时常讽刺的"心智主义者们"并无显著区别。这一结论可由他的著作《语言论》英国版护封套上摘录的《新政客》(New Statesman)书评中的话来阐述。该书评作者认为,"全书最可贵的是第 24 章'语义变化'和第 25 章'文化借用',这两章中,我们可立刻从语言机制中有所得,并能够跟上人类思维之运作。"不清楚布龙菲尔德是否赞同这一判断准确挑出了他的著作中最佳的一面,但是很明显,他对心理学的看法并未阻挡他对"人类思维的运作"做出富有洞察力的观察,也未在他详述语言理论时阻挡他对物理数据和"心智"数据的运用。

3 布龙菲尔德的音位概念

布龙菲尔德语言理论中具体的音系层面,主要呈现于他的综合性论著《语言论》(1933)中;下文中的引述如无特别说明,皆引自该书。

对音位结构的探讨始于对话语的总声学特征(gross acoustic feature)的思考。布龙菲尔德观察到,从物理学家或生理学家的视角来看,可记录的话语特征数量无限,但是,其中"只有一部分与意义关联,为交际所必备(即具有区别性)"(同上,77)。语言学家所根本关注的,正是这些特征,因为语言学的根本任务就是研究出"在每个言语共同体中,某些话语均在形式上和意义上相似"(同上,78;着重号为原文所加)这一基本公设的结果。从话语的语音学侧面来看,这暗示着一种系统分析,通过这种系统分析,形式之异与同用于标明意义之异与同。

当然,这一分析任务无法仅从语音学数据角度进行。"若要承认语言之区别性特征,我们就必须离开纯语音学平面,表现得仿佛科学发展得已足够深入,能够辨别构成话语形式之意义的全部情景与回应"(同上,77)。因此,利用对语言学意义的日常知识,我们可以探寻出语音学特征中的哪些差异跟意义差异相对应,哪些不对应。因此,从根本上说,"音系学包含对意义的考虑"(同上,78)。指出这一点几乎没有什么必要,除非后来追随布龙菲尔德引导的范式内部的著作皆在尝试发展某种音系分析技术,该技术能够仅仅基于语音学原始数据库来进行研究,而不参照对其的解释。

通过分析与意义差异对应的语音差异,这一点很快变得显而易见:这类差异数量有限。据布龙菲尔德,我们发现语言形式可分成组成部分(依其大小而与语音学音段相对应),这些组成部分可加以分离并重组为其他形式。基于此,他把音位定义为"具有区别性语音特征的最小单位"(同上,79)。这一概念把音段大小的某一特定话语片段内部的语音学特征中具有和不具有(潜在)区别性的特征区分开来。只有前者属于音位本身,而在音位的实际实现中与之相伴的非区别性特征,对于言语之语言学研究来说则不重要。例如,在人们所熟悉的英语清塞音的例子中,使一个发音部位和另一个发音部位相区别的特征构筑了音位/p,t,k/的一部分,而送气特征则在这些音位中集体缺失。

因此,布龙菲尔德的概念可被划入"不完全赋值"音位理论(用上文第二章的术语来说):音位仅由音段的可辨语音学特征中的部分特征来构成,非区别性特征在语言学系统中不起根本性作用。这一观点当然根本不同于诸如萨丕尔的"完全赋值基本变量"理论。布龙菲尔德的音位是言语事件某一特定部分中实际实现的语音学特征的真子集(proper subset);所以,它既不是音段的抽象"心智图像",也不是任何种类的完全语音学音段,这与萨丕尔的概念形成对比。

布龙菲尔德的音位是音段的仅具有区别性特征的集合,基于他的特有措辞,有时有人提出,他认为音位可沿着与特鲁别茨科依、雅柯布森等人类似的线索,分析为组件性的区别性特征。不过,在布龙菲尔德本人的著作中,几乎或完全不存在这样的观念。十分清楚,音位所充当的"语音特征之最小单位"在他看来构成了单一的格式塔(Gestalt),对其进行的进一步成分分析与语言学无关。虽然他用到了特征(feature)一词,虽然这个词后来逐渐变得具有重大理论意义,但是却有十分充足的理由相信,布龙菲尔德的意思只不过是把音段的(作为整体的)区别性特征跟其不具有区别性的伴随物区分开来。

这一阐释的论据之一(在缺乏证据的情况下[ex silentio])来自这一观察:布龙菲尔德在描写中从未系统追求过构件性音位亚特征,未让其发挥具有语言学重要性的角色。和他那代以及其他各代所有的语言学家一样,他对传统语音学术语加以不系统运用,从而在陈述具体归纳时对音段类别进行指称;但是,这一术语体系仅仅充当指称框架而已,其自身并不充当理论分析(例如,像特鲁别茨科依或雅柯布森的区别性特征系统那样)。

但是,更有趣的是,布龙菲尔德对把音位集合加以组织使之成为系统却有不同的描述——其发挥的作用基本类似其他人对按语音学方式定义的特征之集合所做的描述,但是却完全不是基于音位的语音学成分。阐释语言系统中具体音位的角色,起点其实就是基于"实践语音学"(即发音)分类的传统图表。不过,他继而发现,对某一语言中的音位加以组织的这种图式方法,"即使是排除了非区别性特征时,也仍与语言结构不相关,因为其依照语言学家对音位之生理特征的看法来为音位分组,而不是依照数个音位在语言运作中所发挥的角色来为音位分组。"为了弥补这一缺陷,他提出了组织音位系统的另一种基础。

布龙菲尔德所提出的对音位系统之"结构事实"(structural facts)的展示,显然受到萨丕尔思想的很大影响(见上文第九章),而且也显示出与叶尔姆斯列夫(后来)所做的论述有相似之处(第六章)。他对英语音位的分类始于音位在音节结构中的角色,他认为这一观念从响音尖峰(peak of sonority)的角度来看具有可定义性。基于此,他得出把音位划分为元音(永远具有音节性的音)和辅音(永远具有或有时具有非音节性的音)。后者包含非响音(mute)(永远具有非音节性的音)和响音(sonant)两个亚类;响音亚类后来又被进一步划分,其依据是决定具体音段是否具有音节性的条件。

十 列奥纳德·布龙菲尔德

人们可能要问,为什么明显具有语音学特征(因为布龙菲尔德从响音尖峰的角度对其进行定义)的音节性在定义某一语言中的音位集合之系统结构时要发挥作用,而其他语音学特征(如发音位置、发音方法等)却被处理为非系统特征。这一问题的答案显然是,音节性(不同于音段的其他特征)不仅跟音段本身相关,而且还跟音段与更大结构单位中的其他音段的结合方式相关。事实上,被布龙菲尔德视为决定"数个音位在语言运作中所发挥的作用"的所有特征都具有这一特点。

随着我们继续进入他所探讨的其他关键特征之集合,这一点变得愈发清晰。音位除了其在音节结构中的角色之外,还可从其具体分布特征的角度加以分类:出现于音节首?音节尾?还是出现在辅音丛内部的特定位置上?等等。由此,可引证出大量具体的分布类型,布龙菲尔德指出,这一分类可为语言中的每个音位提供一份独特的定义。音节性特征和分布特征的组合,因此可用来(排除纯局部性语音学特征)为语言中的音位系统定义。

这让人想起,叶尔姆斯列夫和萨丕尔都曾为确定某一语言的音系系统提出过类似的分布基础,也都曾强调过这一分类独立于纯语音学思考之外。但是,我们却能够注意到布龙菲尔德和他们俩的有趣区别:他们俩认为,某一音段所进入的交替模式为该音段的语言学身份起一份作用,而布龙菲尔德却并不承认这类特征。所以,萨丕尔和叶尔姆斯列夫都会承认,英语中 bath(洗澡,名词)和 bathe(洗澡,动词)这类交替事实构建了该语言中[θ]和[ð]之间的关联;而(卡斯蒂利亚)西班牙语中的

dice [diθe]"说,现在时单数第三人称"、digo [diγo]"说,现在时单数第一人称"、dije [dixe]"说,过去时单数第一人称"则展示出该语言中[θ]和软腭音之间的关联。这类证据却并未被布龙菲尔德处理为与音位系统之构建相关。

这一点源于这个事实:布龙菲尔德明显认为,某一具体语言的音系理论本质上是(或许完全是)表达式理论,可赋予该语言中的每个具体语言形式,使之独立于其他一切形式之外。正如我们将在后面某节中所见,他诚然期望语言学家描写交替事实;但是,和话语的音位表达式不同,这种描写只是语言学家的现实,不是说话人的现实。对于说话人来说,关于每个形式的根本问题是其由语言学语音结构的基本单位(即音位)构成的方式;因此,这些基本单位相互结合构成更大单位的方式构筑了其根本结构特征。一个单位和其他不同单位之间的系统关联(例如,通过交替)可被赋予一种十分不同的地位:其现实倘若存在,就是该语言形态学(或句法学)的组成部分,而非音系学。

因此,交替模式并不进入对音位在某一语言结构中音位地位的定义;音段的局部语音学特征同样也不进入该定义。唯一与之相关的就是音位相互之间的区别性,这正如其区分意义的能力以及组合成更大单位时表现出的个性化特点所示。不过,尽管这些是音位的结构性角色所基于的基础,但音位身份却还是具有语音学性:因为确实是"区别性语音特征的最小单位。"

正是"总声学特征"的"块或束",构筑了"我们称之为音位的每一个单位";重要的是,"音位特征呈现于声波之中,"并具有语言学重要性,因为说话人一直被训练着只产出这些特征,且只对这些特征做出反应,而"忽略到达其耳朵的总声学团中的其他部分"(Bloomfield,1933:79)。即使是在其实现过程中,区别性特征(即音位)也必然由非区别性特征伴随,而只有前者才具有语言学重要性。布龙菲尔德的音位是言语信号的完全具体层面;只有音位所在的系统才是抽象的,因为仅语音学分析本身无法告诉我们哪些"语音特征"具有区别性功能,或是哪些组合可能性可为其中任意一特征所获取。

4 布龙菲尔德音系学中的表达式

考虑到某一语言中的音位系统,我们可以利用其来记录话语。为了做到这一点,我们需要构建起一种"符号系统,为我们所记录的那种语言中的每个音位提供一个符号";但是,只要我们对其手段进行定义,那么这些符号是什么并不重要。尤其是,没有理由来展现这个事实:通过在转写不同语言时使用不同符号,相似音位的语音学表现因语言的不同而不同。这一点似乎没有什么重要性;毕竟,人们十分熟悉,音位描写之条件,其重要性源于这类条件(因所研究的语言的内部因素而)相互区别,而非源于其绝对身份特征。基于此,任何一套独特符号,都同样能够很好表达音位形式。不过,除了这一阐释之外,布龙菲尔德还进一步解释了他在值得注意的具体转写问题上所做的决断的动因。

一方面,布龙菲尔德担忧一个纯实践问题:即频繁使用特殊排印的学术著作的印刷成本问题。布龙菲尔德、博林(1927)曾急切指出,为由语言学家组成的有限而神秘的受众印刷复杂的语言学材料,其开销很可能会使出版机会受到限制,相关学术流通受到缩减。语言学家如果愿意满足于尽可能不偏离标准字母表符号加上几个常用附加符号的转写,就能够避免潜在的经济问题。由于这种使用怪异符号使用得最少的转写方式可永远满足语言学需求,所以就没理由超越该转写而使问题复杂化。虽然这一点可能显得琐碎,但是布龙菲尔德在其他著作中也曾回到这个问题上,因为他觉得,在由高度详细的转写招致的额外开销这一问题上绝对不存在有原则的判断。

不过,理论意义更大的,是人们为何想把详细转写系统放在第一位。明显专门化的符号和附加符号的组合,不仅旨在捕获某一语言中的音位清单,而且还在于捕获其语音学表现:即充当该语言的语音学表达式,而非音位表达式。布龙菲尔德此处提出了令现代读者十分惊讶的反对意见:他断言,这类语音学转写在语言学描写中永远无法具有任何系统地位。

实际上,一切语音结构观都设想,话语可通过(至少)两种不同方式来表达,每种方式都有其自己的重要性。其中一种是音位(或音系学)表达式,呈现了同一语言中使某一形式区别于其他形式的特征;另一种是语音学表达式,以独立于语言之外的客观方式呈现了该形式应如何发音。关于对这两种表达式(也可能还存在其他不同表达式,如形态音位表达式等)之间关系所施加的条件,存在不同意见;但是几乎没有人质疑过这个立场:在充分的音系学理论中,这两种表达式即是不可缩减的最小值。但是,布龙菲尔德却十分明确地阐明,对他来说,只有音位表达式才具有系统重要性,语音学转写应该省掉。

他做此论断的动机很有意思,应当加以研究。在现实情况中,以语音学表达式转写的特征,就如同其他任何一个方面的结果一样,是转写者学术经历的结果。也就是说,语言学家本人,学会了听出某些区别,学会了用某种方法将其标示出来;他们学会的区别是他们(以及他们的老师们)所研究的语言中展示出的语音学现象之产物。关于话语,无论他们在其转写中展现出多少此类特征,都永远会有数不尽的额外语音学事实能够被展现出来,只要转写者拥有将其听到、记下的经验(及耐心)即可。

显然,完整记录语音序列之物理手段,对语言学家来说或有意义;但是,这样做需要对话语进行留声机录音(或磁带录音),或许还要辅以影片摄录、筋电计(EMG)记录等等。对布龙菲尔德来说,任何具体的语音学转写仅仅是对这一完整物理记录的不完善靠近而已,并无理论重要性。而另一方面,音位转写从区别性组件的角度完整地表达了话语的内容(因为语言中的音位数量相对较少),因此达到了科学重要性。

布龙菲尔德的反对意见其实很严肃(或许在科学方面比在他所强调的排印成本问题上更加严肃!),语音学家并不总是花气力来回应这一反对。毕竟,任何语音学转写都是表达话语的一部分特征,而忽略掉另一部分特征;做此选择的理论判断是什么呢?如果拿不出什么理论判断,我们就必然得出结论,(除非是在对具体语音细节进行特殊语音学探讨的语境下)一切缺乏物理完整性的表达式都只不过是对事实的靠近而已,故不具有语言学上的重要性,因为这样的表达式是不完善的(而音系表达式并不需要这样的完善性)。

这个关于转写的观点有个自然的延伸,扩展至语言学内部语音学学科地位的核心。倘若语音学家只是忙于对他们所探测到的话语的一切物理特征进行记录和测量,那么他们的活动就确定无疑地属于物理学或生理学的下属领域;但是,却没有证据显示由此产生的数据积累(似乎具有无尽性、轶闻性)能告诉我们什么关于语言学的事情。确实,有些言语科学家似乎含蓄地接受了这一结论:他们设想,由具体语言的语法提供的表达式之最低层面大体相当于自主音位转写,且通过发音机制(如,包括"协同发音"效应)及其声学效果的基本特征而与物理言语直接关联。从这一观点来看,音位表达式和其物理手段之间并没有什么东西恰好属于对具体语言内部的话语描写。语音学因而可被说成严格位于语言学外部,因为其主旨问题并不属于具体语言的语法。

那些相信语音学研究的语言学关联性的人,最终必须论述这一问题。基于"音位原则"的研究——即认为有些语音学差异在具体语言内部可用来区分意义而有些则不能的论断——反复被用来得出这个结论:这一卓见把语音学的地位严格降至语言学之外。布龙菲尔德关于语音学转写不具有语言学重要性的论断,只是在特别表达将语音学从语言学中驱逐出去;这一论断曾被博杜安·德·库尔德内、特鲁别茨科依、叶尔姆斯列夫等人做过。

当然,实证性展示出"音位"层面以下的一切语音学特征其实都由独立于语言之外的特征整体管辖,可用来构建这一结论。

十　列奥纳德·布龙菲尔德

但是,因为这样的展示从未被给出过(或者说甚至从未被声称过),所以必须为这一设想寻求其他基础。我们承认,布龙菲尔德(以及其他许多人)对这一问题的立场,根本上依靠语言仅是交际系统这一观念:即语言无例外地充当为信息编码的有效原则之集合。倘若语言之本质只是意义交流系统之本质,那么就只有为该目的服务的那些特征才可称为具有语言学本质的特征——这就暗示,语音结构中只有区别性特征(或称"音位"特征)才真正是系统之组成部分。

然而,我们对诸语言进行相互比较时,却很快就会发现,具有区别性的语音特征之系统绝非语言对语音结构进行组织的唯一途径。非区别性特征的分布受到某一具体语言语法的管辖,其程度等同于各种用来区别意义的对比所受到的管辖,这一点是实证事实。关于英语,塞音在某些位置上送气,在另一些位置上不送气;元音在某些辅音前面比在另一些辅音前面更长;等等。这些事实跟塞音之清浊可区分 pat、bat、pad、bad 等词的事实是等同的事实。如果非区别性特征得不到正确分布,说话人就未能习得英语之系统,这跟他把 bat 和 bad 的结尾辅音都发成清辅音无异。

只是在相对近期,语言内部和语言之间的各种系统性语音学差异才逐渐得到认真研究和重视(尤其是通过拉德福吉德和其同事们的研究——例如,见 Ladefoged 1980)。各种各样的语音学参数显然以十分系统(但十分不同)的方式受到某一语言所特有的原则的管辖。倘若语言学家要为自然语言之描写提供综合性框架,那么该框架就必须提供出对某一具体语言内部不具区别性的参数进行的由语言学控制的处理情况,甚至还包括在任何语言中都不具区别性的参数,如塞音的除阻(release)(见 Anderson 1974)、各类"声门化"塞音的差别,以及一些其他情况。

(在任何语言中,)容纳由具体语言规则模式来系统决定的所有特征的描写框架,当然是语音学的主题问题——但是,这是语言学之语音学,不是物理学、生理学或其他某个辅助性学科。这一研究根本上是描写自然语言之系统的问题,不是描写物质世界的问题。把可进行语言学控制的各种语音学特征差异,跟永远受到机械决定的各种语音学特征差异(或许如会厌[epiglottis]话语中的位置)、永远在个人控制下的自由变体差异(如声音的大小)、具有语言学性的非系统差异相区分,恰恰就是语言学之语音学的任务。某一参数是否在具体语言中区分意义,这一标准自身无法用来界定言语中的语言学特征和非语言学特征。

通常,语音学家之间的探讨并未尝试具体回应布龙菲尔德的反对意见。不过,拉德福吉德等人的著作在发展语言学之语音学的跨语言充分理论时,却暗示出某种反驳。某一语音学转写只要阐述出可潜在进行语言学控制的话语物理特征之全部,且只阐述这样的特征,就可以说成具有语言学重要性,因为这类特征的分布可以构筑一种语言和另一种语言之间的差异成分。语音学家可继而测量言语信号中任何可发现的参数;但是,展示某一具体特征具有语言学相关性,在于显现出其分布情况因一个语言学系统和另一个语言学系统之间的差别问题而得到决定,而不在于该特征为可区分意义的对比充当基础——另一方面,也不在于这一特征能够得到测量。

因此,表达式平面之设置,存在某种有原则的基础;话语在这种表达式平面中既非完全物理性的记录,也非局限于所研究的语言的区别性特征。这恰好就是传统意义上的语音学表达式;某些情形中,这类表达式可能最终证明为不完整,这一事实反映了我们的认识当前所处的状态,而非这类表达式的理论地位。但是,为了充分体会这类表达式的语言学重要性,有必要承认,某一语言的系统拥有与这类最简编码不同的其他特征,用于交替中区分意义、表达意义。

5 音位表达式的"抽象性"

尽管布龙菲尔德并不相信语音学表达式的语言学重要性,但他的音系学却并未化简为对单一音位平面的描写。音位表达式至少与物理现实相关联(例如,实验室记录之所示),对这一关联的描写构成了所涉及的音位的定义。如前所示,某一语言的音位等同于音段"总声学特征"中具有区别性的组件。因此,我们可以期待,音位表达式以形式简单的方式跟其实现形式相关联,充当后者的语音学特征之子集。

在布龙菲尔德的理论前提中,我们尤其期待,某一语言中的音位若是得到了充分定义,我们就能够实现物理手段和音位形式之间的机械性翻译(仅通过辨认相关特征即可,在某些特例中,这一任务当然必须具有唯一解决途径),反之亦然(无论哪层必要意义上,皆通过为区别性发音提供羡余的或非区别性的相关特征)。这种双向可译性对应着后来被称为"双向单一性"(bi-uniqueness)①的条件,双向单一性在战后对音位本质的探讨中扮演了中心角色。但是,在实际实践中,布龙菲尔德的分析却并未达到这一条件。值得注意的是,他提供出的音位表达式,常常并非只可从语音学数据中做单一性提取。这一事实成为布龙菲尔德和他的弟子们、同事们之间相当一部分分歧的主题,这一背景值得做点较为详细的审视。

布龙菲尔德的音位表达式不一定可从语音学信息中提取,其例子之一涉及语法结构之角色,尤其是词语边界之角色。在1930年发表于《语音教师》的一篇文章中,布龙菲尔德提出,德语音段[x]和[ç]可被视为同一音位的两个变体。表面看来,这一提法跟明显的最小对立体矛盾,如 kuchen [kuːxən]"做饭"与 Kuhchen [kuːçən]"小牛"的对立,这两个音段在该例中构成对比。但是布龙菲尔德指出,后一个词其实是个复合词,指小后缀-chen 在音系学角度应视为一个单独的词。给定"[x]只出现于同一词语的 a、o、u、aw② 的后面,[ç]出现于其他位置上"这条规则,由于[ç]出现于其他位置上,所以 Kuhchen 这一形式应显示出[ç]而非[x]:尽管问题中的音段在 u 之后,但是这个元音并不是同一词语的一部分。

当然,这一问题在于,无论是 kuchen 这一形式还是

---

① 见 Bloch(1941b)、Harris(1944b)。——译者注
② aw 指双元音/au/。——译者注

Kuhchen 这一形式的语音学表达式中,除了[x]和[ç]之间的差别之外,皆不存在任何东西对应着 Kuh-chen 中设置的两词边界。但是,布龙菲尔德相信词语之现实所扮演的语言单位,因而也相信此类语法边界之可及性所扮演的造成亚音位差异的潜在条件因素。霍凯特(1970:542)记载了一则颇具启示的逸闻:"布龙菲尔德、侯易、霍凯特一起在芝加哥吃午餐。霍凯特提议,当无法听到词语边界时,就没有理由用空格(或其他方式)将其在音位转写中表达出来。侯易在布龙菲尔德明显赞同的情况下说,这个位置恰恰就是最需要空格的地方。话题岔开了。"

边界的音系学角色(在"音位分析的语法前提"名下)后来变成了音位本质探讨中的主要争斗点,这基本是因派克(Pike)的论断造成的。但是,这对布龙菲尔德来说显然不成问题或几乎不成问题:词语之地位在他的那套语言学基本构件中已提供("最小的自由形式是词"——Bloomfield,1926,定义 10),因此他设想,词语在必要时可拆开。只要音位的语音学交替形式之分布显示出对词间边界的敏感,这一点就完全允许。注意,在那个德语例子中,音位序列完全可从语音学中提取(因为[x]和[ç]对应同一音位);而只要词语边界可以得到参照,该音位形式即可单一地译为语音学形式。即使是在相关边界未在言语信号中直接探测到之处,音位表达式也可被设想为拥有某种语法结构:最简单地说,就是词语的构成情况。

一个引起了更多探讨的问题,涉及由某些语境决定的中和现象的音位表达式结果。具体问题,因布龙菲尔德对非重读音节中(尤其是英语)元音的处理而最直接地提了出来。从语音学来看,这类元音被共同简化为一种单一音质,可用央音(schwa)来表达(此处我们忽略区分相对较高的弱化元音[ɨ]和相对非高的弱化元音[ə]的那些方言)。但是,布龙菲尔德在他对美国英语的形式所做的转写中从不使用央音,而是在非重读音节中写符相对应的重读音节中的完整元音的符号。

有时,布龙菲尔德赋予这些弱化元音一种特质,该特质与带有不同重音模式的关联形式中的对应音节中出现的特质相似或相同。因此,他把动词 protest 写成[proˈtest],第一个音节与名词 protest 的第一个音节相似,后者写成[ˈprowtest]。但是,关联形式中的元音绝非永远由同一符号来表达:动词 convict 中弱化的首音节用[o]来书写,写成[konˈvikt],而相对应的名词中未弱化的首音节则用[a]来书写,写成[ˈkanvikt]。他在非重读音节中书写了各式各样的元音符号:至少包括[o]、[e]、[i]、[ɛ]([ɛ]是布龙菲尔德书写 atom、atomic 中第一个元音所用的符号),而其差异却并不对应任何一致的语音学区别。弱化元音后面接响音[r]、[l]、[m]或[n]之一这样的序列,通常写成音节化响音(如 pickerel [ˈpikr̩]),不过除此之外并无特别符号用来表示非重读元音的模糊特质。

其结果就是导致了无法仅从语音学数据中提取的音位转写,因为没有哪条语音学线索可表示出其涉及的是哪一个弱化了的元音。对布龙菲尔德来说,重点似乎是反方向上的预测可行性:给定元音之表述,再加上重音之标记,就永远能够决定哪些元音是语音学上的央音。如博林在附于肯特为《语言论》所写的书评后面的注释中所述,"非重读音节中的弱化,可能导致音位的变化,如 isn't [ˈiznt];也可能导致语音的非区别性修改,如 business [ˈbiznes]。前者当然必须得到记录;而后者由重音标记即可充分表述。若写成[ˈbiznəs],就像就是小学女生无意义的衣服衬里。布龙菲尔德拒绝这么做"(转引自 Hockett 1970:275)。换句话说,语音学形式若是可由非弱化元音加上重音位置即可充分表述,就没有必要引入特别的附加符号。

这样的分析的一个问题是,这并未表述出布龙菲尔德实际上是如何得出他的音位形式的。他常常在非重读音节中写[o],来用作 son、but 等词中元音的符号(这一点被大多数评论他的人所谴责)。而另一方面,他还把很多弱化元音都写成[e],却未见任何明显动因让他选择[e]而不选择[o]或是所出现的其他非重读元音符号之一。他头脑中很可能有某种标准,但这个标准究竟是什么却极不清楚。

不过,其他语言中的对应情景更加直接。在俄语中,布龙菲尔德把 gorod"城市"一词写成[ˈgorot],该词语音学上是[ˈgorət],因为该形式与其他形式交替,后者中弱化元音显示为[o](或是显示为[o]在重音之前的弱化变体,即[a])。布龙菲尔德探讨俄语时,以及与霍凯特交流奥吉布瓦语中的一个十分相似的问题时,明确表示自己所倾向的转写要(a)无歧义地(哪怕是迂回地)表述出发音,(b)"告诉读者涉及的是哪个非弱化元音"(Hockett,1970:375)。这留下了另一个问题未被回答:若是弱化可预测,但却不存在任何交替形式来展示相应的非弱化元音应当是什么,这时应怎么办?布龙菲尔德把这一点视为问题,但是似乎已设想,即使在这类情形中,构建起某种非弱化元音也是恰当的;尽管他承认自己拿不出真正的答案(参见 Hockett 1970:373)。

因此,至少在元音弱化的情形中,布龙菲尔德明确承认,有的音位表达式并不单单只可从语音学数据中提取:即叶尔姆斯列夫对已解决的合流所做的理想标写中的一类有限变体(见上文第六章)。人们很自然要问,这种对中和位置上的底层单位的重构,在布龙菲尔德的概念中允许走多远?例如,既然俄语['gorot]中词尾塞音的清化可预测,那他为什么不将其写成浊塞音?而[goro'da]这个形式又可显示出什么样的底层音段包含在其中?

肯特在为《语言论》所写的书评中引用了一个有趣的例子(转引自 Hockett 1970:271),这个例子来自他和布龙菲尔德的私人通信中,该例子解决了这一问题:['gorot]的词尾转写为[t](德语中带有可预测性清化词尾的情形与之类似),"因为在这些语言中,[d]和[t]是不同的音位,"而在弱化元音的例子中,中和的产物却并不是一个独立出现的音位。用其他术语来使其理论化就是,当超音位(布拉格学派意义上的超音位——见上文第四章)的语音学实现形式以音位形式独立出现时,超音位由全音位(full phoneme)来表示;而当中和的产物是个原本不出现的音段类型时,则用特殊符号来表示。而用叶尔姆斯列夫的术语体系(见上文第六章)来说就是,布龙菲尔德允许用聚合(fusion)来解决问题,但是不允许用推导(implication)。

该阐释不仅可由上边引述过的肯特的话来证实,而且还以一种有趣的方式从布龙菲尔德对英语的分析中体现出来。在

十　列奥纳德·布龙菲尔德

《语言论》一书中，布龙菲尔德对所描写的英语芝加哥方言中的弱化元音进行转写时，从不写央音。但是，我们审视该书1934年的英国版本时，却发现每一处弱化元音实际上都被写成了央音——这个变化明显是布龙菲尔德本人所为。

其中的原因，并不是因为布龙菲尔德对如何表达弱化元音改变了主意，而是因为新版本中的英语转写被系统地修改了，以适应英国南部的发音，而非芝加哥的发音（除了个别几个探讨具体方言形式之处以外）。有趣的是，英国南部方言确实有个被布龙菲尔德表达为央音的音位：即 bitter 一词中的最后一个元音。虽然他本可以把这个音处理成[r]的成节性变体，使之跟他对美国英语的分析相平行，但是他没有这么做；无论在什么环境中，"成节性 r"在语音学上都不同于芝加哥英语中的弱化元音，而在英国南部却并非如此。在后一方言中，音位性的央音一旦建立起来，非重读元音的弱化之地位就发生了变化：若用语符学的术语体系来看，就是弱化在英国英语中是推导，而在美国英语中是聚合。因此，底层的全元音在芝加哥话的音位表达式中的非重读音节里存在，而英国南部话与之对应的元音则被写为央音。

布龙菲尔德的思路中存在何种理论判断，使他解决了一种合流却未解决另一种，这一点绝非清晰可见（他曾对上文所引述的肯特的话中的那个问题表示出质疑）。但是清晰可见的是，他在多种分析环境中坚持了其原则。由于这一事实（也由于在描述音位条件时诉诸听不见的词语边界），他的音位表达式其实比使用这一术语的其他语言学家（叶尔姆斯列夫除外）的音位表达式要抽象得多。

6 形态音位学和对交替的描写

除了音位表达式之外,布龙菲尔德还对更为抽象的"形态音位"表达式进行了描写性运用。这类表达式在语法中具有十分不同的地位,跟那些仅从言语事实中即可直接提取的东西距离更远,只是造成该地位的原因之一。我们现在转而讨论他在这方面的实践。

在布龙菲尔德 1933 年的书中,形态音位(morphophonemic)一词根本就没有出现,他只是在书中简单提及语音修正(phonetic modification)("某一形式"与其他形式进行语法组合时"其主要音位中所发生的变化")。"形态音位"一词,我们发现其首度应用于他 1939 为特鲁别茨科依纪念文集所写的文章中,或许受到了特鲁别茨科依的用法的推动。1913 年在莱比锡大学莱斯琴和布鲁格曼的课堂上,布龙菲尔德和特鲁别茨科依曾经同堂听课,尽管后来两人之间接触得并不十分频繁。布龙菲尔德嗣后的那部默诺默尼语语法中相应的章节的标题也是"形态音位学",虽然我们不可能确信无疑地认定这个标题是什么时候加上的。

当然,比这个词更重要的,是该词所指的那类语言学变异,以及布龙菲尔德对此的态度。"语音学变化"作为一类语言学变异而明确出现于 1933 年的书中,这类变异不同于某一音位的诸交替变体间所发现的变异:这种"某一形式之主要音位中所发生的变化"类似"语言中的形式的有意义排列"(即"其语法")中的其他伴随物:顺序性(order)(复杂形式的组件得以排列的序列)、调制(modulation)(重音、音高等次要音位的使用)以及选择(selection)(一个形式而非另一个形式的选取)。布龙菲尔德在《语言论》中对形态学的探讨处理了大量被后来的研究者称作"形态音位"的变异。很明显,这类变异被处理为不同音位形式之间的交替,而不是同一音位的不同实现形式之间的交替。

布龙菲尔德著作中首次系统处理形态音位学,是他1939年论默诺默尼语的那篇经典文章。该文中,此类描写的基本方法论被描述得很清晰:

> 这一描写过程引领我们用理论性的基本形式来设置每一个形态学元素,继而从这一基本形式出发,来叙述该元素和其他元素结合时出现的各偏离形式(deviations)。如果有人……按照我们所给出的顺序,从基本形式出发并运用我们的叙述……那么就会最终得出词语在实际话语中的形式。我们的基本形式不是古代的形式,如原始阿尔贡金语母语言中的形式,而我们对内部连续变体(internal sandhi)的叙述也不是历史性的,而是描写性的,且按纯描写性顺序加以运用。不过,我们的基本形式的确跟对原始阿尔贡金语的描写中出现的某些形式有相似之处,我们对交替的某些叙述……跟对原始阿尔贡金语的描写中出现的那些叙述也有相似之处,而其他方面……如内容和顺序,接近由原始阿尔贡金语到今天的默诺默尼语的历史发展进程。
> (Bloomfield,1939:105-106)

因此,形态音位描写始于"理论性的基本形式",并将一系列改变其外形的规则作用于该形式。"此时得到的形式,是实际的默诺默尼语中的音位形式。但是,默诺默尼语语音学却允许其部分音位拥有大量回旋余地,允许音位之间有所重叠"(同上,115)。对这一亚音位变异的描写,是语法中的另一个组成部分的职责,即为音位的语音学实现形式进行定义的原则。

这种"理论性的基本形式"基本上由音位元素构成,但也包括一些附加的抽象单位。例如,默诺默尼语中有一条规则,依据该规则,n 在某些环境中被 s 替代。但是,有大量的 n 并不发生此变化,布龙菲尔德在基本形式中将其记为 N。形态音位元素 N 在所有位置上皆被 n 替代;它并不与某一独特音位相关联,而是与 n 的某些情形相关联,这些情形中 n 的表现从所研究的交替来看不正常。对默诺默尼语的描写中引入了其他几个独特的形态音位符号,来表示从这个或那个交替的角度来看表现得不正常的元音;在推导结束之前,这些元音全部转化为正常的音位元音。

形态音位描写的这一总体技法明显由波你尼的梵语语法演变而来。由于早年的印欧语教育,布龙菲尔德对波你尼的著作十分熟悉;他在 1929 年的一篇书评中将其描述为"人类智慧最伟大的丰碑之一,(以及我们更为关注的)语言描写必需的模型"(Hockett,1970:219)。如我们在上文中所述,可以认为,布龙菲尔德(1926)所尝试的语言学公理的实质性灵感,源于波你尼的《八篇书》($Ast\bar{a}dhy\bar{a}y\bar{\imath}$)中的想蕴规则(samjñā)(对此的描述,见 Kiparsky 1979,第 6 章)而非魏斯的心理学公设。

十　列奥纳德·布龙菲尔德

形态音位描写中的规则,其动力在于系统地处理同一语法元素的不同音系形式之间的交替之需。某一语言若无交替则亦无形态音位规则,也没有理由为任何语法元素构建起不同于表层音位形式的理论性底层形式。

在这套规则的内部,布龙菲尔德(1933:210-211)至少还设想过大体分类。交替若是通过语音修正来使各交替形式相关联(即只在有限的语音特征内变化,如英语规则复数的变体[-s]、[-z]、[-ez]的交替),而不是通过整体取代(如规则复数词尾和oxen中的[-en]之间的交替),则为语音学交替(phonetic)。当语言学上可辨认的环境特征充当交替的条件时,可独立归类为规则(regular)交替,与以任意一套形式为条件的交替相对;oxen的复数词尾则再度充当了不规则交替的例子,因为ox中不存在与语言学相关的特征来充当词尾[-en]的条件。最后一种,如果某一交替既规则又以环境中的音系结构为条件,则该交替为自动(automatic)交替,与以语法为条件的交替相对。

布龙菲尔德的形态音位描写中的那套规则,表达的是自动交替。虽然这很可能会有具体的(任意性)例外,但是从形态音位环境来看,这类交替皆规则地受到条件的作用。事实上,使用独特符号来表示形态音位,其动力就是把这一意义上的尽可能多的交替定义为自动交替之渴望。

同样是为了这一目的,很多项目皆被构建出与孤立存在时的形式不同的理论性外形。因此,末位辅音丛在默诺默尼语中的构建,并不考虑所有此类辅音丛在末位位置上皆须化简为语音学上的单一辅音这一事实,以便解释词干在进一步接词尾时所显示出的外形。有些音段序列在底层构建起来，却从来都无法在表层形式中出现。例如，在辅音后面的半元音序列-wy-中，-w-永远消失；该表达式用来描写-y-不造成前一个辅音腭化的那些情形。这类分析（还包括他所设置的萨摩亚语中底层的词干末位辅音）显示出，布龙菲尔德完全不遵从前一章中以及论述萨丕尔的底层形式的附录中所探讨的那种制约因素。纯附加符号性质的区别同样也构建了起来，这类区别中，两个或两个以上的底层形式拥有相同的表层实现形式，但是却拥有不同的音系表现。

除了对这种描述进行公式化，从而使尽可能多的规则成为自动交替之外，布龙菲尔德还以尽可能一般性的方式对单个的规则进行了公式化，而不是将自己局限于那些由规则运用而证实的例子。例如，他叙述一条规则，依据该规则，所有位于辅音后的半元音序列皆和其后面的除 a 或 ā 以外的元音发生缩约。对这一具体缩约之产物的叙述从属于这条一般性规则，并且他还注意到，没有例子可以证实 y 和 o、ō 的缩约——这表明该规则的一般性其实超过了实际需要。

至少从一个例子中可看出，使具体规则的一般性最大化的渴望，其至让布龙菲尔德违背了音位分析的普遍原则，这一原则应该显示音段的全部区别性特征，且仅显示区别性特征。在默诺默尼语中有一条规则，依据此规则，长短 e 音和长短 o 音所在的词语，后部若是出现了高元音或高半元音，则该 e 和 o 分别抬升为 i 和 u（还有其他复杂化因素，但跟此处话题无关）。有趣的是，这一规则是该语言中语音学性的 ū 的唯一来源。因此，确切

十　列奥纳德·布龙菲尔德

地说，ū 不应视为默诺默尼语中的音位，而应视为 ō 的一个变体。但是，如果这么做，问题中的规则就无法按其完整的一般性进行来进行叙述，因为形态音位学规则之输出应当是音位之序列，而非变体之序列。因此，这条形态音位规则应叙述为作用于 e、ē、o，不作用于 ō；之后，还应叙述另外一条不同的规则，这条规则使音位性的 ō 在相同的条件下转化为 ū。

这当然是个绝好的论证之例，哈勒日后用其来批评"分类学性"（taxonomic）音位层面①的语言学合理性，这一点我们已在上文第四章中提到，下文第十二章中将回到该话题。布龙菲尔德当然承认这一例子呈现出的问题，并采取了两条方法路线来尝试解决。他在 1939 年对默诺默尼语的叙述中（以此为基础）表示，由于 ū 只在这一交替中出现，因此"不是个全音位。"在他的对"实际中的默诺默尼语音位"的叙述中，他把 ū 包括了进去，但将其放在了括号中（特殊地位）并标注为"半音位"（但未作进一步解释）。

与之不同的是，在《默诺默尼语》(The Menomini Language)一书中，布龙菲尔德却把 ū 包括在音位清单中，未加评注，也未加括号。他后来探讨了 ū 的特殊地位，但却指出，ū 无论如何都应该处理为一个音位："但是，在这一交替中，o: 和 u: 之间的差异与 e: 和 i: 之间的差异平行，二者无疑是代表不同音位的音。进一步说，o: 和 u: 之间的这一差异，在话语中已丧失该交替之规则模式的那些人那里得到了保存。此外还存在一些

---

① Trask(1996)认为，分类学音位是对自主音段音位的贬称。——译者注

使用了 u:(从不使用 o:)的感叹词:如,capu:q'扑通!'、ku:q'住手!'。o: 和 u: 之间的对比还见于外来词中,如 co:h'乔,人名'和 cu:h'犹太人'"(Bloomfield,1962:5)。上述论断可归纳为:(a)如果把 ū 处理成它所应当被处理的样子,即处理为非音位,则交替的一般性就会被毁坏;(b)在丧失了规律性形态音位规则的边缘性个体语言中,该元音或许具有音位地位;(c)在少量感叹形式和外来借词中,有非条件性 ū 出现。显然,上述论断中哪一条也无法对 ū 的音位地位产生影响(除了最后一条尚有可能之外),只要不必把该交替陈述为单一性归纳,ū 就无疑应处理为纯粹的变体。

关于形态音位描写的许多其他方面,也应得到探索,从而得出对布龙菲尔德的实践的完整理解。例如,《语言论》中关于形态学的那一章,以相当长的篇幅处理了如何得到底层形式这一问题。正如人们依据他向规则的一般性所赋予的重要性而设想的那样,首要考虑就是选取一种表达式,一切交替形式皆可通过自动交替规则,从这类表达式中产出。这常常是交替形式所表现出的诸变体之一,尽管可能并不是孤立出现时所表现出的那个变体。例如,他展示了俄语里中和为非延展性形式的末位浊阻塞音和末位清阻塞音之间的区别;他还把萨摩亚语动词词干设想为带有底层末位辅音,这个底层辅音在不接任何后缀时总是被删除,与之类似,他也为默诺默尼语的形式设置了末位辅音丛,只要不接后缀,该辅音丛就基本会被简化。

通常,推动决定基本外形的,不是交替形式内部的考虑,而是所涉及的规则之层面。例如,布龙菲尔德思考了英语规则复数形式,结论是[ez](而非[s]或[z])应视为基本形式,因为无论如何都需要从系词 is 的缩约形式中删除元音(例如,Jack's coming),所以同样的规则也可延伸到复数上(关于对这一论断的批评,见 Anderson 1973)。对规则之一般性的考虑有时使布龙菲尔德把某个在其他意义上通常不被视为"基本"的形式视为底层形式:因此,他认为法语形容词的基本形式是阴性形式,因为阳性形式可通过一条简单的末位辅音删除规则而从阴性形式中推导出来。

在布龙菲尔德的实践背后还能找出决定其描写之组织方式的其他原则。例如,肯斯托维茨(1975)找到了理由来相信,布龙菲尔德的规则做此叙述,是为了产生某些推导,这类推导可使大体相当于奇帕斯基(Kiparsky,1973b)意义上的形式之"不透明性"最小化。肯斯托维茨(1975)的观点后来被麦纳(Miner,1981)更为详细地发展。麦纳还指出,为了让人为的中介推导阶段最小化,布龙菲尔德的规则有时比其原本所需更复杂。

不过,我们此处不深入这类问题,因为这类问题对布龙菲尔德的语言音系结构之实际理论影响甚微,或完全没有影响。这可能显得矛盾,但其实却存在很好的理由相信,人们可从其形态音位实践中揭示出的这类原则,当时可能是被布龙菲尔德归结为语言学家的活动,而非语言之本质。这当然与当今的音系学实践完全相反,在当今的音系学中,有关语言学意义上的语法的论断(某种程度上)旨在被阐释为对自然语言结构的论断。

布龙菲尔德显然相信,音位表达式及其跟语音学实现形式之间的关系,与语言中某种"真实"的东西相对应。但是,交替及其描写在形态音位学术语中的地位却有些不同。布龙菲尔德的看法当然是,交替形式间的关联是真实的关联:即,音位上不同的交替形式仍然是同一语法元素的变体。然而,对关联进行描写的形态音位规则,其地位却值得怀疑。"此处涉及的不仅仅是我们的方便,更涉及说话者将诸形态复杂体关联起来的习惯。无疑,我们可自由地发明基本(形态音位性)公式,继而说出它何以得到修正并产出实际(音位性)话语,但这纯粹只是一种描写性手段"(Hockett,1970:371)。此处,交替中的实际音位形式间的关联是"真实"的,但这却是个形态学问题而非音系学问题。至于我们描写该关联的形态音位学机制,"这不是个关于语言的问题,而是个关于如何以最清晰、最方便的方式谈论语言的问题"(Hockett,1970:375)。

  布龙菲尔德虽然是最值得注意的形态音位学描写方法的早期实践者之一(他从波你尼语法中学到了这一方法),但是我们不应该由此做出时空错乱的设想,认为他对此类描写的理解与当今的语言学家相同。尤其,他对这类描写的看法,似乎明显类似他对波你尼的描写的看法:这种描写是精炼的人工艺术品,为事实之复杂集合提供了统一而简洁的叙述,但不能将其与说话者的实际语言能力相混淆。只有音位形式以及音位形式间关系之形态事实,才可被视为拥有该地位。对布龙菲尔德来说,自然语言中的音系结构理论,其肇始和其结局皆是音位表达式之理论。

十一　美国结构主义音系学

本章探讨布龙菲尔德《语言论》出版起到大约50年代末之间的美国音系学。与前面各章不同的是，这一发展时期无法由某一个人的观点来充分呈现，因为众多语言学家皆以重要方式对成为那些年的特征的理论观点做出了贡献。由各位学者呈现的对基本问题的看法之范围，不但因其广泛性而颇具意义，而且从某些实质性方面来看，却也因其相对狭窄的焦点而颇具意义。

1　几位显赫的美国结构主义者

布龙菲尔德本人当然依旧活跃，至少在1946年中风之前如此。不过，1933年之后他对与他的名字相联系的语言学理论的发展所发挥的作用却小得惊人。日益活跃的音系学话题的理论探讨中，除了那篇"默诺默尼语形态音位学"之外，罕有布龙菲尔德的加入；可以说，若是从布龙菲尔德本人的关注点来看，甚至连那篇文章的主要目的也是描写性的而非解释性的。他的注意力似乎集中于更具一般性的科学哲学、阿尔贡金语研究以及战时语言教学工程等实用问题上。

因此，战后那些年北美语言学不存在中心人物；取而代之的是，一系列个人在发展着可在布龙菲尔德先前的论述中(尤其是1926年的"公设"和1933年的《语言论》)找到根源的问题。这些语言学家之间虽然在具体观点上常有分歧，但是却至少基本赞同同一份议事日程，很重要的一点是基本也赞同讨论他们所感兴趣的问题的共同方式。我们可发现独特词汇、习语、呈事风格的迅速发展，这标志着与先前的研究的明显决裂。

这一独特的学术风格以及与之相伴的观念之默契，不可能不跟语言学的学术地位中发生的变化联系起来。"布龙菲尔德那代人的重要意义在于，他们是被聘为(或寻求被聘为)语言学家的第一代人；也就是说，是在真正的学术生活中为研究任何语言的方法论知识及一般性的语言知识索求地位的第一代人"(Hymes & Fought, 1981:117)。在许多人看来，把这一新学科创建为独特的(且令人尊敬的)学科，要求对使这一学科不同于具体语言研究及语文学研究的那些特征加以强调。这一层面之中心，即在于断言语言学是拥有研究语言的独特"科学"方法，这一论断之方法论支撑，建立在当时的科学哲学家的经验主义观、逻辑实证主义观之上。

这一发展中的理论的多数撰稿人都将理论源头说成是布龙菲尔德的思想，(尽管从次要方面来看，鲍阿斯和萨丕尔被视为在独特的"美国"语言学的兴起中扮演了重要角色)。此后出现的东西，通常被认为是起源于布龙菲尔德的著作，(尽管这些东西在根本方法方面常常与布龙菲尔德的实际看法并不同)；的确，这一时期通常被称为"新布龙菲尔德"语言学("neo-Bloomfieldian" linguistics)时期或"后布龙菲尔德"语言学

("post-Bloomfieldian" linguistics)时期。此处我们更愿意简单地称之为"美国结构主义"("American structuralism")时期,从而不至于暗示其与布龙菲尔德本人的著作一致。

"美国"这个标签不仅仅指该命题中的研究所发生的地理位置。确实,罕有美国以外的语言学家在这一发展历程中发挥过作用,尽管有些语言学家,如特鲁别茨科依和后来的叶尔姆斯列夫,常常被作为相关人物而得到引述(即使并不完全合理)。或许更重要的是,这一名称还强调了刻画该时代之特征的极端民族认同感,其实就是沙文主义。虽然对外国学术和外国学者的憎恶感在战争期间及战争刚结束之后变得令人十分不快,但是即使是在所涉及的态度在一定程度上更为善意时,人们仍时常会从反映战后时期美国社会整体上的自满态度的美国事物中找到骄傲感。

"后布龙菲尔德学派"主流中有几位中心人物可视为布龙菲尔德的理论立场的直系继承者(无论是在他们自己看来还是在别人看来)。伯纳德·布洛赫(Bernard Bloch)论音位分析问题的那些文章(以及他 1939 年至 1965 年间担任《语言》学刊编辑时的影响力),对构筑美国语言学家所预设的基本观点(哪怕恰好是反对这样的观点)发挥了重大作用。查尔斯·霍凯特(Charles Hockett)常常被视为主流美国结构主义者中最富创造力、视野最宽广的个人,也在多个领域对基本的理论默契做出了贡献。因为他不仅是布龙菲尔德的学生,而且还是位阿尔贡金语专家(也是布龙菲尔德的学术执行人),所以"继承"地位清晰而稳固。

乔治·特雷杰(George Trager)在声称直接发展布龙菲尔德思想的人们当中或许是最激进的一位,从他在语言分析或语言描写中拒绝考虑意义之任何角色时的严格态度(及魄力)来看,尤其如此。亨利·李·史密斯(Henry Lee Smith),则基本是通过关于美国英语方言差别的大众广播节目,使语言学在民众中变得看得到(或听得到)。后来,他和特雷杰合作,写出了一部运用于英语的标准(虽说具有争议性)音位分析之典范(Trager & Smith,1951)。研究成果被认为对本领域后来的成熟观点做出了贡献的其他人物还包括阿奇博尔德·希尔(Archibald Hill)、马丁·裘斯(Martin Joos)、鲁兰·威尔斯(Rulon Wells)。

这些人物之间的联系不仅仅是追求同一学术研究路线的学者之间的联系,而且还包含一种个人间的亲密感和兴趣共同体之感。读读那一时期的文章(以及裘斯 1957 年的论文集中的评述;该评述既是学术宣言也是政治宣言),就会明显感到,他们觉得自己是一群拥有共同使命的十字军斗士。这一现象当然是学术生活中极其标准的事务状态,但是却在 40 年代及 50 年代初美国语言学的那种条件下变得格外重要。此时本领域中没有单一的主导性人物;因而,此时科学判断之责任不只是通常所说的散播。

有位人物,他的著作明显属于主流理论思潮之中心,但在更加私人的层面上似乎位于主流理论思潮之外,此人就是泽里克·海里斯(Zellig Harris)。海里斯的语言学分析中的强有力的纯分布性方法,必须视为对"布龙菲尔德学派"立场之逻辑结果进行发展的尝试中的智慧巅峰。他在音系学和形态学方面的文章,以及他对把结构主义方法延伸到句法学中所做的尝试,均得到了广泛的研读、应对和引述;但是,与上面提到的其他人相比,他本人跟美国语言学家群体的个人来往似乎不那么紧密。原因之一,可能是因为他是带着闪米特语研究背景进入语言学的,而不是印欧语研究或美洲印第安语研究。另一个原因,则可能是因为他时常公开表示仰慕萨丕尔的研究方法,即使他投入大量精力来发展一种与之极为不同的方法也依然如此。最后,他的性格因素(可能还包括他对犹太复国主义政治问题的强烈兴趣)一定也发挥了使他分离出去的作用。

某种意义上来说更加边缘化的,是一个定位为萨丕尔继承者而非布龙菲尔德继承者的学者群体。这个群体包括莫利斯·斯沃迪什(Morris Swadesh)、玛莉·哈斯(Mary Haas)、斯坦利·纽曼(Stanley Newman)、卡尔·沃杰林(Carl Voegelin)等人,他们的兴趣导向更倾向于人类学研究和美国印第安人研究,而非正在形成其概念的"理论语言学"研究。那些同情萨丕尔的人,显然似乎对在布龙菲尔德学派中寻求一席之地更感兴趣,而非反方向。这些学者中鲜有贬低布龙菲尔德的研究的尝试,而萨丕尔的观点(尤其是他的语言之心理学基础观)却常常受到来自正统"布龙菲尔德学派"视角的攻击甚至嘲笑,被和当时已过时的"心智主义"的其他例子堆放到了一起。

最后,我们还可分辨出一个语言学家群体,他们对美国结构主义理论争辩的主要贡献在于他们充当了批评者。他们中的两位,尤金·奈达(Eugene Nida)和肯尼思·派克(Kenneth

Pike),主要致力于发展非常见语言调查研究的实践方法:对他们俩来说,这一关注点皆是来自其跟圣经翻译团体的工作之间的联系。还有一个人物,是派克在密歇根大学的同事查尔斯·弗里斯(Charles Fries),不过他的兴趣只在于英语。这三个人都被视为敌视"布龙菲尔德学派"实践中的某些层面——尤其是(常常被夸大的)在一切形式中对意义之作用的排斥。

不仅注意到他们所攻击的其他美国结构主义者的观点很有意思,而且注意到连这些批评者都会赞同的许多基本设想之范围也很有意思。无疑,他们被拒于时代主流之外的地位(如他们的观点被其他更具中心地位的人物自由攻击或轻易拒绝所示)源于他们的批评性立场,但是有个更具社会性的问题同样不能忽略:即,由宗教推动的田野研究缺乏地位,至少在派克和奈达的例子中如此。裘斯(1957)的文集没有收录任何派克的作品,这一点特别令人吃惊,无论从其学术质量上来看,还是从其与美国结构主义探讨中的主流问题之间的关联来看,都无法解释。

2 美国结构主义语言观

由于美国结构主义发展中的参与者数量多、多样性强,我们很难期待其研究会产生某种统一而同质的理论立场。不过,回溯而视,又很容易夸大这一群体的多样性。虽然他们的观点是历经很长时间自然演化而成,但是却不可能否认他们之间的根本观点共同体之存在。他们对基础性问题的看法,其源头可发现于他们的著作和先前的传统(尤其是美国传统)之间他们所认

十一 美国结构主义音系学

为存在的联系。

关于美国结构主义在先前的著作中的根基,梯特(Teeter,1964)提供了一份重要的研究。他指出了一些重要的基本设想及其来源。首先,从鲍阿斯对语言学系统之个性的强调来看,以及从按照每个系统的自身特征来思考每个系统来看,可以得出这个观念:语言中不存在普遍有效的结构原则。如我们在上文中所见(第八章),鲍阿斯绝没有否认语言学普遍性的存在:的确,他的语言结构概念不仅基于有关语法形式的极其有力的设想,而且基于语义学和语音学的实质内容。但是,他对多样性的强调(旨在战胜传统的以拉丁语为基础的语法模型),在频繁被引用的裘斯的阐述中,被阐释为在展示"语言可无限制地以不可预测的方式而相互区别"(1957:96)。

裘斯的评述特别针对由特鲁别茨科依和雅柯布森发展的那类音系学理论,该理论一向基于音系特征之普遍性集合、并为音系统寻找意义深远的普遍性原则这类设想。然而,反对之范围不止于此。例如,鲍阿斯还曾被引用过来作为终极源头,来潜在怀疑言语信号中甚至一个语音学音段的有效性:从他开始,"美国意义上的实践型语言学家"也已从这一角度学会了"从范围和方向来看,语言间的区别无限制"(同上,228)。

语言学无法成功建立在对语言的有效普遍性的找寻上,这一论断被裘斯认定为源于鲍阿斯的一个或许需要重新审视的结论。"放弃演绎、采用归纳,这一点从未颠倒。最初,这使科学放弃了关于一切语言的一般性学说。这一理念虽然开始时正确,但却可以做出超出其功效的论断,在一些老一代研究者那里也的确如此,继而可成为进一步发展之障碍。若干无偏见的描写一旦由此产生,归纳即可同样运用于这些新描写,于是关于一切语言的一般性学说就可能再度出现了"(同上,v)。因此,布拉格学派等的构架中的问题,并不在于寻找普遍性这样的简单事实,而是在于试图呈现一种演绎型的解释性系统。相反,普遍性应当作为纯归纳性总结而得以发现。

这一点对语言学家应当做的那类工作具有深刻的启示。他们若是相信存在一套潜藏于语言下的一般性解释原则,相信他们的目的就是发现并理解这些原则,或许就应该通过让拥有发达演绎结构的尝试性系统得以公式化来对自己的研究加以组织,继而为此类系统和实际自然语言特征之间的一致性寻找证据。裘斯其实还把另一个相关的动机归因于鲍阿斯:"对鲍阿斯的思维方式(也可能是感触方式)来说,语言之一般性事实可能必须基于人的生物学特征或者甚至是生理学特征(他也是一位体制人类学家[physical anthropologist])"(同上)。由于鲍阿斯对人类心智世界的浓厚兴趣,有人疑惑这里为什么略掉了人的心理学特征;但是无论如何,裘斯反对鲍阿斯从一套有限的基础性设想出发,为自然语言特征推定演绎,而这种反对就是说,原则之解释性系统虽然或许可行,但是却可能要基于语言之外的因素,而任何"这样的理论都仍然属于遥远的未来"(同上)。

语言学与解释性理论的唯一明显可行的根基之间(即与语言学以外的因素之间)的联系可以走多远,是有限制的。对这一限制的承认,归功于布龙菲尔德。布龙菲尔德基本上坚持认为,语言学必须在不参照心智的情况下进行下去,这一限制不仅阻

十一 美国结构主义音系学

止了对语言学结构的心理学手段进行理论化,其实也消除了语义学方面的一切严肃研究。应当记得(上文第十章中),布龙菲尔德实际坚持的,并不太在于思维之不存在性(nonexistence),而是在于对缺乏来自其他领域的综合性、百科性知识的物理主义(physicalist)理论来说,思维具有不可及性(nonaccessibility);但是在实践中,二者却是同一回事。虽然鲍阿斯曾明显相信,心理学解释未来可用于语言学结构的很多层面,但是对布龙菲尔德心理学观的狭隘阐释,却排除了为潜藏于自然语言下的解释性原则找到这类基础的可能性。

与之类似,布龙菲尔德曾指出,(音位对比手段之外的)语音学数据与语言学结构完全不相关。该观点基于这个论断:从某一具体语言的角度来看,不具有对比性的语音学事实或多或少是区别性特征的偶发伴随物。当然,田野工作者们在实践中并不比布龙菲尔德当初做自己的田野研究时更加刻意回避语音学表达式和语音学设想;但是,他拒绝承认语音学在语言学内部的理论地位,这一点却得到了广泛的赞同性引述。

普遍性语音学缺乏正式概念(除了物理学和生理学这两个以不区分相互意义差别的方式处理语言事实的非语言学学科之外),也就完全不存在语音学数据充当语言学解释之基础的途径。有趣的是,派克(1943)和霍凯特(1955)都为语音学撰写了全面的描述,裘斯(1948)也对声学分析技法在语言语音学中的运用做了第一份系统性展示。然而,在理论文献中,语音学的地位(理论上)依旧是辅助性学科。虽然应当为"语音学对于语言学就像是古币收藏学对于经济学"这一箴言负责的是特鲁别茨科依,但是这一态度在美国结构主义语言学家那里相同。由此,语言学通向可能具有解释功能原则的道路,在两端(语义学和语音学)皆被切断。

由于通向演绎性语言理论的仅有的有效路径因而被关闭(至少暂时如此),所以语言学家此时唯一可接受的活动就是对尽可能多的语言中的事实进行中立性收集;而语言唯一可接受的"一般性原则"则是基于此类描写的可及语料库而做的归纳性概括。这一推理过程导致了美国语言学的结构主义标签被描写主义广泛取代,以强调这个事实:首要任务据认为是收集不受主观影响的信息,而不是被视为不成熟的解释性原则之搜寻。

在美国结构主义语言学家(或者,按照他们自己倾向的叫法:描写语言学家)的著作中,这类一般性原则导致了大量十分明显的特征。例如,这类观念显然会进一步强调美国语言学中聚焦于详尽田野工作的倾向(由于美国语言学的人类学和美洲印第安学根源,这一倾向原本已很强烈)。由于缺乏演绎式的解释性原则,所以语言学家唯一值得从科学上尊敬的活动即是继续审视尽可能多的语言。当然,美国结构主义以外的语言学家也曾把从范围宽广的语言中寻求数据作为研究目标;例如,特鲁别茨科依和雅柯布森绝不会被指责为不重视这类思考。然而,这种为了描写本身而进行的描写,在其他任何地区都未能像结构主义时代的美国那样,在语言学学者当中获得这么高的地位。

这一倾向并未阻止那些首要目标在于解释性本质的文章之写作,但却对构建此类文章的"标准形式"发挥了作用,这类文章中,理论观点呈现于对具体事实及如何"处理"具体事实的探讨

十一 美国结构主义音系学

之背景中,而不是完全基于理论观点本身。这是美国语言学著作撰写的特点,这个特点一直持续到今天也未见减弱,仍使美国语言学与多数欧洲语言学理论研究相区别。

美国描写主义研究中的另一个明显重点,是对保留在所谓"科学"边界之内的重视。从当时科学哲学中流行的实证主义、机械主义、操作主义之背景来看,这意味着在描写中避免借助不可观测因素(如"思维"、"直觉"等)。尤其重要的是这一要求:分析必须具有可复制性(replicable),也就是说,给定相同的数据以及关于该分析将以何种方式得出结论的机制性说明,任何观测者都应能够得出相同描述。因此,建立在调查者对语言结构的直觉上的分析,除非能够转化为对可观测数据的操作,否则即无效。

让描写充分明确从而具有可复制性之需求,其自然结果即是空前聚焦于详尽说明分析之步骤(至少对布洛赫、海里斯等"正统布龙菲尔德学派成员"以及和他们有密切联系的人来说如此)。这一关注点还可视为源于这个事实:由于缺乏底层解释性系统,故而语言学家用以把数据归纳为语言描写的步骤其实成了可继续谈论的唯一语言学主题;不过,这绝非整个故事。

后来许多论述这一时期的学者已指出,这一时期的特点就是基本缺乏"理论";但是,这一提法却忽视了分析步骤之描写的重要性。当然,有的田野工作者主要对描写实际中的实践步骤感兴趣,语言学家依照这类步骤,可从粗略记录中对人们不熟悉的语言加以研究;但是,这样的焦点却并不是该时期的文献中的分析步骤之焦点所要强调的。大多数理论家都曾意识到(大都是出于第一手经历),田野研究反复涉及直觉、猜测、捷径、对意义的求助等等;但是,这一点仍然要求:分析因详尽说明机械步骤而有效,从理论上来说,此类机械步骤得以遵循,从而使观测结果不可阻挡地转化为描写,不受非系统因素影响。数据和分析之间的联系的这种"思维实验式"(gedankenexperimental)重构,在真实条件下无论受到何种摧残、无论多么不切实际,都依然用于构建一点原则:即这之中不会以根本方式包含任何不可观测、不可复制的因素。

关注步骤(至少是理论上可行的步骤)之明确公式化,主导着美国结构主义时期的语言学研究风格,其程度很难被夸大。笔者最初进行语言学研究时,曾经师从这一流派的代表人物,我还清晰记得当时一连串论证,基本要点是:"我不在乎这是不是'正确'答案;你如何判断你已经找到了该答案?"不研究普遍性或不注重底层解释性原则的语言学理论当时并非不存在;但是这样的理论的确基本降格成了对语言事实及其分析之间的联系所进行的详细说明。该联系后来从一整套步骤的角度进行了公式化(海里斯十分详细地做了这一工作;但是,本领域的大多数研究者都认可这一目标)。由此,语言学进入了一种奇妙的状态:对语言学家行为的说明超过了对自然语言说话者的说明。

不过,这在当时似乎极为自然,从据认为隐藏于语言习得背后的理论学说之背景来看尤为如此。倘若我们设想,儿童进入语言学习任务时不带有预设,这种缺乏预设的状态跟语言学家竭力想要实现的状态相同,那么就可很自然地想到,二者通向语言之路也相同。倘若语言学习可在不依靠臆测或不依靠不可观

十一 美国结构主义音系学

测因素的情况下进行,那么,做出假说的田野语言学家所遵从(至少从理论上遵从)的同类步骤就应该能够详细说明所发生的事情。但是,若真如此,那么儿童可及的语言类型(即可行自然语言中的类型)就可通过对获于基本语言学数据中的步骤所做的描述来充分而准确地阐明。

霍凯特的一篇文章当时被视为对语言结构"现实"的直言辩护,反对语言学分析只是玩弄语言数据的把戏的观念。在该文中,霍凯特(1948,收入裴斯 1957:279-280)明确指出,他在语言学家的活动和儿童的活动之间看到了根本性的相似之处:"分析过程因此跟语言学习者,尤其是跟学习其第一语言的儿童的神经系统中行进着的东西相平行……儿童和过程和语言学家的步骤之间的根本差别在于这一点:语言学家必须以可交流的形式、通过任何受过正确训练的人都能够看得懂的一套叙述,来明确地进行分析;继而,后者又能够和前者一样,以同样的准确度对尚未观测到的话语做出预测。而另一方面,儿童的'分析'则包括在其中枢神经系统中堆砌有差异的接合式(synaptic)潜能,儿童最终开始表现语言;而语言学家则必须开始描述语言。"尽管对语言学结构本质的这种强烈"现实主义"观点绝对是种少数派观点,但是对于那些确实持这一观点的人来说,语言学家和儿童之间的这种想象中的平行,可视为让充当自然语言真正理论的分析步骤之公式化获得了有效性。

另外一点相关的设想也应提及,这一点也跟美国结构主义所发展的对具体语言学理论的理解相关。通常认为,自然语言的人类使用者的感知系统,像学习系统一样,几乎(或完全)无法超越可直接观测的事实而运作。尤其是,人们通常理所当然地认为,言语感知之外层是个可大体比作语音驱动式打字机的系统:某种声学波形物充当输入,仅仅依靠语言音位系统来赋值,即可通过音位序列形式对该波形加以阐释,使之成为输出。这一最初处理过程进行过后,语言理解系统的"更高"各层面可在这一系列音位上运作,从而产生语素角度的阐释,以及更高层面结构角度的阐释。

如果言语感知中包含某种"独立自主"(bootstrapping)的阐释因素,其运作仅包括(或基本仅包括)对原始声学输入的切分以及切分后的分类,那么语言学系统中的若干基本特征就会随之产生。尤其,这一情况必然存在:语言包含根本性中间结构层面,这种中间结构层面可从言语信号中直接提取,且包含一切(或许也只包含)与更高层面之阐释相关的信息。如果理论上只有这样的音位层面才可为感知系统所获及,那么就可继而得出(至少从关于语言学结构的轻微"现实主义"设想来看),不满足这一条件的音位分析应当被排除在对自然语言的描写之外。这就导致了该时期的另一条重要口号:禁止"混合层面",换言之,在决定音位表达式和语音表达式的关系时不允许让来自更高层面的思考发挥根本性作用。

实际言语信号十分复杂,无法由言语处理过程中的较高层面直接操控,并且有某种类型的音系表达式充当信号和信号之语言学相关特征分析之间的中介,基于这样的前提,这一点似乎不言自明:音系表达式仅可具有能够从原始信号本身中提取的那类特征。此后很久,随着充当积极过程而非纯消极过程的更丰富、具有更高结构性的感知观的发展（例如，沿着"合成分析"[analysis by synthesis]观之线索：其早期提法见 Halle & Stevens 1962），人们才可能想象出一幅穿越这类限制的音系结构之连贯图景。但是，直到那时，语言学家似乎仍明确认为，可以自信地设想出来的那些有关感知过程的东西，沿着美国结构主义音位学的线索，为十分简化的语言学结构理论提供了深入动力。

3 "音位"概念的初期构建

在这一基本背景环境下，我们现在回到美国结构主义语言学理论的具体关于音系学的方面。布龙菲尔德等人都曾提出过，话语的重要语音特征之表达式应采用音位序列之形式，基于这一论断，音系学理论的基础性任务显然就是为音位是什么提供充分定义。

布龙菲尔德曾下过定义（"声音特征的最小等同物"），这一定义从话语的外部语音学形式角度把音位定位为其可辨声学特征之子集。然而，这个具体的物理定义却并未让所有分析者都满意。并且，在布龙菲尔德本人的实践中，许多音位分析的例子似乎也无法跟他的定义简单相符；曾经有过一些尝试，有的要重新定义音位概念从而与这类分析一致，有的则是要维护更加一致的分析。在这类探讨中，样板式情形就是布龙菲尔德对弱化元音的处理（如上一章所示）——据此推断，还有以音系为条件的其他中和之例子。这一探讨中的核心问题逐渐结晶为音位表达式在多大程度上应当仅仅从语音学数据中即可毫无歧义地提取出来。

对音位之本质的探讨成为美国结构主义各学刊中的主流论题。的确,布龙菲尔德据说曾向《语言》学刊编辑布洛赫表示,论述音位学的文章数量正在泛滥,应该进行削减。许多这类探讨,其出发点就是布龙菲尔德本人的定义,但是后来的研究者们其实谁也没有在细节层面上接受他对音位本质的概念。若干种不同的概念产生了,在 40 年代后期逐渐融汇为一种共识。至此,问题由音位是什么转向如何定义使音位产生的操作程序。

布龙菲尔德 1933 年的著作出版后不久,乔治·特雷杰(Trager,1934)就在"俄语音位"(The Phonemes in Russian)一文中论述了弱化元音问题及其对音位学的启示。他总结了本书第十章中提到的布龙菲尔德和肯特之间争论的问题(在肯特为《语言论》所写的书评中),尤其总结了布龙菲尔德对弱化元音的处理和对俄语末位辅音的处理之间的区别,并且提出,充分的音位分析应当基于"避免使用多个符号表示同一个音(不同结构允许将其区分为两个音位时除外)"的统一原则(Trager,1934:339)。

由于括号中的条件限制,该原则可阻止分析者在不同词语中用不同方式来表达(相同环境中的)同一个语音学音段。在相关例子中,俄语的末位[t]在某些词语中不能指认为/t/(如 rot "嘴"),而在另外一些词中又要指认为/d/(如 rod "种类")。不过,当"不同结构允许将其区分为两个音位"时,问题就完全显现出来了。特雷杰认为,两个原本不同的音位之间若是存在交替,

十一　美国结构主义音系学

这一交替完全以其音系环境为条件,且属于某一聚合表(paradigm)内部,那么,"由于这一聚合表作为心理现实而存在于说话者的思维之中,所以语音之间存在一种心理差别"同样也存在于中和位置上(同上,341)。

与之不同的是,当不存在聚合表内部交替时,唯一可得的音位阐释就是"原先的浊音完全在心理上等同于新的清音,二者融汇成为一个清音音位,尽管浊音存在于该派生形式的原形中,或是存在于其他派生形式中"(同上,342)。这一条件与奇帕斯基(1973a)在生成音系学的抽象性论争之语境中所提的条件很相似,这一相似性不应忽视。

还应当注意到,特雷杰试图让音系条件之标准成为必要标准。两个音位若是在至少部分具有形态本质的条件下交替,他就会把这种差异处理为"形态音位"差异,并认为这样的差异不会直接影响音位表达式。

颇为反讽的是,特雷杰虽然后来成为主流的美国结构主义者中最极端的"反心智主义者"之一,但在这篇文章中采取的立场却更接近于萨丕尔而非布龙菲尔德的立场——确实,他毫不隐晦地引证了萨丕尔(1925)关于碰巧在语音学上相同的不同"理想"音之间的心理差异之概念。这反映出特雷杰不仅是布龙菲尔德的学生,也是萨丕尔的学生这一事实。如上文第九章和第十章所示,萨丕尔的影响力(以及在音位概念方面的实际优势)在20世纪30年代依然清晰可见。布龙菲尔德的《语言论》并非甫出版即取代了其他一切著作。

该反讽还因这个事实而放大:在《语言》学刊的同一期里,一位更可称为萨丕尔的学生的语言学家——莫里斯·斯沃迪什(Morris Swadesh,1934)展示了对音位分析之基本原则所进行的公式化,而该文却更接近于正统的"布龙菲尔德学派"看法。虽然斯沃迪什可视为基本符合萨丕尔学派的观点开始论起(把音位描述为"知觉对象"[percept],因而具有心理学特征),但是他对该观点的实际发展在概念上比萨丕尔本人的探讨要外部得多。

在斯沃迪什(1934,收入 Joos 1958:34)看来,"归纳性程序"作为"某一语言的音位能够得以发现"的唯一途径,极其自然地以语音学事实为开端。首先,有必要在某种程度上通过对自由变体进行抽象化,来使语音学材料标准化,从而得出每个词语的一致性表达式。继而,人们可以进行语音学切分,寻找在词语之间构建局部共同特征的亚片段(substretch),并把永久关联中发现的语音学特征集合视为单位。由此产生的两种或两种以上语音学音段,倘若呈互补分布(即"这之中通常只有一个可出现于某一语音学环境中,且……通常只有另一个可出现于其他某一语音学环境中"[同上,35]),则可处理为"同一音位的亚类型"。当互补分布允许把某一音段类型赋予两个可行音位中的任意一个时,"如果某一方向上存在更确定的语音学相似性,就应归为这一个而非另一个"(同上,35)。从本质上来看,把这一程序完善为"音位"定义,将构筑美国结构主义音系学的核心。

斯沃迪什跟后来的大多数学者仅仅因一个主要方面而不同:这就是音位的语音学材质问题。如前所述,他认为音位是与某一语音学类型一致的"知觉对象","从(语音学)标准形式的角度和标准形式之推导形式的角度来对类型进行定义是可行的"（同上,33）。当多于一种语音学类型（因其分布互补性）被赋予同一音位时,"存在的不是一种标准形式,而很可能是两种或两种以上。这类变体标准形式通常是条件性的,取决于音位所出现的语音学环境"（同上,33）。因此,音位本身可定义为一种理想化的语音学音段类型,这一点与萨丕尔相同;斯沃迪什的音系表达式概念,从根本上来看是上文第二章所定义的"完全赋值基本变体"理论;而通过允许同一音位拥有不止一个"基本形式",又与萨丕尔等人对这一问题的看法不同。而其他人走出这一步,不是通过把音位指认为其语音学变体中的任何一个（无论是不是"理想"变体）,而是指认为由其集合所构成的类(class)。

斯沃迪什的程序（据认为"遵循音位之本质",同上,34）不承认无法从语音学事实中提取的音位差异之可行性。事实上,他不探讨任何这类潜在性例子,我们在这篇文章中没有直接证据证明他处理这类问题的方法。由于他和萨丕尔之间的关联,以及他在后来的著作中的实践,我们可以断定,他当时可能打算按照在不同词语中的表现来认定同一语音学音段在音位值方面的"心理"差异（取决于交替之类的证据）;但是,他的实际描述并未给这一情形做好准备,因此也未能形成其序幕。因此,斯沃迪什的文章的普遍流通和可及性或许只是在实践中强化了对音位学的更加物理主义的看法,而未能强化他真正想要表达的看法。

在处理某一语言中的音位构建时,斯沃迪什还探讨了对音位之集合进行组织,使之进入系统的途径。的确,他建立起一种要求:音位分析应当构筑起来以便使"模式一致性"(pattern congruity)达到最大化。这一观念后来被阐释为将具体细节整合进入"特定语言的一般性音位模式"(同上,35)。

某一语言音位系统(而非仅是清单)的构建,被大多数美国结构主义者视为音系学理论的任务之一,尽管这一目标从纯内部基础来看有些费解。对大多数人来说,音位在语言学结构中的角色是纯区分性角色,可辨别语音单位的区别性功能,基本无其他角色。某一具体语言中的诸音位之间(超越纯相互区别性)的内部关系曾是诸多讨论的主题,但却很难看出这类关系一旦建立起来,所扮演的角色究竟是什么。例如,美国结构主义者并未像特鲁别茨科依和雅柯布森那样,尝试构建基于内部组织结构的音系系统之一般性结构法则。人们必须明确设想,这种观点中将结构赋予音位系统,与该理论的其他层面并无联系。

还应记得,萨丕尔和布龙菲尔德也曾探讨过把结构赋予某一语言的音位系统所需的基础。他们俩都否认这类结构对语音学相似性本身中的构建作用。但是,斯沃迪什却依照这一理论的更加物理主义的形式,认为语音学特征对音位结构至少具有促进性。与之类似,许多人都愿意为音系系统增加与语音学对比维度对称的倾向,作为一种迫切所需(desideratum)。这一点还可以表述为这一论断:某一语言内部用来使一个音位区别于另一个音位的各种特征,独立分布于诸音位间是最自然不过的。

但是,除了上述因素之外,斯沃迪什等人还认可了"模式一致性"概念下的更深层标准。其中部分标准在此前的研究中很普遍:例如,萨丕尔和布龙菲尔德都曾提出,拥有共同分布特征的音段被认为是据其事实本身而相似(ipso facto similar)。此外,若干音位的语音学变体内部分布若遵循相似的原则(例如,英语中所有清塞音都在基本相同的条件下拥有送气变体、不送气变体和无除阻变体),这些音位即被视为依此而关联。进一步说,因交替而关联的音段在有些人看来(他们依照的是萨丕尔的观点,而非布龙菲尔德)就是因为这个事实而在系统内部相互关联。"模式一致性"包括将音位间的上述各种关联性全部最大化。

上述一切对音位系统之内部结构起作用的因素,皆与规则模式相对应,这种规则模式在其他理论中被处理为规则,而非对单位进行定义的组成部分。但是,美国结构主义的探讨,其特征在于,此类规则模式之负担被转移到了音位本身的本体论地位上。当然,语言学家发现规则模式时就会将其叙述出来。不过,这类叙述并非因其具有独立的重要性而得以阐释,而是因其可对音位单位进行定义。对分布的实际叙述,所采用的形式通常是各种位置上出现的辅音丛的纯列表,或许还要以表格形式加以组织以便于参照,而不尝试(或几乎不尝试)提取归纳性结论。这些规则模式本身,及其阐释为语言规则时所采取的形式,仅具有次要意义:注意力的焦点在于音位及其定义,这被视为构筑了语言音系系统的精髓。我们在后面某节中回到这一问题及其后果上来。

4 特瓦德尔的"论音位定义"

早在 30 年代中期,美国语言学内部就已出现了两种不同的音位本质概念。其中一种与美国的萨丕尔以及其他地区的博杜安·德·库尔德内和特鲁别茨科依(至少在其早期著作中)相联系,据这一概念,音位之本质在根本上是心理学的:如"理想语音"、"言语声音的心智对等物"、"感知形式"等提法。相比之下,与之对立的一种观点,可由布龙菲尔德的定义以及丹尼尔·琼斯等遵循英国传统的学者所提出的定义来表明,这一观点认为音位是物理性言语事件中的明显层面:若干语音的语音学特征中的某一共性部分,要么被认为在功能上等同,要么被认为是由辨别出的若干实际充分赋值语音所构成的类型。1935 年,W. 弗里曼·特瓦德尔(W. Freeman Twaddell)的一篇文章对这两种观点皆提出了挑战,并提出"音位"只不过是个虚构的单位,用来表达某一语言中的对比分析,为该语言中的话语充当转写系统。

特瓦德尔首先对心理学音位观发难,这一发难高度依赖布龙菲尔德的心理学观。按照这一观点,对于"思维",我们除了从刺激-反应角度可以观测到的东西之外一无所知,所以,认为音位是"心智"现实是概念错误和逻辑错误。在特瓦德尔以及布龙菲尔德看来,这样的描述只是给不可观测的东西起了个名称而已:"他们辨别出了一种实体,这个实体在语音学研究框架内无法为科学方法所及"(Twaddell,1935,收入 Joos 1957:57)。

特瓦德尔详细思考了萨丕尔(1925、1933)的论证。他回顾了萨丕尔所记载的说话人以相同方式刻画客观上不同的音的那些例子(萨丕尔由此提出,问题中的这些音与相同的"心智现实"相对应),以及说话人把语音学上相同的音描述为不同的音的那些例子。对于前一种情况,特瓦德尔提出,此处完全是因为语料提供者未能区分出受过训练的语音学家所能够区分出的区别,这些例子因此完全不能充当证据来证明非明显性"心智"现实。而对于萨丕尔的第二组例子,特瓦德尔认为,所描述的差异本质上是形态学差异而非音系学差异。这类差异虽然证明了说话人区分形态类别或词汇类别的能力,但是却并不因此而影响关于音位表达式中的"心智"差异的论断,因为不存在任何证据证明该问题中的差异具有音系本质,而不仅仅是对不同形态学范畴的级差性反馈。

针对萨丕尔的例子,特瓦德尔所维护的观点很难在实证层面推翻。一方面他提出,说话人未能区分语音学上不同的音之处,只是个待记录的事实而已(不必解释为什么进行了某些区分,却没进行另一些区分)。另一方面,当说话人在语音学家无法区分的形式之间发现了差异时,要么是不存在与问题中的差异相关的其他因素(这种情况下,不存在对差异论断的证实),要么是存在另一因素;后一种情况下,特瓦德尔认为问题恰恰在于这个非音系因素,而不在于真正的心智音系差异。"你之所见即是你全部所得"这一立场或许造就了对许多现象的不尽如人意的描述,但是至少内部一致。在行为主义心理学的许多形式遭到的根本性批评得到发展之前(尤其是 Chomsky 1959 对语言的论述),鲜有具体论证可说服这类"反心智主义者"放弃该立场的必要性。

特瓦德尔(依据自己的设想)排除了音位之心理学观之后,继而开始攻击物理主义观。他首先思考的是布龙菲尔德所强调的观点,即音位对应着语音学信号的不变组成部分。20 世纪早期,科学(当然包括语音学)的重大进步就是认识到物理世界本质上是连续的,没有哪两个事件能够相同到无论何种度量精确程度都无法找出其差别。由于现象中普遍存在的这类非身份特征(nonidentity)的原因,跨越事件类型的实际不变量的发现问题,就成了个并非不重要的问题。当然,语音学家并未成功地将这种不变量从言语的声学(或生理学)记录中分离出来,而特瓦德尔则表示,布龙菲尔德认为这种东西最终会被找到是错误的。因此他得出结论,音位的物理学理论的这个第一版本,至多是个为语音学家准备的研究计划,无法成为令人满意的音系学理论基础。

他继而转向思考物理主义观的另一个常见变体——丹尼尔·琼斯的观点。琼斯认为,音位是"某一具体语言中的一个音族,这些音本质上相互关联,其中任何一个音都不会在词语中出现于跟其他音相同的环境中"(引自 Twaddell 1935:64)。为了反驳这一观点,他并未提出此处涉及的概念定义得有缺陷,而是指出,以互补分布为基础对语音进行分组的程序具有任意性。

这就是说,在某些差异被中和的位置上,必须把确实存在的语音分配给亦可在其他位置出现的音位;且无法获取任何标准来决定哪种分配有效哪种分配无效。他思考了英语中[s]后面的塞音情形的例子,斯沃迪什曾基于互补分布和语音学相似性,提出应将其分配给清音音位/p/、/t/、/k/。特瓦德尔表示,使其可分配给/b/、/d/、/g/的语音学特征不亚于/p/、/t/、/k/;因此,没有理由倾向于一种分析而非另一种分析。由于缺乏某种永久性特征来对一个音族和另一个音族进行区别(这一点把我们带回了布龙菲尔德观点的问题中),所以所涉及的音族并不具

十一　美国结构主义音系学

有独一无二的身份可辨性,故而也无可供展示的现实性。

论证了音位既不能从心理学角度也不能从纯物理学角度进行充分定义之后,特瓦德尔提出,应得出的恰当结论是,从具有区别性语音功能的最小单位这层意义来看,"音位"构筑了某一语言内部的独特清单,以加法方式相互联接在一起从而构成词语,至多只是分析某一语言内部的区别性关系时的虚构性副产品。他继而对这一另类观点进行了发展,其出发点是,词语(而非音段)是可构成对立的最小自由语言形式。我们虽然能够通过可区别的音段对词语之间的若干对比层面进行局部化,但是却没有先验式权利把在某一位置找到的对比和另一位置找到的对比认定为相同。他表示,有种类似的看法可归因于叶斯柏森,可作为语言学家对音位理论缺乏热情的依据。

特瓦德尔的程序始于对每一可行环境中的最小对比进行注册。例如,beet"甜菜"、bit"一丁点"、bait"鱼饵"、bet"打赌"、bat"球拍"之间的元音对比构成一个这样的集合;seek"寻求"、sick"生病"、sake"情分"、sec"正割"、sack"袋子"之间的元音对比构成另一个;等等。在每个集合中,首要事实是配成对的形式之间的一系列差异;其次,我们可以辨别出这些差异关系的成因——即不同的语音学音段——并将其称为小音位(microphoneme)。因此,我们可在每个这样的集合中用某种与所涉及的语音学差异对应的次序(order)①来对差异进行组织。例如,刚才提到的

---

① 此处的"次序"(order)是个旧语文学术语,基本相当于今天所说的"发音部位",如/p/、/b/、/m/等属"唇次序"。——译者注

那几组差异可以按照中部音段的舌位高度差异来构成次序。分配给每个类型的次序其实是任意的,只要其语音学基础得到描述即可。

最小差异的这种次序类别,所以可相互比较。在有些情况中,可能把次序分配给两个类型,并将二者联系在一起,因此,"相互联系着的若干语音学事件之间质的发音差别是相似的,呈一对一关系"(同上,69)。例如,上文引述过的两个集合,如前所述因舌位高度而构成次序,可因此而相互联系。给定这一联系,则"形式之间相似的最小音系差异,其一切构成相似次序的项目(即小音位)之总和,称为大音位(macro-phoneme)"(同上)。

某一语言中的大音位集合一般要比传统术语中的"音位"集合大得多,因为无论何时,只要一个位置上的对比数量与另一位置不同,对比之集合就无法放入一对一的关联之中,因此其小音位无法在大音位中得以辨认。对特瓦德尔来说这并不是什么特别不幸的结果,因为其优点在于不会歪曲事实。倘若音系学上居于首要地位的恰恰是形式之间的关系,且一个位置上的对比少于其他位置,那么,把一个对比集合中的项目认定为等同于另一个对比集合中的项目就是在歪曲事实。他此处的观点与弗思在同一问题上的观点基本相同(见上文第七章)。

因此,特瓦德尔的观点本质上类似上文第二章中归因于索绪尔的一种观点:基于"完全赋值表层变量"的音系学理论,这种理论中音系学的实质内容包含对不同位置上的表层语音学音段之间的对比所做的直接分析,不包含对潜藏于其背后的某种更抽象单位(音位)加以定义——无论作为对其"核心"音系特征的

十一 美国结构主义音系学

部分赋值,还是作为理想心智实体或语音意图,皆如此。特瓦德尔对自己的观点和索绪尔的观点之间的一致毫不隐晦。不过,这一分析可视为把特瓦德尔的主张具体化为对索绪尔思路的延续,从而与其他大多数理论家相区别。且不说是对是错,索绪尔和特瓦德尔属鲜有的几个严肃认为差别关系分析不仅是音系学分析的基础,而且还是音系学分析的目的的人。

从这一观点来看,(大)音位是虚构物,因为音系描写实际上停止于对形式间差异系统的阐释。"故而可推论,谈论'sudden一词的第三个音位(无论大音位还是小音位)'或是'某一音位的出现'是毫无意义的。能够出现的就不是音位,因为音位被定义为表示重现性差异关系的单位。出现的是与某一小音位相关联的语音学片段或得到区分的发音复杂体。因此,音位并不出现;它因存在一词的特殊含义而'存在',就像兄弟通过兄弟一词而存在着——即充当一种表示关联的术语"(同上,74)。

如本书导论所述,特瓦德尔旨在抵制一种自然诱惑,该诱惑使人离开有些形式以某种方式相像、有些形式以某种方式不同这一事实,转而设想,存在某种本身即可象征上述对比的"真实"实证性实体之清单,且这种实体还可相互连接从而构成语言学形式。对他来说,这种理论化最终并无意义(因为我们无权偏离词语之间的差异之事实,转而声称存在差异之"原子",或称音位),且这种理论化"无论怎么看都很危险,因为该理论让所有人都过分地愿意接受一种假想的'音位'在其中发挥作用的方法论,或是导致一种同样具有神话性的语言学过程观,依据这一观点,说话者进入自己的音位库中,选取合适数量的音位,将其雅致地摆好,然后发出话语"(同上,75)。

注意到这一点很重要:特瓦德尔此处的目标是展示一种本体论角度保守的音系结构概念,而非他所反对的心理学观或物理学观。他提出音位是描写性虚构物,对这一论断的阐释通常围绕着把他的观点与语言学结构的"马戏戏法"研究方法和"神之真理"研究方法(见上文第七章对这一术语体系的部分探讨)之间的区别相联系。他的确把自己跟"马戏戏法"观点明确联系了起来:"元素之间的[差别]关系之总和就是语言的音系系统。这种音系系统当然绝非客观存在的;不能定义为该语言说话者思维中的心智模式;甚至不是语言所实现成为的'柏拉图式概念'。音系系统仅仅就是某一语言的形式之间的全部音系关联之总和,正如由客观研究所决定的那些关联。音系系统是语音学家和音系学家对这些关联所做的概括性理论化:既不是现象,也不是直觉"(同上,76)。语言学结构是分析者的创造而非某种自然存在并等待他去发现的东西,关于这样的观点,鲜有比这更清晰的论述。不过,这也绝非从他的研究中可提取的唯一重要观点,甚至不是最重要的观点。

特瓦德尔的观点不应当被贬低为把音位分析视为"马戏戏法"的论断,因为这个问题与他所主要强调的问题正交(orthogonal)。无论以种何形式呈现我们前面所研究过的分析时(即,包括具有音系学重要性的表达式的部分赋值概念、完全赋值基本概念,或表层变量概念),都完全可以前后一致地坚持认为某个人的分析具有"马戏戏法"观点之地位或是具有"神之真理"观点之地位。特瓦德尔的文章的中心论断不是说分析是

十一 美国结构主义音系学

分析者的创造,而是说分析者应当被限制在呈现区别性关联系统之内,不应进一步设想要构建一套潜藏于这些对比之后的实证式连接性实体。

特瓦德尔的观点同样不应当被贬低为对哲学唯名论的诉求——即声称科学构思仅仅是某一理论的术语名称,除了其在叙述理论时所发挥的作用之外并无本体论地位。关于科学理论所说的"实体",人们同样可持或者唯名论或者唯实论的观点,完全不依赖他们对什么样的理论适合某一特定领域的看法(在我们的情形中,就是什么样的表达式可具有音系关联性)。

无论是否赞同特瓦德尔反对其他音位学观点所依赖的基础,都很难否认,他的观点是有关"音位"在语言学分析中的地位的美国结构主义文献中最为缜密的。但是,如裘斯所扼要评述,"大音位没有被采纳;但音系学探讨在随后几年里变得谨慎了"(Joos,1957:80)。事实上,尽管特瓦德尔的这篇文章被广为引用,但美国结构主义者们更感兴趣的依然是音位是什么这一问题,而不是某些十分微妙的概念,如,音系学应该探讨关联系统而不是探讨相关联的元素集合。

随着该观点的出现,人们迅速围绕着一种与琼斯十分接近的概念而达成了共识。对于此后美国结构主义主流中的大多数研究者来说,音位可被视为语音学上相似且呈互补分布的音段类型。由于这些类型被小心翼翼地和充当其子集的实际音段相区别(这一时期的许多语言学家至少学习过集合论的基础知识),所以,由此产生的表达式无法定性为上文第二章中区分出的任何一种特定理论。

人们可以猜测,假使特瓦德尔的道路当初得到了遵循,那么接下来的探讨可能就会更加围绕语言形式间的关系规则模式之本质,而不太围绕如何从对比元素的角度对形式进行表达的问题。但是事实上,特瓦德尔的这篇文章把萨丕尔的"理想语音元素流"和布龙菲尔德的"声音特征的最小等同物"皆从音位定义之严肃论证中有效排除了出去。随着作为类型的音位概念获得接受,探讨转向了其他问题:尤其转向了与辨别特定语音学音段的音位分类可能相关的条件。

5 结构主义音位学的后续发展

美国结构主义文献中对音位本质的大多数探讨,并不太关注音位的本体论地位(即特瓦德尔所论述的问题),而是更关注管辖音位表达式和语音学表达式之间关系的条件。这一问题曾被特雷杰等书评作者在评论布龙菲尔德对弱化元音及类似的中和例子的分析中提起,再由赵元任(1934)从一般性角度提出。赵元任的文章受到关注,基本是由于其展示了存在数种不同的音位分析可用于同一语音学数据,这取决于分析者所做的决定,这种决定在语言结构本身之中并无必要动机。不过赵元任还指出,"考虑到一个音位符号,语音域即得以确定,而域内的选择通常由语音学条件来进一步决定。人们还期待把这一结论颠倒过来,从而把书写层面包括进来;这就是说,考虑到该语言中的任何语音,其音位符号都可得到决定"(Chao 1934,收入 Joos 1957:49)。

十一 美国结构主义音系学

萨丕尔和布龙菲尔德之后，这一时期的基本实践诚然未能为这种"期待"提供什么，但是，一直到 1941 年，这一问题才成为一个主要原则问题。布洛赫这一年发表的文章"论音位重叠"（Phonemic Overlapping）区分了对应某一具体语音的音位符号不受其语音学特征直接决定的两种情况。一种情况相对良性：同一语音可能作为两个不同音位的变体而得到分配，但是在这种情况下，鉴于其语音环境，其音位值依然具有独特的确定性。这一情况称为"半重叠"（partial overlapping），以美国英语 butter"黄油"中出现于中间位置的闪音为例。布洛赫认为，语音学上与之相同的闪音出现于某些说话者的 throw"扔"等词中 [θ] 的后面。前一个例子中，闪音被分配给了音位 /t/；而后一个例子中，却分配给了音位 /r/，"但是，这种重合只是部分性的，从不会导致不确定或混淆：元音之间的每个此类闪音都属于音位 [t]，齿龈音后面的每个闪音都属于音位 [r]"（Bloch 1941, 收入 Joos 1957:94）。

但是，恶性得多的，是被布洛赫描述为"全重叠"（complete overlapping）的情况。这种情况中，同一语音在相同的语音环境中充当多个音位的变体。有几个例子在本书前面都曾出现过。德语、俄语等语言中的末位清塞音在某些形式中分配给浊音位，在另一些形式中分配给清音位，或许属于这一聚合情况。布洛赫使用了跟布龙菲尔德分析弱化元音时相同的路子。他提出，这类分析必须前后一致地加以排除，因为"在一个系统中，特定的 x 音在相同条件下的相继出现，却必须被分配给不同的音位，那么这一系统就必然坍塌，因为发音事实中不存在任何东西（与音位分析相关的唯一数据)来告诉我们,在任何一个特定话语中,我们处理的 x 属于哪个类型"(同上,95)。

布洛赫的这篇文章影响巨大,他的立场在后来的研究者中接受得十分普遍。这一论断就是"全重叠"情况必须从逻辑中排除。但是,如基尔伯里(Kilbury, 1976:75)所指出,该逻辑更在于定义之逻辑而非展示之逻辑。布洛赫按照只有"发音事实"才可跟音位分析相关联的方式来定义音位分析,而这的确蕴含着涉及全重叠的分析之不连贯性。

从上面几节中勾勒出的思想气候来看(包括多数语言学家共有的隐性感知观念,以及拒绝承认语言学结构中任何种类的"心智"组件的重要性),布洛赫所提出的限制的确显得有必要出现。这一看法只有在全然不同的气候中才能够得到修改,这种新气候中存在十分丰富的感知过程观,且语言再度被设想为涉及人类认知结构层面,而非仅仅是直接对应的刺激-反应的网络结构。

布洛赫平实地展示出,他所呈现的条件不仅仅是个口号而已,而是能对可行分析之范围产生重大影响。他用与美国英语元音相关的事实对此进行了阐释。美国英语元音通常在后接浊辅音时,拥有比后接清辅音时更长的变体:例如,bid"要求"、bed"床"、bad"坏"中的元音从语音学来看长于 bit"一丁点"、bet"打赌"、bat"球拍"中的元音。这一点同样也适用于元音[a]:pod"豆荚"的元音比 pot"罐子"的元音长。在布洛赫的方言中,存在少量长短[a]音呈对比的词语:例如,balm"香膏"、father"父亲"、starry"布满星星的"中的元音长于 bomb"轰炸"、bother"打

十一　美国结构主义音系学

扰"、sorry"抱歉"中的元音。他提出,该对立体中的长音还出现于 pa"爸爸"一词中。现在,设想一下,我们想要把元音长度的分布处理为非音系性分布(即,把长元音和短元音分配给相同的音位),这一分布由后续的音段决定。但是,如果这样,我们就会碰到一个难题:pa'd(如,pa'd go if he could"爸爸如果能去就会去")在语音学上与 pod 相同;而因此,把 pod 中的元音分配给"短[a]"音位、把 pa'd 中的元音分配给"长[a]"音位,就会造成全重叠。这样的分析因此必须被放弃。

布洛赫由此得出结论,除[a]以外的元音中的音长事实和使[a]受到影响的音长事实之间的"整齐平行性"必须由此加以摒弃。要想避免全重叠,pot 的元音和 pod 的元音之间的关系就必须处理成音位之间的关系,而诸如 bit 和 bid 之间的关系则是同一音位的诸变体之间的关系。他承认这是个不幸的结论,但却认为这是唯一科学有效的结论。明确承认美国结构主义音位理论普遍原则中的这个不合胃口的结果,是布洛赫的研究中最令人难忘的特征之一;的确,这一点在他对日语的探讨中贯彻得更为深入(Bloch,1950)。

对待布洛赫的英语元音音长分析,还存在其他途径,这些途径可以让他保留元音间的"整齐平行性",使之大体上不受损,即使按他的设想亦如此。例如,如果 pa 中的[a:]虽为语音学上的长音,但却被视为短音音位/a/(在末位位置上的)变体,那么这一情形就会弱化为一种半重叠。然而,这却不是问题之关键。重要的是,自从有了这篇文章,此后的美国语言学家就接受了把全重叠排除在音位分析之必要条件以外的做法——无论这会对由此产生的描写的连贯性造成什么样的影响。如前所述,这一必要性间接来源于对语言本质的更具一般性的设想。音位表达式应当仅从语音学数据中按照单一性提取(反之亦然,音位表达式也应当按照单一性译为达到自由变体层面的语音学形式),该条件后来被海里斯(1944a)命名为双向单一性(bi-uniqueness)。

对音位表达式和语音学形式间关系的双向单一性要求,其基本动力是这一设想:只有"发音事实"(facts of pronunciation)才可能跟音位分析相关联。这一论断的另一个层面,就是"任何语法事实都不得用于音系分析"(Hockett 1942,收入 Joos 1957:107)这一明确限制。"语法"(即形态学或句法学)分析基于音位表达式;倘若想在由此产生的描写中避免循环论证,则源于这类"更高层面"的事实就无法在得出该表达式时发挥作用。这一点有时作为方法论要点呈现出来,有时作为双向单一性的结果呈现出来(源于排除非语音学因素之需);但是其实质就是普遍禁止"使诸层面发生混合"的分析。

当然,大多数分析者承认,已得出音位分析并继而分析形态学时,或许可能要回过头来,参照形态学来修正最初的音位系统,从而使之更加连贯。毕竟,人们已经知道(Chao,1934),语音学数据通常支持不止一种可行的有效音位化过程(phonemicization),且没有理由不选择在全部层面皆产出最令人满意的系统的那种分析。有人曾明确提出(例如 Hockett 1947),这一过程站得住脚——只要所选择的音位系统拆开来看是个既满足双向单一性条件、又不涉及对其他分析层面的根本性参照的体系即可。"使诸层面发生混合"作为一种田野研究步骤,是个十分让人满意的权宜对策,只要该对策在由此产生的语法中不留下任何痕迹即可。这一可能性源于(同时也解释了)实际的田野研究程序和抽象的理想化程序的区别,后者在美国结构主义语言学理论内部构筑了"音位表达式"等观念的定义。

但是,有些语言学家不承认对混合层面的禁止。反对该要求的最著名论断是派克(1947b、1952)的论断,其名目是"音位分析之语法前提"。派克认为,令人满意的音位分析或许应当触及关于形式之语法结构的信息。他提供了若干个情形,此类信息在这些情形中似乎明显相关。派克的例子皆与早先布龙菲尔德对德语[x]/[ç]的分析属相同类型:这些例子都涉及语法边界在充当音位单位之特定变体的出现条件时所扮演的角色。边界的标示当然属于对语法信息的极为有限的运用:例如,不像后来早期生成研究中所常见的那样激进,那类研究认为音系规则可以触及完整的结构性短语标记,这种标记带有层级信息,即形态等范畴的特征。

派克的论断并未被主流的美国结构主义音位学家所普遍接受,因为容许听不见的语法因素存在于音位描写中,对他们所设想的"音位表达式"概念冲击过大。但是,人们很快找到了另一种选择,可允许派克的大部分情形,同时至少可保持独立于"语法前提"之外的外观。这就是设定附加音位元素,称为"音渡"(juncture)。音渡的实现基本不依赖实际音段元素,而是依赖其作用于其他音位的区别性条件效应。

例如,莫尔顿(Moulton,1947)在其对德语的分析中设置了一个"开音渡"元素/+/(这个概念可回溯至特雷杰和布洛赫

[Trager & Bloch, 1941]的提法)。"该音位有两个音位变体:在话语的开头或结尾,显示为一个长度不确定的停顿;在话语内部,显示为较短的停顿,或是零形式之自由变体"(同上,223)。德语中/+/的内部性例子(如在指小元素-chen 前面设置的那类)在多大程度上可真正实现为明显停顿并不清楚,但这显然不是其主要功能。此处重要的是这个事实:"我们可以在任何发现停顿(不论长度如何)的地方设想这一元素,另外,还有在任何发现(1)送气/p t k/、(2)声门塞音以及(3)紧随(语音学上的)央元音、后元音或半元音的[ç]音之处"(同上)。

莫尔顿因此能够实现布龙菲尔德对[x]和[ç]的化简,使之成为同一个音位,却又不必直接参照语法结构,而是参照了从(表层)语音学角度来定义的音位元素,将其视为潜在停顿和零停顿之间的交替。当然,他有些不真诚地观察到,"/+/出现的地方通常恰好是句法边界和形态边界"(同上,224);但这并不是问题,因为该元素的定义并不参照此类边界。为了进一步支持/+/独立于语法结构以外,他引证了几个带有例外重音的借词,这些借词中,/+/的内部性例子的设置原因可能与边界无关。

"音渡"音位的巧妙运用,让描写维系了禁止在音位分析中出现语法信息这一特点,同时回避了局限于"发音事实"所产生的部分最糟糕后果。但是,该后果却是"音位"概念的重大丰富:当"闭音渡"(close juncture)"音位"的语音除了展示(除了其对邻近音位的影响)恰恰可定义为潜在停顿之不存在时,分析显然已远离了充当相互分离的累加性指示单位的音位概念。音位概念的进一步丰富,则是伴随着一种努力(50 年代中后期尤其如

十一 美国结构主义音系学

此),要将重音、区别性音高、语调之事实——以及音渡现象——融入音位单位的单一清单,清单上的这些音位单位在语言学地位方面与音段性音位同质。但是,由于音位被视为构成对比的"原子"建筑材料,所以,每当人们注意到了新的对比维度,则除了将这类事实融入日益宽泛的音位概念之外,罕有其他选择。

美国结构主义对音位之本质的注意力聚焦,继续是整个50年代的理论探讨之特征,使音位之间的由规则管辖的关联之地位有些含混。一方面,分析者认为这类规则模式(尤其是那些表述分布事实的规则模式)很重要,足以在描写中占有一定地位,足以影响(倘若不是完全决定)"模式一致性"名下的音位分析。另一方面,由于音系描写被认为首当其冲的就是要充当某一具体语言中的音位表达式理论,所以此类考虑可进入这幅图景的唯一方式即是充当音位个体之定义中的一部分。

不要忘记,这一理论本身就是以分析程序集合的形式展示出来的,倘若得以遵循,这类程度则可期望实现预期目标。这暗示音系"规则"只有融入程序之中,才可具有地位。与运用程序时获得的(静态)表达式不同,没有什么具体的"现实"可归因于程序本身;因此,不太可能维系理性论断,来论证可能出现于自然语言中的由规则管辖的可行规则模式之形式。由于不存在任何形式的独立标准,来决定哪些规则模式具有语言学关联性、哪些规则模式是偶发的(或者只是非语言学性的),所以探讨往往颇具轶闻性、先验性。

把音系学的注意力集中于表达式本质之问题,且由此使语言结构中由规则管辖的规则模式边缘化,这绝不仅仅局限于自然语言理论家当中的美国结构主义者。但是,该理论中的某些特征在此处比在其他任何理论中都加强了这一倾向。这之中,有对"诸层面之分离"的强力关注,有与之相伴的将大多数交替从音系学相关性中的排除,还有音位表达式应当与语音学数据双向单一相关的基本要求,其中最后这一点甚至连音位之间以音系为条件的交替也要从相关性中排除出去。无论哪种情形,都未能让相关语言学家感到完全满意,但是基于他们的总体原则,似乎也没有什么其他选择可呈现出来。除了简单的分布问题之外,规则模式被从这一理论的中心位置排除,要么降级至"模式一致性"的非系统性地位,要么在形态音位学的朦胧区域中处理。我们下面要转向的,正是美国结构主义理论中的这一层面。

6 美国结构主义形态音位学

美国结构主义内部的形态音位描写之历史,是段颇不平静的历史。除了关联形式之间最表层的交替之外,所有相关事实在本质上皆超出了此类音系学理论的视野,因为形式之间的"关联性"无法"仅从发音事实"演绎而得。任何这种试图把关联元素化简为潜在统一性的描写,只要元素本身涉及各不相同的音位(从美国结构主义双向单一性意义来看),就必然因此而存在于音系学之外。

因此,美国结构主义者从最一开始,就已多多少少承认了"形态音系学"(morpho[pho]nology)或"形态音位学"

(morphophonemics)这个学科。据斯沃迪什(1934:37),语言学中的这个组成部分研究两项内容:"语素的音位结构研究"和"把音位之间的交换作为形态学过程来研究"。后来的研究者们(包括布洛赫、海里斯、霍凯特、威尔斯等等)为形态音位学之范围提供的定义,在这两个方面是否应在语法的同一组成部分中加以处理这一问题上有所差别。每个人都同意"音位之间的交换"(或称关联形式外形下的系统性关联之研究)是形态音位学的组成部分(因为确实存在这个领域);分歧在于,对语素外形之规则模式的描述(后来在生成语法中被称为"形态结构规则"[morpheme-structure rules])是否也属于这个领域。但是,该问题似乎主要是术语问题,因为谁也没声称一切皆严重依赖此决定。我们此处的兴趣主要在于对关联形式(而非单个形式)外形下的规则模式的处理,并将在这一意义上使用"形态音位学"这一术语。

最早的美国音位研究吸收了很多形态音位交替的事实,使之进入音系学的其他部分。萨丕尔尤其如此,而布龙菲尔德在有限程度上(上文我们曾探讨过这一点)也如此。不过,至少在1939年之前,布龙菲尔德就已对形态音位学(从具体而有限的内部连接音变交替[internal sandhi alternation]角度)进行了不同于音系学的处理。如前一章所探讨的,布龙菲尔德的形态音位描写技法来源于波你尼:该方法包括构建"基本形式",一套有序规则依次分别作用于这种基本形式,从而最终推导出表层(音位)形式。事实上我们可以认为,虽然布龙菲尔德持"部分赋值表层变量"音位结构观,但是他却采用了"基本变量"形态音位结构观——把第二章的术语体系延伸到了这一新领域中。

如前所示,音系学事实和形态音系学事实的结合,同样出现在特雷杰论俄语的文章中。有趣的是,这篇文章促使特鲁别茨科依写了一封信给雅柯布森①,称虽然特雷杰对俄语的分析完全不准确,但他的描写构架和术语似乎是在尝试模仿布拉格学派音系学家的形态音位研究。同一年,斯沃迪什的文章用与特鲁别茨科依大体相同的方式,明确区分了音系学和形态音系学,同样似乎是美国人模仿布拉格学派语言学家的尝试之组成部分。回溯而视,尽管存在对布拉格术语体系的明显借用,但认为特雷杰和斯沃迪什竭力模仿特鲁别茨科依和雅柯布森的看法却似乎有些牵强。不过,音系学和形态音位学之间的区分依旧很模糊,正如二者在博杜安·德·库尔德内的研究中那样——美国音系学家和布拉格音系学家一样,都在尝试划出一条与他们对音位结构之本质的认识相一致的分界线。

随着"纯"音位学说的发展,该学说逐渐越来越确定地排斥对形态音位交替的处理(在美国和在欧洲皆如此)。当然,这并未阻止语言学家认识到,这类现象中的确存在系统关系,对其所进行的描写属对语言结构的全面描述中的一部分。但是,由于这类关系无法在音系学(严格意义上[sensu stricto]的音系学)内部得到安置,所以其唯一的位置就是在形态学描写中。结果,形态音位学接下来的历史(至少在北美)就跟区别性语素本质观

---

① 见 N. S. Troubetzkoy, *Correspondance avec Roman Jakobson et autre écrits* (2006:398-401)。——译者注

的出现纠缠在了一起。

布龙菲尔德从基本变量和有序规则的角度对形态音位学进行描写的方法,遭到"后布龙菲尔德"一代的一些批评。对他们来说,尽管布龙菲尔德做了具体的免责说明,但是这样的描写仍有酷似历史描述之嫌。毕竟,这样的系列作用除了与造成今天的交替的一系列历史变化相对应之外,还能和什么相对应呢?威尔斯、朗斯伯瑞(Lounsbury)等语言学家在自己的形态音位学方法论探讨中都感到,有必要坚持把这种东西严格地排除在共时语法之外,并由此摒弃布龙菲尔德的描写技法。总的来说,这一点构筑了美国语言学更为普遍的倾向之一:消除诸形式之间相互推导出来或是从较为基本的形式中推导出来的动态过程式描述,而偏向于直接刻画所出现的形式之范围的静态描写性表述。这一偏好当然是源于这一潜在设想:只有个体形式的表达式,才是语言学应该聚焦的对象,因为只有这些形式本身,才是可观测的,因而才是"真实的"。

与过程型描写不同的方法,围绕着"语素交替形式"(morpheme alternant)方法而展开。这一途径由海里斯(1942)首度详细探讨,并成为对关于语素本质问题的回答。海里斯沿袭布龙菲尔德,从"每个拥有意义的音位序列,且这种序列不是由更小的有意义序列所构成"(Harris 1942,收入 Joos 1957:109)这一定义出发。语素因而被认同为音位的特定序列;但这却会导致"由于语法结构的原因而使某些我们希望联合起来的语素发生了分离"(同上)这一不幸结果。举最简单的例子来说,英语规则复数词尾的三个形式/-əz/、/-z/、/-s/构成了三个不同的音位序列,因此,依照这一定义,也构成了三个不同的语素。从句法学观点来看,我们显然希望将这三者处理为同一个语素;这就意味着我们必须修改"语素"概念。

和此前一样,海里斯的程序首先分离出最小的有意义音位序列,但他把这些序列称为"语素交替形式"而非语素。继而,他把一切拥有相同意义且呈互补分布的语素交替形式归纳到一起。这一模型显然跟音系学模型相同:基于这一观点的语素(海里斯称之为"语素单位"[morpheme unit])是个集合,跟集合中的元素(或称语素变体[allomorph])相关联(语素变体这个术语由奈达引入,用来取代海里斯的"语素交替形式"),正如音位是由其音位变体构成的集合。

把语素交替形式组织为语素单位之后,我们就可以审视单个语素单位的诸交替形式之间的差异了。"我们若要找到交替形式间拥有同样差异的另一个语素单位,可以对两个单位共同加以描写。因此,构成一个单位的 knife 和 knive- 之间的差异,与构成另一个单位的 wife 和 wive- 之间的差异相同,与 leaf 和 leave- 之间的差异也相同,等等。我们不必把每个单位中的两个成员都列出来,而是只需列出每个单位中的一个代表,并对适用于全部单位的差别做出一般性表述:即,knife、wife……等单位中的每一个,都拥有一个交替形式,在'复数'/z/前面用/v/而不用/f/"(同上,111)。

乍一看,这种描写方法跟带有基本形式和使基本形式转换为表层形式的规则的分析没有显著不同。但是,却存在重要区别。注意,海里斯其实并未通过把/f/变成/v/的规则来从 knife

中推导出 knive-；表达式 knife，加上该语素出现在相关清单上这一事实，只是充当了 knife 和 knive-这两个交替形式的简称而已，一个交替形式出现在一种特定环境中，另一个交替形式出现在其他环境中。从该语言来看，这个语素只是有两个交替形式而已，二者地位相同：并非一方因另一方而推导出来。

交替形式归纳到一起，形成语素单位，无论这些交替形式之间的差异是否具有系统性，其方式皆相同：am、are、is 等作为交替形式归纳到一起，其方式跟规则复数交替形式相同的归纳方式，跟 knife/knive-的归纳方式也相同。差异重现之处，我们可以用描写性公式对其加以叙述，继而用表达式对某一特定语素的诸交替形式进行归纳，该表达式本身不是个语素交替形式，但是却与该公式共同让我们决定实际语素交替形式。

稍后在该文中，海里斯明确了为个体语素单位提供的表达式所具有的静态公式性特征。他还引入了一处小修改。我们可以不把"knife"先写成/nayf/再把该元素包括到 f/v 交替之描写叙述适用的清单中，而是用一个特别的形态音位符号/F/来书写这类元素：因此，/nayF/受该交替的支配，而/nayf/则不受。搞清类似/F/这样的元素的地位很重要。人们显然并不期待这类元素成为系统中的附加元素，也根本不期待其拥有直接的语音学阐释。相反，/F/充当这一公式的简称：复数/-z/之前用（音位性的）/v/，其他位置用（音位性的）/f/。由此，只要语素的交替形式呈系统关联，该语素就具有单一性表达式，但是这类表达式的角色是对所出现的音位交替形式之清单进行简化，除此之外并无其他任何角色。语素是单位，也是集合，此类集合由同样也是单位(即音位序列)的交替形式构成。单一表达式只是统一于某一具体语素内的交替形式集合的一个方便的简称而已,可运用于任何可行之处,但并无其他系统性地位。

　　类似/F/这样的形态音位符号,充当了各种条件下交替着的音位的集合之简称,与特鲁别茨科依所设置的形态音位平行(见上文第四章)。这两种情况中,形态音位形成的唯一条件都是,归入其名下的交替着的不同音位,其出现形式应具有可陈述性和重现性。完全不需强加上一条要求,称交替应具有语音学上的连贯性或"自然性":形态音位符号只是取代了单个音位之清单而已,每个音位都拥有其所出现的具体环境。

　　我们可以把这种抽象的形态音位符号跟布龙菲尔德著作中发现的另一种用法做个对比。布龙菲尔德在其对默诺默尼语的描写中,把形态学元素表达为抽象的基本形式,该基本形式总的来说是由音位元素构成的。其阐释为,如果没有规则发生作用,将某一具体音位转变为其他某一音位,则以此实现。但是,有些符号并无直接的音位阐释,而是抽象的:由此产生的表达式若要合格,这些符号就必须被某个音位符号所取代(当然,也可删除)。这样的抽象符号以(Bloomfield, 1962)用来表达无法经历腭化的/n/的元素/N/为典型:腭化规则在某些环境中把/n/变成/s/,该规则发挥作用之后,所有/N/的情形皆被取代为/n/,由此与该音位的其余情形合流(merge)。

　　在每个例子中,布龙菲尔德都使用以基本形式出现的抽象(即非音位)符号来表达这一事实:某些原本具有音位单一性的元素,由于特定规则而显示出两种不同的表现类型。因此,/n/

和/N/皆实现为音位/n/,唯一的区别在于,/n/可受到腭化的作用,而/N/却不会。我们可以对这种抽象符号跟海里斯的/F/所表达的符号加以区分,因为布龙菲尔德的/N/(以及他的语法书中其他此类符号)只是用来表示行为不寻常的/n/而已。用生成语言学的术语来说,/N/和/n/之间的区别就是,一方带有另一方所不具备的例外特征(exception feature)。而另一方面,海里斯的/F/表达的是元素的一组完全任意集合,这些元素相互关联,仅是因其出现于同一语素在某一交替条件下产生的关联语素变体之相应位置上而已。

自然,用其他类型的术语来表述"布龙菲尔德式"形态音位是可行的。我们可以说,默诺默尼语中的/N/可表述为:在所有环境下皆是简单音位/n/,某些环境中表达为音位/s/,其他环境下表达为音位/n/。有趣的是,布龙菲尔德(1939)曾使用特殊符号/N/表示交替音段,用/n/表示非交替音段。这一用法跟其他研究者的形态音位学道路比较接近,跟作为交替公式的形态音位概念也比较接近;或许布龙菲尔德(1939)和布龙菲尔德(1962)之间用法的颠倒反映了概念上的差异。

早期美国结构主义论述形态音位学最重要的文章之一,是斯沃迪什和沃杰林的那篇(Swadesh & Voegelin,1939),该文同时解释了形态音位符号的这两种用法。一方面,在探讨描写中的抽象形态音位符号之角色时,斯沃迪什和沃杰林处理了与三年后海里斯探讨的相同的英语例子(wife/wives、leaf/leaves等),也提出了相同的论述:即用形态音位/F/来充当"复数/z/前是音位/v/,其他情况是音位/f/"这一交替的简称。另一方面,在对特巴图拉巴尔语(Tübatulabal)①的探讨中,他们以与布龙菲尔德相同的方式使用了形态音位这一术语:即,用来表达同一表层音位的两个变体,这两个变体从语法中的具体规则来看具有不同表现。

特巴图拉巴尔语显现出丰富的长短元音交替网络。斯沃迪什和沃杰林展示出,在许多情形中,原本是长音的元音当后接清阻塞音时显示为短音,而无论是长音还是短音,后面都可接浊阻塞音。这就暗示出一条规则,在清阻塞音(而非浊阻塞音)之前使元音缩短。与阻塞音不同,鼻音、半元音、流音/l/、喉音(/h/和/ʔ/)则不显示出语音学上的浊音形式和清音形式之间的区别。不过,在有些情况中,这类成员前面的元音被缩短,而另一些情况中则不然。因此,在这类非阻塞音中存在两类形态音位行为:有些音段引发缩短,另一些则不会,尽管二者之间并无语音学上(更不用说音位上)的差别。

明显的形态音位解决方案之一,是构建起两类非阻塞音——底层上的浊音与清音的对立——与(以语音学为动力的)两类阻塞音相平行。因此,可以陈述为:元音在清音音段前缩短,在浊音音段前不缩短;并且,清浊非阻塞音可继而合流(在鼻音和/l/前成为语音学上的浊音音段,在喉音前成为语音学上的清音音段)。有趣的是,斯沃迪什和沃杰林却并不提这一解决方案。他们的确构建了两类非阻塞音,但是却并未把这一差异处

---

① 特巴图拉巴尔语,特巴图拉巴尔族印第安人的语言,分布于加利福尼亚州内华达山区,属犹他-阿兹特克语系。——译者注

理为清浊声音问题，而只是把一类称为"具有缩短力的辅音"，把另一类称为"自然辅音"或"不具缩短力的辅音"。语音学阐释则几乎被大摇大摆地回避了过去。

与之类似的分析还运用于元音。特巴图拉巴尔语中的某些元音显现为长音，除非受到缩短规则的影响；而另一些元音则显现为短音，除非受到（位置性）延长规则的影响。明确的分析似乎再次应从语音学上对这两个类型进行区别，将其区分为底层的长元音和短元音的对比。不过，斯沃迪什和沃杰林区别的是"重"元音和"轻"元音，并使用了不同的附加符号把形态音位表达式中的"重"元音标记出来，使之不同于音位形式中用来标记长元音的附加符号。无论是在这一情形中还是在辅音的情形中，阐释都十分明确：形态音位符号之间的差别并不直接对应语音学差别或音位差别，而是对应着可通过"相同"表层音位音段类型（尤其是按布龙菲尔德的用法）而展示为两类行为之间的那种差别。这类抽象的形态音位符号可跟 leaf/leaves 中的符号相区别，但两种形态音位皆与语音学单位/音位单位完全不同。

7 规则之相互作用与描写之本质

除了形态音位表达式中的元素地位之外，美国结构主义形态音位理论研究者们那里可辨别出的其他重要问题，还包括他们对规则相互作用或有序性的处理。不要忘记，在布龙菲尔德的描写方法中，形态音位分析规则作用于序列（或称"描写性顺序"），其中每一条规则皆作用于前一条规则的作用结果。某一语法中规则作用的准确顺序是个语法本身中需要阐明的问题。描写中认为某一规则"先于"另一条规则,更准确来说意味着前一条规则作用的结果由下一条规则所预设,并且进一步说,由第一条规则毁坏的任何信息,都无法由第二条规则所获取(见 Anderson 1974 对此的探讨)。对布龙菲尔德来说,也正如对生成音系学家来说(至少直到约 1970 年为止),规则之间的此类预设关系应当在语法中得以阐明,正如规则本身的其他任何方面应得到阐明一样。然而,形态音位学的其他研究者虽然为语法之规则设想出了类似关联运用序列的东西,但是却做出了与布龙菲尔德截然不同的论断。

此处若要详细审视美国结构主义形态音位描写中找得到的具体描写顺序,会让我们离题太远(详细探讨见 Kenstowicz 1975)。但是有一点重要传统应当注意到,肯斯托维茨将其追溯至萨丕尔的研究。我们在上文第九章中曾注意到,萨丕尔认为规则作用于序列,但序列是可从一般性原则中预测出的序列,而不是在语法中得到阐明的序列。此外,萨丕尔还允许规律来参照"有机"元素(以底层形式展现的元素)和"非有机"元素(由规则之运作而产生的元素)之间的区别。由于对"有机"元素和"非有机"元素之对立的参照是任何语法规则皆可获取的差别,因而使规则能够获取前面各规则实际已毁坏的信息。这一可能性源于已被规则改变、但其底层源头却依旧可被后续各规则获取的"有机"音段之情形。

对实际上已被规则改变了的音段之底层值所做的这类参照,如肯斯托维茨(1975)所整理,可见于 30 年代、40 年代、50 年

十一　美国结构主义音系学

代的若干文章中(其中尤其包括 Swadesh & Voegelin 1939)总的来说,具体语法内部的规则相互作用之下隐藏着的设想,当时在理论文献中未被探讨过。可通过事后追溯而显现出来的设想,若要得到具体描述从而能够产出正确结果需赋予何等重要性?这一点并不总是很明确。不过,至少在一种情况下,参照基本形式和参照推导形式之间的具体对比问题得到了特别论述。

海里斯(1951a)处理了形态音位描写的本质这一问题,提出了描写顺序之角色问题。他引用了默诺默尼语中布龙菲尔德的规则,其中,(a)语素末位的/n/在/e/或/y/前被/s/取代;(b)末位元音脱落。"我们遇到/ōs/'独木舟,单数'、/ōnan/'独木舟,复数'时,即认识到这一交替可被描述为前两者之和。但是,我们只有构建起形态音位/ōn-e/,再按照这两个交替刚才得到陈述的顺序对其加以运用,才能够做到这一点;如果我们先让/e/脱落,就丧失了将/n/替换成/s/的条件"(Harris,1951a:237)。

显然,海里斯此处犯了一个逻辑错误,这个错误其实在此后的文献中相当普遍(包括有些生成语言学探讨)。他似乎认为,这个例子显示出对描写顺序的需求,而事实上,这个例子只显示出,如果所涉及的诸规则按照一定顺序发挥作用,采用不同顺序可造成不同结果(对这些情形的探讨,见 Anderson 1974,第 5 章)。的确,按照相反顺序运用上述两条规则,可得出不正确形式(即/ōn/);但是同时也表明,这两条规则若是相互独立地作用于同一表达式(即底层形式)(也就是说,若是两条规则同时发生作用),正确结果亦可得出。必要因素仅是确保以/s/代替/n/的规则发生作用时,末位/e/仍存在。这一点可通过下列两条途径中的任何一条来达到：(a)让末位元音脱落规则仅在/n/变/s/规则之后才发挥作用；或(b)让/n/变/s/规则来检测底层表达式，无论末位元音脱落是否会在表层形式中使/e/消除。

虽然上面引用的海里斯的论述中有此明显暗示，但是海里斯当然意识到了这种可能性，并在下一段落中提出，不同于描写性顺序的另一路径恰恰就是，让规则要么参照形态音位环境（即"有机"环境，或称底层环境）、要么参照音位环境（也称表层环境）来进行描述。因此，他的提议类似萨丕尔等人的实践中所隐含的提议；其不同之处在于，他希望参照形态音位和音位的区别来代替一切显著的顺序。注意，规则或许依然必须在（隐含的）序列中发挥作用：某一规则如果被描述为具有严格的音位性环境，那么在其他某一规则把形态音位元素转化为音位元素之前就无法发挥作用（因为海里斯认为，即使是拥有统一音位实现形式的形态音位，也与相对应的音位不同）。但是，却存在一些可明显推翻这一观点的情况：尤其是，与底层形式和表层形式皆不同的中介表达式（intermediate representation）不可能在为交替构筑条件时发挥重大作用。

在由萨丕尔、布龙菲尔德、海里斯关于规则相互关系的理论所带来的结果中，其他一些不同之处也可很容易地举出。虽然对规则间相互作用进行设想的需求在所有正式的形态音位描写中皆存在，但是除了布龙菲尔德(1939、1962)的基本论断以及刚刚提到的海里斯的探讨这些例外之外，这一时期罕有语言学家直接谈论这类问题。对于交替规则如何相互作用这一理论问题，威尔斯(1949)提供了或许是最成体系、最为复杂的探讨——

十一　美国结构主义音系学

这篇文章在当时基本被其他人所忽视,其受忽视的程度可能恰好解释了这种思考在美国结构主义理论探讨之语境中有多么边缘化。

这一边缘性源于更高一层的一个事实:在美国结构主义理论内部,形态音位学除了充当一种"技法"来以简约的方式描写从属于语素个体的变体集合之外,并无真正地位。形态音位学研究形式间关联中的规则模式,但是由于只有形式本身才具有可观测性,所以从美国结构主义对语言本质的带有局限性的观点来看,只有形式才是"真实"的。规则模式不是与之同类的事实,无法在语法中被赋予同样地位:相反,规则模式成了语言学家在形式间的关联中发现的某种东西。当然,描写这类关系对语言学家来说义不容辞。但是,如何处理这一问题却成了他自己的事情,而不是语言学事实问题。

布龙菲尔德(以及其他许多人)确实探讨过,对这些事实存在其他描写方法,并且提供了一些方法供选择。更具体地来看,布龙菲尔德曾在多个地方敦促,分析者应当永远选择可获取的"最简明"解决方案。因此,从此后的语言学理论来看,在形态音位学领域以及其他领域,人们可能会把一种适用于对多种语法描写进行比较的评价概念归功于他。但是,这很显然是个错误。布龙菲尔德若是说到某种描写比另一种描写"更简明",并不是从生成语法的技术意义上做出此论断(参见下文第十二章),而只是前系统意义上所说的某一描写可能会比另一种描写更简短、不那么复杂、羡余较少、更整洁等等。自然,语言学家应当力求使可读性最大化,使简洁性最大化。但是,除此之外,作为"正确"语言学分析问题,倘若能够正确对形式进行处理,则任何描写都具有潜在的正确性,并可呈现出对语言的音位、语素等系统的准确论述。

对于美国结构主义者来说,正如对布龙菲尔德来说,语言基本上是各种清单之层级系统:音位之清单,可相互连接构成语素交替形式;语素之清单,可组合起来构成词语和句法结构,而词语和句法结构本身又构成了更深一层的清单。对语言的描写,从根本上来看是对构筑上述清单的元素所进行的定义和列举。

只有当这一概念被语言是个结构严整的认知结构这一观念取代时,才可能真正出现这一观点:描写必须(在多个分析层面上)理解某种不同于形式之集合的东西。若要描写这样的认知系统,不仅形式要对应着某种"真实"的东西,而且对形式之间有规律的关联进行表达的规则,也要如此(进一步说,还有决定规则之阐释与运用的那些原则)。从上述意义来看,提出某一具体描写正确与否的问题,或是普遍意义上的具体描写格式正确与否的问题,是可行的。然而,对于美国结构主义者来说,形态音位学完全属于"规则模式"领域,而不是"项目"(items)领域,因为他们的原则把这类事实从音位学中排斥了出去,所以这一层面的语言学描写只占据了非系统性的描写技法之地位,并非真正是语言自身的一部分。

十二 生成音系学及其起源

在这一章中,我们思考生成音系学的背景和早期发展历程,从 20 世纪 50 年代中期直至乔姆斯基和哈勒的《英语语音模式》(*Sound Pattern of English*)1968 年出版。生成音系学在这一阶段是如何发展的,这一问题有两个不同层面,二者皆与之前的理论相关联。一方面,存在生成音系学如何在其他音系学传统上构建起来并将其取代的问题;另一方面,生成音系学家对上述起源问题是如何处理的,也是个值得审视的问题。对于这一具体理论来说,后一个问题很有意义,因为该领域的许多早期文献均是在有意识地尝试阐释过去——目的之一是为了与过去决裂,另一目的则是为了延续其跟先前研究中据认为被遗忘的卓见之间的关联。倘若我们希望辨认出其中那些未被其他观点拿来审视的层面,以及那些潜藏着的基本设想被抛弃后仍完好保持着的层面,那么该理论的实际历史起源(以及想象中的历史起源)就具有明显的重要性。

生成音系学,尤其是乔姆斯基和哈勒的著作中所体现的生成音系学,把我们在前面各章中关注过的两条发展主线汇聚到了一起。乔姆斯基最初是泽利格·海里斯的学生,他的背景属最强有力的形式性、程序性、分布性美国结构主义。而另一方面,哈勒是罗曼·雅柯布森的学生,因而受到的是截然不同的"欧洲"传统之训练。两人的合作产生的理论,与两种源头皆极为不同,但又在两种源头中有实质性根基。

  本章中我们不打算呈现生成音系学理论的原则。其他著作已为这一目的而存在(如 Anderson 1974;Hyman 1975;Kenstowicz & Kisserberth 1979;Sommerstein 1977——更不用提 Chomsky & Halle 1968),在此进行几页勾勒基本没有必要。相反,我们此处的主要关注点是勾勒出生成音系学最初那些年的历史发展,尤其论述使这一新的研究方法跟此前的研究相区别的那些因素,以及使人们(至少在美国)大规模放弃结构主义理论而偏向这一理论的那些因素。

1　美国结构主义的衰落与垮塌

  生成语法(以及生成音系学)的兴起史,基本就是对美国结构主义的放弃史。对许多非语言学人士来说,生成音系学理论似乎在精髓上是"结构主义"的,因为该理论基于这样的基础:结构(不仅仅是清单)在语言中至高无上;不过,结构主义这个术语 50 年代之前在语言学中的特定含义(无论在美国还是在欧洲)要具体得多,该思想被生成主义取代,在多个方面皆真正具有基础性意义。任何新理论的出现,皆不可避免地涉及对旧思想的取代;但是,美国结构主义思想和生成思想之间的关系却格外具有对抗性。这一节中,我们探讨这种对抗的早期阶段,大体上遵循纽梅耶(Newmeyer,1980)所做的杰出论述。

十二 生成音系学及其起源

截至 50 年代,语言学已不再是充当主要负责其他学科的学者们业余爱好的边缘性理论。尤其是在美国,语言学已变成一个独立存在的繁荣学科,有数量巨大的教师和学生,在成熟的语言学系中专门研究语言学问题。这个新兴的语言学家群体,对该领域拥有强烈的职业身份认同感,且因正统学术学科的机构组织(专业协会、年会、暑期语言学研究所、多份明显致力于其研究的学术刊物,等等)而得到加强;很大程度上,这一身份认同基于结构主义理论对研究之重要对象(即人类语言)的唯一特许科学观所做的具体论断。任何置疑基本结构主义设想的新理论都自然会遭遇一定程度的思想抵抗,但是在这一问题中,还要抵抗被许多人视为对本领域之基础构成威胁的那些因素。

对于局外人来说,50 年代中期的美国结构主义语言学似乎是某种模范科学:的确,组织得十分完好,以至于担心因解决了其所有重大问题而面临失业威胁。音位学和语素学的基本原则已经多多少少沿着上一章中所勾勒出的线索得到了澄清,把基本相同的概念结构延伸至句法学似乎至少原则上可行。有了这一结构,语言学的主要问题就成了发展对可用于来自任意语言的数据进行分析程序的问题,这一问题可产出对所期待的形式进行的描写。人们大体上觉得,上述程序之基础已经得到了很好的理解;在语言学分析有效简化为一种机械性任务(甚至可能变为自动化任务)之前,剩下的一切就是对某些相对微小的细节进行精密化。

但是,从本领域内部来看,形势却不那么乐观。来自多个方向的挑战出现了,这些挑战似乎要颠覆重要的基本设想。当然,在研究所遵循的路线的根本正确性问题上,并无全面质疑;但是却存在若干问题,结构主义基础在这些问题上对连贯而一致的攻击存在潜在的脆弱性。

其中一点,就是曾为布龙菲尔德及随后一代人充当了强烈动力的科学哲学方面所出现的一系列问题。两次世界大战之间那段时期,逻辑经验主义中的操作论(operationalist)设想、证实论(verificationist)设想曾经占据主导地位,几乎建立起"科学探索"之界限。美国结构主义语言学的基本魅力,其根基即是基于这一研究方法;结构主义理论也是基于此,被确证为在语言研究史中具有独一无二的"科学性"。

但是,截至50年代,对自己的这辆捎上了语言学家的顺风车,科学哲学家已开始日益质疑其有效性。显然,许多领域的基本科学概念并无逻辑经验主义者所要求的操作论式定义,但却并未因此而被认定为无意义。总体上来看,科学开始更加关注理论整体上在某一具体领域中拥有解释力、预测力,并为该领域带来连贯性和清晰性的程度,而不是关注理论中的每条论述可得到操作论式证实之方式。随着这一转向的出现,结构主义具体概念基础的哲学依据倒塌了。

在与之相关的发展中,激进行为主义者的心理学研究方法同样遭到了质疑。行为主义和科学哲学中更具一般性的问题之间的联系很明显;但是,50年代中期之前就已开始严重降低行为主义之魅力的,不是哲学家的态度,而恰恰是各具体学科;这些学科显示出更多借助复杂性和结构而非借助刺激-反应链条来设定心理机械主义之需求。乔姆斯基(1959)为斯金纳的《言

十二 生成音系学及其起源

语行为》(Verbal Behavior)所写的书评,多多少少地对语言这一具体学科中的这类观点进行了致命一击;但是,对解释力的重新评价过程,在此之前就已经开始。

当然,随着对行为主义的接受出现衰落,在感知和学习等重要领域,人们开始乐于思考结构性更强、简约性更弱的心理学理论。我们曾在上一章中指出,对某一特别有限的认知观的接受,似乎提供出一种有力论据来支持双向单一性音位表达式;(第一)语言学习通过对无猜想的背景进行简单归纳而发生,该背景与语言学田野研究之背景相同,这一观念似乎使程序式研究方法对基础性语言学构造的定义得到证实。随着两个领域中都出现了对行为主义论断的贬低,此前出现的对美国结构主义理论和方法论的支持,从语言学以外的思考中受到了进一步削弱。

不过,在严格意义上的本学科内部,同样也可注意到一些问题。截至50年代中期,已出现越来越多的证据表明,双向单一性音位分析(结构主义语言学之基石)这一严格要求常常造成严重违反直觉的描写。

布洛赫在其1941年的文章"论音位重叠"中首度探讨了这一问题。如上一章所述,他在这篇文章中展示出,对双向单一性的要求已导致美国英语中元音的"整齐平行性"在元音长度分布方面发生崩溃。因此他提出,正确理解音位之理论构成,可在实际上带来进步:即对事实其实并不那么平行这一点的发现。与之类似,在他对日语音位学的分析中,从1946年的处理方法到1950年的处理方法,明显简单而精炼的原则消失了,取而代之的是由规则模式组成的一片杂乱局面。这一点再度被赞誉为因严格运用双向单一性音位分析而产生的理解上的进步；但是，结构主义音位学其实只能经受得起几次这样的"进步"。随着这种进步累积起来，带有这种后果的理论是否真的在提高语言学家对语言结构的理解就变得越来越不明确了。

诸多分析困难浮现出来的一个具体领域，是对超音段处理：即对重音、音高、音渡的处理。50年代，无论是描写层面还是解释层面，都有相当多精力被大量投至上述现象。特雷杰和史密斯(Trager and Smith, 1951)对英语的分析，包含音位性重音和音高的多个不同层面以及一系列音渡元素，是诸多探讨之中心。随着这一领域的事实渐趋明朗（如果说尚未完全明朗），有两个结论似乎不可避免：其一，对超音段现象的描写（至少在英语这种得到了最详尽研究的语言中如此）若要连贯，就必须详细参照语法结构；其二，所涉及的对比绝非真正仅仅可从语音学数据中直接提取。直到1965年，利博曼(Lieberman)通过实验展示出，倘若无法获取其他信息，即使受过高度训练的语音学家也无法准确判断重音；但是，这个结论很早以前就已经开始对研究本领域的人产生影响。在既要求双向单一性、又否认音系学对语法信息的获取的理论内部，重音（以及音高和音渡）之事实似乎绝对棘手。

其实，生成研究对美国结构主义观点的第一次重大影响可能并非来自转换句法研究，而是来自乔姆斯基、哈勒和卢柯夫(Lukoff)1956年的文章"论英语中的重音和音渡"(On Accent and Juncture in English)中所做的音系学设想。他们所做的英语重音分析，只要求在音系表达式中进行简单的带重音/不带重音的区分,而非特雷杰-史密斯体系中的四个重音等级。这一描写显然比先前任何处理方式都更加精炼——但是,这一描写基本依靠易受语法结构影响的规则,以循环方式作用于一系列更高层面的成分,从而由简单、直接的音位形式推导出复杂的表层事实。

乔姆斯基、哈勒、卢柯夫的文章对放弃结构主义设想之必要性建立起强有力的显而易见情形(*prima facie* case),以便连贯分析英语的超音段,但是,结构主义设想的辩护者们基本不会急于接受新提法。1957 年,在第二届得克萨斯英语语言学分析问题会议(the Second Texas Conference on Problems of Linguistic Analysis in English)上,这一分析遭到了激烈的批判,(在参加会议的人看来,)最终被摧毁。对这次批判的公开反击,直到 1964 年乔姆斯基在语言学研究所授课时才出现(后出版为 Chomsky 1966a);但是其中涉及的问题与此同时在多处得到了探讨,此分析的魅力不言而喻。

一年后(1958 年),第三次得克萨斯大会的组织者邀请乔姆斯基本人亲自陈述其研究。这一想法似乎已经使结构主义语言学的所有"大炮"全部瞄准这个新理论,要在其成长起来之前将其扑灭。但是,实际结果却全然相反,通读会议文本(即 Hill 1962)即可清楚得令人着迷。正如纽梅耶(Newmeyer,1980:35)所说,这显示出"乔姆斯基这个直言不讳的人[①],与本领域的

[①] 原文为 enfant terrible,法文原义为"可怕的孩子",常指因直言不讳而让大人感到难堪的孩子。——译者注

巨头们较量,把他们搞得像是语言学入门课程上一头雾水的学生。"至此,生成语法所浮现出的对美国结构主义论断的挑战已经变得着实严重,甚至连有些结构主义者,也开始表示信服。

2 生成音系学的兴起

于是,截至 50 年代末,美国结构主义的概念支柱已受到严重削弱,由发展中的生成语法理论所展示的另一途径则开始对本学科形成影响。不过,并不应该认为,结构主义语言学在 1957 年或 1958 年简单地融化掉了。

诺姆·乔姆斯基(Noam Chomsky)恰好处于揭露美国结构主义语言学之弱点的绝佳位置上。他生于 1928 年,对语言的兴趣早在 10 岁那年就已得到发展,那年,他阅读了他父亲(希伯来语语文学家威廉·乔姆斯基[William Chomsky])的一部希伯来语语法书的校样。在宾夕法尼亚大学上学时,乔姆斯基遇到了泽利克·海里斯(后者的政治观点最初对他的吸引不亚于其学术)。正是通过阅读海里斯(1951a)的《结构语言学的方法》的校样,乔姆斯基第一次学习了语言学。在宾夕法尼亚大学,他撰写了关于现代希伯来语形态音位学的本科毕业论文和后来的硕士论文(Chomsky 1951;出版于 1979 年)。这部作品中包含生成语法之目标,不仅仅处理形态音位学问题,而且还处理该语言的整个语法,从句法一直到音系。有序规则系统试图对语言中合乎语法的句子之范围进行特征刻画,通过这一形式,该著作更近似于他父亲所做的历史研究,而非海里斯当时正在从事的那

十二 生成音系学及其起源

类研究。不过,基本没有证据表明海里斯注意到了这一研究,甚至没有证据表明海里斯读过乔姆斯基的论文。有趣的是,仅有的两位确实对这份研究表示过兴趣的语言学家居然是宾夕法尼亚大学印欧语学家亨利·霍尼格斯瓦尔德(Henry Hoenigswald)和耶鲁大学的伯纳德·布洛赫。

经哲学家内尔森·古德曼(Nelsen Goodman)的推荐,乔姆斯基于1951年至1955年被任命为哈佛大学初级研究员[①](junior fellow)。这一位置使他基本能够完全自由地研究自己想要研究的任何东西。起初,他力求对从海里斯那里学来的程序方法加以发展。但是,在剑桥[②],他遇见了莫里斯·哈勒(Morris Halle)(哈勒当时是哈佛的一名研究生),两人把大量时间用在一起探讨上。截至1953年,乔姆斯基和哈勒都已对完善作为语言理论的结构主义程序感到完全失望;在哈勒的鼓励下,乔姆斯基开始研究自己的硕士论文的潜在思想。其成果就是约1000页的《语言学理论的逻辑结构》(The Logical Structure of Linguistic Theory,Chomsky 1955,出版于1975年),生成语法的大多数基础思想都已在该书中出现并得到探索。

虽然这部书被他唯一投稿的出版社拒绝了,但乔姆斯基还

---

① 初级研究员是哈佛大学为有学术前途的青年学者设立的研究岗位,资助期通常为三年,不授予学位。后来成为著名学者的心理学家斯金纳、哲学家蒯因、历史学家小亚瑟·施莱辛格等人,早年均曾担任过此职。——译者注

② 此处的剑桥指哈佛大学和麻省理工学院的所在地美国马萨诸塞州剑桥市,位于查尔斯河北岸,与波士顿市隔河相望。——译者注

把其中的一章作为博士论文提交给了宾夕法尼亚大学。由于哈勒和雅柯布森的影响,他得到了麻省理工学院的研究岗位,还在该校讲授科技法语、科技德语,以及逻辑学和哲学方面的几门本科课程。更重要的是,在与哈勒以及哈佛大学、麻省理工学院其他人的合作中,他拥有在既振奋又不受限制的环境下继续发展其语言学基础观的自由。

1957年,乔姆斯基的麻省理工学院本科课程教案在雅柯布森、哈勒(1956)领衔的名为《语言基础》(*Fundamentals of Language*)的一套新丛书中出版。这本书就是《句法结构》(*Syntactic Structures*),倘若不是罗伯特·里斯(Robert Lees)的书评经布洛赫发表在《语言》上,这本书当时很可能基本不会受到注意。里斯的书评(1957)有力地使生成语法得到美国语言学界的注意,可以说开启了变革之过程,这一变革最终使生成语法在美国语言学领域取代了结构主义。

乔姆斯基由于受过海里斯的训练,还曾投入相当精力关注以强有力的明确程序之集合为形式的定义语言学结构之任务,所以他很了解困扰该学派的根本性问题。另一方面,他本人的教育完全是独立的,他的第一份实质性成果(即《希伯来语形态音位学》中的成果)是在没有对结构主义论断做实质性参照的情况下取得的。当他开始相信这样的尝试确有必要时,就比那些自身已投入结构主义的人拥有更好的角度,以极不相同的方向出手猛击。

美国结构主义的最大优点之一,是关注形式分析和明确叙述。很大程度上由于乔姆斯基,这一点在生成语法中继续发挥中心作用,尽管其大多数结构主义观点实质已被取代。不过,鉴于他极其有力的论证和分析才能,这一效应在他攻击已经确立的观点时极具戏剧性。

《句法结构》以及里斯为该书所写的书评出现后,乔姆斯基的想法很快成为句法学探讨的中心。但是,从很大程度上来说,《句法结构》产生的效应可归因于结构主义没有真正的句法学"理论"这一事实。曾经存在一种普遍的乐观情绪,认为这样的理论是可能的,它是作为"形态学通过其他方式的延伸"(解读冯·克劳斯维茨[von Clausewitz]的话),但是却很难说已真正取得过什么实质成果。事实上,有些语言学家十分乐于把转换句法视为一种可直接纳入结构主义描写的路子,使之成为理论基本设想中仅需最小幅修正的新分析技法。

不过,这一情形在音系学中完全不同。此处并不存在任何理论真空需要填补:结构主义通常被认为已经为科学研究征服了这一领域,是结构主义最为强势的领域。乔姆斯基、哈勒、卢柯夫(1956)的文章曾严重质疑音系结构独立于语法之外这一基本观点的合理性,但是此后两年的两次得克萨斯会议却表明,本领域中的大人物基本不愿意接受这一成果——即使对英语重音描写这个并无真正的其他方法的方面也不例外。1959年的得克萨斯会议上,乔姆斯基再度受到了邀请,这次,他呈交了一篇论英语音系的文章,该文扩展了他和哈勒、卢柯夫1956年的文章的论断;有件事或许很重要(且并非巧合):这次会议的论文集从未出版过。同样是在1959年,哈勒的《俄语语音模式》(*Sound Pattern of Russian*)把进攻延伸到了双向单一性条件的基础;但是这次,美国语言学主流对这份批评的接受仍然并不及时。

1962年,国际语言学家大会在马萨诸塞州剑桥市举行。泽利格·海里斯接到稿约,请他撰写全体大会的五篇文章中的一篇,但他拒绝了这一邀请;于是大会的组织者们(其中包括莫里斯·哈勒)转而邀请了乔姆斯基。乔姆斯基将其"语言学理论的逻辑基础"一文(后来以多个版本出版,最终成为 Chomsky 1964)的相当一部分作为对结构主义(或"法位")音位学论断的延展批评。这篇文章中的攻击性论调和有力论证发生于一种背景中,这一背景表明,该文所提出的问题绝不是有待通过进一步细化结构主义程序来解决的机械性问题,而是基于与句法学中正在受到转换理论挑战的基本问题相同的问题。如果说生成语法的哲学影响并不会因为被限制在语言中结构主义者未曾围绕过的那些方面而显得琐碎,那么上述两学科之间的联系就是至关重要的。任何人要是想把转换句法学处理为嫁接在结构主义音系学和形态学上的一种技术手段,都要被迫面对这个事实:这两个学科也受到了等同的挑战——很多人并不愿意面对这个事实。

哈勒(1962、1964)所写的另两篇短文进一步呈现了将生成方法用于音系学的情形;不过,虽然许多年轻一代学者此时已被该理论所说服,但是本学科(及其体制,如美国语言学会年会)继续由结构主义研究所主导。然而,生成语法家通过会议以及主要学术刊物中的文章和书评,日益猛烈地发动进攻。

这种冲突的高潮或许以1965年为标志。那一年,弗莱德·

十二 生成音系学及其起源

霍斯霍德在新创刊的《语言学学报》创刊号上发表了一篇措辞强烈的长文,攻击生成音系学。这篇文章其实概述了本学科当时所有反对这一新理论的反对声和抱怨声。该刊的编辑约翰·莱昂斯(John Lyons)在刊载霍斯霍德的这篇文章之前,曾询问乔姆斯基和哈勒是否打算回应。乔姆斯基和哈勒当时正在撰写《英语语音模式》一书;莱昂斯的邀请为他们俩提供了一个机会,来处理围绕着生成音系学的那些不同于该书中的正面陈述的激烈争辩式问题。他们俩因此同意了这一稿约,由此产生的回应(即 Chomsky and Halle 1965)发表在了紧随其后的一期上,成为面对结构主义批评的最详细的(在多数人看来也是最具结论性的)回应。

1965 年之后,仍存在来自结构主义方面的攻击(如 Hockett 1968;Lamb 1966),但是,除了波斯塔尔(1968,发表前的手写稿至少在此前三年就已在传阅)的强有力反击之外,生成音系学家基本未能把这一话题继续下去。就确定此后的研究的主要方向而言,问题已解决。乔姆斯基关于音系学和句法学(隔日进行)的效果显著的授课,构筑了 1966 年度加州大学洛杉矶分校语言学研究所的主要焦点,并巩固了生成语法(包括音系学在内)在美国语言学中的中心地位。60 年代,若干新的语言学系或多或少地从零建立起来,这基本是由于生成语法新理论所带来的对这一领域的巨大兴趣。除了这些学校(以及麻省理工学院)以外,在美国很难找出(至少一直到 70 年代初)哪一家主要语言学系中没有反对这一新动向的一小群结构主义对手(言辞常常很激烈),但是,这些人却发现自己日益孤立,得不到大多数人的响应。

3 莫里斯·哈勒与生成音系学之基础

莫里斯·哈勒于1923年出生于拉脱维亚,与乔姆斯基的背景截然不同。1940年移民美国之后,他在纽约学习工科,直至1943年应征入伍。战后,他在芝加哥大学学习,获语言学学位;1948年,他前往哥伦比亚大学师从雅柯布森,并于次年随雅柯布森一起去了哈佛。他由此成为那些年雅柯布森身边富有才学的年轻斯拉夫学者圈子的一员,与雅柯布森合著了若干有影响的著作。他1955年的哈佛大学博士论文题为"俄语辅音——音位与声学研究"(The Russian Consonants: A Phonemic and Acoustical Study)。

在哈佛上学时,哈勒在麻省理工学院电子学研究实验室有兼职,原因之一在于他的工科背景。随后(1951年)他又被麻省理工学院现代语言系聘用,教德语和俄语。他尚为学生时在麻省理工学院所从事的声学研究中的一部分,涉及他与雅柯布森及古纳尔·方特(Gunnar Fant)的合作,并产生了《言语分析基础》(*Preliminaries to Speech Analysis*)一书(Jakobson, Fant and Halle 1952),该书通过同时使用声学术语和发音术语,对雅柯布森区别特征框架进行了公式化。他最初的名气是作为声学语音学家而得来的,作为音系学家只是次要的(是通过和雅柯布森的合作得来的)。

50年代初,雅柯布森虽然对于为区别特征提供明确的声学

十二　生成音系学及其起源

基础特别感兴趣,但他也已经完成了一些关于斯拉夫语言形态音位学的十分精妙之作(尤其是他的"俄语变位"一文[Jakobson,1948])——当时,这篇文章其实被斯拉夫学家以外的美国语言学家忽略了。哈勒对这份研究印象极深,深受其吸引,但也对难于把话语的充分形态音位表达式之类的事物和声学事实直接联系起来而感到惊讶。形态音位分析具有十分明显的一致性,又具有十分明显的解释性价值;所以,像大多数美国音位学家尝试的那样否认其在语言结构中的重要性,似乎是不可想象的。不过另一方面,倘若这一分析确实在语言学结构中拥有真正地位,那么其跟物理学信号的联系就必然远远低于为结构主义音位表达式所设置的联系。

1959 年,哈勒出版了《俄语语音模式》一书,这一问题的数个层面在书中得到了表述。的确,该书一并处理的诸多不同领域使其今天读起来相当奇怪:我们不习惯看到普通语言学理论和对某一具体语言的详细音系分析联合出现在同一本书中,而其前言又在谈论言语的物理声学,并对该语言的表层音段进行详细的声学描写。然而这一切都是哈勒的研究之中心。他曾经得出结论,认为形态音位表达式对语言结构极其重要;但是,他相信可通过感知方式从声学数据中提取的表达式也很重要(这反映了雅柯布森的另一条影响)。他的目标,就是展示出这两个描写层面以何方式相互联系,以及每个层面各有什么样的特征。由于语言学家基本上不熟悉快速发展的言语声学理论的成果,所以有必要对这一领域做个入门性勾勒,从而使他的成果可被理解。

该书被大家所记住,主要在于其第一章中的导言"音系学的一种理论"(A Theory of Phonology),虽然这部分可能并不是书中最易读的部分。哈勒此处列出了被称作充分音系学理论之必需的若干种设想;但是最重要的一点是,他提出,满足结构主义音位学的具体条件(尤其是双向单一性条件)的表达式层面并不能够自然融入这种理论中。

为了解释"由同音现象带来的歧义"(Halle,1959:23),形态音位表达式是必不可少的;与之类似,普遍性语音学表达式也有必要表达言语事实。对哈勒来说,在后者这样的表达式中,普遍性清单(如雅柯布森系统)中的一切特征皆以拥有直接声学阐释或发音阐释之方式得以赋值。与这二者不同,结构主义音位表达式的特征是为话语的一切区别性语音特征赋值,只为区别性语音特征赋值,且仍然仅可从语音学数据中提取(即符合双向单一性条件)。哈勒的论断是,这样的表达式总的来说无法既融入分析,又不会造成"在语言科学描写中并无地位的无谓复杂化"(同上,24)。

前面几章中我们已数次提到了这一论断,该论断以重要方式代表了早期生成音系学的基石。哈勒首次呈现这一观点是在1957年美国语言学会冬季会议上宣读的一篇论文中,但是,该观点直到嵌入《俄语语音模式》的更具全面性的语境中时,才完全发挥出效力。

该书中,这一论断出现于对"音系描写必须满足的六个形式条件"(同上,19)之一的讨论中。上述条件中的前两个要求,表达式必须组织成音段或边界之序列,这种序列中,音段从被称为区别特征(distinctive feature)的特征系统角度得到进一步赋值。继而,第三个条件论述了音系表达式跟"可观测数据,即跟实际言语事件"(同上,20)相关联的方式。哈勒注意到,所有的音系学家或许都会接受这个要求:从音系表达式中推断出(与语言学相关的)话语特征(即他的"条件(3)")应当可行,但是对于其附加要求("条件(3a)")看法却不那么一致,这一要求即"不借助任何物理信号中没有的信息,即可推断出……任何言语事件的正确音系表达式"(同上,21)可行。

哈勒放弃"条件(3a)"(即双向单一性要求)的依据如下:

俄语中,清浊性对于除了没有浊同族音的/c/、/č/、/x/之外的所有阻塞音皆具有区别性。这三个音是清音,除非后面接浊阻塞音,这种情况下才成为浊音。但是在词末,这三个俄语阻塞音都会发生这样的情况:这三个音都是清音,除非下一个词以浊阻塞音开头,此时这三个音都是浊音。例如,[m'ok l,i]'他湿了吗?',但[m'og bɨ]'假如(他)湿了';[ž'eč l,i]'应该点燃吗?',但[ž'e ǯ bɨ]'假如点燃'。

在既符合条件(3)又符合条件(3a)的音系表达式中,上述话语应表示如下:/m'ok l,i/、/m'og bi/、/ž'eč l,i/、/ž'eč bi/。并且,需要一条规则来表述:缺乏浊同族音的阻塞音——即/c/、/č/、/x/——在浊阻塞音前的位置上发生浊化。不过,由于这一点对所有阻塞音皆有效,所以,同时符合条件(3)和条件(3a)的最终结果就是使阻塞音分裂为两类,并增加了一条特别规则。如果放弃条件(3a),则这四句话语可表示如下:{m'ok l,i}、{m'ok bi}、{ž'eč l,i}、{ž'eč bi},上面的规则就即可得到归纳,从而覆盖全部阻塞音,而不仅仅是{c}、{č}、{x}。显然,条件(3a)涉及表达式复杂性的重大提升。(同上,22-23)

这一论断的本质很值得思考。重要的是,这之中并不涉及将新的语言学事实纳入思考:与之类似的事实,早已被美国结构主义传统内部的研究者们以不尝试摒弃双向单一性原则的方式研究过。只要某一规则(此处是清浊同化规则)对某些音段(例如,{m'ok bi}→/m'og bi/中从/k/到/g/的变化)造成音位身份变化,而对另一些音段(例如,{ž'eč bi}→[ž'eʒ bi̯])却只带来亚音位变体,则哈勒所描述的情形就会出现。

我们已经注意到,布龙菲尔德的默诺默尼语中包含一个类似的例子,即"半音位"u的处理,这个问题由以音系为条件的抬升规则的运作而产生,因此不应被赋予音位地位;但是,如果形态音位规则的产物是个音位串,则又必须被处理为音位。布洛赫对美国英语元音长度的探讨,也正如其间接承认的那样,可支持类似的结论。汉普(Hamp, 1953)在探讨凯尔特语言中的首音顿变(initial mutation)过程时,引述了本质相同的例子,甚至还将这些例子特别作为证据,来反对双向单一性表达式的有效性。但是,这些论断(以及其他的论断)都未能消灭双向单一性条件,而哈勒基于同类例子的论断则的确不可否认地说服了很多以前始终未能被说服的人。

十二 生成音系学及其起源

原因之一,我们或许可以把哈勒之表述的可信性归功于其及时性。如我们在前几节中所概括,截至 1959 年,许多美国结构主义者已开始质疑该理论的概念合理性。双向单一性原则是结构主义音位学的基础性部分之一,但是这个部分似乎既要遵循底层(现已中和)的基础,又要在许多情况下造成不期望的分析及与直觉相反的分析。因此,这个部分可能早已做好准备,要因这一原则而接受密集攻击。

还有一点不应被忽视:哈勒的论断被嵌在一种全面的音系学理论中,其严密性可由与之相伴的对俄语中高度复杂的音系关系模式来说明。为了得出相对让人满意的结果,人们当然可能连极其激进的理论构想都愿意接受。此外,雅柯布森的区别特征构架,由于与言语声学方面已完成的最复杂研究紧密相联系,也已获得了一种技术进步之形象,使之成为此前美国结构主义所培育出的"科学"形象的自然继承者。这一点上,想要认真对待这一理论的先入为主的倾向可能也有助于对其基本构想的接受。

不过,无论这类因素对确保哈勒的论断之有效性发挥了多大作用,其重要角色皆在于其强调了规则在音系描写中的中心性。注意,整个论断是基于这一观察:在某些情况下,符合双向单一性条件的层面要求语言的某种单一规则模式(此处为清浊同化)分裂为两条实际互不相关的规则。这样,在只有形式之表达式才有"真实"地位的理论中(如美国结构主义音位学),这样的论断就很荒谬,或者说充其量也只是不相关而已:使一个表达式和另一个表达式相关联的原则(即规则)只是对表达式的单个元素所进行定义的一部分,在语法中无论如何也不具有独立地位。如果这类原则可以按简单而简洁的方式得以公式化,那就好得多了;但是,表达式元素本身不应该依规则之便加以选择这一观念就无法想象了。

哈勒的探讨的直接后果就是使音系学中出现了变革,与聚焦于双向单一性音位学的理论内部所允许的抽象表达式相比,这一变革朝向更加抽象得多的表达式。但是必须强调,这一点很重要:该动向是音系学研究中更具根本性的重新定位的附属结果:这一变革从聚焦音系表达式及其元素的特点,到更加强调语法之规则。自然,对表达式及其本质的关注不会一夜之间消失。但是,对下面这个观点的认可正在露出曙光:倘若语言要被当作复杂认知系统来研究,而不是被当作音位、语素、词语、结构的清单来研究,那么,规则也应作为语法的一部分得到认真对待。由于对规则、规则的特点以及规则进入语言学系统的组织结构的研究其实是个未被探索过的领地,所以这一重新定位对音系学研究之本质具有更为重要的效果,该效果超过了生成性底层表达式比双向单一性音位表达式更抽象这一纯事实。

4 生成音系学理论之先驱

几乎从一开始,乔姆斯基和哈勒就从前结构主义历史中提出了几位人物的名字,将他们作为他俩所从事的这类研究的先驱者。从音系学来看,萨丕尔从这一角度得到了多次提及,布龙菲尔德也是如此(在实践领域如此,即 Bloomfield 1939,不考虑他的理论性著作)。乔姆斯基(1962)还把索绪尔引证为拥有与生成音系学极为相似的音系表达式图景,虽然这一引证十分孤立。此后,乔姆斯基还进一步强调了生成语法与波特-罗亚尔语法的唯理哲学以及笛卡儿、洪堡特等人之间的联系(参见 Chomsky 1966)。

声称这类早期研究(无论是哲学方面的还是语言学方面的)某种程度上是生成语法的概念源头或起点,可能必须得视为纯粹的事后追溯式粉饰。乔姆斯基的思想基本上是在独立于这种语言学传统之外的条件下发展的。他自己就曾强调过(例如 Chomsky 1979)他的早期研究完全完成于任何具体语言学框架之外、几乎未意识到其具体先例之程度。与之类似,他对早期唯理哲学的探索,也基本是在生成语法已经形成并取得很好发展之后才进行的。

乔姆斯基对早期唯理主义者的探讨已激起科学史学家、哲学史学家的强烈反应,他们谴责乔姆斯基篡改思想史,竭力图谋发展生成语法之概念。不过事实上,还存在更加理性的评估:他的历史阐述之观点就是,以前的语言思想家拥有某些与推动生成语法研究的思想家十分类似的洞察力,但是他们的观点后来被十分不同的观点取代了,这种洞察力因此消失——从他们未能引导此后的研究这一点来看确实如此。人们试图探寻先前的哲学研究者对语言的态度,既不是为了把他们视为未获成功的生成语法家(generative grammarians manqués),也不是为了把他们的名字的威望跟当前的理论联系起来,而是因为从他们的著作基于类似的前提这一点来看,确实跟当前有相当重要的联系。生成语法作为基于其自身解释价值的自然语言理论,只是要么可成立要么不成立而已;但是,在其他更大哲学语境内对其隐含的设想之地位加以审视,可能仍然十分值得。

语言作为规则之系统(而非作为表达式之集合)这一观念,位于哈勒的《俄语语音模式》及其反对结构主义音位学的论断之核心,该观念自然与乔姆斯基的概念十分一致。《现代希伯来语形态音位学》早已呈现了类似的图景,而50年代乔姆斯基和哈勒的讨论,已经围绕由上述著作及乔姆斯基(1955)所展现的构想而造就了两人之间的根本一致性。乔姆斯基、哈勒、卢柯夫(1956)所提的对英语的分析,与这一语法概念路线一致,虽然该文章主要强调的是如何表现重音的问题。

音系学的这一理论构想中的某些方面在布拉格学派的研究中拥有明显先例,鉴于哈勒与雅柯布森之间的关系,这一点极为自然。该理论中这样的部分之一,区别特征系统充当普遍性语音学理论时所被赋予的重量。由于种种原因,美国结构主义从来未能真正采取区别特征分析(除了 Hockett 1955 等少量几份研究之外),但是,这样的表达对生成音系学新理论来说却是必不可少的。事实上,美国结构主义理论和早期生成理论之间的主要争论之处,是前者在音位应当作为单一性对比元素这一点上的不一致性,而生成音系学则认为,音位音段的对比价值是特征之对比的副产品。由此产生的论断是,音段只是特征复杂体的"不系统缩略",该论断是这一新理论刺激本领域老一代研究

十二 生成音系学及其起源

者的主要之处。

注重特征的主要原因之一,是语法评估概念理论内部的重要性。语法应当按照统一的标写法来进行理论化,这样的标写法使对同样事实的不同描写之对比成为可能,人们期望这样的对比能够构筑语言学中解释性概念之基础。恰当的估价手段可认定一组各不相同的语法之一优于其他可及的可能性;由此,关于语言结构特征的问题就可从赋予这类手段的正确特征的角度提出来。特征标写法的使用,在对音系描写评估手段的早期提法中发挥了中心角色。

被认为具有高度价值的语言结构层面之一,是语法规则表达"语言学上的重要归纳"之程度(尽管常常有人断言,这一理论的弱点之一就是缺乏关于这类归纳究竟是什么的独立概念)。哈勒(1962、1964)指出,从特征角度构建规则和表达式,有利于普遍性的估价,因为这通过叙述之长度,反映出某一表达形式所指称的音段类型之普遍性和自然性:在充分的普遍特征体系中,刻画普遍自然类型特征所使用的特征多于不那么普遍的体系。诸语法如果由基于特征的标写法系统表述,就能够以直白的方式得到对比,这一方式将反映出由某一具体构想所捕获的归纳程度。这一理论中的特征之角色,因而与布拉格学派著作中的特征之角色极为不同;但是,强调音段可分解为对比成分维度,是二者之间的相似点之一。

生成语法中的另一个布拉格主题,是对语言学中的解释性的根本关注,以及与之相伴的对语言结构之普遍特征和法则的寻求。如前所见,普遍性和解释性原则在美国结构主义眼里要么不存在,要么超出了可行研究之范围。美国的语言学家们力求对具体语言做最大可能的明确、全面描写,但是却大都觉得,可认定的唯一一种普遍性,就是对业已描写过的各种语言做出归纳概括。这与欧洲的做法完全相反——后者的做法在美国大体上被指责为含糊、凭印象。在关注明晰性的背景下,在关注基本不会跟"纯哲学"混淆的形式描述的背景下,生成语法使解释性复辟,也使对语言普遍性的搜寻在语言学中重新获得中心地位。

跟其和欧洲语言学的联系(尤其是与雅柯布森相联系的观点)相比,早期生成音系学和其美国结构主义先驱之间延续性之存在,是个绝非清晰的概念,至少在通过两派各自所采用的言辞的角度来判断如此。但是,却存在一些重要的结构主义研究设想,这些设想不经过(或基本不经过)重新审视就被拿进生成音系学中。这样的领域之一就是形态结构领域。

结构主义早已发展出了可穷尽分析为链状语素序列的词语图景:即有意义的声音机构之最小单位。对这一概念的探讨已经暴露出大量重大问题:"零"语素、"缩合"(portmanteau)语素(如法语的 au 代表 à + le[①])、无意义"语素"(如空连缀[connective][②]、构干元音[thematic vowel][③])、替代型"语素"

[①] 法语介词 à(在、向)后面接阳性定冠词 le 时,两词缩合为 au。法语教学界称之为"缩合冠词"。——译者注

[②] 即"空语子"(empty morph),见 Hockett(1947)。——译者注

[③] 指出现在词干与后缀之间起连接作用的元音,多见于拉丁语和现代罗曼语族各语言的动词变位形式中。——译者注

十二　生成音系学及其起源

(如 man/men 中的复数标记)、缩约,等等。由于结构主义内部并不存在真正的其他途径,来针对与意义单位永久联系的形式单位之语素概念;所以,即使面对霍凯特(1947)、奈达(1948)等已注意到的不幸结果,这幅图景依然在坚持。

这一问题的历史,由马修斯(Matthews,1972)极具卓见地呈现了出来。如他所述,生成语法只是把充当某一语言的实际形式之"虚构黏着类似物"的形态学结构概念拿了过来,使之未加改变即成为其底层形式概念的一部分。(Lounsbury 1953,收入 Joos 1957:380)。只有近年的研究(如 Matthews 1972；Anderson 1982a)才开始继续重新审视这一词语结构模型在生成语法理论内部的恰当性;大量的生成描写已经基本基于(并继续基于)(美国)结构主义的设想。

如前所述,对生成音系学的强调从一开始就通过强调规则在语言理论中的核心性而与先前的研究决裂。早期研究的焦点(这一焦点一直持续到了今天;不过见于本章下文以及第十三章)在于规则的本质和构建,而表达式问题则从属于这些问题,因为表达式按照使规则之普遍性最大化的方式得以组织。两个或两个以上音系上有差别的形式,因相关联的元素而存在于某种状态中,把这样的状态化简为一种出现共有底层形式的描写,至少已被视为目标之一;而表层形式的差别,则通过具有最大程度普遍性的规则之运作来得以解释。规则被认为存在于关联形式外形不同的任何地方,除了极少数不可化简的例外之外,如英语中的动词 be——但是即使是在这样的例子中,有人也做过出色的尝试,试图把明显的异干聚合表描述为由规则管辖(例如

Foley 1965b)。设定出的底层形式,是可使所涉及规则的普遍性最大化的任何必要形式。

然而,对规则的强调并非早期生成描写的唯一重要目标。另一个重要目标,是提供出已被拧干最后一滴羡余性的底层表达式之努力:这种底层表达式阐明信息之绝对最小值,从而使某一具体语言系统内部的一个语素和另一个语素相区分。某种程度来说,这只是索绪尔以来大多数音系学家所致力的工程的延续。倘若把"音系表达式"想象为阐明形式之一切区别性或标志性特征且只阐明这种特征的表达式,那么就可继而认为,其他一切信息(即可预测信息,或称羡余性信息)应当从这类表达式中驱除。不过更具体来看,早期生成描写中这类努力的贯彻形式,源于雅柯布森对信息理论和数学交际理论的关注。

至少在早期生成描写中,这一点尤其通过某一语言音系系统以"分叉图"(branching diagram)形式得以展示的方法而出现。这种图把某一语言的音段组织为连续选项之序列(每一选项对应一个具体特征);这样,在每个点上,代表某一可行选项(或称特征值)的元素的数量大体上跟相反选项所代表元素数量相等。诸音段间的总体差异集合由此得以组织,从而不仅使可预测性赋值最小化,而且尤其使对任何特定(底层)音段进行单一性认定所需的实际赋值数量最小化。

至少从表面来看,音系音段清单之分叉图的动力,似乎源于语法评估之更具一般性的任务:倘若语法的评估韵律是基于以标准标写法对描写加以构建时的表述长短之度量,倘若特征之标写是表达音段和音段类型的恰当方式,那么就可继而得出,语

十二 生成音系学及其起源

法得以组织,是为了使刻画一切单个音段所需的特征之数量最小化。

但是,这个论断有个重要瑕疵。把表述之简短认定为恰当的评估程序,其实并不是个关于语言本质的经验主义提法,而更像是个可制造此类提法的框架。任何表述,都可通过一套恰当的简约规约(abbreviatory convention),无足轻重地减缩得比其他一切描述都短:认为一类而非另一类得以正式刻画的规则在人类语言中更自然,因而就是通过关于此类简约规约的提法而进行的。直到乔姆斯基和哈勒(1968)以及其后立即衍生出的著作出现之前,生成音系学中很大一部分明显就是投身于这一任务。然而,考虑到一套规则标写规约,认为长度是已赋值特征数量之函数、可视为规则普遍性的恰当度量方法的设想,绝不暗示这一结论:词库中特征赋值之数量,应当作类似的最小化。事实上,规则应当用尽可能具有一般性的术语来构建,跟词库应当用尽可能少的特征来赋值,二者之间几乎没有联系。

尤其是 60 年代期间,生成语法关注从底层表达式中消除尽可能多的特征这一问题中的多个层面。完成这一任务,可通过优化对比之分布,再加上一套填入羡余特征中的语素结构规则。某种程度来看,这个提取尽可能多羡余性的工程,紧随上面探讨过的评估之考虑;但是还可设想(这一点是生成音系学的雅柯布森遗产的一部分),这是描写某一语言的音系学时所做的事情之一。但是,无羡余底层形式之要求,以及语素结构规则(与普通音系规则相比)之地位,皆提出诸多具有严格机制性的问题(其中部分问题被 Stanley 1967 评述过)。此处不详细评论上述问题,因为这些问题在现有文献中已处理得很好。

注意到这一点很有意义:对语素结构规则和消除羡余性的关注,从生成描写中逐渐消失了,但是作为一个理论问题,却从未被完全放弃。为某一语言的音段呈现"分叉图",是截至 60 年代中期已不再使用的方法;而截至 60 年代末,对羡余规则之描述的关注已基本消失。这一转变可归因于诸如斯坦利(1967)那样的提法,以及乔姆斯基和哈勒(1968)的最后一章。这两部著作都提出(虽然是为了某种程度上不同的原因而提出),词汇表达式终究应当得到完全赋值,而羡余性则应当以其他方式得到处理。不过,这似乎并不是整个故事。

早期对评估程序的关注,是通过这一具体论断:(在恰当的标写中)较短的描写可从经验主义角度确证为正确描写;但是这一关注最终证明是一条死胡同。其实,文献中这一形式的唯一现实论断就是乔姆斯基和哈勒常常引述的 brick(英语中出现的词)、bnick(英语中不可能出现的词)、blick(英语中可能出现但却并不存在的词)之间的区别。(注意到这件事十分有趣:此前几年,blick 曾经被哲学家 R. M. 哈尔[R. M. Hare]作为一个临时词语[nonce word]使用过,来表示一种信念,这种信念潜藏着,可吸纳一切可行的否定性证据。乔姆斯基和哈勒显然不知道这一点。)由于缺乏具有进一步说服力的例子(但是,关于构建另一个例子的尝试,见 Anderson 1974 第 6 章),特征计数的吸引力消退了,随之消失的,还有旨在对其进行支持的许多手段——但不是轰隆一声消失,而是抽抽搭搭地消失。

因此,生成音系学的这一"经典"时期(一直到 70 年代初)的

十二 生成音系学及其起源

理论问题,基本是规则之本质的问题:设计出恰当的标写法来表述规则,选择出一套充分的缩约规约用于规则之集合,构建起语法内部管辖规则的顺序等相互关系的原则。即使是这一时期的核心表达式问题,即,从底层形式中消除羡余性,也基本是作为语素结构规则或者其某种替代品的地位问题和构建问题而提出来的。在这一语境下,音系表达式(甚至语音学表达式)可被设想为拥有使规则以最大程度的一般性方式发挥作用所必需的特征。

不过,《英语语音模式》1968年出版后不久,有些音系学家即开始从多个方面对当时流行的做法提出了反对意见。这些反对意见大多源自对表达式自身特征的新一轮探索,下一章中我们所要转向的,正是这些发展。

十三 《英语语音模式》之后的生成音系学

像1968年那样十分清晰地标示为音系学史中的分水岭的年份显然并不多。这一年,乔姆斯基和哈勒出版了人们翘首以待的著作《英语语音模式》,该书是当时(可能也是此后)生成音系学理论最为全面的表述和例证。其手稿在此前数年就已经以多个版本流通,但是其最终的出版使该理论可获得比当时更为普遍的分析与评论。虽然先前的出版物已经对该理论加以描述,但是如上一章所述,1968年是生成音系学最终以充分完整的形式获得实质性审视的一年。

《英语语音模式》的出版还有另一个具有象征性的重要意义。它标志着生成语言学(包括句法学,也包括音系学)重要著作主要在业内小圈子中"地下"(samizdat')流通的时代结束,那时,不在必要邮件名单上的人只能看到些二手报告,或是听到些关于他们理论发展轮廓信息的传言。该理论的原则得到合理而确定的公开、正式出版,使其进一步成为公共财产,并得到了更广泛的潜在作者、评论者的加盟。此外,随着这种更广泛的可获及性使读者群日益增大,生成语言学家也日益转向正式书籍、学刊的正规出版途径(有时还会创立自己的学刊,如《语言学探索》

[Linguistic Inquiry]），而非自家的复印机。参考文献基本只列出未出版著作的重要文章，数量急剧下降。

1968年倘若是生成语言学得到实体化、合法化的年份，那么也必然是对该理论的反对声音开始的年份。这之前，反对意见主要来自那些希望保持某种形式的美国结构主义（或欧洲结构主义）观点的人；但是截至《英语语音模式》出版之时，除了少数几个人，反对意见对大家而言已不再是个问题。此后，所提出的反对意见来自乔姆斯基和哈勒所创建的基本语言观的内部，并寻求用生成理论自身的术语来质询生成理论。由于这类探讨一直持续到了今天，所以试图对这类探讨及其结果进行确切概述似乎有些荒唐；本章只想刻画那些旨在修正或取代《英语语音模式》理论的最重要的尝试。

1 《英语语音模式》方案的本质

关于生成音系学中所涉及的问题，最有效的视角可通过思考音系学理论之演化和数学基础之演化之间的平行性而得出。我们不要忘记，《英语语音模式》中所表现的音系学理论之本质，其中心是对音系描写的明确形式标写。一切与语音结构正确论述（或称"描写充分"的论述）之发现相关联的问题，皆可由此化简为完全明确标写系统中的机械性表述操作，从这一意义来看，这种标写与对这种标写进行定义的语法评估功能相结合，构筑了音系学主题问题之全面公理化。当然，乔姆斯基和哈勒（1968）并未声称已完成了这一目标，但这的确是该理论的计划。

"经典"生成音系学框架内部所获得的成功,被视为对此类公理化之合理性的肯定。

从这一点来看,《英语语音模式》计划与20世纪思想界另一基础性著作的计划惊人相似,后者即怀特海德和罗素(Whitehead and Russell,1910)的《数学原理》(*Principia Mathematica*)。该著作强调并发展了一种目标:通过完全明确的规则,把数学之一切思想内容皆化简为逻辑系统中的表述之形式化操作。《数学原理》中提出的表述数学命题的形式逻辑计算,与《英语语音模式》中为音系表述所设想的描写手段当然并不相像,并且乔姆斯基和哈勒也从未参照过怀特海德和罗素,但是,用属于形式操作的术语来表达各自领域的一切内容,这一目的是这两部著作之共性。

《数学原理》对数学基础的描述,最初受到热烈欢迎,因为该描述许诺要全面重组这一观念:数学命题之真值仅可由逻辑推导出,不可由关于世界的偶发性事实中推导出。然而,这份热情很快变为不满,因为这一逻辑主义方案显然存在根本障碍。尤其是,这一理论的基本形式可以说促成了若干悖论的产生,这些悖论长期以来十分麻烦地为数学家们所熟知,犹如理发师给每个人剃头却剃不了自己之类的诸多问题,以及其他一些明显的自相矛盾。为了补救这一困境,罗素曾提出所谓"类型"论:粗略来说,就是对某一具体表达式中可参照的类型之种类加以限制。

不幸的是,类型论本身具有不合意的结果:它使数论中的许多基本命题变得无法论述或是无意义。因此,在《数学原理》的完整体系中,有必要求助于"无穷公理"(axiom of infinity)和

"可化简性公理"(axiom of reducibility),二者的合理性和直觉魅力远远低于该逻辑体系中的其他部分。由于类型论在《数学原理》逻辑之语境中似乎不可避免,所以数学基础的这一逻辑主义方案逐渐被废弃。

其他数学基础观,依其他设想而发展,原因之一即是在回应这一思路的被注意到的失败之处。这类选择中最重要的之一,是布劳威尔[①]等人以"直觉主义"(intuitionism)为题所展示的选择。该学派的首要信条,是摒弃一切要对其实无法完全构建起来的对象加以参照的那类表达式。明确参照无穷集的表达式尤其不被允许,因为虽然可给出无限扩大集合范围的方向,但是显然不可能完成对这类对象的列举。这一举措的直接后果就是,罗素系统内部产生的悖论得到了避免,因为出现问题的类型最终证明不可能在某一直觉逻辑限制之内构建。

直觉主义者虽然坚持对求助于明确无穷类加以上述严格限制,但却已尝试重新构建尽可能多的数学主题问题。很多情况下,通过基本内容仍可由上述角度加以推导的方式来重新构建经典结论是可行的。但是另外一些情况下却无法这么做。因此,直觉主义者从中得出结论,数学中的这些部分(包括传统分析中的很大部分)其实并无意义;这是个有争议的结果。

在发展直觉主义方案的过程中,这一方案的实践者们已明确揭示出数学命题概念基础的许多东西。但是,该方案并不会

---

① 布劳威尔(L. E. J. Brouwer,1881-1966),荷兰数学家、哲学家,直觉主义数学创始人。——译者注

真正带来独立的进展,因为其目标其实要保守得多,只为数学研究中有限的一部分的发展提供基础。似乎只有相对少数从事研究的数学家,愿意接受直觉主义逻辑基础施加在其主题问题上的限制。直觉主义虽然可以认为阐明了该学科的(正确)子集,但是却无法认为向数学中的传统研究对象和推论模式提供了令人满意的替代品。

这段历史虽然与音系学史呈相切状,但是却在此处得到详细叙述,因为这段历史提供了《英语语音模式》出版之后那几年音系学探讨历程的富有启发性的平行事例。《英语语音模式》方案和《数学原理》方案之间的实质相似性已经被指出。下文中我们将提出,被立刻指为《英语语音模式》系统中的难题的语音学任意性问题,成了与《数学原理》框架中经典的自相矛盾问题相似的阿基里斯之踵;而提出来修补这一缺陷的"标记性"(markedness)理论,对音系学来说是个不充分的创可贴,正如类型论对《数学原理》之数学逻辑一样。进一步来看,有些语言学家在尝试用更加激进的方式处理这类问题时,已采取了与数学中的直觉主义者十分可比的路线——但与之类似,其成功也是极为有限。

2 《英语语音模式》理论内的语音内容问题

生成语法论断内部对《英语语音模式》方案的首度攻击,现于该书自身的最后一章中。那一章中可看到,音系表达式化简

十三 《英语语音模式》之后的生成音系学

而成的纯形式计算,依据具体描写中出现的表达式和规则之实质内容而具有绝对中立性。也就是说,这一标写法以特征之集合和规则之形式体系的形式,提供出一份词汇表;但是,在该词汇表内部,从评估之形式手段来看,一切表达式在根本上皆同质,这种形式手段旨在对具体描写中所表现出的归纳概括之语言学重要性进行重构。

该手段的形式计算之核心,是标写规约(notational convention)之集合:这些规约旨在捕获某些规则集所实际代表的单一性归纳之范围,做到这一点,是基于代表其子规则的表达式的纯形式操作。因此,当第二条规则可以通过省略某一相邻子串而从第一条规则中得出时,两条规则就恰好可以因带有括号的标写而具可叠合性(collapsible)。用公式来写,就是规则"A→B/C D ——"和规则"A→B/C ——"可叠合为"A→B/C (D) ——"。这一操作(以及构成此评估手段之组成部分的其他标写规约中所隐含的那些操作)在绝对不参照所涉及的规则之内容的情况下得到执行:倘若要断言,该理论对音系系统之本质做了全面重构,那么,只有对系统内部形式完好的表达式所做的纯形式操作,才在评估中发挥作用,这一点对于《英语语音模式》方案的"逻辑主义"目标来说十分关键。

但是,这一完全形式方法的一个根本性问题很快显现出来。这个问题尤其导致了下面这个实质性论断。设想,我们拿到了对某音系状态的描写(音段清单、词库、音系规则系统,等等)。我们或许又可由此得到另一份描写,其途径是一致地用[+圆唇性]特征代替[+辅音性]特征、反之亦然;或是在所有情形中一致地互换"＋"值和"－"值；或是任何其他类似的交替，使由此产生的表达式的长度保持不变，且不会改变其易由该理论之标写规约而简约之特性。因此，这两种描写从其评价作用来看，具有完全相同的地位，所以二者应在音系学理论中享受相同器重。

不过，从直觉上可清楚看到，这种形式操作，很容易就会把普通而明显自然的状态，跟绝不会在任何自然语言中出现的荒谬而不可行的状态关联起来。这一理论如果在"可行音系统"概念的重构中有如此缺陷，就明显需要修改。

在音系清单领域，大体相同的论断可运用于什么是自然语言的可行语音系统这一问题。很明显，包含/i、e、a、o、u/等元素的元音系统可在大量语言中遇到，是个可行系统。但是，我们如果在每个元音中简单地用[－后位性]特征来取代[＋后位性]特征（且反之亦然），得到的系统就准确包含/ɨ、ʌ、æ、ö、ü/——这样的元音集合并不构成已知的任何自然语言的系统，或许原则上应该排除。

与之类似，在音系规则领域我们可看到，许多语言都有位于阻塞音辅音丛前面的清浊同化规则，我们可将其公式化表达如下：

$$[+阻塞] \rightarrow [\alpha 清浊声] / \underline{\qquad} \begin{bmatrix} +阻塞 \\ \alpha 清浊声 \end{bmatrix}$$

但是，我们若是用[＋音节性]来替代这条规则中第一次出现的[＋阻塞]，并用[α高]来替代第一次出现的[＋清浊性]，就可得到一条元音高度受到其后面辅音清浊值同化的规则——这很可能是一条极不合理的规则，无法纳入自然语言之中，以致让我们

十三 《英语语音模式》之后的生成音系学

觉得原则上要将其排除出描写可行性范围之外,然而,在《英语语音模式》系统中,这却是条跟寻常的清浊同化过程具有完全同等的复杂性的规则。

因此,表述音系表达式和音系规则的形式系统(至少是遵循《英语语音模式》线索的系统),若是被阐释为构成一种穷尽性的界定,说明哪些系统在自然语言中可能,就严重偏离了正路。在乔姆斯基、哈勒以及其后的所有研究者看来,这一缺陷之基础,乃是这样的系统有原则地忽视了音系表述之实质性语音学内容。他们提出,只有通过注重对某一音系中的特征和关联做语音学阐释,才可能服从于这一明显事实:有的系统可行而自然,有的系统则是从形式上来看毫不逊色,但实际上却不那么自然,或是完全不可行。清浊同化规则之形式表述可能会在语法中出现,因为(按实质内容构筑的)清浊通化的确发生于语法中——而上文中编造出来的那种对形式上相似的规则的表述则应被排除,这并不是因为这样的规则在形式上不合格,而是因为元音根本不会依据其后面的阻塞音的清浊性来取高度值。

正如乔姆斯基和哈勒所意识到的那样,这显然是整个《英语语音模式》音系学事业的关键问题。他们俩对这一问题的解决方案,以"标记性"(markedness)理论的形式得到了呈现。我们无法在当前的语境中展现该理论的实质内容,但却可以看看其大体轮廓。从实质来看,这一理论包含一套"标记规约"(marking convention),即具体环境中音系特征"m"值(有标记[marked])和"u"值(无标记[unmarked])的定义。因此,元音中[圆唇性]特征的无标记值无论取何值,皆与同一音段中的[后位性]特征的值相一致；后面再接另一个阻塞音的阻塞音中，无标记的[清浊性]特征值无论取什么值，皆与后面接的阻塞音的清浊性相一致；等等。

这些（规定性）定义呈现为具有普遍有效性，因此成为音系学理论之组成部分，而非因具体语言而异，并以两种方式发挥功能。其一，通过评价尺度（evaluation measure），底层表达式将被视为由特征的"m"值和"u"值组成，而不是由"＋"值和"-"值组成。此处，"m"而非"u"对语言学元素的复杂性发挥作用。基于此，拥有元音/i、e、a、o、u/的某一语言几乎不具备有标记特征值，而上文中提出的拥有不太可能的元音系统的语言所具备的有标记特征值则多得多。因此，拥有/i、e、a、o、u/系统的语言所具备的更大自然性，可由其表达式的更大简易性直接表现出来。

其二，标记规约功能充当"连接规则"（linking rule），可有效地实施其无标记值，除非语法中有某一命题明确对其加以禁止。乔姆斯基和哈勒其实只允许不依赖环境的标记规约（如，非低元音应在后位性和圆唇性上一致）进行连接，但是，标记规约向易受环境影响的现象的延伸却是明确的。例如，拥有常见类型的清浊同化规则的语言，往往根本就不需要在语法中陈述这类规则：任何可能导致阻塞音辅音丛的过程，皆会通过标记规约把清浊同化施加于该辅音丛，除非该过程明确规定应维持异质性清浊值。因此，这样的语言在形式上比无清浊同化的语言更简单——同样也比拥有上文中构建的假说性伪同化的语言更简单，后者不得不把该规则的每一层面都算作为其复杂性发挥作用。

十三 《英语语音模式》之后的生成音系学

这样的理论其实是在尝试把可能与音系学相关的语音学内容之考虑,化简为标写中的纯形式表达(这种标写如今又通过标记规约之阐释而得到了加强)。因此,这一理论与最初的《英语语音模式》方案完全一致,后者把一切关于音系结构的理论,化简为包含一套标写和一套在标写内部对表述进行操作、解释的算法的单一而明确的形式系统。这并不是要否认标记性理论是对《英语语音模式》其他部分中的提法所做的重要修正。然而,此处涉及的修正,是在更全面实施把音系学化简为形式系统的这一目标,而不是用其他目标来取代这一目标。

334

虽然标记理论起初被人们带着很大热情而欢迎,但是值得注意的是,此后并未出现过在哪种实质性音系学现象分析中,该理论的这一层面发挥了重要角色。麻省理工学院的一份博士论文(Kean,1975)致力于使这一理论进一步详细化,但是这(跟《英语语音模式》第九章一样)仍然停留在方案陈述的层面上,而未能从该理论所规定的角度,为某一种或某几种语言的音系构筑延伸分析。

对标记理论普遍缺乏实践反响,似乎至少部分由于这个事实:解释某一语言(或某一组语言)之事实所必需的标记规约之集合,绝不会在其他语言中延展出类似的用途。拉斯(Lass,1975)指出,虽然圆唇前元音在世界上许多语言中,或者说甚至在大多数语言中可能都不自然,但是却没有理由相信其无法完美融入许多日耳曼语言的音系之中。同样的情况还有印度语言中的卷舌辅音、科依散语言(以及南部班图语言)中的吸气音(click)、高加索语言中的声门化塞音,等等。

拉斯所做的重要观察，就是这类问题的产生，并不仅仅是因为充分的标记规约集合尚未构建起来，而且还因为语音学内容在音系系统中的角色，与该系统中的其他特征相比，只能分析为相对角色。倘若果真如此，那么在对标写进行定义时，就不太可能按照标记理论所预示的方式，全面而普遍地表现这一角色。此处遇到的纯机械性问题，对任何尝试用标记术语构建描写的人来说都具有直接明显性。当然，这一点并不能从逻辑上排除：把整个音系学中足够的层面纳入单个规约的构建、使之达到实证性精确，这样的系统是可以构筑起来的。但是，罕有这样的普遍性标记概念被提出来，而论述语音学内容的真正努力，基本也已追寻了十分不同的路线。

上述观察使我们得出结论，语音学内容的音系学重要性，为《英语语音模式》中所勾勒的音系学揭示了"逻辑主义"方案之严重不足。标记理论扩展了上一节中的平行之处，似乎是在对跟《数学原理》中罗素的类型论相同的特征做校正。无论哪种情形，问题都在于，用所规定特征来构筑一致性形式系统的可行方式，不可避免地导致与所涉及的理论力图阐述的主题问题发生冲突。无论是数学的逻辑基础，还是对音系描写的表达与比较所做的全面标写，都无法由此被证明错误：二者作为对各自所关注的思想领域的全面重构，只是显得不够完整而已。

如今在数学领域，对继承《数学原理》系统某些层面的全面逻辑主义方案的幻灭感，诚然并未导致关于数学之逻辑支柱的真正研究发生停滞。相反，从上述角度开展的此类研究，结果证明当之无愧地构筑了一个有趣而连贯的研究领域。希尔伯特

(Hilbert)、冯·诺伊曼(von Neumann)、克莱尼(Kleene)等"形式主义"数学家,都能够解释可找到实质性解决方案的重大问题,为我们理解数学思想的结构带来了重要贡献。即使不可能把一切数学问题都化简为可在此领域内部加以研究的形式,该领域仍然是个具有基础性重要意义的领域,也是个关注真实问题的领域。

完全有理由相信,音系学中的情形完全可以与之类比。作为全面论述自然语言之语音模式中一切问题的基础,《英语语音模式》的形式主义方案无疑不完整;但它似乎仍是该研究的合格而重要的组成部分。从音系过程之形式表达系统的角度来看,存在诸多可构建、论述、决定的真正问题,这些问题使我们对语言中语音结构的本质有了基础性提高。的确,《英语语音模式》以来那些年,音系学的多数富有成效的成果,恰恰直接源于尝试解决该书中显现出的问题。

例如,代表具体的形式相似性的音系规则中,对析取式顺序(disjunctive ordering)的研究,已使人们发现(或重新发现)了相对具体的规则和相对一般的规则之间的重要互补性原则,该原则最初可能被波你尼探讨过,并对语言学结构的若干领域产生过影响(对其的阐释见 Anderson 1974;Kiparsky 1973c;以及近来的大量论述形态规则的文献)。对所谓"互换规则"(exchange rule)的形式特征所做的研究,则使人们观察到,这类规则明显永远以形态因素为条件,而不是以音系因素为条件(见 Anderson & Browne 1973;McCawley 1974)。例子很容易就可乘积式增长:或许正是在这一领域中,当今的音系学家做好了取得实质性进步的最佳准备(这大体上是因为前几代人忽略了这类问题,再加之《英语语音模式》的根本性贡献)。

事实上,我们日益认识到各种无法化简为标写决定的问题,这种认识只有通过尝试全面执行逻辑主义方案才得到了实现。其效应就是使我们对可通过音系形式主义研究而得到的结果之重要性理解得更加精密。若继续用数学做类比,我们可注意到,库尔特·哥德尔(Kurt Gödel)对任何算术公理的基本不完备性的经典证明,是一个只有在数学表达之形式特征研究语境下才能得到表述的结论。

在近来的文献中(尤其是70年代末以来),许多音系学家都把本学科展示为"基于实质"的方法和"形式"方法之间的二分法选择(关于这一区分,见 Basbøll 1980);但是当然,二者在我们对语言之本质的理解的充分综合中皆拥有地位。随着语言是个"模块式"系统、这一系统代表着若干领域的本质互动这一观点变得日益清晰(见 Newmeyer 1983 以及该书所列的参考文献),没有理由怀疑,语音结构也必须从数个独立视角同时进行研究。

3 音系表达式有多抽象?

《英语语音模式》通过标记理论为自身的方案所提出的异议,并非1968年出现的唯一异议。同年,保罗·奇帕斯基的一篇重要文章提出了"音系学有多抽象?"(How Abstract is Phonology?)这一问题,该问题恰恰针对以《英语语音模式》和60年代其他生成派著作为代表的大量分析。该文最初只是以

十三 《英语语音模式》之后的生成音系学

复印件形式传播;后来则可通过印第安纳大学语言学俱乐部的半正式渠道获取,并最终作为 Kiparsky(1973a)正式发表。很快,奇帕斯基所提出的问题在关于音系学之基础的理论探讨中获得了中心地位。

　　上一章中我们曾指出,底层形式和表层形式间关系的抽象性,其实并非生成音系学和此前的音系学之间的最主要差别;但是我们也曾指出,这并不意味着这种抽象性不是个问题。奇帕斯基从生成派构想框架之内部指认出两个主要领域,在这两个领域中,通过该理论并不加以杜绝的途径,60 年代的分析实践导致了与直觉相悖的结果(当然可证明为不正确的结果)。在这两类例子之中,奇帕斯基将其原因归结为过度的抽象性:即,这些问题情形所涉及的表达式,受其所对应的表层形式之本质的制约不够充分。

　　第一组明显过于抽象的分析,涉及"音系特征的附加性用法 (the diacritic use of phonological features)":即设置出一种永远也不会如此实现的底层音系差异,但是这一差异却可依据其在其他规则作用下的表现而对两类形式加以区分。我们若要把 leaf"树叶,单数"中的末位[f](与 leaves"树叶,复数"中的[v]交替)表达为双唇擦音[ɸ],使之与 laugh"笑"等词中(不发生交替的)唇齿音[f]相对立,就可以设定一条将[ɸ]转化为[v]的音系规则,以及一条使[ɸ]和[f]合并的规则。由此,我们可避免提及任何在复数词尾前经历浊化的具体语素。然而,[ɸ]和[f]之间的差异在这一分析中具有纯附加性:实际上并无任何[ɸ]可以此出现于表层,该音段和[f]之间的区别仅仅用来辨别出经历浊化的构形成分,指出其与不经历浊化的构形成分不同。

这类分析之经典运用,可能见于对匈牙利语等语言的元音和谐系统的描写中。该语言中,有些元音(例如 é[e:])是中性的,因为它们既可出现于后元音词语中,也可出现于前元音词语中。仅含有中性元音的词干,加于其后的后缀通常采用前元音变体,但是也有一小类中性元音词(封闭类)采用后元音后缀:例如,héj"果皮",但 héj-am"我的果皮",与之形成对比的是 kés"刀",kés-em"我的刀"。对这一状态的可行描写之一就是,把类似 héj 的词表达为没有底层/é/,却拥有一个原本并不出现的与该元音对等的后元音[ə:]。元音和谐规则以及(随后的)把[ə:]转化为[e:]的规则,因而能够用纯音系学术语加以叙述——但是,这个假想的元音[ə:]也因此绝不会在任何表层形式中出现,而它和[e:]之间的差别也仅仅只是用来对词语在元音和谐角度所显示出的两类行为加以区分而已。

当然,音系规则必须对形式之音系构成反应灵敏,很可能出现这样的情况:某一差异基于具体规则而为某形式对立体(pair of forms)的差别行为充当条件,则该差异后来会被中和。例如在英语中,元音加长发生于浊阻塞音之前,却不会发生于清阻塞音之前。但是,在 rider"骑马者"和 writer"作者"这一对立体中,当特定环境中的/t/和/d/都被闪音性[D]所取代时,这一差异继而被中和(至少在美国英语中如此)。这一分析(我们或许希望允许这样进行分析)和奇帕斯基的例子中的分析之间的不同,就是后者涉及绝对中和,而前者则不涉及。英语中/t/和/d/的区别出现于诸多环境中,尽管在另外一些环境中可中和。而匈牙利语中/eː/和/əː/等之间的区别,则除了通过其对别的规则所发挥的效应之外,绝不会显现出来。

奇帕斯基提出的第二类应禁止的情况,涉及"附加性特征的音系学用法(the phonological use of diacritic features)"。他以此指出另一种分析。在这种分析中,某种带有基本任意性内容的非音系特征,被赋予了某些形式,并继而用来激发音系规则;这种音系规则具有区分带有此特征的形式和不带此特征的形式之效。元音和谐可再度提供例子:某些分析已指出,分属不同和谐类型的词语之音系构成可能相同,只是在类似"[±B]"等语素大小的和谐特征上有所不同而已。因此,芬兰语的 pouta 和 pöytä 或许都可表达为/pOUtA/,前者标记为[+B],后者标记为[-B]。这类任意性特征的使用,并无内在的语音学阐释,只是用来激发语法中的规则之运用而已,可战胜音系学表达式在内容上应具有非任意性这一基本论断。

作为对涉及上述两类抽象性的分析加以禁止的途径之一,奇帕斯基提出,语法应当受制于交替条件。如何构建这类条件并不直接明确,但是在其诸效果之中,我们却希望确保那些永远相同的语素具有相同的音系表达式;也希望确保那些永远不同的语素具有不同的音系表达式。前一个支条件使我们无法把音系效应之连贯差异编码为音系成分之差异(如匈牙利语那个例子),而第二个支条件则阻止了一类分析,在这类分析中,音系构成中的连贯性差异(例如芬兰语中前元音词语和后元音词语之间的差异)被某种非音系性的附加特征系统地取代了。

奇帕斯基赞同此类条件的正确性,其基础是这一事实:这类条件所排除的某类具体分析,可通过独立理由(主要是通过使用源于历史变化的证据)而展示为不正确。他的观点显然严肃而具有说服力,而他所提出的对分析力的限制则得到了广泛接受(虽然不是全体接受)。这类条件力量应当有多大?应当如何得以构建?这种问题成为此后数年的重要探讨话题。其中一个思想流派,试图捍卫那些至少在表面上看来可构成交替条件之反例的抽象分析(包括 Hyman 1970 对努普语①的分析;Brame 1972 对马耳他语的分析;Vago 1973 对匈牙利语等的元音和谐系统的分析)。然而,另一群语言学家却采取了相反的路径,坚持认为《英语语音模式》中过剩的抽象性之普遍存在,远非通过交替条件等有限禁令所能解决。下一节中,我们简要研究一下这类提法中的一种。

奇帕斯基本人的注意力,围绕着最初那些问题的正确界定,以及可正确排除此类分析的条件之构建。他此后对该问题的处理(Kiparsky,1973b)在本书的语境中很有意义,因为其指向涉及规则的构建和涉及表达式的构建之间的某种平衡。他注意到,自己最初的探讨是从阻止某些类型的表达式的角度进行表述的:有的表达式中底层差异永远被中和,有的表达式中某种连贯性音系差异无法以音系方式加以表达。这或许可叙述为对规则运作的制约:"中和规则无法适用于语素之全部出现之处。"

不过,这一条件自身无法排除绝对中和的全部非法情况。

---

① 努普语(Nupe),尼日利亚中部地区土著语言,属尼日尔-刚果语系。——译者注

例如在英语中有交替的/f/和无交替的/f/之间的例子里,使/ɸ/和/f/发生中和的规则就无法运用于语素 leaf 的全部情况,因为在有些情况中,/ɸ/被/v/所取代,并由此逃避了向/f/的转化。因此,这一分析可被(不正确地)允许。所提的另一种构建要求,"中和过程只适用于推导出的形式",此处的"推导出的"是说,允许某一规则得以运用的环境中的某一层面,必须来自于任何单一语素以外的语境,或是来自其他某一规则的先前运作。这一条件可排除把 leaf 分析成/lijɸ/。

我们此处的兴趣不在于对交替条件的准确构建。从历史角度来看,最为重要的仅仅是,音系学很快就逐渐认识到,诸如《英语语音模式》的纯形式理论无法从原则上排除一大类明显错误的分析;从这一意义上说,这样的理论充当对自然语言中语音结构本质的完整表现,自身即具有缺陷。某些额外条件至少必须施加于这一理论上,从而达到该领域的充分性。生成音系学当时是基于既涉及表达式又涉及规则的语音结构概念,作为对这一事实的反映,对此类条件的正确构建,可能更应当涉及语法中二者之任何一方,或是涉及二者之间的某种复杂的相互关系。

4 对表达式进行制约:"自然生成音系学"

奇帕斯基等人在可行交替条件探讨中,承认《英语语音模式》的分析涉及底层形式和表层形式之间的不现实的抽象关系。在有些人看来,承认这一点可能还不够。论证路线之一认为,音系表达式应当坚持比《英语语音模式》和大体同一时期的其他生成主义分析(如 Lightner 1965 对俄语的分析、Schane 1968 对法语的描写、Foley 1965a 或 Harris 1969 对西班牙语的处理,以及其他许多这样的研究)更贴近于表层形式。虽然结构主义音位学的具体条件(例如对双向单一性的要求)基本已被推翻,但是可从表层形式中直接而无歧义地提取音系表达式的思想却远未消亡。

这一方案的最完整表达版本,无疑是 70 年代早期最初与西奥·维尼曼(Theo Vennemann)和他在加州大学洛杉矶校区的学生们相联系的那个版本。有趣的是,维尼曼本人的博士论文包含对德语音系的极为抽象的分析;但他很快就确定,这类描写更像是语言学家的精妙创造,而非自然语言之现实。在 1971 年的一篇文章中,他提出了一个方案,该方案基于这样的原则:音系表述应局限于真正忠实于表层形式的表述,音系表达式应被视为与语音形式大体相同。

340 这一理论观点得到进一步阐发并呈现于更广泛的受众,主要归功于维尼曼的学生琼·[拜毕·]胡珀(Joan [Bybee] Hooper);胡珀(1976)一直是"自然生成音系学"(natural generative phonology)最详尽的描述。该书的中心概念是其所提出的真实概括性条件(True Generalization Condition),该条件要求,"说话者只构建表层真实且透明的概括。"这样的条件听上去极其保守,但是对可允许的分析类型却有深远的影响。尤其是,这一条件否定了那些哪怕只有一点例外的音系规则的现实性;否定了那些在改变其环境的其他规则运作之前其实就已发挥作用的规则的现实性;等等。例如,英语中的元音延长规则

十三 《英语语音模式》之后的生成音系学

在这一理论中无法被描述为音系规则(或称"P-规则"[P-Rule]),因为重叠规则可对底层的/t/和/d/之间的区别进行中和。类似[raːjDɚ](rider)与[rajDɚ](writer)的对比形式显示出,元音延长并无表层真实性和透明性,因此无法成为该语言的音系规则。

这个例子以及其他许多例子中,所得到的结果就是,音系关系必须仅按完全赋值的词汇条目之间或多或少的系统关联来编码。[rajt](write)和[raːjd](ride)皆由此进入词库;而元音延长"规则"则被化简至词汇羡余规则。的确,虽然自然生成音系学内部的词汇关系本质之细节因不同展示而不同,但是该理论通常认定,词汇条目总是与所出现的某一表层形式基本相同。因此,这一理论是上文第二章中所讨论的音系表达式之"完全赋值表层变量"理论之例证,只不过在某些展示中(如 Hooper 1975),有些完全可预测的细节在底层表达式中缺失。

这一观点的大量描写负担,由施加于词汇表达式上的合理性条件所承担;但是即使这些条件也仅可按其完全无例外性和"表层真实性"来描述。形式间的某些系统关系,可以就其音系学上的无例外性,以 P-规则的方式得以表述。形式间的其他关系,可以就其在形态范畴角度所具有的无例外(且表层真实)特征,表述为"MP"规则(即形态音位规则)。音系角度或形态角度的非无例外性规则模式(例如英语的元音变化规则或软腭软化规则),则可被视为单个自主词汇项目之间的不具能产性(unproductive)的,且似乎带有逸闻性的联系(类似博杜安的传统交替、旧语音交替;见上文第三章)。这种规则模式(倘若需要描写)可通过"借助惯例"(via-rule)来描写。

自然生成音系学方案是针对人们印象中《英语语音模式》所提供的对语音学物质描述的不充分性而做出的一种反应。该方案试图弥补所设想的悖论,这一悖论源自《英语语音模式》对这类问题的忽视,因为《英语语音模式》激进地限制了理论之概念丰富性。由此,这一方案代表了一种反应,其特征上与直觉数学家对《数学原理》方案的反应颇具可比性。尤其值得注意的是,自然生成音系学方法已要求音系描述在不借助抽象实体、不借助与之相关的明确规则次序等(假定存在的)与直觉相悖的逻辑原则的情况下进行重组。这是从《英语语音模式》的观念主义中的一次重大撤退,转向尽可能以语言结构中的可观测层面和可直接证实层面为基础的理论。由此,这一方案直接使人想起直觉数学的构造主义基础。

事实上,这一平行关系十分近似。自然生成音系学成功重构了传统音系学描写中的一大部分,尽管有时用的是极为陌生的术语。通过这一做法,自然生成音系学对人们更为熟悉的描述之概念基础已有诸多展示。另一方面,在通常已被划归音系学的东西中,还存在许多无法以此基础而获及的层面。音系学中的这些领域要么被全然删除(即,宣布其不具语言学意义),要么被归结为本质上具有非语言学性、非系统性的原则之运作(如,"借助惯例",这个名称实质上是指那些无法不借助抽象实体来解释的音系学层面的描写)。

这样的方案实际上不可能造假,因为这样的方案未包含对语言学研究对象的潜在性可证论断,但却包含对语言学研究对象的从外部施加的限制。当然,把注意力局限于某些类型的事实而排除另一些类型的事实,把"语言学"这一名称仅赋予以此方式而进行的研究,是永远可行的。但是,这一过程不应该跟关于语言本质的真正经验主义成果相混淆,后者只能出自构建实质解释性理论而付出的努力;准确为理论划定范围,依据的是该理论所呈现出的原则之范围,而不是靠事先完全给出。

如今,"自然生成"理论的长期倡导者更乐于接受这种结果,即有些领域可排除在考虑之外;正如坚定的直觉主义者会相信,经典数学和现代数学中有许多东西其实并无意义。不过,在这两个学科中,大多数传统的前系统实践者都已对其学科的位于这种极端构造主义描述内部的有限局部感到不满。许多详细的自然生成音系学分析研究(如 Harris 1978、Gussmann 1978)都已得出结论,认为该理论造成了把孩子连同洗澡水一齐倒掉的结果。截止80年代中期,大多数音系学家显然已得出结论:无论"心理现实"之先验式思考可对其做何推动,避免像《英语语音模式》那样忽视语音学实质的这一思路都无法充当理解自然语言语音结构的满意基础。

值得注意的是,尽管自然生成音系学的倡导者们把自己的立场连贯地描述为与生成音系学截然不同的理论,但是,关于何种因素构筑了理论问题推论的证据和有效模式的整套潜在设想,却基本是"自然"生成音系学家和"正统"(或称"标准")生成音系学家所共有的。由此我们可得出结论,自然生成音系学构筑了该理论内部的变革之尝试,而不是一种从根本上不同的理论(不像 50 年代末、60 年代初,生成音系学无疑构筑了与美国结构主义理论不同的理论)。这一点当然不会轻视该事业,但是却意味着"自然"生成分析和"正统"生成分析并不像双方有时宣称的那样相互不容。

这一事实对理解自然生成音系学的最终影响十分关键。这一理论提出的对音系分析的激进限制罕有推崇者,尽管很难否认,70 年代末、80 年代初,生成音系学家当中出现的更加具体地描述音系系统、减少对高度抽象机制的依赖之渐进趋势,其原因之一就是自然生成音系学对《英语语音模式》理论无节制动用描写力量的发难。主要效应已在于盛行的音系表达式概念,而自然生成音系学所保留的音系规则之概念已十分贫乏,只剩下了自然的那些。

虽然文献中尚无对该观点的公开赞同,但是,由于自然生成音系学的提法造成的直接结果,本领域中的描写实践已发生了相当程度的改变,其方向趋于保守。其例证之一,就是其对特拉奈尔(Tranel,1981)的当代法语分析研究的影响。该影响十分直接地源于这个事实:此处涉及的观点,实质上与关于语言学探索应如何进行、什么构筑了证据等问题的大多数基础性设想是一致的。自然生成音系学对本学科所提出的具体的先验性限制,被广泛评价为(虽然不是毫无例外地评价为)受到了误导,但是,只要沿着这类线索构筑起来的具体分析能够被实质性证据所支持,这些限制就可以被直接纳入其他流派的观点之中。

5 对规则进行限制:自然音系学

70年代对《英语语音模式》理论的主要一击就是,虽然这样的理论(如果沿着奇帕斯基所提出的线索进行恰当修改)可能会捕捉到自然语言之语音系统中什么可行,但是其自身却无法呈现此类系统中什么才自然。"自然生成音系学"这个名称当然旨在暗示,其他任何类型的生成音系学,都不自然。这一阶段形成的其他理论观点(例如拙著 Anderson 1974 中的"自然有序"[natural ordering]理论)都在做类似尝试,欲对"自然"一词的有利内涵加以利用。这些研究旨在把音系学思想重新建立在更贴近于语言机体材料的基础上,其中最有意义的(也是这一方面最明确的)研究,是大卫·斯坦普(David Stampe)的"自然音系学"理论。

斯坦普首先思考的,是与推动《英语语音模式》标记理论的纯形式理论相同的难题:某些音系系统和规则在一些语言中比在另一些语言中更可能发生,这在某种程度上必然是语言本质之组成部分,是理论应当捕捉的内容。但是,与《英语语音模式》标记理论不同的是,他拒绝尝试为这类事实进行编码,来说明标写中何为自然、何为不自然(Stampe,1973)。相反,他认识到,自然规则以及语言本质施加于音系系统上的制约效应,皆为具体语言语法中的层面。他的观点中隐含的卓见即是,存在某一语言不应拥有的较为昂贵的规则和制约,也就是说,不受制于这类规则和制约的语言,某种程度来看要复杂于受制于这类规则和制约的语言。自然音系学理论之大部,皆是在尝试表达与这一点相符的情况。

该理论的基础是这一论断:我们内在的语音能力可通过一套极具一般性的自然过程(natural process)的形式来表达。这类自然过程可分为两组:组合过程,对具体音段序列的发音复杂性进行化简(如,使鼻音依照后续阻塞音同化的规则,或鼻辅音前对元音进行鼻化的规则);聚合过程,对某一音段的发音特征或声学特征进行强调或最大化(如,由于鼻元音间的区别不如非鼻元音间的区别明显,而将元音阐述为大体[-鼻音性]的规则)。显然,这两个类型可能会对某一具体音段做出相互矛盾的要求:鼻辅音前的某一元音,依据去鼻音化之聚合过程来看应为[-鼻音性],但是依据鼻音性同化之组合过程来看则应为[+鼻音性]。这类冲突要么通过一般性原则("组合过程不可在与之矛盾的聚合过程之前运用")来解决,要么作为具体语言对这样或那样的过程的限制问题来解决。

自然过程之清单,据认为构筑了语言学习者带入习得任务的那类由基因决定的才能之一部分。事实上,从这一观点来看,该任务的根本本质,恰恰就是学会压制并限制所学语言中的那些不完全具有一般性的自然过程之本质。因此,法国孩子(而非英国孩子)必须学会严格限制元音鼻化的运用域,因为该语言中有鼻元音出现。所涉及的各类限制,不仅包括对某一过程的完全限制,而且还包括对其所施加的次序关系,例如,其可运用性限于尚未受到其他过程作用的形式。

除了自然过程之外,语言还被认为包含学习性规则

十三 《英语语音模式》之后的生成音系学

(learned rule)——但是,这些规则是极具局限性且格外具有非系统性的制约,这种制约是语言之偶发历史的产物(类似英语中 dog 一词指狗这一事实之任意性)。由此,这类规则被认为位于音系学本身的解释性领域之外,而属于纯规约领域。自然音系学因而试图提供一种对"语言从其口头性事实中获得的一切"所进行的阐述(Donegan & Stampe,1979:128),并试图"排除无动因的交替以及以形态学为动因的交替"(同上,127),如德语的变元音和英语的软腭软化。

在自然语言的数据中,交替自然不会在戴上其属于哪一类型(是自然过程还是学习性规则)的袖标。因此,有必要从最一开始就建立起某种东西,使某一具体交替有资格获得自然过程之地位,因为只有这样的东西才能够让理论具有发言权。从这一意义来看,中心要点就是,自然过程似乎是"自发的,不必经过学习":也就是说,不需要正面证据来使其产生,只要没有负面证据即可。因此,在儿童对成人语言形式的替代形式中、在随意言语或快速言语中、在历史变化中——当然还有在成人语法的规则中,自然过程显现了出来(不过成人语法中自然过程跟学习性规则共存)。

这一理论的巨大魅力跟雅柯布森的《儿童语言》(见上文第五章)十分相似:二者皆承诺要让既位于某一语言的严格"语法"意义之外、却又明显与语言之本质相关的若干大领域统一起来。这一相似性当然不是偶然的,因为斯坦普明确地将雅柯布森的方案作为自己方案的模板。这样的理论对语言之本质做出了强力论断,而这些论断又直接向各种具有潜在肯定性或否定性的证据开放(假定这类论断并不是简单地具有隐喻性)。

德莱斯勒(Dressler,1974)研究了自然音系学在历史变化领域的部分论断,并指出了若干难题。例如,他引述了许多[u]>[ü]的历史变化(无环境历史变化,或称聚合历史变化),这类变化中未促成中间层面。这一变化发生于法语、冰岛语等语言的历史中。该事实(以及德莱斯勒所引述的一些类似事实)的重要性,是其跟设想中的管辖元音系统的自然性层级恰好相反,依据该层级,圆唇前元音应当由圆唇后元音或不圆唇前元音替代,而不是反过来。若要把这类例子容纳进来,就有必要设想,"自然过程"在某种意义上是一条双行街道,替代可双向发生。倘若这一点成立,那么这将极大削弱该理论的实证内容。

对自然音系学理论的这一论断所做的最广义分析之一,是德拉赫曼(Drachmann,1976)在儿童语言和成人语言替代情况间的假定相似性研究背景下所做的分析。德拉赫曼的观点如下:(1)儿童往往通过用弹射姿态取代连续控制姿态,来以塞音代替擦音——而在成人语言中,这类变化远不如与之相反的塞音的擦音化过程常见。(2)儿童通常通过去掉词首的一个或多个音节,来使词语缩短。保留下来的往往正是尾音节这一事实,可视为是由于"近因"效应(recency effect);而在成人语言中,音系规则和历史变化几乎毫无例外地在削减尾音节数量或是消除尾音节。(3)在儿童语言习得中,极具一般性的"元音和谐"过程似乎早早就受到了抑止,而贯穿词语的类似辅音同化则会保持很久;但是在成人语言中,元音和谐相对普遍,而辅音和谐(尤其是从儿童语言中可观测到的规模来看)则罕见或是不存在。

十三 《英语语音模式》之后的生成音系学

这些观点皆严重削弱了自然音系学中的潜在设想,因为这些观点表明,该理论的连贯性与事实不匹配。成人语言系统中的自然因素,在运作于其他领域(如儿童语言、随意言语中的简化、历史变化等)的任何更具一般性的语音能力层面中拥有基础,这一论断若要实质化,只能通过展示这些领域其实相似(homologous)——而对证据的详尽研究则显示,的确存在的相似性太有限,无法支撑音系自然性全面理论之重量。

倘若我们尝试把音系学的解释性领域限于斯坦普意义上的自然过程集合,那么其结果就是,一切无语音学动因的交替,或是一切展示出语音学任意性特征的交替,皆立即划归学习性规则之范畴,并因而位于该理论之外。不过,这样一来,自然语言语音系统的大量描写性内容——确实,可能差不多是其全部内容——在这一意义上都根本无法描述为"音系学"了。

如博杜安早已观察到的(见上文第三章),即使是那些带有最明显的语音学动因的过程,往往也是一旦成为某一具体语言语法的一部分(即"音系化"[phonologized]),就获得了任意性层面。这类例子中有许多已经在"音系学为何不'自然'"(Why Phonology isn't 'Natural')一文中得到了研究(Anderson, 1981);此处不重复这些例子,但是我们可以注意到,规则的任意性、"学习性"层面甚至会影响到明显低层面的语音学过程,如英语中浊阻塞音前的元音延长(其长度无法从语音学角度解释,但是却必须视为英语的任意性事实),再如冰岛语中前元音前的软腭前化(作用于某些历史上曾是前元音、但如今在语音学上已不再是前元音的元音前,并且不作用于另一些如今是前元音、但历史上却是由后元音演变而来的元音前)。

因此,很明显,我们若是把一切显示出纯粹属于具体语言之任意性成分的事实从音系学思考中排除出去,就所剩无几了。若是进一步要求,构成该理论实证内容的自然过程应跨越多个领域(儿童语言等,以及成人语言中的规则)以或多或少统一的方式运作,那么剩给我们的就会更加寥寥无几。由于这一原因,自然音系学理论至今依然留在建议性假说层面,尽管该理论在本书写作时仍在继续发展,以运用于范围宽广的实证现象(尤其是在斯坦普和其同事帕特里西娅·多尼根[Partricia Donegan]的在研工作中;例如,见 Donegan 1978)。

关于音系统,显然存在具有一般性、自然性的东西在《英语语音模式》之类的系统中没有表现出来;有理由从人类语音能力之有机基础角度为该事实寻求解释。我们认为,自然音系学和《英语语音模式》中的标记理论误入歧途之处,是其试图把这一解释直接纳入音系学描写构架之中。相反,我们应当承认语言的模块性(modularity):这一事实即,模块性代表若干不同领域的交叉,每个领域受自身原则的制约。

从上述意义来看,可以认为,切实强调解释能力的基础性模块理论,在第三章所勾勒的博杜安和克鲁舍夫斯基的观点中已经潜在存在。依据该图景,说话者的语音能力的功能在于为语音变化和其他替代确定"原材料",以用作自然语言系统中的共时规则模式之来源。但是,这种"自然过程"对音系统的影响,既是其实质内容的结果,又是其跟音系化过程和历史变化过程互动的结果——因为这些过程一旦纳入语法,就不再依其实质而从语音学角度加以确定。这样的理论中有许多细节（倘若不是大多数细节）依然有待开发，但似乎至少提纲挈领地展示出了一种可能性，在不放弃全面、准确描写之要求的同时，达到对"语音学解释"在音系学中的范围的理解。

尽管我们上面指出，自然音系学理论（如 Stampe 1968 和 1969 等研究所示，最详细的展示见于 Stampe 1972 和 Donegan & Stampe 1979）犯了混淆音系学中的描写方案和解释方案的错误，但其对本学科的影响绝不容小觑。倘若说 70 年代的音系学家日益意识到需要通过描述实质性考量来对纯形式理论加以补充，那么，这绝不完全是《英语语音模式》中的标记理论之结果。该理论做出了尝试性例证，但所提出的机制似乎已成死胡同。与自然音系学极其不同的提法依旧显示出一定程度的提纲性（的确，有人可能会说是预言性），尚未真正转化为对实际语言的全面描写；但是，（与《英语语音模式》相比，）这些提法的实证视野要广阔得多，基本可使其所论述的问题保持在本学科的注意力范围之内。

6 自主音段形式主义方法和节律形式主义方法

目前为止，我们在本章中所追溯的发展历程，构筑了生成音系学描写中提高"自然性"的尝试，其方式是通过向表达式或规则施加额外约束，或是通过把该理论中的元素更直接地跟以语音学为基础的外部事实相联系。不过，同一时期，有人追随的是生成音系学主流内部的一条截然不同的思想线索，对思考语音系统的方式同样意义重大。这就是对音系学表达式之更丰富概念的详细阐发，这一阐发超越了把形式视为由各个层面上的音段规模单位之序列构成这幅传统图景。由此而生的变化已彻底改变了音系学家的关注对象和优先选择。

《英语语音模式》中的音系表达式和语音表达式在其内在形式结构方面十分统一。每一个这样的表达式都是音段之序列，这些音段原则上相互独立，且在大小上整齐划一。大于音段的单位得到了承认，但这类单位在性质上仅具形态学性（语素、词等）；这样的单位并不直接表达为结构单位，而是通过音段链条中的切分边界之设置来表达，从而为这样的单位和其邻居划界。音段内部没有结构被承认（除了这个事实：音段本身即可视为内部无序的特征集合），也没有任何大于音段的结构单位（如音节）拥有系统表达地位。

音系表达式中音节等的缺失，并非像有些人认为的那样，是乔姆斯基和哈勒的疏忽或糊涂造成的问题。相反，这一缺失构筑了一个有原则的决策：只要所有明显要求参照单位而非参照音段的归纳总结都能够只从音段角度来编码，且不会给一般性带来重大损失，那么，更为有限的理论就构筑了对语言本质的更为强烈的实证论断。这一点对乔姆斯基和哈勒来说似乎正确；至少，这一点代表了一种连贯的立场。

然而，截止70年代初，对声调系统的研究已开始颠覆统一以音段为基础的诸理论的整齐划一本质。将声调现象纳入生成描写的早期尝试，例如王士元（Wang，1967）的提法，把声调描写为单一性特征(unitary feature)。事实上,王士元指出,这些特征应当附加在音节上,而不是附加在音段上;不过,他的理论中的这一层面在文献中基本未被注意到。表达式中不存在音节这样的东西;并且,通过把声调特征与在音节中构筑音节核的那个(或那些)音段相关联,通常可得到相同的结果。

王士元的论断认为,声调——尤其是曲折声调(contour tone),如升调、降调以及汉语北方方言中的降升调——可表达为某一系统中的单位;该论断在吴(Woo,1969)的博士论文中首次受到严重挑战。她展示出,这类曲折声调不应该被视为单一单位,而应该视为由(平调[level tone])单位构成的序列。降调不视为由[+下降]之类的特征描述的单一元素,而是视为由高调加低调构成的序列。基于此,吴认为带有复杂声调轮廓的音节总是至少包含足量音段(或莫拉)来以一对一方式支撑该声调。

此后不久,雷本(Leben,1971)等人的非洲语言声调系统研究显示,有必要承认这类曲折声调也发生于仅包含一个不可分割的短元音音段的音节上。因此,有必要承认这一可能性:有些音系特征(例如曲折声调的单个亚成分)把小于一个音段的范围作为自己的赋值域。换句话说,音段应当被视为具有显著的内部时间结构。而另一方面,雷本还表示,有时有必要承认另一种单一声调赋值,这种声调赋值把一个以上单一音段作为其域,可能会延展覆盖某一形式的数个音节。

这些观点得到了约翰·戈德史密斯(John Goldsmith)的详尽阐述,称之为"自主音段音系学"(autosegmental phonology)。

此处我们甚至无法概述这一理论的原则（概况性文章，参见 Goldsmith 1976、1979，以及 van der Hulst & Smith 1982c）；但是很明显，我们一旦接受了某一特定形式的声调赋值数量不一定等于元音的数量这一论断，就出现了把同一描写形式延展至结构之其他领域中的可能性。例如，鼻音性为声调行为提供了现成的可比对象（见 Anderson 1976，以及戈德史密斯的著作）。其他人（尤其是 Clements 1976 等）则已提出，元音和谐提供了范围不限于某一音段，而是可达整个词语的单一音系特征赋值的另一个例子。

由于上述发展，截至 70 年代末，音系学家已逐渐不太把表达式视为音段性"串珠"式序列，而更可比作管弦乐队总谱（orchestral score），每一乐器与其他乐器的同步性，既是总谱的一部分，又是该乐器要演奏的实际音符。用音系学的术语来说，"乐器"就是言语器官中各种不同的组件：喉对音高的控制、软腭、舌体、唇，等等。若是以此来看，则各种各样的现象皆可显现出截然不同的面貌。例如，同化规则常可视为不涉及某一单个音段的特征变化，而是涉及某一音段（即被同化的音段）特征的关系重组，从而使这些特征能够涵盖其范围内的另一音段（即施加同化的音段）。事实上，一旦从自主音段结构和关系的操作角度来考虑，而不是从特征值变化的角度来考虑，就很少有哪种研究较为完备的语言，其音系规则之形式会不受影响。

与声调现象引发音系学中音段地位之重新思考同时，其他发展也在挑战此层面之上不存在重要结构这一概念。利伯曼和普林斯（Liberman & Prince, 1977）的一篇开创性文章，大体以利伯曼此前的麻省理工学院博士论文（Liberman,1975）为基础，展示了这样的观点：重音不应由赋予音段的特征来编码，而应视为组织进入层级性结构的诸单位（尤其是音节）之间的关系。这一理论的本质同样无法在本书允许的篇幅中得到充分概览（见 van der Hulst & Smith 1982，以及 Liberman & Prince 1977）；但是，重音概念的这一修正，其结果就是向音节、音步（foot）、韵律词（prosodic word）等以层级方式组织的单位赋予了重要地位。

利伯曼和普林斯的节律（metrical）重音理论很快也延伸进入其他领域。长期以来就存在一种感觉，认为音节结构在音系表达式中应得到明确承认；但是做到这一点的唯一明显途径（通过运用音段串中的可插入式音节界限）却显得笨重而缺乏启示。然而，在重音领域承认层级结构（或称节律结构）却显示出，音节可以类似地视为在对音段的层级组织进行定义，使之进入更大结构。这一方向上的第一个重大步子由卡恩（Kahn,1976）迈出，并从自主音段理论角度得到了实际构建，但是此后的发展却更贴近利伯曼和普林斯的节律理论。

这一理论同样造成一阵躁动，使人们竭力要把这种新型形式主义运用于一系列熟悉的问题中。例如，元音和谐被（Halle & Vergnaud,1981）描写为在某些语言中涉及将和谐特征赋予节律树（metrical tree）之中心成分（head），继而通过规约而传播至整个结构。本书中我们无法追溯这些发展，但是范·德·胡尔斯特和史密斯编辑的两卷本文集（van der Hulst & Smith 1982a、1982b）包含了许多富有启示的例子。把节律形式主义延伸到近来做过此类构建的一切传统音段领域的想法,受到了安德森(Anderson,1982b)和波泽尔(Poser,1982)的质疑,但是很明显,这类形式主义理论的重大意义的确超出了重音事实之外。

80年代,音系学探讨的潮流已远离后《英语语音模式》时代初期的那些问题。例如,如何在规则及音段清单中表达自然性的问题已基本从近年的文献中消失,而60年代末、70年代初显得十分重要的标写问题也是如此。甚至连抽象性这一问题都已罕有讨论。应当强调的是,上述领域失去音系学家的关注,哪个也不是因为有了已被基本解决之感:相反,经过略微反思之后,大多数语言学家都赞同,上面这些话题依旧呈现出重大未解问题。出现的情况似乎是,由于近年来的重大革新内部所出现的令人振奋的潜能,这种注意力发生了转移:我们的表达式概念得到了丰富,囊括了自主音段结构和节律结构。

与这一发展相伴的,是一次几乎感觉不到的转变,这一转变驶离了成为《英语语音模式》理论特征的形式性表述之严苛。虽然近年的很多文献在对音系表达式的提法上十分明确而严格,但是,为了达到结构操作描写中的相对明确性而大量投入的注意力却少得多。规则常常只是用平实的英语加以构建,对于可与《英语语音模式》音段规则提法相类比的过程来说,维护一种概念上有限的词汇和形式主义方法之考虑已降至最低点。

人们或许会把表述的这种日渐松弛性归因于对《英语语音模式》形式主义方案的普遍幻灭感:毕竟,我们在本章中所概述的各种其他进步全都倾向于颠覆这一形式主义理论,从而成为我们对音系结构的理解之全面重组。不过,倘若果真如此,或许就恰应提醒人们注意《英语语音模式》方案所取得的相对成功:《英语语音模式》方案为那些描述其相对有限的可行表达式类型的规则,构建了明确而受到具体制约的形式主义方法。事实上,"经典"生成音系学的概念丰富性很可能应该归因于其或多或少达到平衡的语音结构图景,在这幅图景中,表达式和规则皆有重要角色要扮演。倘若当前对新型表达式之可行性的关注导致了一种气候,使明确构建由规则支配的规则模式的重要性从视野中消失,那么,我们对音系学的了解深度也将十分可能因此而变得薄弱。我们希望本书已表明,无论是规则之理论,还是表达式之理论,都无法自身构筑音系学理论。

参考文献

Abercrombie, David. 1948. Forgotten Phoneticians. *Transactions of the Philological Society* (1948), 1-34.
Allen, W. Sidney. 1951. Some Prosodic Aspects of Retroflexion and Aspiration in Sanskrit. *Bulletin of the School of Oriental and African Studies* 13:939-46.
Anderson, Stephen R. 1973. Remarks on the Phonology of English Inflection. *Language & Literature* (Copenhagen) 1(4):33-52.
———. 1974. *The Organization of Phonology*. New York: Academic Press.
———. 1976. Nasal Consonants and the Internal Structure of Segments. *Language* 52:326-44.
———. 1978. Tone Features. In V. Fromkin (ed.), *Tone: A Linguistic Anthology*, 133-75. New York: Academic Press.
———. 1980. Remarks on the Development of Phonological Theory. *Language and Speech* 23:115-23.
———. 1981. Why Phonology isn't 'Natural'. *Linguistic Inquiry* 12:493-539.
———. 1982a. Where's Morphology? *Linguistic Inquiry* 13:571-612.
———. 1982b. Differences in Rule Type and Their Structural Basis. In van der Hulst and Smith 1982b, 1-25.
———. 1984. A Metrical Interpretation of Some Traditional Claims about Quantity and Stress. In M. Aronoff and R. Oehrle (eds.), *Language Sound Structure*, 83-106. Cambridge: MIT Press.
Anderson, Stephen R., and Wayles Browne. 1973. On Keeping Exchange Rules in Czech. *Papers in Linguistics* 6 (4): 445-82.
Bach, Emmon, and Robert Harms. 1972. How Do Languages Get Crazy Rules? In R. Stockwell and R. Macaulay (eds.), *Linguistic Change and Generative Theory*, 1-21. Bloomington: Indiana University Press.
Basbøll, Hans. 1971, 1972. A Commentary on Hjelmslev's Outline of the Danish Expression System. *Acta Linguistica Hafniensia* 13:173-211, 14:1-24.
———. 1980. Phonology. *Language & Speech* 23:91-113.
Baudouin de Courtenay, Jan. 1871 (1972). Some General Remarks on Linguistics and Language. In Baudouin de Courtenay 1972:49-80.

参考文献

———. 1888-89. Mikołaj Kruszewski, jego życie i prace naukowe. *Prace Filologiczne* 2 (3): 837-49; 3(1):116-75.

———. 1895 (1972). An Attempt at a Theory of Phonetic Alternations. In Baudouin de Courtenay 1972:144-212.

———. 1963. In V. P. Grigor'ev & A. A. Leont'ev, (eds), *Izbrannye trudy po obščemu jazykoznaniju*, vols. 1-2. Moscow: Akademija Nauk SSSR.

———. 1972. *Selected Writings of Baudouin de Courtenay*, ed. E. Stankiewicz. Bloomington: Indiana University Press.

Bell, Alexander Melville. 1867. *Visible Speech: The Science of Universal Alphabetics*. London: Simplin, Marshall & Co.

Bellugi, Ursula, and Edward Klima. 1979. *The Signs of Language*. Cambridge: Harvard University Press.

Bever, Thomas G. 1963. Leonard Bloomfield and the Phonology of the Menomini Language. Doctoral diss., Massachusetts Institute of Technology.

Bloch, Bernard. 1941. Phonemic Overlapping. *American Speech* 16:278-84 (reprinted in Joos 1957:93-96).

———. 1946. Studies in Colloquial Japanese II: Syntax. *Language* 22:200-248 (reprinted in Joos 1957:154-85).

———. 1950. Studies in Colloquial Japanese IV: Phonemics. *Language* 26:86-125 (reprinted in Joos 1957:329-48).

Bloomfield, Leonard. 1909-10. A Semasiological Difference in Germanic Secondary Ablaut. *Modern Philology* 7:245-88; 7:345-82.

———. 1914. *An Introduction to the Study of Language*. New York: Holt.

———. 1923. *First German Book*. Columbus, Ohio: R. G. Adams.

———. 1925. Why a Linguistics Society? *Language* 1:1-5.

———. 1926. A Set of Postulates for the Study of Language. *Language* 2:153-64 (reprinted in Joos 1957:329-48).

———. 1930. German ç and x. *Le maître phonétique* III 20:27-28.

———. 1933. *Language*. New York: Holt.

———. 1939. Menomini Morphophonemics. *Travaux du cercle linguistique de Prague* 8:105-15.

———. 1944. Secondary and Tertiary Responses to Language. *Language* 20:45-55.

———. 1962. *The Menomini Language*. New Haven: Yale University Press.

Bloomfield, Leonard, and George M. Bolling. 1927. What Symbols Shall We Use? *Language* 3:123-29.

Boas, Franz. 1889. On Alternating Sounds. *American Anthropologist* 2:47-53.

———. 1894. Classification of the Languages of the North Pacific Coast. *Memoirs of the International Congress of Anthropologists*, 339-46.

———, ed.. 1911. *Handbook of American Indian Languages*, vol. 1. Bureau of American Ethnology, Bulletin 40, part 1.

———, ed.. 1922. *Handbook of American Indian Languages*, vol. 2. Bureau of American Ethnology, Bulletin 40, part 2.

———. 1930. *The Religion of the Kwakiutl Indians.* Columbia University Contributions to Anthropology, vol. 10. New York: Columbia University Press.

———. 1947. Kwakiutl Grammar, with a Glossary of the Suffixes. *Transactions of the American Philosophical Society*, 37 (part 3): 201–377.

Boas, Franz, and Ella Deloria. 1939. *Dakota Grammar.* Washington, D.C.: National Academy of Sciences.

Brame, Michael. 1972. On the Abstractness of Phonology: Maltese ʕ. In M. Brame (ed.), *Contributions to Generative Phonology*, 22–61. Austin: University of Texas Press.

Chao, Yuen-ren. 1934. The Non-Uniqueness of Phonemic Solutions of Phonetic Systems. *Academica Sinica* (Bulletin of the Institute of History and Philology) 4(4): 363–97 (reprinted in Joos 1957: 38–54).

Cherry, E. Colin, Roman Jakobson and Morris Halle. 1952. Toward the Logical Description of Languages in their Phonemic Aspect. *Language* 29: 34–46.

Chomsky, Noam. 1951. The Morphophonemics of Modern Hebrew. Master's thesis, University of Pennsylvania. Published in 1979 by Garland Publishers, ed. Jorge Hankamer.

———. 1955. *The Logical Structure of Linguistic Theory.* Published in 1975 by Plenum Press, New York.

———. 1957. *Syntactic Structures.* The Hague: Mouton & Co.

———. 1959. Review Of B. F. Skinner's *Verbal Behavior.* *Language* 35: 26–57.

———. 1962. A Transformational Approach to Syntax. In Hill 1962: 124–58.

———. 1964. *Current Issues in Linguistic Theory.* The Hague: Mouton & Co.

———. 1966a. *Topics in the Theory of Generative Grammar.* The Hague: Mouton & Co.

———. 1966b. *Cartesian Linguistics.* New York: Harper & Row.

———. 1979. *Language and Responsibility.* New York: Pantheon.

———. 1981. *Rules and Representations.* New York: Columbia University Press.

Chomsky, Noam, and Morris Halle. 1965. Some Controversial Questions in Phonological Theory. *Journal of Linguistics* 1: 97–138.

———. 1968. *The Sound Pattern of English.* New York: Harper & Row.

Chomsky, Noam, Morris Halle, and Fred Lukoff. 1956. On Accent and Juncture in English. In *For Roman Jakobson: Essays on the Occasion of His Sixtieth Birthday*, 65–80. The Hague: Mouton & Co.

Christy, Craig. 1983. *Uniformitarianism in Linguistics.* Amsterdam and Philadelphia: Benjamins.

Clements, G. N. 1976. The Autosegmental Treatment of Vowel Harmony. In W. Dressler and O. E. Pfeiffer (eds.), *Phonologica, 1976*, 111–19. Innsbruck: Institut für Sprachwissenschaft.

参考文献

Culler, Jonathan. 1976. *Ferdinand deSaussure*. New York: Penguin Books.
Darden, Bill J. 1984. Reduplication and the Underlying Consonant System of Southern Paiute. *1983 Mid-America Linguistics Conference Papers*, 120-29. Boulder: University of Colorado.
Diderichsen, Paul. 1960. *Rasmusk Rask og den grammatiske tradition*. Hist.-fil. meddelelser udg. af det Kongelige Videnskabernes Selskab, bind 38(2) København.
Donegan, Patricia. 1978. On the Natural Phonology of Vowels. Ohio State University Working Papers in Linguistics, vol. 23.
Donegan, Patricia, and David Stampe. 1979. The Study of Natural Phonology. In D. Dinnsen (ed.), *Current Approaches to Phonological Theory*, 126-73. Bloomington: Indiana University Press.
Drachmann, Gaberell. 1976. Child Language and Language Change: A Conjecture and Some Refutations. In J. Fisiak (ed.), *Recent Developments in Historical Phonology*, 123-44. The Hague: Mouton & Co.
Dressler, Wolfgang. 1974. Some Diachronic Puzzles for Natural Phonology. In *Natural Phonology* (parasession volume of the Chicago Linguistic Society), 95-102. Chicago: University of Chicago Department of Linguistics.
Dufriche-Desgenettes, A. 1875. Sur la lettre R et ses diverses modifications. *Bulletin de la société linguistique de Paris* 14:71-74.
Engler, Robert. 1968-74. *Édition critique du cours linguistique de Ferdinand de Saussure*. Wiesbaden: Otto Harrassowitz.
Esper, E. A. 1968. *Mentalism and Objectivism in Linguistics: The Sources of Leonard Bloomfield's Psychology of Language*. New York: American Elsevier.
Firth, J. R. 1934a. The Principles of Phonetic Notation in Descriptive Grammar. *Congrès international des sciences anthropologiques et ethnographiques: compte rendu de la première session à Londres*, 325-28.
———. 1934b. The Word "Phoneme." *Le maître phonétique* 46:44-46.
———. 1935a. The Use and Distribution of Certain English Sounds: Phonetics from a Functional Point of View. *English Studies* 17:2-12.
———. 1935b. The Technique of Semantics. *Transactions of the Philological Society*, 36-72.
———. 1936. Phonological Features of Some Indian Languages. *Proceedings of the Second International Congress of Phonetic Sciences held at London in 1935*, 176-82.
———. 1937. The Structure of the Chinese Monosyllable in a Hunanese Dialect. *Bulletin of the School of Oriental Studies* 8:1055-74.
———. 1946. The English School of Phonetics. *Transactions of the Philological Society*, 92-132.
———. 1948a. Sounds and Prosodies. *Transactions of the Philological Society*, 127-52.
———. 1948b. Word-Palatograms and Articulation. *Bulletin of the School of Oriental and African Studies* 12:857-64.

———. 1949. Atlantic Linguistics. *Archivum Linguisticum* 1(2):95-116.
———. 1950. Improved Techniques in Palatography and Kymography. *Bulletin of the School of Oriental and African Studies* 13:771-74.
———. 1956. Linguistic Analysis and Translation. In *For Roman Jakobson: Essays on the Occasion of His Sixtieth Birthday*, 133-39. The Hague: Mouton & Co.
———. 1957a. *Papers in Linguistics 1934-1951*. London.
———. 1957b. A Synopsis of Linguistic Theory: 1930-1955. In J. R. Firth (ed.), *Studies in Linguistic Analysis*, 1-32. Oxford: Blackwell.
Fischer-Jørgensen, Eli. 1965. Louis Hjelmslev, October 3, 1899-May 30, 1965. *Acta Linguistica Hafniensa* 9:iii-xxii.
———. 1966. Form and Substance in Glossematics. *Acta Linguistica Hafniensa* 10:1-33.
———. 1972. Supplementary Note to Hans Basbøll's commentary on Hjelmslev's Analysis of the Danish Expression System. *Acta Linguistica Hafniensa* 14:143-52.
———. 1975. *Trends in Phonological Theory*. Copenhagen: Academisk Forlag.
Foley, James. 1965a. Spanish Morphology. Doctoral diss. Massachusetts Institute of Technology.
———. 1965b. Prothesis in the Latin Verb *sum*. *Language* 41:59-64.
Frachtenberg, Leo J. 1922. Siuslawan (Lower Umpqua). In Boas 1922, 297-429.
Godel, Robert. 1954. Notes inédites de Ferdinand deSaussure. *Cahiers Ferdinand de Saussure* 12:49-71.
———. 1957. *Les sources manuscrits du cours de linguistique générale de F. deSaussure*. Geneva: Librairie Droz.
Goldsmith, John. 1976. An Overview of Autosegmental Phonology. *Linguistic Analysis* 2:23-68.
———. 1979. The Aims of Autosegmental Phonology. In D. Dinnsen (ed.), *Current Approaches to Phonological Theory*, 202-22. Bloomington: Indiana University Press.
Grammont, Maurice. 1933. *Traité de phonétique*. Paris: Delagrave.
Greenberg, Joseph, ed. 1963a. *Universals of Language*. Cambridge: MIT Press.
Greenberg, Joseph. 1963b. Some Universals of Grammar with Particular Reference to the Order of Meaningful Elements. In Greenberg 1963a.
Gussmann, Edmund. 1978. *Explorations in Abstract Phonology*. Lublin: Marie Curie-Sklodowska University Press.
Hale, Kenneth. 1973. Deep-Surface Canonical Disparities in Relation to Analysis and Change: An Australian Example. In T. A. Sebeok et al. (eds.), *Current Trends in Linguistics* 11:401-58.
Halle, Morris. 1957. On the Phonetic Rules of Russian. Unpublished paper read to the Annual Meeting of the Linguistic Society of America, Chicago.

参考文献

———. 1959. *The Sound Pattern of Russian.* The Hague: Mouton & Co.
———. 1962. Phonology in Generative Grammar. *Word* 18:54-72.
———. 1964. On the Bases of Phonology. In J. A. Fodor and J. Katz (eds.), *The Structure of Language*, 324-33. New York: Prentice-Hall. (Revised version of "Questions of Linguistics," supplement to *Il Nuovo Cimento* 13, Series 10, 1958, 494-517).
———. 1979. Roman Jakobson. In *International Encyclopedia of the Social Sciences*, Biographical Supplement, 335-41. New York: Free Press.
Halle, Morris, and Kenneth Stevens. 1962. Speech Recognition: A Model and a Program for Research. *IRE Transactions on Information Theory*, IT 8: 155-59.
Halle, Morris, and Jean-Roger Vergnaud, 1981. Harmony Processes. In W. Klein and W. Levelt (eds.), *Crossing the Boundaries in Linguistics*, 1-23. Dordrecht: Reidel.
Hamp, Eric. 1953. The Morphophonemes of the Keltic Mutations. *Language* 27:230-47.
Harms, Robert. 1966. Stress, Voice, and Length in Southern Paiute. *International Journal of American Linguistics* 32:228-35.
Harris, James. 1969. *Spanish Phonology.* Cambridge: MIT Press.
———. 1978. Two Theories of Nonautomatic Morphophonological Alternations. *Language* 54:41-60.
Harris, Zellig. 1942. Morpheme Alternants in Linguistic Analysis. *Language* 18:169-80 (reprinted in Joos 1957:109-15).
———. 1944a. Yokuts Structure and Newman's Grammar. *International Journal of American Linguistics* 10:196-211.
———. 1944b. Simultaneous Components in Phonology. *Language* 20:181-205 (reprinted in Joos 1957:124-38).
———. 1945. Navajo Phonology and Hoijer's Analysis. *International Journal of American Linguistics* 11:239-46.
———. 1951a. *Methods in Structural Linguistics.* Chicago: University of Chicago Press.
———. 1951b. Review of Sapir 1949. *Language* 27:288-333.
Haugen, Einar. 1958. Review of Firth 1957a. *Language* 34:498-502.
Henderson, Eugenie. 1948. Notes on the Syllable Structure of Lushai. *Bulletin of the School of Oriental and African Studies* 12:713-25.
———. 1949. Prosodies in Siamese. *Asia Minor* 1:189-215.
Hill, Archibald A. 1962. *Proceedings of the Third Texas Conference on Problems of Linguistic Analysis in English.* Austin: University of Texas Press.
Hjelmslev, Louis. 1928. *Principes de grammaire générale.* Det Kongelige Danske Videnskabernes Selskab, Hist.-filol Medd. XVI. Copenhagen.
———. 1932, 1933, 1935. *Rasmusk Rask, Udvalgte Afhandlinger* I, II, III. Copenhagen: Ejnar Munksgaard.
———. 1935, 1937. *La catégorie des cas. Acta Jutlandica*, vol. VII.1 (vol. 1), IX.2 (vol. 2). Aarhus: Universitetsforlaget.

———. 1943. *Omkring Sprogteoriens Grundlæggelse*. Copenhagen: Ejnar Munksgaard.
———. 1950–51. Commentaires sur la vie et l'œuvre de Rasmus Rask. *Conférences de l'Institut de linguistique de l'Université de Paris* 10:143–57.
———. 1951. Grundtræk af det danske udtrykkssystem med særligt henblik på stødet. *Selskab for nordisk filologis aårsberetning for 1948 (1951)*, 12–24.
———. 1953. *Prolegomena to a Theory of Language*, trans. Francis Whitfield. Madison: University of Wisconsin Press.
———. 1954. La stratification du langage. *Word* 10:163–88.
———. 1970. Le système d'expression du français moderne. (Summary by E. Fischer-Jørgensen of two lectures to the Linguistic Circle of Copenhagen, 1948–49). *Bulletin du cercle linguistique de Copenhague* 1941–1966:217–24.
———. 1973. *Essais linguistiques*, vol. 2. *Travaux du cercle linguistique de Copenhague*, vol. 14.
———. 1975. *Résumé of a Theory of Language*. Copenhagen: Munksgaard.
Hjelmslev, Louis, and Hans-Jorgen Uldall. 1935. On the Principles of Phonematics. *Proceedings of the 2nd International Congress of Phonetic Sciences*, 49–54. Cambridge: Cambridge University Press.
———. 1936. *Outline of Glossematics*. (Privately printed and circulated pamphlet, Copenhagen).
Hockett, Charles. 1942. A System of Descriptive Phonology. *Language* 18: 3–21 (reprinted in Joos 1957:97–108).
———. 1947. Problems of Morphemic Analysis. *Language* 23:321–43 (reprinted in Joos 1957:229–42).
———. 1948. A note on structure. *International Journal of American Linguistics* 14:269–71 (reprinted in Joos 1957:279–80).
———. 1951. Review of A. Martinet, *Phonology as Functional Phonetics*. *Language* 27:333–41.
———. 1954. Two Models of Grammatical Description. *Word* 10:210–31 (reprinted in Joos 1957:386–99).
———. 1955. *A Manual of Phonology*. Baltimore: Waverly Press.
———. 1968. *The State of the Art*. The Hague: Mouton & Co.
———. 1970. *A Leonard Bloomfield Anthology*. Bloomington: Indiana University Press.
Hoenigswald, Henry. 1978. The *Annus Mirabilis* 1876 and Posterity. In *The Neogrammarians* (special commemorative volume of *Transactions of the Philological Society*), 17–35.
Hooper, Joan B. 1972. The Syllable in Phonological Theory. *Language* 48: 525–40.
———. 1975. The Archisegment in Natural Generative Phonology. *Language* 51:536–60.
———. 1976. *An Introduction to Natural Generative Phonology*. New York: Academic Press, Inc.

参考文献

Householder, Fred. 1952a. Review of Jones 1949. *International Journal of American Linguistics* 18:99-105.
———. 1952b. Review of Harris 1951a. *International Journal of American Linguistics* 18:260-68.
———. 1965. On Some Recent Claims in Phonological Theory. *Journal of Linguistics* 1:13-34.
Huddleston, Rodney. 1972. The Development of a Non-Process Model in American Structural Linguistics. *Lingua* 30:333-84.
Hyman, Larry. 1970. How Concrete is Phonology? *Language* 46:58-76.
———. 1975. *Phonology: Theory and Analysis*. New York: Holt, Rinehart & Winston.
———. 1976. Phonologization. In A. Juilland (ed.), *Linguistic Studies Offered to Joseph Greenberg*, 407-18. Saratoga, CA: Alma Libri.
Hymes, Dell. 1961. Review of W. Goldschmidt (ed.), *The Anthropology of Franz Boas*. *Journal of American Folklore* 74:87-90.
———. 1974. *Studies in the History of Linguistics: Traditions and Paradigms*. Bloomington: Indiana University Press.
Hymes, Dell, and John Fought. 1981. *American Structuralism*. The Hague: Mouton & Co. (First published 1975.)
Jackendoff, Ray S. 1975. Morphological and Semantic Regularities in the Lexicon. *Language* 51:639-71.
Jakobson, Roman. 1923. *O češskom stixe, preimuščestvenno v sopostavlennii russkim. Sbornik po teorii poetičeskogo jazyka* V. Berlin, Moscow.
———. 1928. Quelles sont les méthodes les mieux appropriées à un éxposé complet et pratique d'une langue quelconque? *Actes du Ier Congrès Internationale de Linguistes du 10-15 avril, 1928.* (reprinted in Jakobson 1962a: 3-6).
———. 1929. Remarques sur l'évolution phonologique du russe comparée à celle des autres langues slaves. Travaux du cercle linguistique de Prague 2.
———. 1939. Observations sur le classment phonologique des consonnes. *Proceedings of the 3rd International Congress of Phonetic Sciences*, 34-41.
———. 1941. *Kindersprache, Aphasie, und allgemeine Lautgesetze*. Uppsala Universitets Aarskrift.
———. 1948. Russian Conjugation. *Word* 4:155-67.
———. 1960. The Kazan' School of Polish Linguistics and Its Place in the International Development of Phonology (translation of Polish Original). In Jakobson 1971a:394-428.
———. 1961. Efforts towards a Means-Ends Model in European Linguistics in the Interwar Period. In C. Mohrmann, A. Sommerfelt and J. Whatmough (eds.), *Trends in European and American Linguistics 1930-1960*, 104-8.
———. 1962a. *Selected Writings*, vol. 1. The Hague: Mouton & Co.
———. 1962b. Retrospect. In Jakobson 1962a, 631-58.

———. 1965. An Example of Migratory Terms and Institutional Models. In Jakobson 1971a:527-38.
———. 1970. Saussure's Unpublished Reflections on Phonemes. *Cahiers Ferdinand de Saussure* 26:5-14.
———. 1971a. *Selected Writings*, vol. 2. The Hague: Mouton & Co.
———. 1971b. The World Response to Whitney's Principles of Linguistic Science. In Silverstein (ed.) 1971, xxv-xlv.
Jakobson, Roman, Gunnar Fant, and Morris Halle. 1952. *Preliminaries to Speech Analysis*. Cambridge: MIT Press.
Jakobson, Roman, and Morris Halle. 1956. *Fundamentals of Language*. The Hague: Mouton & Co.
Johns, David. 1969. Phonemics and Generative Phonology. *Papers from the Fifth Regional Meeting, Chicago Linguistic Society*, 374-81. Chicago: University of Chicago.
Jones, Daniel. 1948. The London School of Phonetics. *Zeitschrift für Phonetik* 2:127-35.
———. 1950. *The Phoneme: Its Nature and Use*. Cambridge: Heffer.
———. 1957, 1973. The History and Meaning of the Term "Phoneme." Supplement to *Le maître phonétique* (reprinted in W. E. Jones and J. Laver (eds.), *Phonetics in Linguistics: A Book of Readings*, 187-204. London: Longman).
Joos, Martin. 1948. *Acoustic Phonetics*. Language Monograph 23. Baltimore: Waverly Press.
———. 1957. *Readings in Linguistics*, vol. 1. Washington: American Council of Learned Societies.
Kahn, Daniel. 1976. Syllable-Based Generalizations in English Phonology. Doctoral diss., Massachusetts Institute of Technology; circulated by Indiana University Linguistics Club.
Kean, Mary Louise. 1975. The Theory of Markedness in Generative Grammar. Doctoral diss., Massachusetts Institute of Technology.
Kenstowicz, Michael. 1975. Rule Application in Pregenerative American Phonology. In A. Koutsoudas (ed.), *The Application and Ordering of Phonological Rules*, 259-82. The Hague: Mouton & Co.
Kenstowicz, Michael, and Charles Kisserberth. 1979. *Generative Phonology*. New York: Academic Press.
Kent, Roland G. Review of Bloomfield 1933. *Language* 10:40-48.
Kilbury, James. 1976. *The Development of Morphophonemic Theory*. Amsterdam: Benjamins.
Kiparsky, Paul. 1973a. How Abstract is Phonology?, part 1 of Phonological Representations. In O. Fujimura (ed.), *Three Dimensions of Linguistic Theory*, 5-56. Tokyo: The TEC Corporation.
———. 1973b. Abstractness, Opacity, and Global Rules, part 2 of Phonological Representations. In O. Fujimura (ed.), *Three Dimensions of Linguistic Theory*, 57-86. Tokyo: The TEC Corporation.

———. 1973c. "Elsewhere" in Phonology. In S. Anderson and P. Kiparsky (eds.), *A Festschrift for Morris Halle*, 93-106. New York: Holt, Rinehart & Winston.
———. 1979. *Pāṇini as a Variationist*. Cambridge: MIT Press.
Klausenburger, Jurgen. 1978. Mikołaj Kruszewski's Theory of Morphophonology: An Appraisal. *Historiographica Linguistica* 5:109-20.
Koerner, E. F. K. 1973. *Ferdinand de Saussure*. Elmsford, NY: Pergamon Press.
Kruszewski, Mikołai. 1881. *Über die Lautabwechslung*. Kazan'.
———. 1883. *Očerk nauki o jazyke*. Kazan'.
Kuhn, Thomas. 1962. *The Structure of Scientific Revolutions*. Chicago: University of Chicago Press.
Kuryłowicz, Jerzy. 1949. La nature des procès dit 'analogiques'. *Acta Linguistica* 5:121-38.
———. 1964. *The Inflectional Categories of Indo-European*. Heidelberg: Carl Winter.
Ladefoged, Peter. 1980. What are Linguistic Sounds Made of? *Language* 56:485-502.
Lamb, Sidney. 1966. Prolegomena to a Theory of Phonology. *Language* 42:536-73.
Langendoen, D. Terrence. 1968. *The London School of Linguistics*. Cambridge: MIT Press.
Lass, Roger. 1975. How Intrinsic Is Content? Markedness, Sound Change, and "Family Universals." In D. Goyvaerts and G. Pullum (eds.), *Essays on the Sound Pattern of English*, 475-504. Ghent: Story-Scientia.
Leben, William R. 1971. Suprasegmental Phonology. Doctoral diss., Massachusetts Institute of Technology.
Lees, Robert B. 1957. Review of Chomsky 1957. *Language* 33:375-408.
Lehiste, Ilse. 1970. *Suprasegmentals*. Cambridge, Mass.: MIT Press.
Levine, Robert. 1979. Haida and NaDene: A New Look at the Evidence. *International Journal of American Linguistics* 45:157-70.
Liberman, Mark Y. 1975. The Intonational System of English. Doctoral diss., Massachusetts Institute of Technology; circulated by Indiana University Linguistics Club.
Liberman, Mark Y., and Alan Prince. 1977. On Stress and Linguistic Rhythm. *Linguistic Inquiry* 8:249-336.
Lieberman, Philip. 1965. On the Acoustic Basis of the Perception of Intonation by Linguists. *Word* 21:40-54.
Lightner, Theodore. 1965. The Segmental Phonology of Modern Standard Russian. Doctoral diss., Massachusetts Institute of Technology.
———. 1971. On Swadesh and Voegelin's "A Problem in Phonological Alternation." *International Journal of American Linguistics* 37:227-37.
Linell, Per. 1979. *Psychological Reality in Phonology*. Cambridge: Cambridge University Press.

Lopez, Barbara. 1979. The Sound Pattern of Brazilian Portugese. Doctoral diss., University of California—Los Angeles.

Lounsbury, Floyd. 1953. *Oneida Verb Morphology*. Yale University Publications in Anthropology 48.

Lyons, John. 1962. Phonemic and Non-Phonemic Phonology: Some Typological Reflections. *International Journal of American Linguistics* 28:127-33.

Matthews, Peter. 1972. *Inflectional Morphology*. Cambridge: Cambridge University Press.

McCarthy, John. 1981. A Prosodic Theory of Non-Concatenative Morphology. *Linguistic Inquiry* 12:373-418.

McCawley, James D. 1967a. Le rôle d'un système de traits phonologiques dans une théorie du langage. *Langages* 8:112-23.

———. 1967b. The Phonological Theory behind Whitney's *Sanskrit Grammar*. In *Languages and Areas: Studies Presented to George Bobrinskoy, 1967*, 77-85. The University of Chicago: Division of the Humanities.

———. 1967c. Sapir's Phonologic Representation. *International Journal of American Linguistics* 33:106-11.

———. 1974. Review of Chomsky and Halle 1968. *International Journal of American Linguistics* 40:50-88.

Mead, Margaret. 1928. *Coming of Age in Samoa*. New York: William Morrow.

Miner, Kenneth. 1981. Bloomfield's Process Phonology and Kiparsky's Opacity. *International Journal of American Linguistics* 47:310-22.

Moulton, William. 1947. Juncture in Modern Standard German. *Language* 23:212-26 (reprinted in Joos 1957:208-14).

Murray, S. O. 1981. The Canadian "Winter" of Edward Sapir. *Historiographica Linguistica* 8:63-68.

Newmeyer, Frederick J. 1980. *Linguistic Theory in America*. New York: Academic Press.

———. 1983. *Grammatical Theory: Its Limits and its Possibilities*. Chicago: University of Chicago Press.

Nida, Eugene. 1948. The Identification of Morphemes. *Language* 24:414-41.

Ohala, John. 1979. Universals of Labial Velars and de Saussure's Chess Analogy. *Proceedings of the 9th International Congress of Phonetic Sciences* 2:41-47.

Palmer, Frank R. 1970. *Prosodic Analysis*. London: Oxford University Press.

Percival, Keith. 1977. Review of Koerner 1973, *Language* 53:383-405.

Pike, Kenneth. 1943. *Phonetics*. Ann Arbor: University of Michigan Press.

———. 1947a. *Phonemics: A Technique for Reducing Languages to Writing*. Ann Arbor: University of Michigan Press.

———. 1947b. Grammatical Prerequisites to Phonemic Analysis. *Word* 3:155-72.

———. 1952. More on Grammatical Prerequisites. *Word* 8:106-21.

Poser, William. 1982. Phonological Representations and Action-at-a-Distance. In H. van der Hulst and N. Smith (eds.), 1982b, 121-58.

Postal, Paul. 1964. Boas and the Development of Phonology: Some Comments Based on Iroquoian. *International Journal of American Linguistics* 30:269-80.
———. 1968. *Aspects of Phonological Theory.* New York: Harper & Row.
Powell, J. W. 1891. Indian Linguistic Families of America North of Mexico. *Annual Report* of the United States Bureau of American Ethnography 7:1-142.
Reichler-Béguelin, Marie-José. 1980. Le consonantisme grec et latin selon de Saussure: Le cours de phonétique professé en 1909-1910. *Cahiers Ferdinand de Saussure* 34:17-97.
Robins, R. H. 1957a. Aspects of Prosodic Analysis. *Proceedings of the University of Durham Philosophical Society* Series B. 1:1-12.
———. 1957b. Vowel Nasality in Sundanese: A Phonological and Grammatical Study. *Studies in Linguistic Analysis*, 87-103.
———. 1961. John Rupert Firth. *Language* 37:191-200.
———. 1963. General Linguistics in Great Britain 1930-1960. In C. Mohrmann, F. Norman, and A. Sommerfelt (eds.), *Trends in Modern Linguistics*, 11-37. Utrecht and Antwerp: Spectrum.
———. 1967. *A Short History of Linguistics.* London: Longmans.
———. 1969. Review of Langendoen 1968. *Language* 45:109-16.
Sapir, Edward. 1921. *Language.* New York: Harcourt, Brace & World.
———. 1922. Takelma. In Boas 1922:3-296.
———. 1925. Sound Patterns in Language. *Language* 1:37-51 (reprinted in Joos 1957:19-25).
———. 1930. *Southern Paiute: A Shoshonean Language.* Proceedings of the American Academy of Arts and Sciences, vol. 65, nos. 1-3.
———. 1933. La réalité psychologique du phonème. *Journal de psychologie normale et pathologique* 30:247-65.
———. 1938. Glottalized Continuants in Navajo, Nootka, and Kwakiutl. *Language* 14:248-274.
———. 1949. *Selected Writings of Edward Sapir*, ed. David Mandelbaum. Berkeley and Los Angeles: University of California Press.
Saussure, Ferdinand de. 1879. *Mémoire sur le système primitif des voyelles dans les langues indo-européennes.* Leipzig: Teubner.
———. 1916. *Cours de linguistique générale.* Paris: Payot.
———. 1959. *Course in General Linguistics*, trans. Wade Baskin. New York: The Philosophical Library.
———. 1974. *Cours de linguistique générale.* Édition critique préparée par Tullio deMauro. Paris: Payot.
Schane, Sanford. 1968. *French Phonology and Morphology.* Cambridge: MIT Press.
Schultz, Amelia [Sussmann]. 1977. Boas on Phonemics and Dissertations. *International Journal of American Linguistics* 43:56-57.
Scott, N. C. 1948. The Monosyllable in Szechuanese. *Bulletin of the School of Oriental and African Studies* 12:197-213.

———. 1956. A Phonological Analysis of the Szechuanese Monosyllable. *Bulletin of the School of Oriental and African Studies* 18:556-60.
Silverstein, Michael, ed. 1971. *Whitney on Language*. Cambridge: MIT Press.
Sommerstein, Alan. 1977. *Modern Phonology*. London: Edward Arnold.
Sprigg, R. K. 1955. The Tonal System of Tibetan and the Nominal Phrase. *Bulletin of the School of Oriental and African Studies* 17:134-53.
———. 1961. Vowel Harmony in Lhasa Tibetan: Prosodic Analysis applied to Interrelated Features of Successive Syllables. *Bulletin of the School of Oriental and African Studies* 24:116-38.
Stampe, David. 1968. Yes, Virginia . . . Paper read at the 4th Annual Meeting of the Chicago Linguistics Society.
———. 1969. The Acquisition of Phonetic Representation. In *Papers from the 5th Annual Meeting of the Chicago Linguistics Society*, 443-54.
———. 1972. How I Spent My Summer Vacation. Doctoral diss., University of Chicago.
———. 1973. On Chapter 9. In M. Kenstowicz and C. Kisseberth (eds.), *Issues in Phonological Theory*, 44-52. The Hague: Mouton & Co.
Stankiewicz, Edward. 1972. Baudouin de Courtenay: His Life and Work. Introduction to Baudouin de Courtenay 1972, 3-48. Bloomington: Indiana University Press.
Stanley, Richard. 1967. Redundancy Rules in Phonology. *Language* 43:393-436.
Stark, B. R. 1972. The Bloomfieldian Model, *Lingua* 30:385-421.
Stocking, George. 1974. The Boas Plan for American Indian Languages. In Hymes 1974:454-84.
Studies in Linguistic Analysis (1956). Special Volume of the Philological Society.
Swadesh, Maurice. 1934. The Phonemic Principle. *Language* 10:117-29 (reprinted in Joos 1957:32-37).
———. 1948. Review of Boas 1947. *Word* 4:58-63.
Swadesh, Maurice, and Carl Voegelin. 1939. A Problem in Phonological Alternation. *Language* 15:1-10 (reprinted in Joos 1957:88-92).
Sweet, Henry. 1877. *A Handbook of Phonetics*. Oxford: Henry Frowde.
Teeter, Karl V. 1964. Descriptive Linguistics in America: Triviality vs. Irrelevance. *Word* 20:197-206.
———. 1969. Leonard Bloomfield's Linguistics. *Language Sciences* 7:1-6.
Trager, George L. 1934. The Phonemes of Russian. *Language* 10:334-44.
Trager, George, and Bernard Bloch. 1941. The Syllabic Phonemes of English. *Language* 17:223-46.
Trager, George, and Henry Lee Smith. 1951. *An Outline of English Structure*. Studies in Linguistics, Occasional Papers, no. 3.
Tranel, Bernard. 1981. *Concreteness in Phonology: Evidence from French*. Berkeley and Los Angeles: University of California Press.

参考文献

Trubetzkoy, N. 1929. Zur allgemeinen Theorie des phonologischen Vokalsystems. *Travaux du cercle linguistique de Prague* 1:39-67.
———. 1931. Gedanken über Morphonologie. *Travaux du cercle linguistique de Prague* 4:160-63.
———. 1933. La phonologie actuelle. *Journal de psychologie* 30:227-46.
———. 1934. Das morphonologische System der russischen Sprache. *Travaux du cercle linguistique de Prague*, 5, no. 2.
———. 1939. Grundzüge der Phonologie. *Travaux du cercle linguistique de Prague* 7.
———, J. Cantineau, trans. 1939 (1949). *Principes de phonologie*. Paris: Klincksieck.
Twaddell, W. Freeman. 1935. "On Defining the Phoneme." *Language Monograph*, no. 16. Reprinted in Joos 1957:55-80. (All text references are to the Joos reprint).
Uldall, Hans-Jorgen. 1957. An Outline of Glossematics, Part I. *Travaux du cercle linguistique de Copenhague* 10:1-89.
Vago, Robert. 1973. Abstract Vowel Harmony Systems in Uralic and Altaic Languages. *Language* 49:579-605.
van der Hulst, Harry, and Norval Smith, eds. 1982a. *The Structure of Phonological Representations*, vol. 1. Dordrecht: Foris Publications.
———. 1982b. *The Structure of Phonological Representations*, vol. 12. Dordrecht: Foris Publications.
———. 1982c. An Overview of Autosegmental and Metrical Phonology. In van der Hulst and Smith 1982a:1-45.
Vennemann, Theo. 1971. Natural Generative Phonology. Paper read at Annual Meeting of the Linguistic Society of America, St. Louis, MO.
Voegelin, Carl. 1952. The Boas Plan for the Presentation of American Indian Languages. *Proceedings of the American Philosophical Society* 96:439-51.
Voegelin, Carl, and F. M. Voegelin. 1963. On the History of Structuralizing in 20th Century America. *Anthropological Linguistics* 5.1:12-35.
Wang, William S.-Y. 1967. The Phonological Features of Tone. *International Journal of American Linguistics* 33:93-105.
Wells, Rulon. 1949. Automatic Alternation. *Language* 25:99-116.
Whitehead, Albert N., and Bertrand Russell. 1910. *Principia Mathematica*. Cambridge: Cambridge University Press.
Whitney, William Dwight. 1867. *Language and the Study of Language*. New York: C. Scribner & Sons.
———. 1875. *The Life and Growth of Language*. New York: D. Appleton.
———. 1879. *A Sanskrit Grammar*. Leipzig: Breitkopf & Hartel.
Williams, Roger. 1643. *A Key Into the Language of the Americas*. Reprinted 1963. New York: Russell & Russell.
Winteler, J. 1876. *Die Kerenzer Mundart des Kantons Glarus in ihren Grundzügen dargestellt*. Leipzig: C. F. Winter'sche Verlagshandlung.

Woo, Nancy. 1969. Prosody and Phonology. Doctoral diss., Massachusetts Institute of Technology.
Wrenn, C. L. 1946. Henry Sweet. *Transactions of the Philological Society*, 177–201.

人名索引

（按姓氏字母顺序排序，页码为原著页码）

A

Abercrombie, David 阿博克隆比, 大卫 169

Allen, W. Sidney 艾伦, W. 西德尼 191, 193

Andersen, H. C. 安徒生, H. C. 141

Anderson, Stephen R. 安德森, 斯蒂芬·R. 40, 77, 79, 103, 105-6, 128, 134, 148, 225, 236, 266, 275, 307, 308, 311, 325, 327, 335, 343, 345, 348, 349

B

Bach, Emmon 巴赫, 埃门 78

Bacon, Francis 培根, 弗兰西斯 62

Bally, Charles 巴依, 查尔斯 22-23, 33, 84

Basbøll, Hans 巴斯贝尔, 汉斯 154-55, 159, 336

Baudouin de Courtenay, Jan 博杜安·德·库尔德内, 扬 2, 9, 14-15, 56-70, 73-82, 84, 88, 91, 93-95, 113, 116, 126, 130, 138, 144, 154, 173-75, 184, 195, 211, 231, 243, 265, 290, 302, 340, 345-46

Beach, D. M. 比奇, D. M. 144

Bell, Alexander Melville 贝尔, 亚历山大·梅尔维尔 170, 172

Bellugi, Ursula 贝卢吉, 厄苏拉 153

Benni, Tytus 贝尼, 提图斯 174

Bjerrum, Marie 别鲁姆, 玛莉 143

Bloch, Bernard 布洛赫, 伯纳德 278, 283, 286, 296-97, 299, 301, 313, 315, 320

Bloomfield, Leonard 布龙菲尔德, 列奥纳德 15, 86, 115, 178, 180, 220, 221, 230, 232, 244, 250-79, 281-83, 286, 287, 289-92, 296, 299, 301-9, 312, 320, 322

Bloomfield, Maurice 布龙菲尔德,

莫里斯 252

Boas, Franz 鲍阿斯,弗兰茨 2,4, 15,144,198-220,222-23,226, 237,243,250,278,280-82

Bogoraz, V. 波格拉斯,V. 85

Bolling, George M. 博林,乔治·M. 250,263,269

Bopp, Franz 葆朴,弗兰茨 195,196

Brame, Michael 布拉姆,麦克尔 338

Braune, Wilhelm 布劳恩,威廉 19

Brouwer, L. E. J. 布劳尔,L. E. J. 330

Browne, Wayles 布朗,威尔斯 335

Brugmann, Karl 布鲁格曼,卡尔 19,30,57,86,252,271

C

Carnap, Rudolf P. 卡纳普,鲁道夫·P. 88

Chao, Yuen-ren 赵元任 296,298

Cherry, Colin E. 切里·柯林·E. 135

Chomsky, Noam 乔姆斯基,诺姆 7,15,24-25,110,126,164,166, 240-41,291,310,312-18,322, 323,326-29,332-33,347

Chomsky, William 乔姆斯基,威廉 314

Christy, Craig 克里斯蒂,克莱格 195

Clausewitz, Carl von 克劳斯维茨,卡尔·冯 316

Clements, G. N. 克莱门茨,G. N. 192,348

Curtius, Georg 科提厄斯,乔治 19

D

Delbrück, Berthold 德尔布吕克,伯特霍德 57

Deloria, Ella 德罗利亚,埃拉 212,214

Descartes, René 笛卡儿,热内 322

Diderichsen, Paul 迪德里克森,保罗 142

Doke, C. M. 多克,C. M. 104

Donegan, Patricia 多尼根,帕特里西娅 74,344,346

Doroszewski, W. 多洛舍夫斯基,W. 26

Drachmann, Gaberell 德拉克曼,加布莱尔 345

Dressler, Wolfgang 德莱斯勒,沃尔夫冈 344

Dufriche-Desgenettes, A. 杜弗里什-戴热奈特,A. 38,66

Duponceau, Peter 杜邦索,彼得 197

Durkheim, Emile 杜克海姆,埃米尔 26

E

Egerod, Søren 埃格罗德, 泽伦 142
Engler, Robert 恩格勒, 罗伯特 23
Esper, E. A. 埃斯珀, E. A. 254

F

Fant, Gunnar 方特, 古纳尔 123-24, 318
Firth, John Rupert 弗思, 约翰·鲁珀特 109, 168, 170-71, 177-93, 296
Fischer-Jørgensen, Eli 费舍-于尔根森, 埃莉 15, 142-43, 150, 154-55
Foley, James 佛里, 詹姆斯 325, 339
Fortunatov, F. 富尔弗纳图夫, F. 86, 195
Fought, John 福特, 约翰 15, 220, 232, 254, 278
Frachtenberg, Leo J. 弗拉赫坦伯格, 列奥·J. 210
Franklin, Benjamin 富兰克林, 本杰明 178
Fries, Charles 弗里斯, 查尔斯 280

G

Gallatin, Albert 加兰坦, 阿尔伯特 197
Gödel, Kurt 古德尔, 库尔特 335
Godel, Robert 戈代尔, 罗贝尔 22, 25, 26, 32, 33, 35, 38, 50, 57, 196
Goldsmith, John 戈尔德史密斯, 约翰 348
Goodman, Nelson 古德曼, 尼尔森 315
Grammont, Maurice 格拉蒙, 莫里斯 22, 37, 40, 130
Greenberg, Joseph 格林伯格, 约瑟夫 226
Gussmann, Edmund 古斯曼, 埃德蒙 341

H

Haas, Mary 哈斯, 玛莉 219, 221, 279
Hale, Kenneth 黑尔, 肯尼思 242, 243, 245, 248, 249
Halle, Morris 哈勒, 莫里斯 15, 110-12, 123-24, 126-27, 135, 164, 166, 240, 241, 274, 285, 310, 313-23, 326-29, 332-33, 347, 349
Hamp, Eric 汉普, 埃里克 320
Hare, R. M. 海尔, R. M. 327
Harms, Robert 哈姆斯, 罗伯特 78, 240-41
Harris, James 哈里斯, 詹姆斯

339,341
Harris,Zellig 海里斯,泽利格 183,
189,191,232-34,279,283,284,
298,301,303-5,307-8,310,
314-17
Haugen,Einar 郝根,埃纳 180
Heidegger,Martin 海德格尔,马
丁 228
Henderson,Eugenie 汉德森,尤
金 183
Higgins,Henry 希金斯,亨利 173
Hilbert,David 希尔伯特,大卫 335
Hill,Archibald A. 希尔,阿奇伯尔
德·A. 279,314
Hjelmslev,Louis 叶尔姆斯列夫,
路易斯 12,117,140-68,178,
186,188,261,265,269,270,278
Hockett,Charles 霍凯特,查尔斯
117,220,238,253-54,256,267,
269,270,272,275-76,278,282,
284,298,301,317,323,324
Hoenigswald,Henry 霍尼格斯瓦
尔德,亨利 19,315
Hoijer,Harry 侯易,哈利 219,
221,267
Hooper,Joan B. 胡珀,琼·B. 340
Householder,Fred 霍斯霍德,弗莱
德 170,182,317
Humboldt,Wilhelm von 洪堡特,
威廉·冯 322

Hume,David 休谟,大卫 62
Hunt,George 亨特,乔治 207
Husserl,Edmund 胡塞尔,埃德
蒙 88
Hyman,Larry 海曼,拉里 76,
310,338
Hymes,Dell 海姆斯,戴尔 15,215,
220,232,254,278

J

Jackendoff,Ray S. 杰肯道夫,雷依·
S. 53
Jakobson,Roman 雅柯布森,罗曼
13,15,33,38,57,61,76,79,81-
85,87-90,93,96,98,99,101,
103,106,110,115,118-39,142,
145,178,188,217,232,260,
281,283,289,302,310,315,
318,319,321,323,325,326,344
Jakovlev,N. 雅克弗列夫,N. 84
Jefferson,Thomas 杰弗逊,托马
斯 197
Jespersen,Otto 叶斯柏森,奥托
39,142,144,292
Johns,David 约翰斯,大卫 112
Jones,Daniel 琼斯,丹尼尔 112,
155,168,170-71,174-78,183-
84,290,292,295
Joos,Martin 裘斯,马丁 202,224,
279-82,284,288,290,295-96,

298,303,325

K

Kahn, Daniel 卡恩, 丹尼尔 349

Karcevskij, S. 卡尔采夫斯基, S. 22, 84-85, 87, 88

Kean, Mary Louise 奇恩, 玛莉·路易丝 334

Kenstowicz, Michael 肯斯托维茨, 麦克尔 238, 275, 307, 310

Kent, Ronald G. 肯特, 罗纳尔德·G. 269-70, 286

Kilbury, James 基尔伯里, 詹姆斯 15, 297

Kiparsky, Paul 奇帕斯基, 保罗 54, 272, 275, 287, 335-39, 342

Kisserberth, Charles 奇瑟伯思, 查尔斯 310

Klausenburger, Jurgen 克劳森伯格, 于尔根 69

Kleene, Stephen 克林, 斯蒂芬 335

Klima, Edward 克里玛, 爱德华 153

Koerner, E. F. K. 克尔纳, E. F. K. 26

Kruszewski Mikołai 克鲁舍夫斯基, 米柯瓦依 9, 14-15, 56, 58-75, 79-81, 113, 116, 138, 154, 183-84, 211, 247, 346

Kuhn, Thomas 库恩, 托马斯 13

Kuryłowicz, Jerzy 库里沃维茨, 耶尔热 20, 53

L

Ladefoged, Peter 拉德福吉德, 彼得 265-66

Lamb, Sidney 兰姆, 西德尼 317

Langendoen, D. Terrence 朗根顿, D. 特伦斯 15, 167, 170, 180, 188, 191

Lass, Roger 拉斯, 罗杰 334

Leben, William R. 雷本, 威廉·R. 348

Lees, Robert B. 利斯, 罗伯特·B. 315-16

Lehiste, Ilse 莱依斯特, 依尔斯 8

Leskien, August 莱斯琴, 奥古斯特 19, 57, 86, 252, 271

Levine, Robert 莱文, 罗伯特 201

Lévi-Strauss, Claude 列维-斯特劳斯, 克洛德 116

Liberman, Mark Y. 利伯曼, 马克·Y. 342

Lieberman, Philip 利伯曼, 菲利普 313

Lightner, Theodore 莱特纳, 西奥多 4-5, 339

Linell, Per 林奈尔, 珀尔 9

Lobačevskij, N. 罗巴切夫斯基, N. 58

Locke, John 洛克, 约翰 62

Lopez, Barbara 洛佩, 巴巴拉 53

Lounsbury, Floyd 罗恩斯伯里, 弗洛依德 302, 325

Lukoff, Fred 卢柯夫, 弗莱德 313-14, 316, 323

Lyons, John 莱昂斯, 约翰 185, 317

M

McCarthy, John 麦卡锡, 约翰 192

McCawley, James D. 麦考莱, 詹姆斯·D. 125-26, 195, 229-30, 240, 242, 335

Malinowski, Bronislaw 马林诺夫斯基, 布洛尼斯拉夫 178, 180

Martinet, André 马蒂内, 安德列 89, 117

Mathesius, V. 马泰休斯, V. 87

Matthews, Peter 马修斯, 彼得 324-25

Mead, Margaret 米德, 玛格莉特 222-23

Meillet, Antoine 梅耶, 安东尼 18, 22, 79, 90, 143, 182

Mill, J. S. 米尔, J. S. 62

Miller, V. 米勒, V. 86

Miner, Kenneth 米纳, 肯尼思 275

Moulton, William 莫尔顿, 威廉 299

Müller, Max 缪勒, 玛克斯 196

Murray, Lindley 墨累, 林德利 178

Murray, S. O. 墨累, S. O. 218

N

Neumann, John von 诺依曼, 约翰·冯 335

Newman, Stanley 纽曼, 斯坦利 219, 221, 233, 279

Newmeyer, Frederick J. 纽梅耶, 弗利德里克·J. 16, 311, 314, 336

Nida, Eugene 奈达, 尤金 280, 303, 324

O

Ohala, John 奥哈拉, 约翰 40

P

Palmer, Frank R. 帕默, 弗兰克·R. 179, 185, 188, 189, 192

Pāṇini 波你尼 272, 276, 301, 335

Passy, Paul 巴西, 保罗 22, 81, 174, 175

Paul, Herman 保罗, 赫尔曼 30

Pedersen, Holger 裴得生, 霍尔格 142, 143, 145

Percival, Keith 佩西瓦尔, 凯思 17, 26

Pike, Kenneth 派克, 肯尼思 108,

175,268,280,282,298-99
Polivanov,E. D. 帕里万诺夫,E. D. 83
Poser,William 波泽尔,威廉 349
Postal,Paul 波斯塔尔,保罗 4, 213,317
Powell,J. W. 鲍威尔,J. W. 197, 199,201
Prince,Alan 普林斯,阿兰 349
Prokosch,Eduard 普罗柯什,爱德华 251,252

R

Rask,Rasmus 拉斯克,拉斯莫斯 142,143
Rischel,Jørgen 里舍尔,于尔根 142
Reichler-Béguelin,Marie-José 莱希勒-贝格兰,马利-何塞 33,50,54
Rink,H. J. 林克,H. J. 198
Robins,R. H. 罗宾斯,R. H. 15, 168,170,185,187,188,191
Rousselot,Jean-Pierre 卢瑟洛,让-皮埃尔 81
Russell,Bertrand 罗素,伯特兰 329-30,334

S

Sapir,Edward 萨丕尔,爱德华 15, 90,93,95,106,156,164,175, 201,217-50,253,260,261,273, 278,279,287-91,295-96,301, 307,308,322
Saussure,Ferdinand de 索绪尔,费尔迪南·德 2,9,12-14,16-57, 60-62 64,66,68,76,79,83-85, 87-89,91,93,95,101,118,126, 141,146,152,157,172,173, 186,195,196,213,216,228, 253.293,322,325
Saussure,Horace-Bénédict de 索绪尔,峨拉斯-本尼迪克特·德 19
Ščerba,L. V. 谢尔巴,L. V. 81, 83,84,174
Schane,Sanford 沙纳,桑福德 339
Schleicher,August 施莱歇尔,奥古斯特 57,196
Schultz,[Sussmann] Amelia 舒尔茨,[苏斯曼]阿梅莉亚 207
Scott,N. C. 斯各特,N. C. 96,183
Sechehaye,Albert 薛诗霭,阿尔贝 22,23
Sievers,Eduard 西弗斯,爱德华 20
Skinner,B. F. 斯金纳,B. F. 312
Smith,Henry Lee 史密斯,亨利·李 279,313
Smith,Norval 史密斯,诺瓦尔 348-49
Sommerstein,Alan 萨默斯泰因,阿兰 310

Sprigg, R. K. 斯普里格, R. K. 190, 192, 193

Sreznevskij, I. I. 斯莱兹涅夫斯基, I. I. 57

Stampe, David 斯坦普, 大卫 74, 343-46

Stankiewicz, Edward 斯坦柯维茨, 爱德华 15, 80

Stanley, Richard 斯坦利, 理查德 47, 326

Stark, B. R. 斯塔克, B. R. 254

Stevens, Kenneth 斯蒂文森, 肯尼思 285

Stocking, George 斯托京, 乔治 201, 215

Sturtevant, Edgard 斯图特文特, 爱德加 250

Swadesh, Maurice 斯沃迪什, 莫里斯 4, 5, 206, 219, 221, 233, 279, 287-89, 292, 301-2, 305-7

Sweet, Henry 斯威特, 亨利 169-75, 177, 178

T

Teeter, Karl V. 梯特, 卡尔·V. 202, 254, 280

Tilly, William 梯利, 威廉 174

Trager, George L. 特雷杰, 乔治·L. 278-79, 286-87, 296, 299, 302-313

Tranel, Bernard 特拉奈尔, 伯纳德 342

Trnka, B. 特伦卡, B. 87

Trubetzkoy, N. 特鲁别茨科依, N. 10, 15, 57, 62, 67, 81, 83-119, 121, 122, 127, 142, 145, 157, 178, 220, 232, 260, 265, 271, 278, 281-83, 289, 290, 302-3, 305

Trubetzkoy, Prince Sergej 特鲁别茨科依, 谢尔盖亲王 85

Twaddell, W. Freeman 特瓦德尔, W. 弗里曼 94, 109-10, 184, 190, 290-96

U

Ułaszyn, H. 乌瓦申, H. 113

Uldall, Hans-Jørgen 乌尔达尔, 汉斯-于尔根 144-46

V

Vago, Robert 瓦果, 罗伯特 338

van der Hulst, Harry 范·德·胡尔斯特, 哈利 348, 349

Vendryes, Joseph 房德里耶斯, 约瑟夫 90, 143

Vennemann, Theo 维尼曼, 西奥 339-40

Vergnaud, Jean-Roger 维尔格诺德, 让-罗杰 349

Verner, Karl 维尔纳, 卡尔 19, 142

Voegelin, Carl 沃杰林, 卡尔 4, 5, 201, 233, 279, 305-7

Voegelin, F. M. 沃杰林, F. M. 4

W

Wang, William S.-Y. 王士元 347-48

Ward, Ida 沃德, 依达 177

Webster, Noah 韦伯斯特, 诺亚 178

Weiss, Albert P. 魏斯, 阿尔伯特·P. 253, 254, 272

Wells, Rulon 威尔斯, 鲁兰 279, 301, 302, 308

Whitehead, Albert N. 怀特海德, 阿尔伯特·N. 329

Whitney, William Dwight 辉特尼, 威廉·德怀特 15, 26, 194-96

Whorf, Benjamin 沃尔夫, 本杰明 103, 219, 221, 226

Williams, Roger 威廉姆斯, 罗杰 197

Winteler, J. 温特勒, J. 56, 173

Woo, Nancy 吴, 南西 348

Wrenn, C. L. 赖恩, C. L. 174

Wundt, Wilhelm 冯特, 威廉 252-54

主题索引

（页码为原著页码）

A

Abkhaz. *See* Bzyb Abkhaz 阿布哈兹语，见阿布哈兹语布兹皮方言

Abstractness 抽象性，213-16, 229-30, 232-33, 336-39; abstract symbols 抽象符号，(*see* Morphophonemes 见形态音位)

Accent 重音，102, 165-67, 212

Acoustics 声学，121, 128-29, 262, 319; acousticomotor image 声学动力图像，89, 94

Acquisition 习得，*See* Child language 见儿童语言

Affricates 塞擦音. *See* Consonants, affricates 见辅音，塞擦音

Alternation 交替，5-6, 50-54, 64, 66-82, 113-15, 130, 138, 158, 159, 161, 214, 215, 240, 261-62, 301, 345; alternants 交替形式，morpheme 语素，303-6; automatic 自动交替，69, 210, 273, 274; categories of 交替类别，68-73; causes of 交替原因，74-78; condition 交替条件，338-39; embryonic/incipient 早期交替/萌芽交替，76-77; morphologically conditioned 以形态为条件的交替，211-12; morphophonemic 形态音位交替，79, 114-15, 301-2; neophonetic 新语音交替，73, 74, 77; origin of 交替起源，76-78; paleophonetic 旧语音交替，73-75; phonetic 语音交替，272, 273; psychophonetic 心理语音学交替，65-68, 72-73, 75; regular 规则交替，273, 274; traditional 传统交替，74-78

Analogy 类比，31, 53-54, 63, 229

Anthropology 人类学，222, 226

Anthropophonics 人类语音学，65-68, 71, 74-78

Aphasia 失语症，132-34

Arabic 阿拉伯语,125-26,192

Arbitrariness 任意性,160-62,337-38

Archiphoneme 超音位,107-13, 157,270

Articulation 发音: coarticulation 协同发音,185; manner of 发音方式,132; place of 发音部位,99,119,120,123,124,132-33

Aspiration 送气,160,186

Assimilation 同化,11, 111-12, 320,332,333,349

Associative relation 关联关系,62-64. See also Paradigmatic relations 另见聚合关系; Syntagmatic relations 组合关系

Auditory impressions 听觉印象,39,121,127-29

Automatic alternation. 自动交替 See Alternation 见交替,automatic 自动交替. See also Laws 另见法则,euphonic 悦耳法则

Autosegmental theory 自主音段理论,192-93,347-49

Australian languages 澳大利亚(土著)语言,124

B

Babbling 牙牙学语,130-33

Base form 基本形式,213,301,304-5

Basic form 基本形式,271-72,307

Behaviorism 行为主义,180,220, 253,254,258,312

Biuniqueness condition 双向单一性条件,267,298,312-13,316,319-22,339

Bleeding order 阻断顺序,238-39

Boundaries 边界,267-68,298-99. See also Junctures 另见音渡

Branching diagram 分叉图,325-27

British School of Prosodic Analysis 英国韵律分析学派. See London School of Prosodic Analysis 见伦敦韵律分析学派

Bulgarian 保加利亚语,122

Bureau of American Ethnology (BAE) 美国民俗学局(BAE),197-99

Bzyb Abkhaz 阿布哈兹语布兹皮方言,124

C

Cenemes 音符位,155-56

Change 变化: and explanation 变化与阐释,30-32,39-40; historical 历史变化,28-32,39-40,64,87, 130-31,253,257-58,344-45; in langue and parole 语言和言语中的变化,28-32. See also Analogy 另见类比; Drift 沿流; Folk etymology 通俗词源学

Chilcotin 齐尔科廷语,124-25

Child language 儿童语言, 53, 77, 130-34, 284-85, 312, 343-45

Chinese 汉语, 96, 101

Chipewyan 奇佩维安语, 124

Coefficients sonantiques, theory of, 响音系数理论, 20, 21, 39, 102, 253

Colville 科维尔语, 124

Combinatorial phonetics 组合语音学, 39-40, 52

Communication, mathematical theory of, 数学交际理论 135-37

Commutation test 替代检测, 151-53

Competence 能力, 24-25

Concept 概念, 224-25. See also Signifié 另见所指

Consonants 辅音, 166-67; acquisition 习得, 131-33; affricates 塞擦音, 120, 123, 124; cluster 辅音丛, 163, 243, 253; features 辅音特征, 119-25; fricatives 擦音, 4, 65-66, 160; nasal (see Nasal consonants) 鼻音（见鼻辅音）; released/unreleased 除阻辅音/不除阻辅音, 39, 47-48; soft/hard 软辅音/硬辅音, 10-11; stops 塞音, 96-97, 160; syllabic 成节辅音, 102

Context of situation 情景语境, 180

Contrast 对比, 102-4, 205, 209, 293. See also Oppositions 另见对立

Correlations 相关关系, 71-72, 75, 78-80, 89, 101, 103-4, 113, 184, 211

Counterfeeding order 反馈给顺序, 238

Cours de Linguistique Générale《普通语言学教程》, 14, 17, 20, 21, 23, 26, 31, 33, 36, 47, 85

Culture 文化, 200-201, 222-23, 226-28

Czech 捷克语, 101

D

Dakota 达科他语, 212, 214

Danish 丹麦语, 123, 158, 160-63, 165, 234-35

Deduction 演绎, 281-83

Dependent properties, reciprocally, 相互依赖特征, 10-11

Derived form 推导形式, 339

Descriptive study 描写性研究, 89-90, 282-84

Devoicing 清化, final 末位清化, 67, 69, 80, 81, 107, 156, 158

Diachronic 历时, See Synchronic vs. diachronic 见共时与历时

Diagram, branching, 分叉图, 325-27

Distinctive features 区别特征, See Features, distinctive 见特征, 区别性特征

Distinctive properties 具有区别性

的特点, 43-49, 95, 137; of psychological image 心理图像之具有区别性的特点, 94-95

Distribution 分布, 231-32, 237, 243, 261-62, 289-90; complementary 互补分布, 175-76, 234, 288; defective 不完全分布, 157-58, 161

Divergence 发散, 69-72, 74-77, 80-82

Drift 沿流, 226-27

E

Embryonic 萌芽, See Alternation, embryonic 见交替, 萌芽交替

Empirical principle (Hjelmslev's) 实证原则 (叶尔姆斯列夫), 152-53, 162

English 英语: alternations 交替: (f~v) 4-5, 336-39; (k~s) 114-15; (s~r) 75-76, 96-97; analogy 类比, 53; explosives/implosives 爆破/不爆破, 39, 45; flap 闪音, 77, 296, 337; linguistic system 语言学系统, 151-52, 231; Old 古英语, 51, 63; oppositions 对立, 99; plural 复数, 272-74, 303-5; stops 塞音, 108, 158, 260, 292; transcription 转写, 270; voicing 清浊, 65-66, 261-62, 266; vowel

length 元音音长, 7-8, 67-69, 297-98, 337, 345-46; vowels 元音, 158, 185, 268

Eskimo 爱斯基摩语, 125

Ethnography 民俗学, 200, 204-5

Etymological element 词源元素, 73, 213. See also Base form 另见基本形式

Euphonic laws 悦耳法则, See Laws, euphonic 见法则, 悦耳法则

Evaluation measure 评价尺度, 137-39, 323, 325-27, 331, 332

Explanation 解释, 18, 30-32, 37, 39-40, 52, 61-64, 87, 129, 138, 149, 196, 204, 229, 254-55, 257-58, 281-83, 324, 346

Exponent 具现, 182-83

Expression form 表达形式, See Plane of expression 见表达平面

F

Features 特征, 5-6; distinctive 区别特征, 81, 117-29, 137, 259-60, 265, 319, 323, 336-38. See also Consonants, features 另见辅音特征; Vowel 元音

Feeding order 馈给顺序, 212, 238-39

Final devoicing 末位清化. See Devoicing, final 见清化, 末位清化

Finnish 芬兰语,337-38
Folk etymology 通俗词源学,63
French 法语,113,157-59,161,162,
167,275,344
Fricatives 擦音,4,65-66,160
Function 功能,minor/major 大功能/小功能,184,187

G

Geminating morphemes 双语素,239-49
Generative grammar 生成语法,6,47,137,299,311-50
Generalization condition 归纳性条件,true 真实归纳性条件,340
Georgian 格鲁吉亚语,8
German 德语,63,64,66,67,69,72,75,78,81,107-8,110,156-58,160,164,211,299
Germanic 日耳曼语,40,51
Glossematic theory 语符理论,145-68
Glossemes 语符学,155-56
Greek 希腊语,50
Grundzüge der Phonologie《音系学原理》,83,91,94,96,98,100,101,106,109,112,117,119

H

Historical change 历史变化,See Change, historical 见变化,历史变化
Hittite 赫梯语,20
Hopi 霍皮语,103-4
Hungarian 匈牙利语,337,338

I

Icelandic 冰岛语,72
Incipient alternation 早期交替,76-77
Indo-European 印欧语,20-21
Induction vs. deduction 归纳和演绎,281-283
Inductive procedures 归纳性程序,288
Information theory 信息理论,13,134-37
International Congress of Linguists; First (The Hague) 国际语言学家大会;第一届(海牙),88,99,106; Second (Geneva) 第二届(日内瓦),144; Fourth (Copenhagen) 第四届(哥本哈根),145; Ninth (Cambridge) 第九届(剑桥),316
International Congress of Phonetic Sciences, Second (London) 国际语音科学大会,第二届(伦敦),144
International Congress of Slavists

主题索引

国际斯拉夫学家大会,90
International Phonological Association 国际音系学学会,90,220
Intuitionism 直觉主义,330,340-41
Invariant 不变量,9,68
Item and process/arrangement 项目与过程/项目与组合,238

J

Japanese 日语,97
Junctures 音渡,299-300,See also Boundaries 另见边界

K

Kazan School 喀山学派,56-66,69,73,79-82
Kwakwala 夸夸拉语,203,205,207,211-12

L

Labiovelarization 圆唇软腭化,185,186
Language: Bloomfield,《语言论》:布龙菲尔德;251,253,255,256,258,259,269-71,274,277,286,287; Sapir 萨丕尔,224; journal《语言》学刊,251,279,286,287,315; An Introduction to the Study of (Bloomfield)《语言研究导论》(布龙菲尔德),252,254
Langue 语言,23-26,28-31,35-37,41,43,45,48-51,53,55,91
Laryngeals 喉音,20-21
Latin 拉丁语,51,54,70
Laws 法则,61-63,96,97,100,106; euphonic 悦耳法则,209-15
Leipzig 莱比锡,19-21,33,57,86,252,271
Levels 平面,297-98
Linguistic Circle: of Moscow 语言学小组:莫斯科,81,85,87; of New York 语言学小组:纽约,116; of Prague 语言学小组:布拉格,57,82,83,87,88,90,92,116,119
Linguistic description 语言学描写,49,282-84
Linguistic Institute (LSA summer) 语言学研究所(LSA暑期),221,251,311,314,317
Linguistic Society: of America 语言学学会:美国,117,146,251,252,317,319; of Paris 语言学学会:巴黎,20-22,38,60
Linguistic system 语言学系统,148-54
Lithuanian 立陶宛语,102,161
London School of Prosodic Analysis, the 伦敦韵律分析学派,12,15,

104, 165, 169-93

Long component 长成分, 191-92

M

Major function 大功能, 184, 187

Markedness 标记性, 109-10, 164, 331, 333-35, 346

Mathematics 数学, 329-30, 334-36, 340-41; mathematical theory of communication 数学交际理论, 135-37

Meaning 意义, 180-81, 254-58; *See also* Plane of content 另见内容平面

Mechanism 机械主义 256

Mémoire (Saussure)《论印欧语元音的原始系统》(索绪尔), 20, 21, 38, 39, 60, 66, 156, 157

Menomini 默诺默尼语, 271-74, 304-5, 307-8, 320

Mentalism 心智主义, 228, 254-55, 258; vs. mechanism 心智主义与机械主义, 256

Metrical phonology 节律音系学, 104, 106, 166, 349. *See also* Representation, metrical 另见表达式, 节律

Minor function 小功能, 184, 187

Mixing levels 混合平面, 297-98

Mora 莫拉, 102, 103, 106, 184

Morpheme 语素, 67-68, 80, 113, 167, 324; alternants 交替形式, 303-306. *See also* Morphophonemics 另见形态音位学

Morphoneme 形态音位, 113-15

Morphophoneme 形态音位. *See* Morphophonemics 见形态音位学

Morphophonemics 形态音位学, 4-5, 114-15, 159, 233, 270-76, 301-6

Morphophonology 形态音系学, 112-15

Moscow Dialectological Commission 莫斯科方言学委员会, 85, 96

N

Nasal consonants 鼻辅音, 8, 11, 19, 20, 44, 100, 181, 191, 237

Nasal vowels 鼻化元音, 76, 161

Nasalizing 鼻化, 238-42, 246

Natural class 自然类, 98, 211-12, 324-25

Natural Generative Phonology 自然生成音系学, 339-42

Naturalness 自然性, 147-48

Natural Phonology 自然音系学, 74, 342-47

Navajo 纳瓦霍语, 229

Neogrammarians 新语法学派, 20, 30, 32, 37, 40, 58, 61, 64, 86-88,

主题索引

149,253-55,258

Neophonetic alternation 新语音交替,73,74,77

Nests 词巢,62-63

Neutralization 中和,106-12,157,233,268-70,340; absolute 绝对中和,337-39. *See also* Syncretism 另见合流

Nineteenth-century linguistics 19世纪语言学,2,4,18,31,38,40,61,76,144,173,194,196,197,202,213,223,225,257

Nominalism 唯名论,182-83,294

Northern Ostyak 北奥斯恰克语,97

Notation 标写,ideal/actualized 理想标写/实际标写,159

Notational system 标写系统,329,331-33,335

Nucleus 音节核,101,103,166

O

Old English 古英语,51,63

'Ontogeny recapitulates phylogeny' principle"个体发育概括系统发育"的原则,133

Oppositions 对立,92-93,95-100,106-12,119-21,132-35,184,216; prosodic (*see* Suprasegmentals) 韵律对立(见超音段)

Organic elements 有机元素,236-39

Orthography 正字法,148-49,153,175,189

Overlapping 重叠,36,296-98

P

Palatalization 腭化,10-11

Palatography 腭位测量术,185

Paleophonetic 旧语音, *See* Alternation, paleophonetic 见交替,旧语音交替

Paradigmatic processes 聚合过程, *See* Natural Phonology 见自然音系学

Paradigmatic relations 聚合关系,72,186-88. *See also* Associative relation 另见组合关系

Parole 言语,23-26,28-31,35-37,40,45,48,51,55,91

Pattern congruity 模式一致性,289,300

Pawnee 波尼语,208,214

Perception 感知,speech 言语感知, *See* Speech perception 见言语感知

Performance 行为,24

Phonematemes 声位,155-56,159

Phonematic units 语音音位单位,189-92

Phoneme 音位,45-46,66-67,80-

82, 93-96, 113, 117-18, 163, 175-76, 183-84, 215, 222, 228-31, 234, 242, 259-62, 266-67, 271-74, 286-96, 299-300

Phonème 音位（索绪尔）, 37-40, 48-49, 66, 156-57

Phonemic principle 音位原则, 57, 65, 172, 265. See also Representations, phonemic 另见表达式, 音位表达式

Phonemic analysis 音位分析, 297-99; vs. prosodic analysis 音位分析与韵律分析, 189-92

Phonemic theory：fully specified basic variant 音位理论：完全赋值基本变量音位理论, 38, 45-46, 48, 81, 95, 175, 231, 260, 288；fully specified surface variant 完全赋值表层变量音位理论, 38, 47-49, 95, 206, 216, 293, 340；incompletely specified 不完全赋值音位理论, 44-46, 48, 95, 117-18, 260；set of variants 变量集合, 175-76, 292-93, 295, 303

Phonetic(s)：change (see Change) 语音学：语音学变化（见变化）；combinatorial 组合语音学, 39-40, 52 (see also Phonologie) （另见音系学［索绪尔］）；

modification 语音修正, 271; and morphology 语音学与形态学, 66-67; parameters 语音学参数, 265-66; processes 语音学过程, 237; species 语音学类, 21, 39, 44. See also Anthropophonetics 另见人类语音学；Phonology vs. phonetics 音系学与语音学；Representations 表达式, phonetic 语音学

Phonétique 语音学（索绪尔）, 36-47

Phonological identity 音系身份, 108-9. See also Polysystemic analysis 另见多系统分析

Phonological representation 音系表达式, See Representations, phonological 见表达式, 音系表达式

Phonological system 音系系统, 96-100

Phonologie 音系学（索绪尔）, 35-37

Phonologization 音系化, 76-77

Phonology：autosegmental 音系学：自主音段音系学. See Autosegmental theory 见自主音段理论; vs. phonetics 音系学与语音学, 9, 44, 91-93; task of 音系学的任务, 89. See also Metrical phonology 另见节律音系学

Phonotactics 语音配列, 210

Pitch 音高, *See* Suprasegmentals 见超音段

Plane: of expression 平面：表达平面, 146-47, 150-53（*see also* Signifié）（另见所指）; of content 内容平面, 146-47（*see also* Signifiant）（另见能指）

Pleremes 义符位, 155-56

Polysystemic approach 多系统方法, 112-13, 170-71, 180-83

Prague: schoo 布拉格：学派 1, 15, 62, 88-91, 95, 96, 100, 101, 106, 108, 110, 117, 144, 155, 157, 173, 178, 220, 281, 302, 323, 324

Predictability 可预测性, 10-14, 126-27, 135-39, 182, 206, 216

Principia Mathematica. *See* Mathematics,《数学原理》见数学

Prosodeme 韵律音位, 165-66

Prosodic analysis 韵律分析, 186-93

Prosodic features. *See* Suprasegmentals 韵律特征见超音段

Psychological basis of language 语言的心理学基础, 222, 227-28, 254-55, 257-59

Psychological interpretation of langue 语言的心理学阐释, 25-26

Psychological nature of phoneme 音位的心理学本质, 80-82, 94, 95, 175, 290-91

Psychophonetic alternation 心理语音学交替, 65-68, 72-73, 75

Purport 意图, 150-51

R

Redundancy 羡余性, 10-14, 35, 47, 125-27, 135-39, 326-27

Reduplication 重叠, 248-49

Regularities 规则模式, 9, 34-35, 41, 48, 55, 87, 214-15, 237-38, 242, 289-90, 300, 301, 308-9, 340

Representations 表达式, 80, 94, 104, 122-23, 126-27, 160, 188-89, 209, 233, 262-66, 274, 300, 304, 323, 339-42, 348; lexical 词汇表达式, 235-36, 326-27; metrical 节律表达式, 192, 193; morphophonemic 形态音位表达式, 114-15, 214-15; phonemic 音位表达式, 42, 44-46, 48, 126, 135, 138, 230-33, 236, 266-70, 275-76, 300-1; phonetic 语音学表达式, 43-44, 47, 213, 230, 263, 264, 266; phonological 音系表达式, 12, 43-44, 46-47, 111, 114, 138, 288, 319-20, 325, 337-39, 349; vs. rules (*see* Rules, vs. representations) 表达式与规则

（见规则与表达式）；underlying 底层表达式,242-43,324-26,333
Retroflexion 卷舌,191-92
Rhotacism r 音化,54
Rules 规则,44,46,47,52-54,67-68,74,78-79,127,156-57,162-64,188,209,212-14,231-32,236-39,272-75,300,323,325,331,342-47,349; lexical redundancy 词汇羡余性,53,340;morpheme structure 语素结构,326-27; morphophonemic 形态音位规则,79-80,340; phonological 音系规则,77,227,337-38;order 顺序,188-89,212,238-39,275,306-8,335; redundancy 羡余性,35,47;vs. representations 规则与表达式,7-10,43,55,92,95,112,114,206,216,239-43,303,321-22,327,331-32,338-39,347-50. See also Laws, euphonic 另见法则,悦耳法则
Russian 俄语,10-11,67,69,97,107,108,110-14

S

St. Petersburg school 圣彼得堡学派,57,60,61,65,68,81,83
Samoan 萨摩亚语,243-45
Sanskrit 梵语,191-93

Segmentation 切分,35,36,38,93,185
Serbo-Croatian 塞尔维亚-克罗地亚语,97-98,101
Sets of variants 变量集合,176,293,295,303
Sign 符号,24,26-28,30,34-37,43-47,93,118-19,131
Significant 能指,26-27,35,40-43,45-49,51,55,118-19,126-27,146-47
Signifié 所指,26-27,118,146-47
Simplicity 简洁性,161-64,306,333. See also Empirical principle; Evaluation measure 另见实证原则,评价尺度
Simultaneity 同时性,See Associative relation 见关联关系
Social basis of linguistic structure 语言学结构之社会基础,223-24
Social character of langue 语言的社会特征,25-26
Sound：structure 语音：语音结构,12,27,33-55,159,202-3,222,263-64;change (see Change) 语音变化（见变化）；and meaning 语音与意义,24,27,147; image (see Signifiant) 图像（见能指）; speech 言语,189-92 (see also Phonème) （另见音位［索绪

主题索引

尔]），*See also* Phonetic(s) 另见语音学

Sound Pattern of English, the (SPE)《英语语音模式》(SPE)，15，317，327-29，331-36，338，339，341-43，346，347，350

Southern Paiute 南派尤特语，239-49

Spanish 西班牙语，231，261-62

Speech 言语，222，262；perception 感知，38-42，285-86；sound 语音，189-92（*see also* Phonème）（另见音位[索绪尔]）

Spiranatizing morphemes 擦音化语素，239-49

Sprachgebilde 语音（Sprachlaut），91，94

Sprachlaut 语言结构，38

Sprechakt 语言性位，91

Stød 斯特德，165-66

Stress 重音，70，166，238-39，273，349

Structuralism 结构主义，2，4，13-15，23，51，69，83，112，116，142，143，147，149，150，151，155，159，160，163，165，171，173，176，196，215，224，232，277-317，319，321，323，324，328，343

Substance 实质，157，160，164；vs. form 实质与形式，150-54

Suprasegmentals 超音段，100-106，128-29，165-68，176，185-86，313-14

Syllable 音节，101-4，160-67，184，205，349

Synchronic vs. diachronic 共时与历时，29，50，52，63，64，73，78，196

Synchronic study 共时研究，18，29-32，48，51-52，61-63，149

Syncretism 合流，157-59，161-62，269-70. *See also* Neutralization 另见中和

Syntagmatic relations 组合关系，72，186-88

Systematic relations 系统关系，8-9，41，43，48，55

T

Takelma 塔克尔玛语，233，238

Tamil 泰米尔语，183

Taxemes 法位，155-57，160-62

Texas Conferences on Problems of Linguistic Analysis 得克萨斯语言学分析问题会议，314，316

Tibetan 藏语，190

Token 象征，41，42，236-37

Tone 声调，*See* Suprasegmentals 见超音段

Transcription 转写，34，42，189，262-264，269-70；phonemic 音位转写，264，267-69；phonetic 语音

学转写,230,264,267-69;narrow/broad romic 严式/宽式,172-73

True Generalization condition 真实归纳条件,340

Tsakhur 察胡尔语,125

Tsimshian 西姆仙语,211

Tübatulabal 特巴图拉巴尔语,305-6

Turkish 土耳其语,192

Type/token 类型/象征,41,42,236-37

Types, theory of 类型理论,329-30

Typology 类型学,70-71,224-28

U

Ubykh 尤比克语,124

Umlaut 变元音,51,64,66,72,75,78

Underlying representation 底层表达式,242-43,324-26,333

Uniformitarianism 均变论,194-95

Universals 普遍性,223-24,280-81,324. See also Laws 另见法则

V

Variation 差异,7-9,68,80,92-93,234-36. See also Alternation 另见交替

Voicing 清浊,8,65-66,89,191,261-62,266,320,332. See also Devoicing, final 另见清化,末位

Vowel 元音,10-11,97-98,100-4,125-26,161,215,234-35,332,333;bright/dark 明元音/暗元音,100;compact/diffuse 集聚性元音/分散性元音,120-22;flat/nonflat 降音性元音/非降音性元音,122,125;free/checked 自由元音/急刹元音,103-4;grave/accute 钝音性元音/锐音性元音,121,122;harmony 元音和谐,191-92,210,337-38,345,349;heavy/light 重元音/轻元音,306;length 长度,7-8,67-69,102,103,297-98,337,345-46;nasal 鼻元音,76,161;raising 抬升,273-74;reduction 弱化,268-70;schwa 央音,157-59,207;shortening 缩短,305-6

W

Word 词语,36,268,292,324-25

Writing. See Orthography 书写见正字法

Y

Yotization y音化,184,186-88

校后记

美国语言学者安德森的《二十世纪音系学》(1985)出版后,迄今为止找到一篇书讯(Bernstein,1987)、三篇书评(Langdon,1987;Lass,1987;金顺德,1990)。综合各方的观点,这是一部杰作,值得拥有广大读者。

从 2000 年开始,外语教学与研究出版社(当代国外语言学与应用语言学文库)、北京大学出版社(西方语言学原版影印系列丛书)、世界图书出版公司(西方语言学与应用语言学视野)等多家出版社,成规模地引进语言学英文原版著作,加配中文导读出版。从那时起,笔者就不断建议引进安德森的《二十世纪音系学》。

原因之一,音系学,与词法学、句法学一样,属于语言本体研究的基本区域。观察美国大学语言学学科的课程设置,音系学一般属于必修课程。从语言学史上看,虽然对语音学与音系学的关系、语音的象征意义等问题有不同的观点,但关注语言的声音形态(the sound shape of language),这几乎是语言学者的共识(比如 Sweet,1877、1906;Jespersen,1909、1913;Passy,1912;Jones,1918、1957;Kruisinga,1925;Trnka,1935;Trubetzkoy,1939;Martinet,1949、1955;Asher & Henderson,1981;Jakobson,1962、1976;Jakobson & Waugh,2002)。

原因之二,语言学史的教学和研究日渐需要在专业层面(音系、词法、句法)展开更深入的工作。已经引进或尚未引进的著作,或是通史(Robins,1997),或是断代史(Pedersen,1931),或是流派史(Vachek,1966;Langendoen,1968;Jankowsky,1972),而安德森的《二十世纪音系学》是断代专题史,惟其如此,它可以细致考察相关思想的发展演变,比如,Robins(1997:229)几笔带过的重要的语言学者 Baudouin de Courtenay 在安德森那里得到详细的阐释(参见 Stankiewicz,1972、1976、1987)。《二十世纪音系学》历史与专业的讨论结合恰当,为有志者撰写诸如《二十世纪词法学》《二十世纪句法学》提供了一个样本。

2007—2008学年期间,笔者在耶鲁大学语言学系与安德森教授谈及《二十世纪音系学》引入中国的问题,当时的设想是以英文原版影印本加配中文导读的方式引进。2011年9月至12月,安德森教授参加北京大学—耶鲁大学联合本科生项目(Peking University-Yale University Joint Undergraduate Program in Beijing),在北京大学为本科生讲授"动物交流与人类语言"(Animal Communication and Human Language)课程。其间,我们再次谈及《二十世纪音系学》引进的可能途径。

2011年,安德森曾在中国的一些大学演讲。演讲的主题一般是动物语言。2013年8月,成都电子科技大学主办"语言与认知国际会议",安德森应邀作大会主旨发言,题目是What Does Birdsong Suggest about the Content of the Human Language Faculty? 这些演讲对于我们开拓视野、启发思路,固然有益。不过,与他在耶鲁大学语言学系的授课内容不同,他似乎在中国从未就音系学、词法学(Anderson,1992、2003)演讲过,这多少有些遗憾。

2013年12月,曲长亮博士把《二十世纪音系学》译稿(738页,A4打印纸)交给笔者。曲长亮博士曾师从赵忠德教授学习音系学,以后在北京大学英语语言专业攻读博士学位,其间曾在美国伊利诺伊大学(University of Illinois at Urbana-Champaign,UIUC)学习一年,继续音系学、语言学史的研究。他曾经参与赵忠德教授、马秋武教授主编的《西方音系学理论与流派》的写作(商务印书馆,2011),任副主编。他还参加过Otto Jespersen七卷本现代英语语法(1909—1949)影印版项目,负责撰写第一卷(语音和拼写)的中文导读(世界图书出版公司,2014)。

众所周知,译本反映的是译者的个人语言(idiolect),这个系统不仅反映译者语言的时间、空间等因素,也反映译者对翻译标准的认识和取舍。从这个意义上说,个人语言与个人语言彼此不同,同一原著的不同译本有所不同,实属自然。校者的工作或许应该侧重 Eugene Nida(1914—2011)博士所倡导的"功能对等"(functional equivalence. Nida,1993),而不是过多改变译者的个人语言系统的特征(遣词、句式、文体等)。

校后记

译事艰难,小到一词之处理,大到长句之拆分。译者在艰辛中,前行不止,终成译著。是为校后记。

钱　军
2014 年 3 月 30 日
于北京大学英语语言文学系

参考文献

Anderson, Stephen R. 1992. *A-Morphous Morphology*. Cambridge: Cambridge University Press.

Anderson, Stephen R. 2003. Morphology, *Encyclopedia of Cognitive Science*, vol. Ⅲ, pp. 78-83. London: MacMillan.

Asher, R. E. and Eugénie J. A. Henderson (eds.). 1981. *Towards A History of Phonetics: Papers Contributed in Honour of David Abercrombie*. Edinburgh: Edinburgh University Press.

Bernstein, Jared. 1987. Stephen R. Anderson, *Phonology in the Twentieth Century: Theories of Rules and Theories of Representations*. Journal of the International Phonetic Association 17:150.

Jakobson, Roman. 1962. Selected Writings I: Phonological Studies. The Hague: Mouton. (second, expanded edition 1971)

Jakobson, Roman. 1976. *Six leçons sur le son et le sens. Préface de Claude Lévi-Strauss*. Paris: Les Éditions de Minuit. (*Six Lectures on Sound and Meaning*, by Roman Jakobson; with a preface by Claude Leivi-Strauss; translated from the French by John Mepham. Cambridge, Mass. :MIT Press, 1978.)

Jakobson, Roman and Linda Waugh. 2002. *The Sound Shape of Language*. Assisted by Martha Taylor. 3rd edition. Berlin: Mouton (1st edition 1979; 2nd edition, 1987)

Jankowsky, Kurt R. 1972. *The Neogrammarians: A Re-Evaluation of Their Place in the Development of Linguistic Science*. The Hague:

Mouton.
Jespersen, Otto. 1909. *A Modern English Grammar on Historical Principles. Part I Sounds and Spellings*. Heidelberg:Carl Winter. (5th edition published in London 1933)
Jespersen, Otto. 1913. *Lehrbuch der Phonetik*. 2. Aufl. Leipzig; Berlin:B. G. Teubner. (1st edition 1904)
Jones, Daniel. 1918. *An Outline of English Phonetics*. Leipzig; Berlin:B. G. Teubner.
Jones, Daniel. 1957. *The History and Meaning of the Term 'Phoneme'*. In *Selected Works Volume 7:Selected Papers*. Edited by Beverly Collins and Inger M. Mees. London; New York:Routledge.
Kruisinga, Etsko. 1925. *A Handbook of Present-Day English. Part I. English Sounds*. Fourth Edition. (First published in 1909. Second Edition in 1914. Third Edition in 1919. Fourth Edition in 1925.) Utrecht:Kemink & Zoon.
Langdon, Margaret. 1987. *Phonology in the Twentieth Century:Theories of Rules and Theories of Representations* by Stephen R. Anderson. *Phonology Yearbook* 4:281-289.
Langendoen, D. Terence. 1968. *The London School of Linguistics: A Study of the Linguistic Theories of B. Malinowski and J.R. Firth*. Cambridge, Mass. :M. I. T. Press.
Lass, Roger. 1987. Review of *Phonology in the Twentieth Century: Theories of Rules and Theories of Representations* by Stephen R. Anderson. *Journal of Linguistics* 23 (2):476-481.
Martinet, André. 1949. *Phonology as Functional Phonetics:three lectures delivered before the University of London in 1946*. London:Oxford University Press.
Martinet, André. 1955. *Économie des changements phonétiques*. Berne:A. Francke.
Nida, Eugene A. 1993. *Language, Culture, and Translating*. Shanghai:

Shanghai Foreign Language Education Press.

Passy, Paul. 1912. *Petite phonétique comparée des principales langues européennes*. 2nd edition. Leipzig: B. G. Teubner. (1st edition 1906; 《比较语音学概要》,保尔·巴西著,刘复译。上海:商务印书馆, 1933)

Pedersen, Holger. 1931. *Linguistic Science in the Nineteenth Century: Methods and Results*. Translated from the Danish by John Webster Spargo. Cambridge:Harvard University Press. (《十九世纪欧洲语言学史》英文影印本。北京:世界图书出版公司北京公司,2010)

Robins, Robert H. 1997. *A Short History of Linguistics*. 4th edition. London and New York: Longman. (1st edition 1967, 2nd edition 1979, 3rd edition 1990)

Stankiewicz, Edward. (ed.). 1972. *A Baudouin de Courtenay Anthology: The Beginnings of Structural Linguistics*. Translated and edited with an introduction by Edward Stankiewicz. Bloomington, Indiana: Indiana University Press.

Stankiewicz, Edward. 1976. *Baudouin de Courtenay and the Foundations of Structural Linguistics*. Lisse:Peter de Ridder Press.

Stankiewicz, Edward. 1987. Baudouin de Courtenay:Pioneer in Diachronic Linguistics. In Hans Aarsleff, Louis G. Kelly and Hans-Josef Niederehe (eds.),*Papers in the History of Linguistics*, 1987, 539-549. Amsterdam:John Benjamins.

Sweet, Henry. 1877. *A Handbook of Phonetics*. Oxford:Clarendon Press.

Sweet, Henry. 1906. *A Primer of Phonetics*. 3rd edition, revised. Oxford: Clarendon Press. (1st edition 1890, 2nd edition 1902.)

Trnka, Bohumil. 1935. *A Phonological Analysis of Present-Day Standard English*. Prague:Nákladem Filosofické Fakulty University Karlovy.

Trubetzkoy, Nikolaj Sergejevic. 1939. *Grundzüge der Phonologie. Travaux du Cercle Linguistique de Prague* 7. (*Principles of*

Phonology, by N. S. Trubetzkoy. Translated by Christiane A. M. Baltaxe. Berkeley:University of California Press, 1969.)

Vachek, Josef. 1966. *The Linguistic School of Prague*. Bloomington, Indiana:Indiana University Press.

金顺德,1990,Stephen R. Anderson 的《二十世纪音系学》。《国外语言学》1990,1:12-17,48。

图书在版编目(CIP)数据

二十世纪音系学/(美)安德森著;曲长亮译. —北京:商务印书馆,2015(2022.8重印)
(国外语言学译丛·经典教材)
ISBN 978-7-100-11035-8

Ⅰ.①二… Ⅱ.①安… ②曲… Ⅲ.①语音系统－研究－20世纪 Ⅳ.①H012

中国版本图书馆CIP数据核字(2015)第007191号

权利保留,侵权必究。

二十世纪音系学

〔美〕斯蒂芬·R.安德森 著
曲长亮 译
钱军 审校

商务印书馆出版
(北京王府井大街36号 邮政编码100710)
商务印书馆发行
北京捷迅佳彩印刷有限公司印刷
ISBN 978-7-100-11035-8

2015年5月第1版 开本880×1230 1/32
2022年8月北京第2次印刷 印张20
定价:120.00元